몽오집

한국고전번역원 한국문집번역총서

몽오집 2

夢梧集

김종수 지음
金鍾秀

홍기은
허 벽
김영봉 옮김

일러두기

1. 이 책의 번역 대본은 한국고전번역원에서 간행한 한국문집총간 245집 소재《몽오집(夢梧集)》으로 하였다. 번역 대본의 원문 텍스트와 원문 이미지는 한국고전종합DB(http://db.itkc.or.kr)에서 확인할 수 있다.
2. 역주는 내용이 간단하면 간주(間註)로, 길면 각주(脚註)로 처리하였다.
3. 한자는 필요한 경우 이해를 돕기 위하여 넣었으며, 운문(韻文)은 원문을 병기하였다.
4. 문장 부호는 '한글 맞춤법'에 규정된 용법을 따랐으며, 그 밖에 새로 만들거나 용법을 달리하여 사용한 부호는 다음과 같다.

「 」: ' ' 안의 재인용을 나타낼 때 사용한다.

『 』: 「 」 안의 재인용을 나타낼 때 사용한다.

《 》: 책명 및 각주의 전거(典據)를 나타낼 때 사용한다.

〈 〉: 편명, 작품명, 논문 제목을 나타낼 때 사용한다.

…… : 번역문에서 원문의 '云云'을 처리할 때, 각주에서 긴 인용문을 처리할 때, 각주의 표제어가 네 어절 이상일 경우 생략되는 말을 처리할 때 사용한다.

- - : 본문에서 소자(小字) 원문 주(註)의 처음과 끝에 사용한다.

차례

몽오집 제4권

서 書

서 序

몽오집 제5권

제문 祭文

애사 哀辭

몽오집 제6권

비 碑

묘갈 墓碣

묘표 墓表

몽오집 제7권

몽오집 연보 제1권

몽오집 연보 제2권

몽오집

제4권

記기 序서 書서 雜잡著저 題제跋발

서 書

임직중[1] 경주 에게 보내려고 했던 편지 을해년[2]

擬與任直中 敬周○乙亥

지난달에 만나서 얘기할 때에 매우 충분히 토론하기는 했으나 아직도 못다 한 말이 남아 있습니다. 장마철 무더운 날씨에 조섭하는 체후가 더욱 좋으며 또한 이미 공부를 하고 계십니까? 저는 병이 심해서 힘을 다해 책을 읽지 못하고 한가히 놀기에 좋을 뿐입니다. 지난번 뵈었을 때 말씀하신 "정치의 근본은 학문의 밖에 있다."라는 말에 대해서는 당시에 상황이 매우 혼란스러워 대략 토론하였으나 말을 다 하지 못하였는데, 끝내 말하지 않아서 족하가 오랫동안 깨우치지 못할까 염려되기에 한번 말씀드리겠습니다. 저는 듣건대, 학문이란 자신을 수양하여 남을 다스리고, 자기를 완성하여 남을 완성시켜 주는 것이라고 하였으

1 임직중(任直中) : 임경주(任敬周, 1718~1745)로, 본관은 풍천(豐川), 자는 직중, 호는 청천(青川)이다. 녹문(鹿門) 임성주(任聖周)의 동생으로, 몽오 형제와 교유하였다. 저서로 《청천자고(青川子稿)》가 있다.

2 을해년 : 임경주의 일생에 을해년이라는 간지가 없다. 몽오가 임경주와 교유한 기간이 4년뿐인데 그 기간에 있는 계해년과 을축년 중 하나에 해당하리라고 추측되지만 확정할 수 없어 그대로 번역하였다.

니, 배워서 남을 다스리기에 부족하면 학문이 아닙니다. 그렇기는 하지만 옛날의 학자가 남을 다스리려고 하면 반드시 먼저 자신을 수양하여 덕을 높이고 예를 독실하게 하는 공부를 시급히 하고 교화를 밝히고 진흥하는 정사는 나중에 하였으니, 자기를 수양하는 것을 남을 다스리는 것보다 절실하게 여긴 뒤에야 남들이 자기를 따르기 때문입니다. 사람들이 그 덕을 높이고 예를 독실하게 하는 것을 보고서 "이는 교화를 밝히고 진흥할 줄을 모르는 것이다."라고 하는 것은, 비유하면 훌륭한 장인이 집을 지을 때에 먼저 기초를 다지고 있으면 기둥과 주춧돌이 세워지지 않은 것을 보고서 집을 지을 줄을 모른다고 의심하는 것과 같습니다. 이는 다스리는 근본을 모를 뿐만 아니라 학문도 알지 못하는 것입니다.

오늘날 말하는 자들이 "정치를 말하는 자들이 모두 가의(賈誼)[3]와 육지(陸贄)[4]를 일컫는데, 가의와 육지는 일찍이 학문을 한 적이 없다."라고 하는데, 저는 매우 그르다고 생각합니다. 이것은 정치가 학문의 밖에 있는 것이 아니라 바로 가의와 육지가 정치의 밖에 있는 것입니다. 두 사람은 단지 타고난 자품이 뛰어나서 정치의 근본을 알았을

3 가의(賈誼) : 기원전 200~기원전 168. 전한(前漢)의 학자이자 정치가이다. 문제(文帝)의 부름을 받아 박사(博士)에 제수되고, 한 해 만에 태중대부(太中大夫)에 올랐다. 당시에 흉노가 변방을 침략하고 제후왕들이 반란을 일으켰으므로 이들을 제어할 방책으로 제후왕을 많이 봉하여 제후왕의 힘을 약화하고 흉노에 대한 강경책을 쓸 것을 건의하였으나 문제의 소극적인 태도로 인해 제대로 시행되지 못하였다. 《漢書 賈誼傳》

4 육지(陸贄) : 754~805. 당나라 덕종(德宗) 때의 명신으로, 자는 경여(敬輿), 시호는 선공(宣公)이다. 그의 주의(奏議)는 임금에게 간하는 말이 적절하여 후세의 전범이 되었다. 후인들이 육지의 주의를 모아 간행한 《육선공주의(陸宣公奏議)》가 있다. 《舊唐書 陸贄列傳》

뿐이니 어찌 일찍이 정치를 하는 근본을 배웠겠습니까. 만약 알기만 할 뿐이라면 증점(曾點)이 슬(瑟)을 내려놓고 한 대답[5]이 곧 요순(堯舜)이 될 수 있습니다. 그렇다면 두 사람에게 주관(周官)의 법도[6]를 모두 행하게 하더라도 한(漢)나라나 당(唐)나라가 주(周)나라가 될 수 없다는 것이 분명합니다. 후세의 학자들이 평소에 몸가짐을 단정하게 하고 태극(太極)의 이치를 거창하게 얘기하지만 왕왕 그 몸은 거름을 져 나르고 땔감을 옮기는 일을 감당하지 못하니, 이것은 부끄러운 일입니다. 그러나 이것은 배우는 자가 스스로 범하는 잘못이지 어찌 학문의 잘못이겠습니까.

나라에 정치가 있는 것은 눈에 보는 기능이 있고 귀에 듣는 기능이 있는 것과 같으니, 정치란 하루도 버릴 수 없는 것입니다. 뜻을 얻어 천하에 자기의 뜻을 행하여 이 백성들을 요순의 백성이 되게 하는 것은 또 사람들이 똑같이 바라는 것입니다. 성인의 지혜로 정치를 하는 것을 급하게 여기고 뜻대로 이루어지는 것을 즐겁게 여기는 것이 어찌 세상 사람들이 교만하여 공명(功名)을 이루는 것을 스스로 기뻐하는 것만 못하겠습니까. 그러나 《논어》에 이르기를 "말에 허물이 적고, 행동에

5 증점(曾點)이……대답 : 공자(孔子)가 제자들에게 만약 세상에서 자기를 인정하여 등용해 준다면 어떻게 하겠느냐고 물었을 때 증점이 마침 슬(瑟)을 타고 있다가 내려놓고 대답하기를 "늦봄에 봄옷이 이루어지면 관(冠)을 쓴 어른 5, 6명과 동자(童子) 6, 7명과 함께 기수(沂水)에서 목욕하고 무우(舞雩)에서 바람 쐬고 노래하면서 돌아오겠습니다."라고 하니, 공자가 감탄하면서 "나는 증점의 뜻을 인정한다."라고 하였다. 이에 대해 정자(程子)는 "공자께서 증점을 허여하신 것은 성인(聖人)의 뜻과 같아서이니, 이것이 바로 요순(堯舜)의 기상(氣象)이다."라고 평하였다. 《論語集註 先進》

6 주관(周官)의 법도 : 주관은 《서경》의 편명으로, 주나라의 관직 제도를 설명한 내용이다.

후회할 일이 적어야 한다."[7]라고 하였고, 또 이르기를 "말은 충성스럽고 미더우며, 행실은 독실하고 공경스러워야 한다."[8]라고 하였으니, 이른바 정치의 근본에 대해 절실하지 않고 이처럼 느슨한 것은 무슨 까닭이겠습니까? 또 가령 정치의 근본이 참으로 학문의 밖에 있다면 성인이 어찌하여 이른바 정치의 근본을 곧장 구하지 않고 배울 때에 도리어 노심초사하여 박문약례(博文約禮)의 공부를 이처럼 애써 하였겠습니까. 어찌 정치의 근본이 옛날에는 어려운 것이 있었고 오늘날에는 쉬운 것이 있겠습니까. 어찌 성인은 빠뜨렸는데 중인(衆人)이 홀로 알았겠습니까. 저로서는 알 수 없는 일입니다.

족하께서 평민의 옷을 입고 천하의 근심을 품고 도(道)가 쇠한 후세에 태어나서 당우(唐虞)의 정치에 뜻을 두고 있으니, 뜻은 매우 높습니다. 그러나 찾을 때에 그 방법을 얻지 못하면 그 뜻이 해이해집니다. 지금 학문을 도외시하고 정치의 근본을 구하고 있으니, 이는 종신토록 노력해도 얻을 수 없고, 설사 얻더라도 제가 말한 정치의 근본이 아닙니다. 또한 다스려지게 되는 까닭을 구해야 할 뿐입니다. 학문의 도는 큽니다. 천지 사이에 가득 차 있는 것들이 그 이치가 여기에서 벗어나지 않으니, 어찌 정치의 근본뿐이겠습니까. 하늘과 땅이 높고 두터운 까닭과 산과 내가 높고 깊은 까닭과 해와 달이 밝은 까닭과 귀신이 은미한 까닭이 모두 망라해서 갖추어져 있지 않은 것이 없습니다. 족하

7 말에……한다 : 공자의 제자 자장(子張)이 녹봉 구하는 방법을 묻자 공자가 대답한 말이다. 《論語 爲政》

8 말은……한다 : 자장이 자기의 뜻이 행해지는 방법을 묻자 공자가 대답한 말이다. 《論語 衛靈公》

께서 참으로 뜻이 있다면 정치의 근본이 안에 있는지 밖에 있는지를 족하 스스로 아실 것이니, 제가 어찌 말하겠습니까. 시(詩)에 이르기를 "안에 가지고 있으니, 그 때문에 그와 같다.〔維其有之 是以似之〕"[9]라고 하였는데, 이는 자기에게 있은 뒤에 남이 그와 같게 된다는 말이니, 학문을 말하는 것입니다. 족하께서는 유념하십시오. 이만 줄입니다. 종수(鍾秀)는 돈수(頓首)합니다.

9 안에……같다 : 군자(君子)가 재덕(才德)을 내면에 가지고 있기 때문에 밖에 드러나는 것이 내면에 가지고 있는 것과 같다는 뜻이다. 《詩經 小雅 裳裳者華》

족숙부 치양 께 올림 정묘년(1747, 영조23)
上族叔父 致讓○丁卯

봄 날씨가 여름 같아서 따뜻하지 않고 뜨거우니, 시봉하는 체후는 만안(萬安)하신지요? 지난번에 중선(仲善)이 상중(喪中)에 보낸 편지를 받았는데, 좌하(座下)께서 실지(實地)에 뜻을 두었다고 일컬으면서 경탄하는 뜻을 보였습니다. 제가 그 말을 듣고 기뻐서 잠을 이루지 못했습니다. 삼가 우리 당(黨)의 선비들을 보건대 좋은 자질을 타고난 자는 왕왕 있지만 모두 문장(文章) 공부와 과거 공부에 의해 잘못되었습니다. 더구나 좌하의 순수하고 진실한 마음과 굳건한 지조는 특히 제가 평소 존경하였는데, 좌하 또한 과거 공부에 얽매여서 지금까지 독자적으로 뜻을 세우지 못하였습니다. 지금 하루아침에 분연히 깨달아서 뜻을 가다듬어 학문을 향하였으니, 우리의 도가 끝내 버려지는 이치가 없다는 것을 믿을 수 있습니다. 이 일은 우리 가문의 구업(舊業)이지만 우리 문중에 이 일에 뜻을 둔 사람이 적어서 저는 이 구업이 실추될까 몹시 두려웠는데 지금 좌하를 얻었으니 여한이 없습니다.

오호라, 사람이 천지 사이에 매우 작은 몸으로 감히 천지와 나란히 서서 삼재(三才)가 되는 것은 인의예지(仁義禮智)의 덕(德)이 있어서 천지와 짝이 될 수 있기 때문입니다. 천지에 짝할 만한 인의예지의 덕이 없는데 억지로 사람이라는 이름을 씌운다면 이것이 어찌 이치이겠습니까. 하늘이 이미 인의예지의 덕을 주었으니, 이는 사람마다 그 도리를 다해서 천지의 덕에 참여할 수 있게 한 것입니다. 그런데 아름다운 자질을 스스로 버려서 사람의 형상만 갖추고 사람의 도리를 잃어 스스로 금수(禽獸)의 무리로 돌아가니 어찌 매우 애석하지 않겠습니까. 저는 일찍이 책을 보다가 이 뜻을 대략 보고서 "아침에 도를 들으면 저녁에 죽어도 좋다."[10]라는 뜻을 개연히 가졌는데, 즉시 용맹하게 공부를 하지 않음으로 인하여 머뭇거리는 사이에 세월이 훌쩍 지나 버렸습니다. 순정(純正)하지 못한 자질은 갑자기 변화시키기 어렵고, 방탕하고 거친 버릇이 때로 다시 발작하며, 게으른 마음과 병든 기운이 또 뒤따라 방해하고 막아서 전에 이미 후회했던 잘못이 곧바로 또 생기고, 한때 감동하고 분발했던 뜻이 쉽게 사라져서, 잠시 얻었다가 금방 잃고, 있는 듯하고 없는 듯하니, 끝내 소인(小人)이 되고 마는 데에서 스스로 벗어나지 못할까 염려됩니다. 밤중에 생각하면 두려워서 스스로 괴로워합니다.

무릇 학문이란 느긋하고 범범하게 해서 얻을 수 있는 것이 아닙니다. 느슨하게 풀어진 몸을 법도의 틀에 몰아넣고 방일(放逸)한 심지(心志)를 고쳐서 경(敬)과 의(義)를 보존하게 하며, 여러 해 동안 고질이 된 인욕(人慾)을 몰아내고 한 점의 희미한 천리(天理)를 자라게 하는 것이니, 죽음을 각오하고 공부하지 않으면 이룰 수 없습니다. 간절히 바라건대 좌하께서는 공부하기 어려운 점을 살피고 어리석은 조카의 나약함을 징계 삼아 좋은 자질만을 의지하지 말고 용맹하게 공부하며, 감발한 뜻만을 믿지 말고 반드시 실천할 것을 생각하십시오. 또한 때때로 저를 편달하여 미련하고 게으른 이 조카를 경계시켜 주시면 제가

10 아침에……좋다 : 공자의 말은 인용한 것이다. 도란 사물의 당연한 이치이니, 만약 그것을 얻는다면 사는 것이 이치에 순하고 죽어도 이치에 편안해서 여한이 없게 된다는 말이다. 《論語 里仁》

비록 심히 노둔하지만 감히 힘을 다해서 따르지 않겠습니까. 주 부자(朱夫子)께서 매번 제갈 무후(諸葛武侯)가 "심력을 다 쏟아서 죽은 뒤에야 그만두겠다."[11]라고 한 말로 사람들을 가르쳤으니, 이것이 실로 초학자가 뜻을 세우는 요결입니다. 바라건대 좌하께서는 이 마음을 굳게 세워서 물러나지 마십시오. 학문을 하는 도로 말하면 무슨 일인들 중요하지 않겠습니까마는 외면을 제어하여 내면을 기르는 데에는 구용(九容)[12]이 우선이 되고, 이 마음을 유지하는 데에는 독서가 가장 시급합니다. 참으로 먼저 여기에 나아가 공부하여 구용 가운데에서 반드시 참과 거짓, 이치와 욕심의 구분을 살피고, 책을 읽을 때에 반드시 의리가 정미(精微)한 심오한 뜻을 탐구하는 것이 어떻겠습니까. 기뻐하는 마음이 크고 정성이 간절하기 때문에 이처럼 말이 길어졌는데도 줄이지 않았으니, 헤아려 살펴 주십시오. 이만 줄입니다.

11 심력을……그만두겠다 : 제갈량(諸葛亮)이 후주(後主) 유선(劉禪)에게 올린 〈후출사표(後出師表)〉에 나오는 내용이다. 《古文眞寶 後集 卷1》

12 구용(九容) : 군자가 지녀야 할 아홉 가지 몸가짐으로, 걸음은 무게가 있고〔足容重〕, 손놀림은 공손하며〔手容恭〕, 눈길은 단정하고〔目容端〕, 입은 다물며〔口容止〕, 말소리는 고요하고〔聲容靜〕, 머리는 곧게 하며〔頭容直〕, 기상은 엄숙하고〔氣容肅〕, 서 있는 모양은 덕이 있으며〔立容德〕, 얼굴빛은 장엄해야 한다〔色容莊〕는 것이다. 《禮記 玉藻》

이윤지[13]에게 답함

答李胤之

어제 보내신 편지를 재차 받고 조섭하시는 건강이 평소보다 좋다는 것을 상세히 알았으니 몹시 위안되고 기뻐서 한번 만나는 것에 못지않았습니다. 매화 아래에서 바위에 시를 쓴 것은 대단히 진기한 일입니다. 한번 읊어 보니 금세 심신이 상쾌하고 뜻이 훨훨 날아오를 고통 속에 빠져 있는 신세인 것도 모를 정도였습니다. 세 달 동안 근심하고 두려워하여 번뇌가 가슴속에 가득하였는데 가슴속이 한 번 시원해지게 해 주셨으니 받은 은혜가 큽니다. 매우매우 감사합니다. 바위 위에 써 놓은 글씨는 이미 봄눈과 새벽달과 함께 사라졌겠지만 바위 위에 뜬 둥근 달과 흰 눈은 참으로 차고 기울거나 얼고 녹는 변화가 없을 것입니다. 훗날 눈 내리고 달 뜬 밤에 제가 바위 위에 누워서 손으로 매화 향기를 잡고 눈을 감고 오래도록 읊조려서 저의 정신을 모으고 시의 혼을 부른다면 지난날 씻겨 버렸던 시가 한 글자 한 글자 드러나는 것이 옛사람이 3년간 석굴에서 지냈더니 온 벽이 모두 주사(朱砂)로 쓴 전자(篆字)로 가득 찼던 것[14]처럼 되지 않으리라고 어찌 보장하겠습

13 이윤지(李胤之) : 조선 후기의 문인 화가 이윤영(李胤永, 1714~1759)이다. 본관은 한산(韓山), 자는 윤지, 호는 단릉(丹陵) 또는 담화재(澹華齋)이다.

14 옛사람이……것 : 누구의 고사인지는 알 수 없다. 《동계집(東谿集)》 권9 〈여원화백경하서(與元華伯景夏書)〉에 "옛사람이 신선을 만나 도를 구하자 신선이 그를 바위 굴 안에 두고 떠나면서 말하기를 '굴 안의 네 벽에 하늘이 쓴 비결(秘訣)이 있다.'라고 하였는데, 그 사람이 3년 동안 뚫어지게 바라보자 온 벽이 다 주사로 쓴 전자가 되었다."

니까. 우습고 우습습니다. 날씨가 날이 갈수록 따뜻해지는데 밤사이 조섭하는 건강은 더욱 좋아지셨는지 모르겠습니다. 저는 전처럼 지내고 있으니, 이른바 심신이 상쾌하고 가슴속이 시원하다는 것은 단지 잠깐의 일일 뿐입니다. 근심스럽고 두려운 것은 옛날과 같고 가슴속이 답답하고 심화(心火)가 날로 올라와서 미칠 것 같으니, 참으로 이른바 "오두(烏頭)의 효력이 다했다."[15]라는 것입니다. 이만 줄입니다.

라는 내용이 있는 것으로 보아 예로부터 전하는 이야기인 듯하다.

15 오두(烏頭)의 효력이 다했다 : 오두는 초오(草烏)의 별칭으로 독성이 강한 약재인데, 제자의 잘못을 바로잡는 스승을 비유한다. 사양좌(謝良佐)가 정이(程頤)에게 와서 공부하다가 하직하고 돌아가는 날 윤돈(尹焞)에게 말하기를 "우리들이 아침저녁으로 선생을 따르면서 행실을 보고 배우고 말을 듣고 깨달은 것은 마치 오두를 먹는 일과 같았다. 그 약을 먹으면 얼굴빛이 광채가 나고 근력이 강성해지지만, 하루아침에 오두의 효력이 다하고 나면 장차 어떻게 할 것인가."라고 하였다. 윤돈이 이 말을 정이에게 전하자, 정이가 "참으로 유익한 벗이라고 할 만하다."라고 하였다. 《上蔡語錄 卷2》

이원령[16]에게 보냄

與李元靈

세모에 조용히 지내시는 건강은 좋으십니까? 근자에 삼가 보건대 고명(高明)이 세상사를 근심하고 풍속을 슬퍼하는 생각을 얼굴과 말에 자주 드러내어 측은히 여기는 마음과 공정하고 넓은 마음을 거의 잊지 못하시니, 참으로 인자(仁者)와 군자(君子)의 마음 씀씀이입니다. 그러나 조금만 지나치면 병이 됩니다. 그러므로 저 또한 일찍이 충고의 말씀을 드렸는데, 다 말하지 못한 것이 있어 마저 말씀드리겠습니다.

오호라, 천하의 일은 많습니다. 때에는 왕성한 때가 있고 쇠퇴하는 때가 있으며, 사람은 어진 사람도 있고 불초한 사람도 있으니, 득실과 성패의 변화와 바른 풍속과 사특한 풍속의 다툼이 분분히 일어납니다. 사람이 이 세상에 살면서 왕성한 때를 보고 쇠퇴한 때를 보지 않으며 어진 사람을 보고 불초한 사람을 보지 않는 것이 어찌 지극한 바람이고 큰 행운이 아니겠습니까마는 그럴 수 없는 것 또한 형세입니다. 무릇 왕성한 때는 참으로 기뻐할 만하고 쇠퇴한 때는 참으로 슬퍼할 만하며, 어진 사람은 참으로 사랑할 만하고 불초한 자는 참으로 미워할 만합니다. 그러나 성대한 덕과 높은 지위가 있어서 쇠퇴하는 때를 왕성한 때로 바꾸고 불초한 자를 어진 사람으로 바꿀 수 있는 자가 아니면 또한 기뻐하고 슬퍼하고 사랑하고 미워할 뿐입니다. 그렇기는 하지만

16 이원령(李元靈) : 조선 후기의 문인 화가 이인상(李麟祥, 1710～1760)이다. 본관은 전주(全州), 자는 원령, 호는 능호관(凌壺觀)·보산자(寶山子)이다.

기뻐하고 슬퍼하고 사랑하고 미워하는 것 또한 자연스러운 인정에서 나와 자기 분수에 할 수 있는 것을 하는 데에서 그칩니다. 조금이라도 지나치게 되면 기쁨과 슬픔과 사랑과 증오에 동요되어 마음이 생각하는 것과 몸이 행동하는 것이 그 지위를 넘어서는 경우가 없을 수 없어서 사람들에게 미움을 받고 불쌍히 여김을 받지 않을 자 드무니, 어느 겨를에 때의 쇠퇴함과 사람의 불초함을 근심하겠습니까.

저는 천성이 조급하여 증오하는 생각이 가장 많이 폭발합니다. 그리고 홀연 다시 스스로 생각하기를 '내가 미워하는 것이 만분의 일이라도 세도(世道)에 보탬이 된다면 이것 때문에 남의 원망을 부르고 남의 노여움을 저촉하여 죽을지라도 참으로 달게 받겠다. 만약 그렇지 않다면 혼자서 한없이 탄식하며 크게 소리 지르고 크게 욕하더라도 또한 어찌하겠는가, 또한 어찌하겠는가.'라고 하였습니다. 그러므로 근년 들어 일절 마음을 쓰지 않는 것을 위주로 하여, 모든 기뻐할 만하고 슬퍼할 만하며 사랑할 만하고 미워할 만한 일들을 만나더라도 심하게 놀라지 않고 그 일들이 지나가더라도 심하게 연연하지 않으니, 마음속에 조금 쾌활한 마음이 그대로 있음을 깨달았습니다. 그러나 우연히 마음에 저촉되는 것이 있으면 이따금 가슴속에서 감정이 올라오는 것을 금하지 못하니, 이는 제거하려고 했으나 제거하지 못한 것입니다. 그런데 고명께서는 오히려 너무 냉정하고 너무 박절하다고 꾸짖으시니 지나치지 않겠습니까. 옛사람이 말하기를 "말로 천하를 구제하는 자"라고 하였는데, 고명께서는 여기에 뜻이 있으십니까? 오호라, 제가 천하의 의리와 일의 형세, 인정과 세태(世態)를 본 것 또한 많으나 이 일은 오늘날 세상에서 기대할 수 있는 것이 아닙니다. 고명께서 어찌 생각지 않으셨겠습니까. 아, 탄식스럽습니다. 이것들에 만약 타당하지 않은 점이 있으면 통렬하게 경책하고 논박하더라도 문제 될 것이 없어 결국 피차간에 서로 도움이 될 테니 한가하게 다투는 말과는 같지 않습니다. 저는 천성이 게을러서 평생 남들과 긴 편지를 주고받지 않았는데, 정이 지극하여 망언(忘言)하지 못하는 것이 이와 같으니, 고명께서 그 마음을 살피실 수 있을 것입니다. 그러나 모르는 사람이 보면 반드시 고명에 대해서는 묵자(墨子)의 겸애설(兼愛說)을 따른다고 하고, 저에 대해서는 양주(楊朱)의 위아설(爲我說)을 따른다고 할 것이니 한바탕 웃을 만합니다. 이만 줄입니다.

숙부 이최중[17]에게 보냄 신묘년(1771, 영조47)

與李叔 最中○辛卯

늦봄과 초여름에 보낸 두 통의 편지를 받아 보셨습니까? 날씨가 점점 더워지는데 이때에 귀양살이하는 체후는 신의 가호로 안녕하십니까? 귀양 가시던 도중과 배소에 도착한 후의 여러 일을 주변 사람들을 통해 대략 들었습니다. 지극히 괴롭고 답답하지만 한편으로는 위안이 됩니다. 근자에 쌀밥이 상에 올라오며 기거와 음식은 전보다 못하지 않습니까? 근자에 홀연히 생각해 보니 좌하(座下)의 평생 규모(規模)와 지취(志趣)로 볼 때 지금에 이르러서 한 번 처분을 면하는 것은 단지 요행일 뿐이니 요행이 어찌 항상 있겠습니까. 이것으로 미루어 본다면 이번에 귀양 가신 것은 이치상 당연할 뿐만 아니라 또한 너무 늦었다고 할 수 있습니다. 좌하께서도 이와 같이 본다면 응당 원래 소유한 것 같은 뜻[18]이 있어서 태연하게 대처하실 것입니다. 저의 이 말이 진부한 선비라 억지로 큰소리치는 것과 다름이[19] 없지 않겠습니까. 어떻게 생각하

17 이최중(李最中) : 1715~1784. 본관은 전주(全州), 자는 인부(仁夫), 호는 위암(韋庵), 시호는 문정(文貞)이다.

18 원래……뜻 : 만나는 상황에 동요하지 않고 자연스럽게 받아들인다는 뜻이다. 맹자(孟子)가 이르기를 "순(舜) 임금이 마른밥을 먹고 채소를 먹을 때에는 그대로 종신(終身)할 듯이 하시더니, 천자(天子)가 되어서는 수놓은 옷을 입고 거문고를 타며, 두 여자가 모시는 것을 고유한 것으로 여기셨다."라는 말에서 인용한 것이다. 《孟子 盡心下》

19 다름이 : 대본에는 '已'로 되어 있다. 문맥에 근거하여 '異'로 바로잡아 번역하였다.

실지 모르겠습니다.

저는 봄에 죄를 면한 것도 이미 잘못된 것인데 엄한 하교가 잇달아 내려와서 두렵기 그지없습니다. 다만 죄명(罪名)이 지극히 무거운데 처벌은 매번 가볍게 받으니 더욱 두려운 마음 금할 수 없습니다. 장차 처벌이 언제 내려질지 모르겠습니다. 노인의 숙환(宿患)이 여름을 만나 자주 발작하니 근심스럽고 애타는 마음을 어찌 말로 다 할 수 있겠습니까. 지난번 침석에서 우연히 시를 두 수 지었는데 죄를 지은 몸이라 감히 시축(詩軸)에 쓰지 못하고 편지를 보내는 편에 부치니 한가할 때 한 차례 웃음거리로 삼으시기 바랍니다. 첫 번째 시는 다음과 같습니다.

지난날 광망한 죄는 죽음도 오히려 가볍거늘　向來狂妄死猶輕
매번 관대한 은혜를 받으니 감격의 눈물 쏟아져 내리네　每奉寬恩感涕橫
대부의 자리에 몇 해 동안 부질없이 매여 있었던가　幾歲虛縻大夫籍
죄를 지은 몸이라 서인의 이름이 합당하네　逋蹤端合庶人名
귀양 가는 것 면하고 자모를 모시고서　免逾嶺海依慈母
오래도록 농부들과 성명을 축원하리　長與農樵祝聖明
다만 조정에 사고 하나 없기를 바라나니　但願朝廷無一事
야인(野人)의 작은 정성은 아직 남아 있다네　野氓芹曝尙餘誠

두 번째 시는 다음과 같습니다.

해가 갈수록 죄가 깊어지는 초야의 신하인데　罪與年深野外臣
성은은 오히려 범인에 끼도록 허락하셨네　聖恩猶許廁凡民
백발의 어진 경사가　偏憐白首賢卿士

궁벽한 변방에서 오랑캐와 이웃 된 것이 몹시 가련하네

去作窮荒羯虜隣

보신 뒤에 화답시를 보내 주신다면 해가 되지 않겠습니까? 조용히 지내시면서 혹시 지은 시가 있습니까? 편지를 통해 보여 주더라도 금령을 어기는 것이 되지는 않을 듯합니다. 서울 소식은 참으로 들을 길이 없고, 비록 들은 것이 있더라도 어찌 감히 논하겠습니까. 간곡히 당부하건대 여름철을 만나 더욱 보중하여 조야(朝野)의 바람에 부응해 주십시오. 하고 싶은 말은 많지만 이만 줄입니다.

이사심에게 보냄

與李士深

“어찌할 수 없다.”라고 한 지난달에 보내온 편지도 이미 뜻밖이었는데, 그 후에 어찌 한 글자라도 편지를 보내오겠습니까. 각하께서 종용한 사람 중에 누가 가장 심한지는 모르겠지만 지금 사람들 중에 각하를 비난하는 사람이 누가 있겠습니까. 듣자 하니 한 무리의 사람들이 5월 22일에 구전 하교(口傳下教)를 내리신 뒤에 애당초 이것에 대해 한마디도 언급하지 않았고, 성덕(聖德)의 탁월함과 신하들의 어리석음에 대해 모두 털끝만큼도 언급한 일이 없다고 하는데, “함께 돌아간다.……” 하신 말씀은 어찌 그리 오활하십니까. 그 의견이 아직까지 그대로일 것이라는 점은 불 보듯 환합니다. 온 세상의 사색당파 사람들이 모두 하나가 된 뒤로 하찮은 우리들의 목숨이야 말할 것이 없지만 장차 나라를 어떤 지경에 놓으려고 한단 말입니까. 반드시 휘덕(輝德) 등 제공(諸公)들과 한가할 때에 깊이 생각해 보시는 것이 어떻겠습니까. 비록 이미 죽은 사람으로 자처하고 있지만 나라를 염려하는 한 생각은 목숨이 끊어지기 전에는 어찌 감히 잊겠습니까.

서 序

문의현에 부임하는 송사행[20] 어른을 전송하는 서문
送宋丈士行之任文義縣序

은진(恩津) 송공(宋公)이 모부인(母夫人)을 모시고 옥천(沃川)의 산중에 은거하고 있었는데, 조정에서 그를 음직(蔭職)에 보임하자 벼슬에 나갔다가 버리고 돌아왔다. 이렇게 한 것이 네 번이나 되었다. 오랜 세월이 지난 뒤에 세자익위사 시직(世子翊衛司侍直), 종부시 주부(宗簿寺主簿), 형조 좌랑을 거쳐 마침내 문의 현령(文義縣令)으로 나가라는 명이 내렸다. 임지로 떠나려고 할 때에 나에게 전송하는 말을 해 달라고 요청하였다.

내가 보건대, 옛날 융성하던 때에 정치가 위에서 밝고 풍속이 아래에서 아름다워 선비로서 한 가지 재능이라도 가지고 있는 자는 모두 하나의 관직을 얻어서 세상에 쓰이기를 원하였다. 이와 같았으니 정치가 어떻게 밝지 않을 수 있겠으며 풍속이 어떻게 아름답지 않을 수 있겠는가. 오늘날은 그렇지 않아서 학문을 쌓고 도덕을 품은 선비는 모두

20 송사행(宋士行) : 송문흠(宋文欽, 1710~1752)으로, 본관은 은진(恩津), 자는 사행, 호는 한정당(閒靜堂)이다.

암혈(巖穴) 속에 숨어서 광채를 감추어 스스로 세상에 모습을 드러내지 않는다. 그중에 간혹 나가서 벼슬하게 되면 그 또한 낭서(郎署)나 현읍(縣邑)에서 배회하여 그 녹봉을 받아서 반찬과 제수(祭需)를 마련하고 부지런히 문서를 처리하고 법조문을 준행하여 녹봉 받아먹는 값을 하고, 일찍이 공을 세워 세상에 큰일을 한 적이 없으니, 이런 경우는 벼슬에 은거한 것이다. 사람이 이 세상에 태어나 누군들 벼슬을 얻어서 자기가 배운 것을 행하고 싶지 않겠는가마는 오늘날 사람들이 유독 이렇게 하는 것은 어째서인가? 오호라, 여기에서 세도(世道)를 볼 수 있다.

공은 어려서부터 학문을 하여 지금 30년이 되었으니 학문이 이루어졌을 텐데 알아주기를 구하지 않고 자신을 깊이 감추었다. 그가 낭서에서 벼슬한 것을 보건대, 거기에서도 한결같이 겸양하였으니, 어찌 이른바 벼슬에 은거한 자가 아니겠는가. 그렇기는 하지만 벼슬이란 은거할 수 없는 곳이다. 낭서도 그러한데 하물며 현읍이겠는가. 사직(社稷)이 존엄하고 백성이 많으니 고을이 지극히 작더라도 한 나라의 일이 갖추어져 있다. 그리고 군자가 임금을 섬길 때에 그 벼슬에 있으면 그 일을 다 해야 한다. 임금이 이 고을을 지키라고 명하였으면 이미 중한 사직과 백성을 들어서 안위(安危)와 영욕(榮辱)의 책임을 맡겨 준 것이니, 이것이 어찌 은거하여 할 수 있는 것이겠는가. 선비가 벼슬에 나가서 공경의 지위를 얻어 나라를 좋게 만들지 못하면 물러나 하나의 주(州)나 하나의 현(縣)을 얻어 심력을 다하여 다스리더라도 나의 도를 행할 수 있다. 비록 지위는 높고 낮음이 있고 베푸는 것은 넓고 좁음이 있지만 나의 도가 행해지는 데에는 애당초 통하고 막힘이 없다. 아래 지위에 있으면서 공적 세우는 것을 숭상하여 자신을 드러내는 것은 아첨이고, 관직에 있으면서 심력을 다해서 배운 것을 행하려고 하지 않는 것은 오만이니, 아첨과 오만은 군자가 부끄럽게 여긴다. 심력을 다해서 배운 것을 행하고 내게 스스로를 드러내려는 마음이 없다면 이것으로 말미암아 양리(良吏)라는 명성을 얻더라도 벼슬에 은거하는 뜻이 오히려 있는 것이다. 그러니 훗날 벼슬이 싫어져서 옥천으로 돌아와 마침내 참으로 은거하더라도 누가 막을 수 있겠는가, 누가 막을 수 있겠는가.

청풍(淸風) 김종수(金鍾秀)는 서문을 쓴다.

낭천에 부임하는 김계윤[21]을 전송하는 서문
送金季潤宰狼川序

지난해 가을에 내가 국사(國社)의 남사(南社) 옆으로 이사하였다. 남사 옆이기 때문에 그곳엔 사대부가 많이 살고 있었다. 내가 교제하는 재주가 없어서 이웃에 사는 사람이라도 서로 얼굴을 보지 못한 자가 열에 여덟아홉이었고 유독 김씨 계윤과만 친하게 지냈다. 계윤은 성품이 담박해서 남에게 정을 주지 않을 것 같았지만 나를 매우 좋아하여 날마다 왕래하면서도 싫증을 내지 않았다. 지금 계윤이 낭천 현감에 제수되어 떠나려고 하면서 나에게 고을을 다스리는 도리를 물었다.

내가 보건대 계윤은 어려서 병을 많이 앓아 도가(道家)의 수련법을 좋아해서 일찍이 기(氣)를 절제하여 그 정신을 어지럽히지 않은 사람이다. 대저 기는 몸의 작용이라서 절제하지 않으면 고갈되고, 신(神)은 몸의 근본이라서 어지럽게 하면 백체(百體)가 편치 못하게 된다. 고을을 다스리는 것은 몸을 다스리는 것과 같다. 비유하자면 재물은 기이고 백성은 신이니, 재물은 작용에 해당하고 백성은 근본에 해당한다. 재물을 절제하면 쓰는 데에 부족하지 않고 백성을 어지럽히지 않으면 온 고을의 백성들이 그들의 생업에 편안할 것이다. 재물이 쓰기에 부족하지 않고 백성들이 생업에 편안하면 다스리는 도가 이루어질 것이다. 이렇게 되면 천하 국가를 다스리는 것도 할 수 있는데 하물며 작은

21 김계윤(金季潤) : 김상숙(金相肅, 1717~1792)으로, 본관은 광산(光山), 자는 계윤, 호는 배와(坯窩)·초루(草樓)이다.

고을 하나야 말할 것이 있겠는가. 내가 이 때문에 낭천이 장차 잘 다스려지리라는 것을 알 수 있다.

오호라, 계윤과 나는 모두 곤궁한 선비이다. 적은 녹봉을 받아서 굶주림과 추위를 해결하였는데, 계윤은 이미 늙어 머리가 하얗고 나 또한 더 이상 벼슬하고 싶은 뜻이 없다. 내가 들으니 대관령(大關嶺) 동쪽에는 살기에 좋은 이름난 산과 강이 많다고 하는데 낭천이 그중에 하나이다. 계윤이 정사가 잘 되고 나서 한가한 때에 그중 한 곳을 정해서 집을 짓는다면 훗날 한마을에 살면서 나무하고 물 긷는 일을 분담하기를 예전에 남사 옆에서 살 때처럼 할 수 있지 않겠는가. 내가 장차 가서 볼 것이다.

기묘년(1759, 영조35) 맹춘 모일에 소우(少友) 청풍(淸風) 김종수(金鍾秀)가 써서 낭천현에 부임하는 김계윤 노형(老兄)을 전송하는 서문으로 삼는다.

안동 부사로 부임하는 이심원[22]을 전송하는 서문

送李深遠出宰安東府序

처음 내가 한산(韓山) 이윤지(李胤之)와 교유할 때에 이군 심원(李君深遠) 또한 윤지와 사이가 좋았다. 내가 그러므로 심원에 대해 특별한 마음으로 함께하였다. 신미년(1751, 영조27) 봄에 내가 심원과 그의 동생 이용강(李用康)[23] 및 같은 군(郡)에 사는 김백우(金伯愚)[24]와 단양(丹陽)으로 윤지를 찾아갔는데, 그때에 우리들이 모두 젊은 때라서 술을 마시며 노래하고 의기(意氣)가 서로 투합하여 천하의 즐거움 중에 이보다 더한 것은 없다고 여겼다. 윤지가 그 산천과 풍토가 아름다운 것을 좋아하여 그곳에 살려고 하였는데, 한빈(漢濱)[25] 어른이 시를 지어서 약속하였다. 윤지가 예전에 단양에 박전(薄田)이 있어서 먼저 구담(龜潭)에 작은 정자를 지었고, 용강이 또 운선동(雲仙洞)에 집을 지었다.

22 이심원(李深遠) : 이유수(李惟秀, 1721~1771)로, 본관은 전주(全州), 자는 심원, 호는 완이(莞爾), 시호는 정익(貞翼)이다.

23 이용강(李用康) : 이유년(李惟秊, 1729~1756)으로, 자는 용강이다. 이유수의 동생이다.

24 김백우(金伯愚) : 김상묵(金尙默, 1726~1779)으로, 자는 백우이다. 1751년 몽오와 함께 유람하였다.

25 한빈(漢濱) : 윤심형(尹心衡, 1698~1754)을 가리킨다. 본관은 파평(坡平), 자는 경평(景平), 호는 임재(臨齋), 시호는 청헌(淸獻)이다. 저서로 《임재집(臨齋集)》이 있다.

윤지가 일찍이 나에게 말하기를 "우리들은 궁한 선비라 땅 한 뙈기도 살 만한 돈이 없는데 만약 심원이 안동 부사가 된다면 우리의 일이 이루어질 것이다." 하고 함께 크게 웃었다. 안동은 큰 부(府)이고 단양과는 죽령(竹嶺)을 사이에 둔 고을이다. 지금 심원이 안동 부사가 되어 떠나는데 한빈과 용강은 죽은 지 이미 오래되었고, 윤지 또한 몇 달 전에 죽었다. 지금 심원이 안동으로 가는 길에 단양을 지나면서 구담과 운선 사이를 지날 때에 배회하고 머뭇거리며 차마 발이 떨어지지 않을 것이다.

오호라, 10년 사이에 사람의 일이 알 수 없게 된 것이 이와 같으니, 다시 심원과 단양에 들어가서 술잔을 들고 즐기기를 지난날 했던 것처럼 하려고 하더라도 어찌 될 수 있겠는가. 그러나 내가 윤지의 죽음에 곡한 뒤로 오직 백우와 심원만을 마음에 두고 있었는데 지난해에 백우가 이미 용궁(龍宮)의 임지로 갔고 심원이 지금 또 떠나가서 나 홀로 울울하게 서울에서 벼슬살이를 하여 문을 나서도 함께 얘기할 사람이 없으니 내 마음이 슬프겠는가, 슬프지 않겠는가. 용궁과 안동은 같은 도(道) 안의 가까운 곳이니, 심원은 오히려 즐거워할 만한 점이 있지 않겠는가. 이 점이 심원을 위로할 수 있지 않겠는가. 슬프다.

《완암집》 서문

浣巖集序

내가 동자 때에 처음 당시(唐詩)를 현옹(玄翁)[26]에게 배웠는데, 현옹이 이미 늙어 머리가 하얗게 세었고 문장은 당세에 유명하였다. 때때로 글 상자에서 그가 지은 시문(詩文)을 찾아 읽어 보고, 또 그 얼굴이 도(道)가 있는 사람과 같고 종일토록 집에 있으면서 근심하는 기색이 없으며 왕왕 술에 취해 노래를 부르면 그 소리가 금석(金石)을 쪼는 듯한 것을 보고 마음속으로 이상하게 생각하였다. 그러나 오랫동안 살펴보니 그 마음이 담박하고 호방하여 사람들이 부러워하는 재물이나 여색이나 명리(名利)에 대해서와 기뻐하고 슬퍼하고 원망하고 놀라는 일[27]에 대해서도 지나간 것은 하나도 마음에 남겨 두지 않았으니, 현옹의 인품 또한 고매하였다. 그렇다면 그의 문장을 어찌 가릴 수 있겠는가.

현옹이 세상을 떠난 뒤에 일찍이 현옹과 교유했던 사람들이 그의 유집(遺集)을 함께 산정(删定)하여 시 몇 수와 글 몇 편을 얻어서 네 권으로 만들고 나에게 서문을 쓰라고 부탁하였다. 현옹이 문장에 대해서는 남보다 뛰어난 점이 있거니와 석호(石湖) 신공(申公)[28]에게서 얻

26 현옹(玄翁) : 정내교(鄭來僑, 1681～1759)로, 본관은 창녕(昌寧), 자는 윤경(潤卿), 호는 완암(浣巖)·현와(玄窩)이다. 몽오의 어릴 적 스승이다. 저서로 《완암집(浣巖集)》이 있다.

27 일 : 대본에는 '日'로 되어 있다. 문맥에 근거하여 '事'로 바로잡아 번역하였다.

28 석호(石湖) 신공(申公) : 신여식(申汝拭, 1627～1690)을 가리킨다. 본관은 평산(平山), 자는 옥보(玉甫), 호는 석호이다. 신립(申砬) 장군의 증손자이다.

은 것이 많았다. 그의 글은 전아(典雅)하고 풍부하고 분방하며, 왕복하며 곡절(曲折)이 있는 것을 좋아하여 지취(志趣)가 서로 감개(感慨)하고, 시는 또 염정(恬靜)하고 시원하면서 운치가 있으며 여유가 있고 급박하지 않아서 시인의 뜻을 잃지 않았다. 현옹은 평소 정신을 수고롭게 하면서 궁리하여 그 성령(性靈)을 상하게 하지 않았는데 문장을 지을 때에도 그러하였다. 그러므로 얼핏 보면 그다지 특이한 점이 없는 것 같다. 하지만 그 법도와 기개는 옛날 대가(大家)들의 법도와 매우 합치하니, 세상의 도야(陶冶)[29]해서 아름답게 만들고 다듬어서 정교하게 만드는 자가 미칠 수 있는 것이 아니다. 사람들이 그것을 다 알지 못하니 슬프다.

사대부의 자제들은 지위가 높지 않은 것이 아니고 양육을 후하게 하지 않은 것이 아닌데도 문학으로 서로 숭상하지 않는데, 현옹은 누추한 여항(閭巷)에서 불쑥 나와서 능히 자력으로 글을 지었다. 추위와 굶주림으로 그 마음이 흔들리지 않은 것도 참으로 이미 어려운 일이거늘 문장을 지을 때에 또 반드시 옛날의 도를 근본으로 삼고 한때의 명성을 구하지 않으니 그의 입지(立志)가 참으로 원대하다고 할 수 있다. 그렇기는 하지만 이 문집에서 전하는 것은 그의 문장일 뿐이니 그의 인품이 고매한 것은 또 누가 알아주겠는가. 현옹이 일찍이 노자(老子)의 글에서 취하여 그 집의 편액에 현(玄) 자를 붙였기 때문에 교유하는 사람들이 항상 현옹이라고 불렀다. 완암(浣巖)이라고 한 것은 현옹이 일찍이 임인사화(壬寅士禍) 때에 가족을 이끌고 충청도의 계룡산(鷄龍山)에 들어가 살았기 때문이니, 완암은 그곳의 지명이다.

29 도야(陶冶) : 대본에는 '塗冶'로 되어 있다. 문맥에 근거하여 '塗'를 '陶'로 바로잡아 번역하였다.

영남 관찰사로 떠나는 정대수[30]를 전송하는 서문

送鄭大受觀察嶺南序

나는 미천한 선비이니 조정의 경사대부(卿士大夫)와는 아득히 서로 왕래하지 않고, 옛날에 알던 사람도 서로 잊고 지낸다. 동래(東萊) 정대수만이 나와 사이가 좋아서 지난날 대수가 경주 부윤(慶州府尹)이 되었을 때에 나에게 충고를 해 달라고 하였다. 나는 근세에 사대부들이 왕왕 조정을 쉽게 떠나 지방관으로 내려가기에, 조정에서는 그 직책에 맞게 하기가 쉽지 않지만 주현(州縣)의 일은 자기의 심력을 다할 수 있어서 그런 것인지 괴이하게 여겼다. 마침내 이것으로 대수에게 묻고 또 정치란 백성에게 해가 되는 것을 찾아서 제거하는 데에 있을 뿐이라고 말하였다. 대수가 경주를 다스린 지 3년 만에 경주가 크게 다스려졌고, 조정에 돌아온 뒤에 관직이 더욱 높아지고 명망이 더욱 높아져서 옥당(玉堂)의 장을 지내고[31] 이조 참의를 지내고 중간에 승지를 지내기도 하였다.

또 3년 후에 경상도 관찰사에 제수되었는데, 임지로 떠나려고 하면

30 정대수(鄭大受) : 정존겸(鄭存謙, 1722～1794)으로, 본관은 동래(東萊), 자는 대수, 호는 양암(陽菴)·양재(陽齋)·원촌(源村)이다. 벼슬은 영의정까지 지냈고, 정조의 두터운 신임을 받았다. 시호는 문안(文安)이다.

31 옥당(玉堂)의 장을 지내고 : 정존겸은 1763년(영조39) 9월까지 홍문관 부제학을 지내고, 그해 11월에 경상 감사에 제수되었다. 그사이에 홍문관 대제학에 제수된 기록이 없으므로 여기에서 옥당의 장이란 홍문관 부제학을 가리키는 듯하다. 《英祖實錄 37年 7月 7日》

서 또 나에게 충고를 해 달라고 하였다. 오호라, 대수는 어찌하여 자주 조정을 떠나는가. 어찌 이른바 내직은 걸맞게 하기가 어렵고 외직의 일은 심력을 다할 수 있어서 그런 것이겠는가. 내가 또 대수에게 묻노니, 경주에서 돌아온 후 몇 년 사이에 내직을 두루 거쳤는데 모두 그 직책에 걸맞게 하기를 경주에 있을 때처럼 하였는가? 옥당에 있을 때에는 임금을 계도하고 간언하여 논사(論思)의 직책에 걸맞게 하였고, 이조에 있을 때에는 선한 자와 악한 자를 구별하여 벼슬을 올리고 내려서 전형(銓衡)의 직책에 걸맞게 하였고, 승지의 자리에 있을 때에는 임금에게 아뢰고 임금에게 이의를 제기하여 출납(出納)의 직책에 걸맞게 하였는가? 대수가 내직에 있으면서 그 직책에 걸맞게 할 수 없다고 생각했다면 나가서 외직에서 정사를 펼 때에는 가능하겠는가? 다만 대수가 떠난 뒤에 조정의 어진 사대부들 중에 능히 그 직책에 걸맞게 할 자가 또 누구일지 모르겠다.

지금 관찰사와 주현의 수령이 지위에 높고 낮음이 있고, 다스리는 땅의 크기에 크고 작음의 차이가 있지만 백성의 위에서 백성을 다스리는 것은 마찬가지이다. 그렇다면 내가 관찰사가 된 대수에게 충고하는 말이 경주 부윤이 된 대수에게 충고한 말과 어찌 다름이 있겠는가. 또한 백성에게 해가 되는 것을 찾아서 제거하는 데에 있을 뿐이다. 그렇기는 하지만 다른 점이 있으니, 이른바 백성에게 해가 되는 것을 찾아서 제거하는 것은 주현에 있을 때에는 잘못된 정치와 잘못된 법을 제거하는 데에 불과할 뿐이지만 관찰사로 있을 경우에는 주현의 나쁜 관리를 제거하는 것보다 우선하는 것이 없다. 주현의 관리 중에서 백성에게 가장 큰 해를 끼치는 자는 네 부류가 있으니, 탐욕스러운 관리〔貪吏〕와 잔혹한 관리〔酷吏〕와 어두운 관리〔闇吏〕와 교활한 관리〔黠吏〕이다. 교활한 관리는 세속에서 말하는 능리(能吏)이다. 백성의 재물을 갈취하는 것을 탐(貪)이라고 하고, 백성의 목숨을 해치는 것을 혹(酷)이라고 하고, 해야 할 일을 하지 않는 것을 암(闇)이라고 하는데, 그 해는 오히려 쉬이 드러난다. 그러나 교활한 관리는 그렇지 않아서 지혜가 그 간사함을 숨기기에 충분하고 재주가 백성에게 명성을 사기에 충분하니, 말과 모습과 정령(政令)을 참고해 보면 훌륭한 점을 환히 볼 수 있고, 문서와 회계에서 확인해 보면 악한 점을 지적하여 들춰낼 수 없다. 그렇지만 그가 정신을 쏟고 있는 것과 권세를 부리는 데에서 백성의 고혈(膏血)은 이미 고갈되어서 비록 어진 사람이 그 후임으로 와서 잘 하더라도 백성들은 1, 2십 년 안에 소생하지 못한다. 오늘날 관찰사가 된 자들이 어찌 참으로 이것을 알지 못하겠는가. 단지 아끼는 것이 있어서 차마 제거하지 못하고, 두려워하는 것이 있어서 감히 제거하지 못하는 것이다. 오호라, 저들은 참으로 아끼고 두려워해서 그리하는 것이겠지만 우리 성상이 밤낮으로 근심하는 적자(赤子)들은 무슨 죄가 있단 말인가. 내가 일찍이 주현의 수령을 지냈고 또 전야(田野)에 산 지 오래되었기 때문에 특별히 백성들에게 심히 해가 되는 것만을 들어서 대수에게 이와 같이 고한다.

계미년(1763, 영조39) 겨울 12월 갑진일에 광수산(光秀山)의 국리초당(菊里艸堂)에서 쓴다.

제주 목사로 부임하는 윤백상[32] 시동 을 전송하는 서문
送尹伯常 蓍東 之任濟州序

해평(海平) 윤백상이 약관의 나이로 과거에 급제하여 처음 대각(臺閣)에 들어가서 언사(言事)로 인하여 영남으로 귀양 가고 이어 삭적(削籍)되어 서인으로 강등되었다. 그 후로 10년이 지나 금년 봄에 비로소 서용(敍用)되어 옥당(玉堂)에 들어갔는데, 가을에 제주에 기근이 들어서 수신(守臣)이 능력이 없다는 이유로 파직되니 임금이 그 후임을 찾기 어려웠다. 상신(相臣)이 백상을 추천하자 백상을 아는 자들은 모두 "5품에서 당상관으로 특진하는 것은 임금의 은총이다."라고 하고, 어떤 자는 "백상은 근신(近臣)인데 외직으로 나가 섬의 수령이 되는 것은 좌천이다."라고 하는데, 내 생각에는 모두 잘못 생각한 것이다. 백상이 죄적(罪籍)에 있은 지 오래되었으니 서용된 것 또한 다행이다. 참으로 이전의 허물을 덮을 만한 공을 세우지 않았다면 은총이 이처럼 갑자기 내릴 수 없다. 백상이 옛날에 비록 죄가 있었지만 이미 탕척(蕩滌)하여 서용되었고 또 새로 죄를 얻은 적이 없으니 좌천이라고 하는 것은 지나친 것이다. 그렇다면 신하가 천거한 것과 임금이 제수한 것은 아마도 백상의 재능과 식견이 한 주(州)를 담당하기에 충분해서일 것이다.

오호라, 백상의 언사가 일어났을 때에 스스로 그 죄가 그 지경에까지

32 윤백상(尹伯常) : 윤시동(尹蓍東, 1729~1797)으로, 본관은 해평(海平), 자는 백상, 호는 방한(方閒), 시호는 문익(文翼)이다. 편저로 《향례합편(鄕禮合編)》이 있다.

이를 줄은 참으로 생각지 못했고, 귀양 가고 금고되어 죄상이 왕부(王府)에 기록되고 성명이 서인(庶人)으로 들어갔을 때에는 다시는 사대부에 들지 못할 것 같았다. 그러다가 하루아침에 임금의 마음이 바뀌어 명을 내려 혁연한 영광이 내려져 조정에 들어가서는 경연(經筵)에서 시강(侍講)하고 외직으로 나가서는 지방관이 되었으니, 이는 하늘의 뜻이다. 이것으로 보건대 죄를 굳이 피할 필요가 없으니 그것이 저절로 오는 경우가 있고, 영광을 굳이 구할 필요가 없으니 저절로 얻는 경우가 있는 것이다. 죄든 영광이든 운수(運數)에 달린 것이지 인력으로 미칠 수 있는 것이 아니다. 그러므로 군자는 내 직분에 마땅히 해야 할 일을 다하는 데 힘써야 하고 죄와 영광은 그 만나는 운수에 맡길 뿐이다. 그러니 백상이 죄를 두려워하고 영광을 탐내서 자기 직분에 마땅히 해야 할 일을 다하지 않아서 우리 성상의 후덕한 뜻을 저버릴 수 있겠는가. 오호라, 어찌 한 고을일 뿐이겠는가. 풍랑과 상어와 악어의 근심을 떨치고 백성들을 구제하고 진무하는 책임을 맡은 것으로는 백상을 위로하기에 부족하다는 것을 내가 잘 알고 있다.

을유년(1765, 영조41) 중추 모일에 몽오산인(夢梧山人)은 광수산(光秀山)의 국리초당(菊里艸堂)에서 쓴다.

연경으로 사신 가는 외사촌 형 홍 상공 낙성 을 전송하는 서문
送內兄洪相公 樂性 使燕序

처음 나의 형제와 외사촌 형제 네 사람이 도성 남쪽에 살았는데 집이 서로 가깝고 나이가 또 서로 비슷해서 함께 유학하였다. 서로들 장성하여서는 밤낮으로 몰려다니며 노래 부르고 웃고 떠들면서 하루도 떨어져서는 안 될 것처럼 지냈다. 그러다가 나의 형님이 도성에서 시골로 내려가 마침내 시골에서 살았고, 외사촌 백형(伯兄)은 출사(出仕)하여 조정에서 벼슬하였고, 외사촌 중형(仲兄)과 나는 벼슬에 나간 것도 아니고 나가지 않은 것도 아닌 상황이 되어 모이고 흩어지는 것에 대한 감흥이 일었다. 그 뒤에 나의 형님이 돌아가시자 외사촌 백형과 중형을 보면 나의 형님을 보는 것 같았다.

금상 7년(1783, 정조7) 겨울에 외사촌 백형 홍공이 원임 좌의정(原任左議政)으로서 왕명을 받고 북쪽 오랑캐 나라에 사신 가게 되었다. 오호라, 나의 형님을 다시 볼 수 없고, 살아 있는 자 또한 소년 시절처럼 때때로 서로 볼 수 없는 것이 한스럽다. 공께서 지금 국경 밖으로 사신 가시는데 나는 의지할 데 없는 외로운 몸으로 노쇠하고 병들어 초야에 묻혀 있어서 도성 문 밖에 가서 잔을 들어 전별할 수 없으니, 공께서 나의 마음을 헤아려 본다면 개연히 탄식하고 처연히 슬퍼하시지 않겠는가. 공께서 길을 떠나실 것이기에 삼가 헤아려 보건대 공께서 사행(使行)을 마치고 조정에 돌아오시면 치사(致仕)할 나이가 얼마 남지 않을 것이고, 나와 외사촌 중형도 치사를 청한 지가 여러 해 되었다.

장차 공께서 치사하고 물러나기를 기다려 산마루와 물가를 지팡이 짚고 서로 왕래한다면 우리 세 사람은 소년 시절의 일을 다시 이을 수 있을 것이니 어찌 다행이지 않겠는가.

공이 출발하려고 하면서 일장산(日長山)[33] 아래에 있는 나에게 편지를 보내 좋은 말을 해 달라고 하였다. 내가 특히 그 이합(離合)과 존몰(存沒)에 대한 감정을 이와 같이 써서 공께 답을 올린다. 중형께서 비록 병이 있지만 동산(東山)에서 몸을 일으켜 화관(華館)의 전별연에 참석하셨는지 모르겠다. 공께서 이 말을 가지고 그에게 말하시면 그가 반드시 잘 찬미하고 잘 축복했다고 할 것이다. 비풍(匪風)과 하천(下泉)의 생각[34]과 충신(忠信)과 독경(篤敬)의 도리[35]에 대해서는 조정에서 교유하는 사람들 중에 반드시 공을 위해 말해 주는 사람이 있을 것이다.

이종 아우 청풍(淸風) 김종수(金鍾秀)는 야인실(野人室)에서 쓴다.

33 일장산(日長山) : 남한산성(南漢山城)이 있는 남한산의 옛 이름이다.

34 비풍(匪風)과 하천(下泉)의 생각 : 비풍은 《시경》 〈회풍(檜風)〉의 편명이고, 하천은 〈조풍(曹風)〉의 편명이다. 이 두 편은 모두 주(周)나라 왕실이 점점 쇠약해짐을 현인(賢人)이 개탄하는 내용이다. 여기에서는 조선의 국력이 약해 청나라에 굴복하고 있는 현실을 안타까워한 것이다.

35 충신(忠信)과 독경(篤敬)의 도리 : 공자의 제자 자장(子張)이 자기의 뜻이 행해지는 방법을 묻자 공자가 대답하기를 "말이 충성스럽고 미더우며 행실이 독실하고 공경스러우면 비록 오랑캐의 나라라 하더라도 뜻이 행해질 수 있지만, 말이 충성스럽고 미덥지 못하고 행실이 독실하고 공경스럽지 못하면 중국 안의 주리(州里)라 하더라도 뜻이 행해질 수 있겠는가."라고 하였는데, 여기에서는 홍낙성(洪樂性)이 오랑캐 나라인 청나라에 사신 가기 때문에 충신과 독경의 자세로 그들을 대한다면 그곳에서도 자기의 뜻을 펼 수 있을 것이라는 말이다. 《論語 衛靈公》

《해광집》 서문

海狂集序

예로부터 초야의 선비로서 재능을 가지고 큰 뜻을 품은 자가 많지 않은 것이 아니었지만 항상 때를 만나지 못한 것을 괴롭게 여겼으니, 벼슬하여 조정에 나아가고 공덕의 혜택이 이 백성들에게 미친 자는 다행히 때를 만났기 때문이다. 그리고 난리를 만나서 힘을 다해 왕실을 수호하다가 혹 힘이 다해서 죽은 자는 비록 불행이기는 하지만 또한 때를 만나지 못했다고 할 수 없다. 내가 해광 처사(海狂處士) 송공(宋公)[36]의 유집(遺集)을 보니 공은 뛰어난 재능을 가진 사람이었다. 일찍이 이 백성들을 편안히 하고 구제하는 것을 자기의 임무로 삼았다. 그 스승은 토정(土亭 이지함(李之菡))이고, 그 벗은 중봉(重峯 조헌(趙憲))이었으니, 이는 그가 경륜을 쌓고 충의(忠義)로 서로 격려한 것이 참으로 바탕이 있었던 것이다.

임진왜란이 일어나자 창의(倡義)하여 의병을 일으키려고 격문(檄文)을 써서 사방으로 돌아다니며 병사를 모집할 때에 경기와 호서와 호남으로 부르짖으며 바삐 뛰어다닌 것은 귀신도 감격하여 울게 하기에 충분하였다. 공이 의병을 모집하러 다닐 때에 나오자마자 김 창의사(金倡義使 김시민(金時敏))가 진주(晉州)에서 전사하고, 조 문열공(趙文烈公 조헌)이 금산(錦山)에서 전사하였다. 나아가서는 의병을 규합

36 해광 처사(海狂處士) 송공(宋公) : 송제민(宋齊民, 1549~1602)으로, 본관은 홍주(洪州), 자는 사역(士役)·이인(以仁), 호는 해광이다.

하여 뛰어난 공을 세우지 못했고 물러나서는 또 김공, 조공과 함께 죽지 못하였다. 다만 그의 척왜만언소(斥倭萬言疏)는 그 의리가 바르고 그 생각이 원대하여 백세 후까지 전할 수 있고 당시에 행할 수 있었는데 중도에 배척되어 임금이 보지 못했으니, 어쩌면 그리도 불행 중에서도 더욱 불행하단 말인가. 오호라, 공이 때를 만난 것으로 말한다면 처음에는 만났지만 끝에는 만나지 못했다고 할 수 있을 것이다.

공의 유집은 단지 격문과 봉사(封事)뿐이지만 지금 읽어도 공의 지절(志節)을 볼 수 있고, 공의 학식을 볼 수 있고, 공의 재략(才略)을 볼 수 있어서 공의 평생과 본말을 모두 볼 수 있다. 비록 겨우 몇 편이지만 어찌 세상에 전하지 않을 수 있겠는가. 오호라, 공의 상소 가운데 "동인(東人)과 서인(西人)에 대한 설은 조정에 동인과 서인이 있는 것이 아니라 곧 전하의 마음에 동인과 서인이 있는 것입니다."라는 것은 내가 일찍이 다른 사람의 문집에서 보고서 몇 번을 거듭 읽으며 감탄하여 참으로 만세토록 임금이 귀감으로 삼아야 할 말이라고 생각하였다. 그 후 왕명을 받들어 《국조명신주의(國朝名臣奏議)》를 편집하면서 감히 이 말을 특별히 썼으니, 조만간 임금께 올려 만약 국가에서 채택한다면 이는 공의 말이 당시에는 시행되지 않았을지라도 후세에는 행해질 수 있을 것이다. 오호라, 이렇게 되면 구천(九泉)에서 답답해하는 공의 혼을 위로할 수 있을 것인가.

공의 처음 이름은 제민(濟民)이고 자는 이인(以仁)이었는데, 후에 이름에서 수(水) 변을 빼서 제(齊)로 고치고 자를 사역(士役)으로 고쳤다. 이는 스스로 농민으로서 농사지어 부역(賦役)을 바치는 사람에 빗댄 것이니 그 뜻이 또한 너무 슬프다. 공의 5세손 전 정랑 송익중(宋益中)이 호남에서 유집을 가지고 일장산(日長山) 아래로 와서 나에게 서문을 청하였다. 내가 마음에 느낀 바를 특별히 써서 돌려보내고 책 끝에 공의 장자 화암공(花庵公) 송타(宋柁)가 순절(殉節)한 시말을 덧붙였으니, 여기에서 또[37] 공의 가정의 가르침을 볼 수 있다.

37 또 : 대본에는 '叉'로 되어 있다. 문맥에 근거하여 '又'로 바로잡아 번역하였다.

기 記

바다 유람기
浮海記

병자년(1756, 영조32) 5월 임오일에 이윤지(李胤之 이윤영(李胤永))와 바다 유람을 떠났는데 그의 아우 이건지(李健之 이운영(李運永))와 종제 이구지(李懼之 이희영(李喜永))가 함께하였다. 양화나루를 건너 웅월촌(熊月村)에서 점심을 지어 먹고 성령(星嶺)에 오르니 서쪽으로 바다가 보였다. 저녁에 인천(仁川)에서 묵었다.

계미일 낮에 인천 고을을 경유하여 서쪽으로 10리를 가서 해구(海口)에 도착하니 배가 이미 준비되어 있었다. 그러나 밀물이 충분히 들어오지 않아서 잠시 바위 가에서 서성거렸다. 바위에는 굴 껍데기가 많이 붙어 있었는데, 벌집처럼 많은 구멍들이 있었다. 해안 북쪽에는 옛날 제물포(濟物浦)의 진영이 있었는데 부서진 기와와 폐허가 된 성 가퀴에 초목이 무성하였다. 멀리 동남쪽을 바라보니 바다에 섬들이 점처럼 이어져 있고 석양이 물들어 있었다. 밀물이 들어와 바위가 반쯤 잠기자 뱃사공이 배에 오르라고 하였다. 이때에 하늘에는 미풍조차 없고 바다에는 물결 한 조각도 일지 않으니 하늘과 바다가 유리처럼 맑고 깨끗하여 마치 거울 속에 있는 것 같았다. 배를 타고 10여 리를 가서 자연도(紫煙島)[38]에 정박하였다. 백운산(白雲山)이 그 북쪽에 있고 월미도(月尾島)가 포구 뒤쪽에 보이는데 그 남쪽을 지나가면 닭 우는 소리와 개 짖는 소리가 거의 서로 들릴 만큼 가깝다. 땅은 비옥하고 백성은 많으며 산천이 환히 트여 집을 짓고 살 만하다. 국가에서 이곳에 영종방영(永宗防營)을 설치하여 교화(喬華)로 들어가는 길목을 지키게 하였다. 문 위에 누(樓)가 있어 바다를 내려다볼 수 있는데 이름을 태평루(太平樓)라고 하였다. 태평루에 올라가니 저녁 하늘은 어둑어둑하고 가는 비가 파도에 떨어져 소리가 났다. 밤에 마을에 있는 민가에서 묵고 용류도(龍流島) 가는 길을 물으니 서남쪽으로 20리를 가라고 하였다. 삼목포(杉木浦)에 이르니 포구가 안팎으로 조수(潮水)를 받아서 밀물이 들어오면 물이 차서 바다가 되고 썰물이 빠지면 겨우 소를 타고 포구로 들어갈 수 있었다. 그런데 갯벌의 깊이가 한 자가 넘고 그 길이는 10리나 되었다. 섬사람들이 전하기를 "구십구포(九十九浦)인데 소를 타고 가면 열 걸음에 아홉 번 넘어진다. 조금 기다리면 밀물이 또 들어올 것이니 수로(水路)로 가는 것이 더 빠르다."라고 하였다.

갑신일 아침에 태평루 아래에서 배를 띄워 이른 조수를 타고 서쪽으로 가니, 바다 안개가 자욱하여 뜨는 해를 보지 못하였다. 배가 큰 바다로 들어가니 어디로 가는지 알 수 없었다. 나와 윤지가 일어나서 뱃전에 서니 길게 불어오는 바람이 소매를 스치고 푸른 물결이 허공에 솟아올랐다. 눈을 들어 바라보니 아득하여 경쇠를 치던 양(襄)[39]의 유

38 자연도(紫煙島) : 영종도(永宗島)의 옛 이름이다.

39 경쇠를 치던 양(襄) : 양은 노(魯)나라가 어지러워지자 은거한 악관(樂官)이다.

풍(遺風)이 생각났다. 한참 있으니 가슴속에 아무것도 없다는 것을 깨달았다. 돌아보니 마니산(摩尼山) 등 여러 산이 반쯤 물 위로 솟아 있는 모습이 마치 붓끝이 뾰족하게 드러난 것 같고 손가락을 나란히 세워 놓은 것 같았으며, 또 큰 눈이 천지에 가득 쌓였는데 몇 개의 새벽별이 꺼지지 않고 깜박거리는 것 같았다. 윤지가 나에게 부채를 달라고 하더니 신기루와 낙조(落照)를 그리고는 "오늘 날이 흐려 이 두 가지를 잃었으니 붓으로 보충해야겠네." 하였다. 뱃길로 약 3, 4십 리를 가서 팔산도(八山島)를 지나 남쪽으로 가니 갑자기 안개가 옅게 일어서 햇빛이 안개 사이로 새어 나오는데 앞에 몇 송이의 연꽃이 점차 구름을 걷고 나오는 것 같았다. 이곳이 어디인지 물으니, 바로 용류도라고 하였다. 푸른 절벽과 붉은 해안이 영롱하고 명윤(明潤)하고 섬 주위를 띠 두른 것 같은 백사장이 그 사이에 펼쳐져 있었다. 파도 가운데 꽂아 놓은 것처럼 우뚝 솟아 깎아 놓은 듯 기이하게 가파른 것은 여기암(女妓巖)이라고 하는데 무위도(無爲島) 등 여러 섬과 어울려 햇빛을 반사하고 있었다. 옆으로 기울어지고 끊어졌다 이어지며 원근의 형세가 다른 것이 마치 무희(舞姬)의 소매가 허공에 펼쳐져 꺾였다 돌아서 합쳐지고 구부러져서 서로 감싸는 것 같았다. 윤지가 말하기를 "육지에서 들어오는 사람은 이런 기이한 광경을 보지 못할 테니, 그 안에 들어가서 보는 것이 멀리서 보는 것에 비해 어떠할지 모르겠네." 라고 하였다. 서로 돌아보며 기이한 광경에 대해 떠들고 있는데 물이

공자가 "소사(少師) 양(陽)과 경쇠를 치던 양(襄)은 해도(海島)로 들어갔다."라고 하였는데, 몽오가 배를 타고 바다에 나와 있기 때문에 해도로 들어간 양을 생각한 것이다. 《論語 微子》

이미 빠져서 마침내 배를 세우고 밀물이 들어오기를 기다렸다. 이때 멀리 있는 배를 보니 허공에 떠 있는 것이 마치 머리카락 하나가 파도 가운데 떠 있는 것 같더니 홀연히 또 날아가서 어디로 갔는지 보이지 않았다. 얼마 지나지 않아 광풍(狂風)이 홀연히 일어나고 짙은 안개가 사방을 가득 메워 눈 깜작할 사이에 용류도를 다시 볼 수 없었다. 뱃사공이 말하기를 "역풍이 불어서 조수를 가르고 나아갈 수 없으니 자연도로 돌아가 정박하는 길밖에 없습니다." 하였다. 내가 말하기를 "형산(衡山)에 구름이 걷힌 것은 인력으로 조물주의 조화를 빼앗은 것인가?"[40] 하니, 윤지가 눈썹을 찌푸리며 말하기를 "그 또한 우연일 뿐이네." 하였다. 마침내 돛을 올리고 배를 돌리니 바람은 더욱 거세게 불고 안개는 더욱 짙어져서 옷과 갓이 기름으로 목욕한 것 같았으며 돛 밖은 한 걸음도 보이지 않고 배가 나는 듯이 가고 있는 것만 느껴졌다. 넓은 바다를 나는 듯이 달리니 마치 꿈속에서 구덩이에 떨어지는데 사방에는 잡을 것이 아무것도 없는 것 같았다. 뱃사공은 앉아서 손을 모으고 배가 가는 대로 맡기고 있는데 하늘은 이미 칠흑처럼 어두워졌다. 마침내 큰 바다 가운데에 닻을 내리니 밤기운은 싸늘하고 마음은 서글퍼져 편치 않았다. 윤지가 좋은 향 몇 개를 꺼내서 불을 붙여 비린내를

40 형산(衡山)에……것인가 : 안개가 걷혀 승경이 드러남을 말한 것이다. 형산은 중국의 오악(五嶽) 중 남악(南嶽)에 해당하는 산이다. 한유(韓愈)가 형산에서 지은 시에 "구름 뿜고 안개 뿌려 산허리를 감추니, 절정이 있은들 누가 다 볼 수 있으랴.……잠깐 사이에 구름이 말끔히 걷히고 뭇 봉우리 솟아나, 우러러보니 우뚝이 푸른 허공을 떠받치고 있구나."라고 하였는데, 몽오가 현재 바다 가운데에서 해무(海霧)에 갇혀 있으므로 기도를 해서 걷히기를 빌면 걷히지 않겠느냐고 말하기 위해 인용한 것이다. 《昌黎先生集 卷3 謁衡嶽廟遂宿嶽寺題門樓》

없앴다.

한밤중에 갑자기 우레가 치고 비가 내리는데 우렛소리가 하늘을 울리니 파도가 물러나 피하는 것 같았고, 번갯불이 파도를 비추어 고래와 교룡을 찾아낼 수 있을 것 같아서 사람을 두렵게 하였다. 눈을 감고 한참 있으니, 천지가 개벽하기 전의 혼돈한 모습이 이러했으리라고 생각되었다. 갑자기 공중에서 은은하게 사람의 말소리가 들려오는 것 같았는데, 지나가던 배가 비 때문에 멈춰 있거나 혹은 섬마을이 가까이 있으리라고 생각되어 뱃사공이 큰 소리로 사람이 있는지 묻고 이곳이 어디인지를 물었다. 이렇게 서너 번 소리쳤지만 적막하기만 할 뿐 끝내 대답하는 자가 없었다. 어떤 사람은 물귀신이라고 하고, 어떤 사람은 날아가는 새소리라고 하고, 어떤 사람은 아무 소리도 없는데 단지 귀를 기울이고 있었기 때문에 소리가 나는 것처럼 느껴진 것이라고 하여 마침내 서로 바라보면서 한바탕 웃었다.

5경이 되자 바람이 더욱 거세지면서 밀물이 들어오는 것이 느껴졌다. 그 소리와 기세가 빠르고 사나워서 만 마리의 말이 내달리는 듯하고 창칼이 부딪치는 듯하였는데, 배는 크지만 아무 힘이 없어 키질하고 절구질하듯 출렁거려 소라 껍데기와 다름이 없었다. 윤지가 행낭에서 거울을 꺼내서 비춰 보고는 웃으며 말하기를 "원래 빠져 죽는 법은 없다." 하였다. 내가 말하기를 "죽는 것은 참으로 명이 있는 것이니, 한번 배를 타고 곧바로 소주(蘇州)나 항주(杭州)에 이르러 천하의 장관을 모두 구경한다면 나쁜 일이 아니지." 하고 마침내 등불을 켜고 시를 지으며 하늘이 밝아 올 때까지 기다렸다. 한 편이 나올 때마다 나와 윤지가 뱃전을 두드리며 길게 읊으니 그 소리가 바다의 파도 위에 가득하였다. 만약 하백(河伯)이 이 소리를 듣는다면 어찌 빙그레 웃으며 "이자들은 어리석도다. 죽음을 두려워하지 않는 것이 이와 같다니." 라고 말하지 않겠는가.

먼동이 틀 무렵에 갑자기 한 조각 푸른 섬이 홀연히 보이기에 자세히 보니 월미도의 행궁(行宮)이었다. 다시 돛을 달고 곧바로 10여 리를 내려가 다시 제물포 진영 앞에 배를 대고 포구 마을에서 아침을 먹고 인천으로 들어왔다.

병술일에 기탄(岐灘) 길을 경유하여 서울로 돌아왔다. 이번 여행에서 사람마다 율시 18수를 얻었다.

수정루기

水晶樓記

이윤지(李胤之)의 집이 서울의 경구계(京口契)[41] 다리 동쪽에 있는데, 지붕 위에 다락을 만들었다. 다락의 높이는 기어서 갈 수 있고 허리를 펴고 설 수 없었다. 그 넓이는 그 안에 고서 1, 2천 권, 구리와 옥으로 만든 오래된 그릇 몇 개, 괴상한 나무와 돌을 수용할 만하였고, 그 외에 주인에게 두 사람의 객이 있는데 술잔과 접시를 늘어놓고 그 사이에서 읍(揖)을 하기에는 부족하였다. 윤지가 그 다락에 항상 기거하지는 않고 나를 볼 때마다 나를 데리고 올라갔다. 어느 날 윤지가 그 다락에 수정루(水晶樓)라는 이름을 붙였는데, 다락 안에 투명한 자수정(紫水晶) 한 덩어리가 있기 때문이라고 하였다. 윤지가 말하기를 "이 수정은 우리 중부(仲父)가 주신 것인데 중부가 돌아가신 뒤에 내가 이 수정을 더욱 소중히 여겼고, 또 단산(丹山)은 내가 돌아갈 곳인데 내가 일찍이 꿈속에 그곳에 들어가니[42] 400자의 바위가 모두 수정으로 변해 있었다. 내가 단산을 생각하면서 돌아가지 못하니 이 수정을 보면 단산을 보는 것 같기 때문에 이 다락을 수정루라고 이름하였다." 하였다.

41 경구계(京口契) : 한성부(漢城府) 서부(西部) 성 밖의 반송방(盤松坊)에 속해 있던 계로서, 당시 경기 감영의 창고 앞이다.

42 들어가니 : 대본에는 '人'으로 되어 있다. 문맥에 근거하여 '入'으로 바로잡아 번역하였다.

오호라, 부형(父兄)을 사랑하여 그분이 주신 기물에까지 미치는 것은 인(仁)이고, 명산을 오매불망하는 것은 정(貞)이다. 인으로 마음을 삼고 정으로 몸을 단속하니 군자의 도가 갖추어진 것이다. 그렇기는 하지만 윤지가 수정에서 취한 뜻이 어찌 이와 같을 뿐이겠는가. 수정의 덕은 안팎이 서로 가리지 않고 그 안에 털끝만 한 흠이 있더라도 반드시 밖으로 드러나므로 외부의 사물이 오면 그 사물의 장단(長短)과 곡직(曲直)이 그 본래의 형상을 하나도 숨길 수 없으니, 윤지는 수정과 그 기류(氣類)가 같다. 이 점이 그가 이 다락에 '수정'이라는 이름을 붙인 이유일 것이다. 그렇기는 하지만 수정의 성질이 단단하여 흠이 생기기 쉽고 그 빛이 밖으로 발산하는데, 윤지는 지금 밝음을 감추고서 드러내지 않고 안으로 강(剛)하면서 밖으로는 유(柔)함으로 응대하니 윤지가 수정과 같은지 같지 않은지 또 알 수 없다. 그리고 수정은 참으로 광채가 나고 진기하여 일상적인 물건이 아니지만, 온화하면서도 엄정하고 맑으면서도 순수하며 연마하면 문채가 있고 두드리면 그 소리가 맑은 것은 대체로 옥(玉)에 미치지 못한다. 군자의 도에 비유하면 옥은 완전한 덕에 해당한다. 윤지의 어짊으로 그 도량을 채운다면 그 덕을 옥에 견주더라도 괜찮을 것이니, 어찌 단지 '수정'으로만 이 다락을 이름할 수 있겠는가. 윤지는 어떻게 생각하는가?

정축년(1757, 영조33) 여름 6월 경인일에 쓴다.

관기실기

觀寄室記

이것은 영유현(永柔縣) 서쪽 1리쯤에 있는 고을 사람 장유완(張有完)의 집인데, 청풍(淸風) 김종수(金鍾秀)가 강서 현령(江西縣令)으로서 와서 구경하였다. 그 집에 사적으로 이름 짓기를 관기실(觀寄室)이라고 하고, 이어 다음과 같이 기문을 지었다.

"옛날 신임사화(辛壬士禍) 때 선조고(先祖考) 참판 부군(參判府君)이 서쪽 변방의 위원군(渭原郡)에 유배되었고, 계묘년(1723, 경종3) 가을에 영유현으로 양이(量移)되었고, 3년 뒤에 금상이 즉위하여 비로소 석방되어 돌아오셨다. 그로부터 36년 뒤인 경진년(1760, 영조36)에 나에게 강서 현령으로 나가라는 명이 내렸다. 강서현과 영유현은 같은 도(道)의 가까운 곳에 위치한다. 이듬해 봄에 영유현에 와서 수령인 조인서(趙寅瑞)와 함께 참판 부군이 옛날에 유배 생활하셨던 집을 방문하니, 당시 주인인 장지선(張之先)은 이미 죽었고 그 아들 장유완이 집을 지키고 있었다. 규모는 8칸짜리 집인데, 남쪽으로 창을 내서 햇빛을 받고 동쪽으로 문을 내서 출입하며, 서쪽에 1가(架)를 막아서 겨울에 지낼 수 있게 하였으니, 이곳이 우리 선조께서 머무시던 곳이다. 그 동쪽에 2가(架)의 집이 있어서 처마와 서까래가 서로 이어져 있는 것은 선고(先考)께서 부친을 뵈러 오셨을 때 기거하던 곳이다. 그 방에 들어가니 희미하게 남은 자취가 문미(門楣)와 천장, 창과 벽에 두루 있는 것 같은지라 배회하면서 사방을 돌아보며 오래도록 한숨짓고 눈물을 흘렸다.

이에 장씨의 자제들 및 옛날에 일찍이 왕래하던 사람을 불러 모아 함께 방에 앉아서 음식을 대접하고 옛일을 얘기하며 부군께서 유배생활 하실 때의 복식과 기거를 물어서 당시의 일을 상상하였다. 오호라, 부군께서 이 땅에 유배 오셨을 때에 부군의 아우 충정공(忠靖公)은 순안(順安)으로 유배 가고, 처남 이 문간공(李文簡公)은 운산(雲山)으로 유배 가고, 벗인 고 총재(冢宰) 조공(趙公)은 안주(安州)로 유배 가셨다. 조공은 조인서의 선공(先公)이다. 영유에서 남쪽으로 순안까지는 30리이고, 서쪽으로 안주까지는 90리이고, 또 서북쪽으로 운산까지는 200리였는데, 마치 이웃처럼 문안 편지를 서로 왕래하였다.

지금 부군과 선고께서 돌아가신 지 겨우 9년이 지났고, 충정공 등 제공(諸公) 또한 모두 이미 앞뒤로 세상을 떠나셨다. 오호라, 조인서는 신임사화가 일어나기 2년 전에 태어났고 나는 신임사화가 일어난 지 6년 뒤에 태어났는데, 지금 함께 지방관의 관인을 차고 이곳에서 만났으니, 이것은 하늘의 뜻이다. 마침내 '관기실' 세 글자를 직접 써서 판에 새겨 벽에 걸었으니, 그 뜻은 이 방에 들어오면 위로는 세도(世道)의 변화를 볼 수 있고 아래로는 사적인 추모의 마음을 부칠 수 있다는 의미이다. 혹자는 잠시 지내셨던 남아 있는 집을 우러러본다는 의미라고 하니, 그 뜻 또한 통한다."

숭정 후 세 번째 신사년(1761, 영조37)[43] 봄 1월 모일에 눈물을 흘리며 삼가 쓴다.

43 숭정……신사년 : 몽오가 1760년 6월 강서 현령에 제수되었으므로, 이 글의 내용으로 볼 때 '봄 1월'은 이듬해인 1761년 1월에 해당한다. 숭정 1년은 1628년이므로, 1641년이 첫 번째 신사년, 1701년이 두 번째 신사년, 1761년이 세 번째 신사년이 된다. 대본에는 '崇禎三'으로 되어 있다. 문맥에 근거하여 뒤에 '辛巳'를 보충하여 번역하였다.

규장각기

奎章閣記

성상께서 처음 즉위하셨을 때 금원(禁苑) 북쪽에 규장각을 세우고 영종대왕(英宗大王)의 어제(御製)를 봉안하셨습니다. 그러고 나서 각신(閣臣)에게 하교하기를 "이 각에 영조의 어제를 봉안하였으니 이전에 종부시(宗簿寺)에 있던 열조(列朝)의 어제와 각판(刻板)을 옮겨 와서 함께 봉안해야 나의 마음에 부합하고 일에도 편리할 것이다." 하셨습니다. 일이 미처 행해지기 전에 신 김종수(金鍾秀)가 각지(閣志)를 상세히 본 것으로 인하여 종부시의 고사(故事)를 가져다 살펴보니, 종부시에 규장각이 있어서 열조의 어제를 봉안하였는데, 숙종대왕 20년(1694)에 창건하여 직접 편액을 쓰셨고, 그해가 바로 영종께서 탄생하신 해였습니다. 신이 이 사실을 아뢰니 상께서 이르기를 "오호라, 명(命)이로다. 옛날 편액과 함께 새 각(閣)에 옮겨 봉안하라." 하고, 마침내 신에게 그 일을 기록하라고 명하셨습니다. 신이 물러나 큰 소리로 말하기를 "대저 각을 세워서 책을 보관하고, 이름을 걸어서 각을 높이는 것은 성효(聖孝)의 작은 예이다. 그러나 우리 전하께서 선왕의 뜻을 계승하고 사업을 이은 효는 영조께 받았고, 영조는 숙조(肅祖)께 받았고, 숙조는 열조께 받았으니, 그 마음이 서로 감통하여 틈이 없다. 그러므로 이름을 지을 때에 자연히 이처럼 서로 맞았으니, 오호라 성대하도다. 그러나 우리 전하께서 부지런히 힘쓰고 심신을 경계하고 삼가시어 능히 하늘의 마음을 받은 것이 영조와 숙조 및 열조와 합치되지 않는 것이 한 가지도 없었으니, 하늘이 우리 전하께 거듭 명하여 아름다운 복을 내리는 것 또한 우리 열조와 숙조와 영조께 하신 것과 같으리니, 어찌 단지 각의 이름이 마침 같을 뿐이겠는가." 하였습니다. 신은 이것을 써서 공손히 재가를 기다립니다.

야인실기
野人室記

금상 5년(1781, 정조5) 윤5월에 유지(有旨)를 내려 신을 불러 입시하라고 하시니, 신이 명을 받고 조정에 달려가서 성정각(誠正閣)의 동실(東室)에 입시하였다. 신이 막 섬돌을 올라가 앞으로 나아가서 미처 부복하기도 전에 상께서 갑자기 맞이하여 이르기를 "경을 보지 못한 지 오래되었는데, 경은 이미 야인(野人)의 모양을 이루었구나." 하셨다. 신이 일어났다 다시 부복하고, 물러난 뒤에 당일에 산으로 돌아와서 마침내 '야인실(野人室)'이라는 세 글자를 크게 써서 벽에 붙이고 그 아래에 다음과 같이 기문을 붙였다.

"나는 야인인데 굳이 성상의 하교를 기다린 뒤에 이름을 지은 것은 왜인가? 내가 본래의 면목을 보전한 것을 기뻐하고, 우리 성상께서 사람을 알아보시는 덕을 널리 알리기 위해서이다. 나는 서울에서 나고 자랐는데 장성한 뒤에는 시골에 물러나서 야인이 된 지 지금 21년이 되었다. 벼슬에 나아간 뒤로 조정에서 벼슬한 날짜는 겨우 10여 일뿐이고, 죄를 지어 해도(海島)로 유배 가서 서울에 발을 디디지 못한 지가 6년이 되었다. 그러다가 성명(聖明)의 지우(知遇)를 입어 서울에서 5년을 지냈고, 그런 뒤에 비로소 벼슬에서 물러났으나, 그 5년 중에도 태반은 시골에 있었다. 생각건대 내가 서울에서 시골로 간 것은 그곳에서 생을 마칠 계획이었다. 그런데 하루아침에 갑자기 귀하게 되어서는 임금의 은총과 화려한 생활이 이목(耳目)을 물들이고 정욕(情欲)을 감촉하는 것이 많았다. 소인(小人)의 정(情)

은 사물에 따라서 옮겨 가는 것이니, 본래의 면목을 바꾸어서 나무꾼이나 목동의 웃음거리가 되지 않으리라는 것을 어떻게 알 수 있겠는가. 그런데 지금 이것을 성명께 얻었으니, 나는 장차 종신토록 이 두 글자의 은혜로운 선물을 안고서 살다가 죽어 지하에 들어갈지라도 유감이 없을 것이다. 오호라, 이것은 우리 전하께서 하사하신 것이다. 그러나 세상에 나와 대립하는 자들은 내가 야인이 아닐 것이라고 의심하니, 저들은 무슨 마음을 가졌단 말인가. 오호라, 이달 하현(下弦)에 주인은 백운산(白雲山)의 자이실(自怡室)에서 쓴다."

내사한 둥근 옥으로 된 권자에 대한 소기
內賜圓玉圈子小記

위의 둥근 옥으로 된 권자(圈子)는 지름이 2치 5푼이고, 구멍의 지름은 6푼이고, 흰색인데 푸른 기운이 있고, 테두리에 작은 모서리가 있다. 성상께서 일찍이 착용하던 것인데 미천한 신에게 하사하신 것이다. 금상 4년(1780, 정조4) 6월에 천신이 이조 판서에서 승진되어 판의금부사를 겸직할 때 사은(謝恩)을 마치고 명을 받들어 성정각(誠正閣)의 동실(東室)에 입시하니 상이 승지에게 묻기를 "이조 판서가 둥근 옥으로 된 권자를 이미 착용하였는가?" 하였다. 천신이 대답하기를 "사은한 뒤에야 비로소 다른 사람에게 권자를 빌려서 막 착용하고 입시하였습니다." 하였다. 상이 직접 이 권자를 내시에게 주니 내시가 승지에게 주고 승지가 신에게 주었다. 신이 부복하여 받고 일어났다 다시 부복하였다. 상이 이르기를 "이 권자는 내가 일찍이 착용했던 것이다. 크기는 비록 작지만 옥의 품질은 좋다. 지금 경에게 하사하니, 경은 물러나 승정원으로 나가서 이 권자를 착용하고 집으로 돌아가라." 하였다. 신이 감읍하고 물러나 승정원에 가서 그 전에 착용하던 권자를 벗고서 이것으로 대신하고 마침내 종신토록 다른 권자로 바꾸지 않았다. 그 시말을 위와 같이 부기(附記)하여 영원토록 전해지는 가보(家寶)로 삼아서 후세 자손으로 하여금 이 권자를 보게 하여 성은이 무궁토록 이어지기를 기원한다.

명륜당의 식당에 친림하신 데 대한 기문

明倫堂親臨食堂記

금상 6년(1782, 정조6) 봄 3월 정미일에 상이 선성(先聖)께 작헌례(酌獻禮)를 행하였다. 하루 전인 병오일에 상이 태학(太學)에 행차하여 계성사(啓聖祠)에 배례(拜禮)를 행하고 명륜당에 임어하여 하교하기를 "태학생의 식당에 내가 친림할 것이니 사학(四學)의 유생도 식당에 동참하게 하라." 하였다. 시간이 되자 상이 식당의 중영(中楹)에 임어하니 관인(館人)이 식고(食鼓)를 세 번 울렸다. 지관사(知館事) 신 김종수(金鍾秀), 동지관사(同知館事) 이명식(李命植)・정민시(鄭民始), 대사성 조상진(趙尙鎭), 박사 김명언(金命彦)이 제생들을 거느리고 들어왔다. 김종수 등이 서재생(西齋生) 54인과 길 오른쪽을 경유하여 서계(西階) 아래에서 동쪽을 향하고, 김명언이 동재생(東齋生) 57인과 길 왼쪽을 경유하여 동계(東階) 아래에서 서쪽을 향하였다. 성균관의 관원은 직급의 차례를 따르고 태학생은 나이의 차례를 따르고 사학생은 중앙에 두 줄로 앉았는데 오른쪽 사람은 왼쪽을 향하여 앉고 왼쪽 사람은 오른쪽을 향하여 앉았다. 관인이 전포(展布)를 호창(呼唱)하고, 진반(進飯)을 호창하고, 진갱(進羹)을 호창하고, 채소를 올리고 마른반찬을 올리고 장을 올리고 김치를 올리기를 예(禮)대로 하였다. 조상진이 순당(巡堂)하여 오른쪽에서 들어와 왼쪽으로 나갔다. 마침내 어반(御飯)을 올렸다. 김명언이 쟁반을 들고 올라가고, 조상진이 따라 올라가서 김명언을 도와 쟁반을 들었는데 그릇과 밥과 반찬을 제생과 똑같이 하였다. 관인이 권반(勸飯)을 고하고, 진다(進茶)를 고

하고, 낙비(落匕)를 고하니 제생들이 식사를 마쳤다. 김명언이 올라가고 조상진이 따라 올라가서 김명언이 어반을 철상(撤床)하였는데, 두 손으로 내려서 쟁반을 들고 일어서서 드시고 남은 것을 김종수 등에게 보였다. 김종수 등이 일어서고 제생 또한 일어서서 공수하고 빙 둘러서서 보았다. 제생들이 먼저 물러났다. 상이 신 김종수 등을 앞으로 나오라고 명하여 성균관에 폐막(弊瘼)이 있는지를 묻고 나서 나가셨다. 상이 신 김종수를 돌아보고 이르기를 "오늘의 일을 그대가 기록하라." 하였다. 다음 날 새벽에 작헌례를 마치고 문무의 선비들에게 시험을 보이고, 식당에서 일을 한 관인들에게 미포(米布)를 차등을 두어 하사하고 마침내 환궁하셨다.

신이 삼가 생각건대, 태학에 친림하여 제생들을 불러서 함께 식사하는 것은 옛날에 없었던 일이다. 오호라, 부자(夫子 공자(孔子))를 높이 예로 받들어서 성균관의 선비들에게까지 미치고, 무리 지어 지내며 식사하는 예를 통해서 고락을 함께하는 뜻을 담았으니 매우 성대한 덕이다. 이것은 의당 영구히 전해서 만세토록 제왕의 법으로 삼아야 한다. 그러므로 신이 그 시말을 위와 같이 자세히 쓴다.

생소려기

生巢廬記

지난 임진년(1772, 영조48)에 내가 죄를 지어 금갑도(金甲島)에 유배되어 위리안치되었을 때에 종숙부 고정공(古亭公 김치인(金致仁)) 또한 남해의 섬에 위리안치되어 모두 조석으로 죽음을 기다리고 있었다. 노수 태범(盧叟泰范) 형원보(亨源甫)[44]가 당시 66세였다. 그때 평양에 살고 있었는데, 그 소식을 듣고 즉시 말을 타고 2000리를 달려서 섬에 계신 숙부를 찾아가 밤낮으로 곁에 있으면서 떠나지 않았다. 숙부가 사면되자 함께 돌아와 소래산(蘇來山) 아래 분암(墳庵)에 이른 뒤에야 비로소 평양으로 돌아갔다.

그로부터 6년 후 무술년(1778, 정조2)에 내가 외직으로 나가 관서(關西) 지역을 안찰(按察)하는 평안 감사가 되었다. 노씨 노인의 집이 외성(外城)에 있었는데 외성은 기자(箕子)의 옛 성이다. 나의 백씨인 본암(本庵 김종후(金鍾厚)) 선생이 직접 그 집에 가서 '생소려'라는 세 글자를 써서 주었으니, 노인의 의기(義氣)는 오늘날의 소원수(巢元修)[45]이고 또 능히 죽지 않고 살았음을 의미한다.

44 노수 태범(盧叟泰范) 형원보(亨源甫) : 노태범으로, 자는 형원이다. 몽오의 집안과 교분이 깊었다. 《本庵集 卷5 盧參奉泰范壽序》

45 소원수(巢元修) : 소식(蘇軾)의 친구이다. 소식이 영남(嶺南)에 유배 갔을 때 연락하는 친구들이 적었는데, 촉(蜀) 땅의 소원수와 오(吳) 땅의 승려 설순(契順)만이 만 리나 되는 길을 걸어서 외딴 유배지까지 찾아왔다고 한다. 《金石文考略 卷14》 노태범이 남해의 섬에 위리안치되어 있는 김치인을 찾아간 것을 소원수에 비유한 것이다.

오호라, 붕우의 도가 없어진 지 오래되었다. 어느 날 갑자기 급한 상황이 되면 두려워하여 평소에 일면식이라도 있는 것을 숨기지 않는 사람이 없는데, 소옹(巢翁)과 노씨 노인은 천 리 먼 길을 찾아가서 기꺼이 함께 돌아왔으니, 이는 참으로 죽고 사는 것을 염두에 두지 않은 것이다. 만약 소옹이 살았다면 노씨 노인이 우리 숙부에게 한 것처럼 반드시 소씨(蘇氏) 형제[46]와 거취를 함께했을 것이 분명한데 도중에 신주(新州)에서 죽었으니 어찌 그리 불행한가. 지금 노씨 노인은 섬에서 함께 지내다가 끝내는 숙부와 함께 살아서 돌아왔으니 또 어찌 그리 다행인가. 오호라, 붕우의 의리는 천성이고, 죽고 사는 것은 명(命)이다. 의리가 참으로 같다면 저 외부에서 이르는 생사가 어찌 그 사이에 영향을 미칠 수 있겠는가. 그렇기는 하지만 후세에 소옹의 의리를 흠모하는 자가 노씨 노인이 살아서 돌아왔다는 말을 듣고 영해(嶺海)가 반드시 사람을 죽이지는 않는다는 것을 알면 의리를 행하는 것이 더욱 견고하고 용맹할 것이다. 이것으로 말한다면 살아서 돌아온 소옹이 죽은 소옹보다 낫다고 해도 괜찮을 테니, 아 훌륭하도다. 처음 임인사화가 일어났을 때에 중조(仲祖) 충정공(忠靖公 김재로(金在魯))이 순안(順安)으로 귀양 갔으니, 이때 노씨 노인의 나이가 약관이 못 되었고 그때에 중조께 수학하였다. 오호라, 50년 사이에 우리 집안이 환란을 당한 것이 두 번인데 노씨 노인이 처음부터 끝까지 함께하였으니, 여기에서 또한 그가 우리 선조에게 어떻게 하였는지를 볼 수 있다. 소옹이 노천(老泉)[47]에게도 이렇게 하였는지는 모르겠다. 노씨 노인의

46 형제 : 대본에는 '兄第'로 되어 있다. 문맥에 근거하여 '第'를 '弟'로 바로잡아 번역하였다.

나이가 80인데 얼굴은 붉고 수염은 검으며, 술을 마시면 열 잔을 마셔도 취하지 않는다. 어느 날 편지를 보내와서 나에게 기문(記文)을 써 달라고 하면서 말하기를 "내가 살아 있을 때 집의 벽에 걸기를 원한다." 하였다. 마침내 그 전말을 기록하여 보낸다.

금상 8년(1784) 여름에 청풍(淸風) 김종수(金鍾秀)는 양주(楊州) 관아에서 쓴다.

47 노천(老泉) : 소식(蘇軾)의 아버지 소순(蘇洵)의 호이다.

진장각의 어제 어필을 규장각에 옮겨 봉안한 일에 대한 실기
珍藏閣御製御筆移奉奎章閣事實記

규장각이 완성되고 나서 상이 종부시에 걸려 있는 숙종대왕이 쓴 규장각의 편액을 얻으셨다. 신 김종수가 이미 명을 받아 그 일을 기록하여 《규장각지》에 실었다. 얼마 지나지 않아 상께서 대내(大內)의 진장각 안에서 열성조의 어필(御筆) 86본(本)과 석각(石刻) 41본과 목각(木刻) 211본과 목판 1650편(片)과 옥축(玉軸) 3본을 얻고, 또 숙종대왕께서 지으신 천한각명판각(天翰閣銘板刻)을 얻었으니, 명(銘)은 지어졌는데 각(閣)이 완성되지 않아서 마침내 규장각의 봉모당(奉謨堂)에 함께 걸었다. 상이 또 영종조(英宗朝)에 편찬한 《갱장록(羹墻錄)》 네 권을 진장각에서 얻고서 제신들에게 명하여 이어서 편찬하게 하여, 편찬이 완료되자 함께 봉안하였다. 또 신 김종수에게 명하여 그 일을 기록하게 하니, 신이 삼가 〈규장각기〉의 뜻을 부연하여 다음과 같이 거듭 고하였다.

"오호라, 열성조의 신한(宸翰)은 어느 것인들 성대한 덕이 드러나고 지극한 이치가 담겨 있는 것이 아니겠습니까. 그러나 정치의 계책과 공렬에 비하면 말단인 것입니다. 그런데도 우리 전하께서 작은 자구와 점획까지도 아끼기를 오호궁(烏號弓)[48]처럼 하고 보배로 여기기

48 오호궁(烏號弓) : 선왕(先王)의 유품(遺品)을 의미한다. 황제(黃帝)가 수산(首山)에 있는 구리를 채취하여 형산(荊山) 밑에서 정(鼎)을 만들었는데, 정이 완성되자 용 한 마리가 수염을 길게 늘어뜨리고 땅으로 내려와 황제를 맞이하였다. 황제가 용에

를 공벽(拱璧)[49]처럼 하여 차례로 사방에서 찾아 모아서 높이 보관하여 털끝만큼이라도 실추하는 것이 있을까 염려하셨으니, 우리 전하께서 효도에 지극한 정성을 쏟음이 이와 같았습니다. 정일(精一)의 전통[50]을 계승하고 온 나라가 태평해지는 국운을 밝혀서 선왕의 뜻과 사업을 계승하는 책임을 다하신 데에서 더욱 알 수 있습니다. 지난번에 신이 〈규장각기〉에서 '선왕의 뜻을 계승하고 사업을 이은 효는 열조께 받았고, 부지런히 힘쓰고 심신을 경계하고 삼가시어 한 가지도 합치되지 않는 것이 없었습니다.'라고 한 것을 전하께서는 이미 가지고 계십니다. 게다가 지금 동궁(東宮)이 책봉되어 후대를 부탁하는 데 근심이 없으니, 지난번에 신이 이른바 '「하늘의 마음을 받아서 하늘이 아름다운 복을 내리셨다.」라는 것입니다.' 하고, 끝에 '신은 공손히 기다립니다.'라고 한 것을 여기에서 확인할 수 있으니, 아, 성대합니다. 그러나 신은 들으니, 효도가 이미 충분한데도 스스로 볼 때에는 항상 부족한 듯이 여기고, 하늘이 내려 준 복을 받고도 자기의 도리를 더욱 힘써 행하는 것이 성인의 마음가짐이라고 합니

올라타자, 여러 신하와 후궁 70여 명이 따라 올라탔다. 용이 하늘로 올라가자, 나머지 신하들이 용에 타지 못하고 모두 용의 수염을 붙잡으니, 용의 수염이 뽑히고 황제가 지니고 있던 활이 지상으로 떨어졌다. 이 때문에 후세 사람들이 그곳을 '정호(鼎湖)'라고 이름하고, 그 활을 '오호(烏號)'라고 이름하였다. 《史記 封禪書》

49 공벽(拱璧) : 대벽(大璧), 즉 두 손으로 감싸야 할 정도로 둥글고 큰 옥을 가리키는데, 여기에서는 지극히 진귀한 물건을 뜻한다.

50 정일(精一)의 전통 : 선대로부터 이어지는 왕가의 전통을 가리킨다. 순(舜) 임금이 우(禹)에게 왕위를 전하면서 "인심은 위태롭고 도심은 은미하니, 정밀히 살피고 한결같이 지켜야 진실로 그 중을 잡으리라.〔人心惟危, 道心惟微, 惟精惟一, 允執厥中.〕"라고 한 말에서 인용한 것이다. 《書經 大禹謨》

다. 신은 우리 전하께서 선왕을 빛내고 후세에 복을 전하는 도리에 힘쓰는 것이 갈수록 더욱 절실하시리라는 것을 잘 알고 있습니다. 신은 근신(近臣)입니다. 명을 받들고 널리 알릴 때마다 감히 잠규(箴規)의 말을 덧붙이는 것은 성상께서 마음을 비우고 타인의 말을 받아들이는 성대한 덕을 드러내기 위해서입니다."

제발 題跋

미음 이 처사 정엽 의 시권 뒤에 쓰다
題薇陰李處士 鼎燁 詩卷後

노부(老夫)는 금(琴)을 좋아하지 않고 시(詩)도 알지 못하므로 군(君)에게 줄 것이 없다. 다만 강가의 집에 돌아가 풍진(風塵)에 휩쓸리는 어리석은 사람이 되지 말기를 바랄 뿐이다.

미음 이 처사는 거문고를 잘 뜯는다. 가릉강(嘉陵江) 가에 사는데, 거문고를 가지고 경사(京師)에 한번 올 때마다 학사(學士)와 대부(大夫)들이 즐거이 듣고 시문(詩文)을 지어서 답례하였다. 내가 한두 번 그 거문고 소리를 듣고 그 시문을 보았는데, 그 분량이 점점 쌓여 십수 권에 이르렀다. 대체로 모두 거문고의 도를 장황하게 말하고 처사의 재능을 과장한 것이었다. 내가 이에 글은 아름다우나 애석하게도 선한 도로 고해 주는 자가 없는 것을 탄식하였다. 그리고 또 들으니 처사가 일찍이 도암(陶庵 이재(李縡)) 이 선생(李先生)을 한천(寒泉) 가에서 뵈었을 때 선생이 이 말을 써서 주었다고 하는데, 그 말은 간략하지만 그 뜻은 깊으니 참으로 성대한 인의(仁義)의 말씀이다. 내가 일찍이 가릉의 빼어난 경치에 대해 들었으니, 강가에 여남은 칸짜리 집이 있고 전답 수십 묘(畝)가 있으며 문밖에 울퉁불퉁한 큰 바위가 있고, 그 옆에 오동나무를 심었는데 아름답게 그늘이 져서 바위를 덮고도 남을 정도라고 한다. 처사가 아침저녁으로 그 위에서 거문고를 타면서 노래하면 즐거워서 근심을 잊기에 충분할 텐데 어찌 굳이 도성을 왕래하여 남의 시문을 많이 얻은 뒤에야 즐겁겠는가. 선생의 뜻은 이와 같을 뿐이다. 지금 처사가 또 경사에 왔는데 선생의 무덤에 풀이 이미 묵었으니, 오호라, 다시 누가 이것으로 처사에게 고해 주겠는가. 선생의 이 말씀이 더욱 귀중하다. 처사가 돌아가려고 할 때에 나에게 시를 지어 달라고 청하였는데, 나는 원래 시에 능하지 못하고, 능하다고 하더라도 선생의 뜻을 본받아서 처사에게 충언을 해 줄 수 있는 사람이 아니라서 감히 이 말을 써서 처사를 권면한다.

청담시권에 쓰다
題淸潭詩卷

늦가을 보름에 바람이 서늘하고 이슬이 맑아서 내가 방문을 닫고 주자서(朱子書)를 읽고 있었는데 홍자직(洪子直) 씨가 홀연 편지를 보내와 청담(淸潭)[51]에 유람 간다고 알려 왔다. 내가 기뻐서 드디어 몇몇 사람과 함께 나란히 말을 타고 나가니, 이날 밤에 차가운 달이 온 산을 가득 비춰서 단풍나무와 잣나무 그림자가 교차하고 계곡물은 졸졸 소리 내며 흘렀다. 이에 서로 돌아보며 심히 즐거워서 뒷짐을 지고 산경대(散經臺)[52] 주위를 배회하기도 하고, 국화주를 마시며 〈겸가(蒹葭)〉[53] 장(章)을 노래하였다. 어떤 사람은 나무에 의지해서 눈을 감고 있고, 어떤 사람은 누(樓)에 기대어 휘파람 불고, 낚시터에 앉아 맑은 물에 손을 담그며 노는 사람도 있고, 흰 돌에 누워 밝은 달을 쳐다보는 사람도 있고, 또 바위 구멍을 들여다보고 손으로 빗물을 움켜서 마시는 사람도 있었다. 정신이 상쾌하고 생각이 아득히 멀어져서 새벽까지 실컷 마시고 즐거워하였다. 나는 술을 잘 마시지 못하는데도 열몇 잔을 마셨으니 다른 사람들은 묻지 않아도 알 수 있다. 술이 얼근해지자 흥이 더욱 일어나서 담소에 두서가 없었다. 산수(山水)를 평하고 경사

51 청담(淸潭) : 북한산 뒤쪽 인수봉(仁壽峯) 골짜기에 있는 못인데, 고양시 덕양구 효자동 사기막골 삼거리에서 사기막골로 향하는 길가에 있다. 현재 청담동은 군부대가 위치한 출입 금지 구역이다.

52 산경대(散經臺) : 청담 가에 있는 넓은 바위 이름이다. 《足睡堂集 卷2 淸潭雜詠》

53 겸가(蒹葭) : 《시경》 〈진풍(秦風)〉의 편명으로, 만나고 싶은 사람을 만나지 못하는 것을 안타까워하는 내용이다.

(經史)를 논하는 것에서부터 시운(時運)이 소장(消長)하는 기미와 붕우(朋友)와 출처(出處)의 도리에 이르기까지 모두 다른 사람을 의식하지 않고 떠들어 대니 천진난만하여 볼만하였다.

잠깐 사이에 달이 지고 아침 해가 밝아 오니 심씨 경여(沈氏警汝)와 김씨 공우(金氏公祐)가 뒤늦게 도착하였다. 날이 저물어 서로 붙잡고 구불구불한 길을 따라 화산(華山)으로 들어가니 백씨(伯氏)가 술을 싣고 와서 칠유암(七遊巖)에서 맞아 주었다. 주머니를 열어 시권(詩卷)을 꺼내서 읽고, 돌판을 불에 달궈 화전(花煎)을 지졌다. 산문(山門)을 걸어 내려가 세검정(洗劍亭)에 이르니 달이 또 높이 떴다. 김씨 득초(金氏得初)가 술병을 가지고 와서 정자 위에서 기다리다가 날이 어두워져 허탕 치고 돌아갔다고 한다. 이번 유람에서 각각 시 몇 편씩을 얻었는데 합치니 한 권이 되었다. 오호라, 근심과 즐거움은 정해진 것이 없고 모이고 흩어지는 것은 운수가 있으니 명승지에서 하룻밤 지낸 것이 쇠퇴한 세상에 항상 있을 수 있는 일이 아닌데 더군다나 나 같은 병자는 말할 것이 있겠는가. 일 년 내내 대문 밖을 나가지 않은 지 오래되었으니 자주 사람들과 어울려 연못에 비친 달과 산 위에 뜬 구름 사이를 오르내리려고 하더라도 어찌 쉽게 될 수 있겠는가. 훗날 이 시권을 보면 반드시 창연히 감동하는 자가 있을 것이다. 함께 유람한 사람은 청풍(淸風) 김백우 상묵(金伯愚尙墨)과 청주(淸州) 한예지 용화(韓禮之用和)이다. 자직의 이름은 익필(益弼)이니 본관이 남양이고, 경여의 이름은 전(錟)이니 본관은 청송(靑松)이고, 공우의 이름은 이신(履信)이고, 득초의 이름은 이복(履復)이니 본관은 안동(安東)이다. 청풍 김종수 정부(定夫)가 쓴다.

숭정 122년 기사년(1749, 영조25)이다.

이심원의 영화시 뒤에 쓰다

題李深遠詠畫詩後

윤지(胤之 이윤영(李胤永))가 말하기를 "내가 바둑으로 천하의 도를 깨닫고서 마침내 세상에 나가 벼슬할 뜻이 없게 되었다. 이는 사람들이 결코 한 판 전체를 나에게 양보하지 않고 장차 나와 승부를 겨루려고 할 것이기 때문이니, 승부를 겨루는 것이라면 나는 다시는 바둑을 두지 않겠다."라고 하였으니, 이 얼마나 넓은 가슴이며, 이 얼마나 오연(傲然)한 기상인가. 저세상에서 불러오지 못하는 것이 한탄스럽다. 바둑이라는 하나의 공안(公案)을 마무리하면 한 사람의 마음이 공변되기 때문에 능히 두 사람의 마음을 알 수 있다.

이 어린 종은 이심원(李深遠) 집의 어리석은 하인에 불과한데 시(詩)에도 들어가고 그림에도 들어가서 능히 빛이 나니 여기에서 취부(臭腐)와 신기(神奇)[54]가 결국은 정법(定法)이 없다는 것을 알 수 있다.

청컨대 심원은 열혈(熱血)을 다 소진하지 말고 반 움큼을 남겨서 뱃속에 보존해 두라. 사용해야 할 때가 있을 듯하다.

54 취부(臭腐)와 신기(神奇) : 사람이 죽어서 육체가 썩는 것과 살아서 형용이 아름다운 것을 뜻한다. 《장자(莊子)》〈지북유(知北遊)〉에 "삶은 죽음의 무리이고, 죽음은 삶의 시작이다.……아름다운 것을 신기라 하고 더러운 것을 취부라 하는데, 취부가 다시 변화하여 신기가 되고, 신기가 다시 변화하여 취부가 된다. 그러므로 온 천하가 하나의 기(氣)이다."라고 한 말에서 인용한 것이다.

선비가 한가한 가운데 마음에 위안을 삼을 수 있는 것이라고는 겨우 봄꽃과 가을 연꽃 두 가지뿐이다.

심원이 연꽃을 보는 법이 어찌하여 고인(高人)과 일사(逸士)로 보지 않고 도리어 미인(美人)으로 보는가. 서풍이 연꽃을 시들게 하는 것이 위(衛)나라 현인이 북문(北門)을 통해 나가는 것[55]과 흡사하니, 나는 보고 싶지 않다. 심원은 한 줄기를 꺾지 말고 남겨서 검은 열매가 맺기를 기다려 단약(丹藥)을 달여 먹어 장수하는 방법을 배우기 바란다. 왕백안(王伯安)[56]이 이르기를 "벙어리는 쓴 오이를 먹고 그 맛을 너에게 말해 줄 수 없다. 네가 벙어리가 느끼는 쓴 맛을 알려고 한다면 네가 스스로 먹어 봐야 한다."라고 하였는데, 내가 매번 이 말을 사랑하여 외지만 어떻게 죽은 용강(用康 이유년(李惟秊))을 다시 살려 내서 함께 이 일을 논하겠는가. 심원의 집에는 경사(經史)와 제자백가의 책이 있으니 심원이 모두 섭렵했을 것이다. 묻건대 그중에 어느 부분이 좋던가? 심원은 용강을 대신하여 나를 일깨우는 한마디를 해 주기 바란다.

55 위(衛)나라……것 : 현자(賢者)가 난세(亂世)에 암군(暗君)을 섬겨 그 뜻을 얻지 못하고 빈곤함을 겪는 근심을 말한다. 《시경》 〈패풍(邶風) 북문(北門)〉에 "북문으로 나오니 마음에 근심이 많기도 해라. 종내 궁하고 가난한데도 나의 어려움 알아주지 않는구나. 그만두자, 하늘이 실로 이렇게 한 것이니 말해 무엇 하랴.〔出自北門, 憂心殷殷. 終窶且貧, 莫知我艱. 已焉哉, 天實爲之, 謂之何哉.〕"라고 한 말을 인용한 것이다.

56 왕백안(王伯安) : 중국 명나라의 철학자 왕수인(王守仁, 1472~1528)이다. 자는 백안, 호는 양명(陽明), 시호는 문성(文成)이다. 양명학(陽明學)의 시조이다. 저서로 《왕문성공전서(王文成公全書)》가 있다.

뱃속에 가득한 시서(詩書)가 거친 산 묵은 풀 속에 들어갔으니, 후세에 누가 그를 알아주겠는가. 슬프다.

이용강 유년 이 지은 〈영서〉라는 절구의 뒤에 쓰다
題李用康 惟秊 詠書絶句後

이 〈영서(詠書)〉 12절구는 죽은 벗 완산(完山) 이용강(李用康)이 지은 것이다. 용강이 시에 대해서는 그다지 마음을 쓰지 않았고, 지은 것이 있어도 남에게 보이지 않았다. 용강이 죽은 뒤에 그의 형 심원(深遠) 씨가 글을 넣어 둔 상자 속에서 이 시를 찾아서 나에게 보여 주었다. 내가 그 시를 보니 깨끗하면서도 그윽하고 질박하면서도 운치가 있어 그 사람의 성품과 같았다. 용강은 성품이 담박해서 평생 달리 즐기는 것은 없고 오직 책만을 심히 좋아하여 고서(古書) 수천 권을 진열해 놓고 밤낮으로 그 안에서 지냈는데 마음이 한적(閑適)하여 자신의 뜻과 맞았으니, 비유하면 물고기가 헤엄치고 호흡하는 것이 모두 물인 것과 같다. 그러므로 성률(聲律)에 의탁하여 그 뜻을 묘사한 것이다. 더군다나 그 경계가 진실하고 그 말이 활발하여 다하지 않은 생각을 드러내고 전할 수 없는 묘미를 감추고 있는 것이 말과 자구 이면에 드러나는 듯하였다. 용강이 시를 잘 짓지만 고서(古書)에 깊은 조예가 있는 자가 아니라면 이처럼 정교하게 이 시를 짓지 못했을 것이다. 오호라, 이 점은 모르는 사람과는 말하기 어려울 것이다. 그러나 용강이 일찍 죽어서 글에서는 그의 뜻이 지향하는 극처를 찾을 수 없고, 또 용강의 글을 읽을 아들이 없다. 볼 수 있는 것은 오직 이 시뿐이니, 이것이 어찌 더욱 귀중하지 않겠는가. 아, 슬프다.

임오년(1762, 영조38) 맹추(孟秋) 모일에 국리교사(菊里僑舍)에서 쓴다.

백우의 초창시권에 쓰다
題伯愚樵唱詩卷

나의 종족인 백우(伯愚) 학사(學士)가 두릉(斗陵)으로 추방된 이듬해에 초창시권(樵唱詩卷)을 광수산(光秀山)에 있는 나에게 보내왔는데, 그 글에서 말한 퇴사(退士)는 백우 자신을 가리키고, 초부(樵夫)라는 사람은 성명을 알 수 없다. 백우의 편지에 "초부는 천한 사람입니다. 집이 월계(月溪)의 강기슭 가에 있는데, 산에 들어가 나무를 하여 내다 팔아서 먹고삽니다. 모습은 기괴하고 말은 어눌하지만 유독 시만 이렇게 잘 짓습니다."라고만 하였다. 내가 그 시를 읽어 보니 격조(格調)가 깨끗하고 재능이 뛰어나며 세속의 때가 거의 없고 이따금 시에서 풍기는 기운이 탈속(脫俗)하여 도(道)가 있는 자의 말과 같으니, 초부는 참으로 기이한 사람이고, 백우가 그와 어울려 시를 주고받으니 백우 또한 기이한 선비이다. 다만 초부가 시에만 능한지 아니면 시 외에도 잘하는 것이 있는데 백우가 알지 못하는 것인지 모르겠다. 수청탄(水靑灘) 가에 이인(異人)이 나무꾼으로 은거하고 있다는 말을 들은 적이 있는데 그가 일찍이 시를 짓기를,

동호의 봄물이 쪽빛보다 푸른데	東湖春水碧於藍
선명한 흰 새 두세 마리 보이네	白鳥分明見兩三
노 젓는 소리 한 번 들리자 모두 날아가고	柔櫓一聲飛去盡
석양의 산빛이 빈 못에 가득하네	夕陽山色滿空潭

하였다. 수청탄과 월계가 상류와 하류로 같은 지역이니 이 초부가 어쩌면 그 사람인지 모르겠다. 옛날에 하궤(荷蕢)[57]나 하조(荷蓧)[58] 같은

자들이 이름은 드러나지 않았지만 자취는 더욱 높았으니 또 어찌 성명을 쓸 필요가 있겠는가. 오호라, 선비가 때를 만나지 못하여 천한 일을 하는 데에 숨은 자가 많다. 어떤 사람은 농사짓는 데에 숨고, 어떤 사람은 물고기 잡고 나무하는 데에 숨고, 어떤 사람은 신을 삼고 기름을 팔고 되질하는 데에 숨어서 그런 사람이 없던 적이 없다. 다만 세상에서 알지 못할 뿐이니, 오호라, 어찌 이 사람뿐이겠는가. 백우가 훗날 조정에 돌아가거든 공경(公卿)과 대부(大夫)들에게 천하의 선비를 가볍게 여기지 말라고 말하라.

기축년(1769, 영조45) 이른 봄에 몽오산인(夢梧山人)은 국리초당(菊里艸堂)에서 쓴다.

57 하궤(荷蕢) : 공자와 같은 시대에 살았던 위(衛)나라의 은자(隱者)이다. 공자가 위나라에 있으면서 집에서 경쇠〔磬〕를 연주하고 있었는데, 궤(蕢)를 맨 사람이 그 집 앞을 지나가면서 "경쇠 소리에 마음이 들어 있도다." 하고, 조금 있다가 "비루하도다. 땅땅 치는 소리여. 자기를 알아주는 사람이 없으면 그만두어야 하니, 물이 깊으면 옷을 벗어 들고 건너고, 물이 얕으면 바지만 걷고 건너는 것이다."라고 하여, 공자가 세상에 연연하여 남들이 알아주지 않는데도 상황에 맞게 처신하지 못한다고 비난하였다. 《論語 憲問》

58 하조(荷篠) : 공자와 같은 시대에 살았던 은자이다. 자로(子路)가 공자를 수행하다가 뒤처져서 공자의 행방을 알 수가 없었다. 그때 조(篠)를 맨 노인을 만나 "우리 선생님을 보았습니까?"라고 물으니, 그 노인이 "사지를 부지런히 움직여 일하지도 않고 오곡(五穀)이 무엇인지도 구분하지 못하는데 누가 선생이라는 말인가." 하고서 지팡이를 꽂아 두고 김을 맨 일이 있었는데, 공자가 그를 은자라고 평하였다. 《論語 微子》

영남의 유생 이우가 입시했을 때 내린 연본[59] 요점 뒤에 쓰다

書嶺儒李㙖入侍筵本要語後

상이 이우(李㙖) 등을 불러서 앞으로 나오게 하고 말하기를 "내가 이 일에 대해 원래 헤아려서 합당하게 한 것이 있고, 수십 년 동안 강명(講明)한 것은 바로 이 의리이다." 하고, 또 "말을 다 하려고 하면 감히 할 수 없는 점이 있으니, 차라리 천하 후세의 비난을 들을지언정 어찌 감히 말을 다 할 수 있겠는가." 하고, 또 "전후의 흉악한 역적들에 대해 끝내 죄를 성토하고 토죄하지 못한 것은 참으로 선조(先朝) 때에 일어난 일이라서 말을 하기 곤란했기 때문이다." 하고, 또 "참으로 백세 후에 나의 본심을 알지 못할까 염려되니, 부디 돌아가서 나의 본의를 온 도의 사람들에게 말해 주기 바란다." 하였다. 이우가 대답하기를 "하늘은 구름에 의해 손상되는 일이 없고 일월(日月)은 무지개와 상관없는 것이니, 전하께서 의리를 시원스럽게 펴시는 것이 무슨 해로울 것이 있겠습니까." 하니, 상이 이르기를 "구름이 비록 하늘을 손상할 수 없고 무지개가 비록 일월과 상관없기는 하지만 말이 하늘과 일월에

59 영남의……연본(筵本) : 1792년(정조16) 윤4월 27일 영남의 유생 이우를 소두(疏頭)로 한 1만 57명이 연명으로 상소하여, 장헌세자(莊獻世子)가 당한 무함을 밝히고 무함했던 역적들을 처벌하라고 요청하였다. 이에 정조가 대표자를 불러 상소를 읽게 하고는 그들에게 소회를 말하라고 하교하고 이를 기록으로 남기라고 명하였는데, 이 연본은 그날 연석에서 정조와 이우가 대화한 내용을 정리한 것이다. 《正祖實錄 16年 閏4月 27日》

미쳤으니 이미 감히 하지 못할 것이 있다." 하였다.

임자년(1792, 정조16) 여름에 영남의 유생 이우 등 1만여 인이 상소하여 선세자(先世子)가 받은 무함을 변무(辨誣)하고 여러 역적의 죄를 처벌하기를 청하자 상이 명을 내려 이우 등을 인견하였다. 상의 얼굴빛이 처연하고 목이 메어 한참 동안 말을 하지 못하다가 긴 하교를 내리셨는데, 큰 뜻은 위와 같다.

이때에 신이 광주(廣州)의 분암(墳庵)에서 상중(喪中)에 있었는데, 어떤 사람이 연본을 가져와서 보여 주었다. 신이 받들어 읽었는데 절반도 채 읽지 못하여 눈물이 줄줄 흘러내렸으니, 오호라, 이것은 대성인(大聖人)이 의리를 정밀히 분석하여 하신 말씀이다. 옛날에 이른바 "귀신에게 물어도 의심할 것이 없고, 백세 뒤에 성인이 나와서 보더라도 옳다고 할 것이다."라는 것이니, 그렇지 않겠는가.

신이 일찍이 조용히 상을 모시고 얘기를 하다가 상의 말씀이 이 일에 미치자 상이 울면서 하교하기를 "나는 각각 자기의 도리를 다했다고 알 뿐이다."라고 하고, 또 하교하기를 "나는 도리로 어버이를 섬기는 것을 효라고 생각한다."라고 하고, 이어 하교하기를 "나의 이 마음은 오직 경만이 아는데 경이 죽은 뒤에는 누가 다시 알겠는가."라고 하였다. 신이 일어나서 대답하기를 "예로부터 인륜의 변고를 당하여 대처하는 데에 그 바름을 잃지 않은 사람을 말할 때마다 순(舜) 임금과 주공(周公) 두 성인을 일컫습니다. 전하께서 당한 일로 말하면 비록 순 임금과 주공이라고 하더라도 평상적인 상황에 대처하는 것은 가능할 것입니다. 그러나 전하께서 대처하신 것은 그 바름을 잃지 않았으니, 순 임금이나 주공과 비교해 볼 때 더욱 어려운 일이었습니다. 천백세(千百世) 후에 반드시 전하의 마음을 알고 슬퍼하는 자가 있을 것입니다." 하고, 마침내 울음을 삼키고 물러났다. 지금 연본을 보건대 성상께서 애통한 마음을 참고서 먼 지방 사람들에게 속마음을 내보인 것이 이처럼 지성스러우니, 성상께서 염려하신 것이 지극히 깊고도 멀다. 그들이 깨닫고 깨닫지 못하는 것은 그 사람들에게 달려 있지 윗사람이 기필할 수 있는 것이 아니다. 오호라, 평범한 일은 그 이치 또한 평범하니 이런 일은 어리석은 필부필부라도 모두 깨닫는다. 일이 변하게 되면 의리 또한 따라서 변하거니와, 변하더라도 도리에 어긋나지 않아야 비로소 대성인이 되는 것이다. 그러나 이 의리는 정밀하고 깊고 미묘하니 지혜로운 자도 쉽게 깨달을 수 없는 점이 있다. 저 이덕사(李德師), 조재한(趙載翰), 박상로(朴相老), 이도현(李道顯)이 반역을 저지른 것은 모두 견해가 여기에 이르지 못하여 앞에서는 당론(黨論)의 잘못이 있었고 뒤에서는 이해(利害)의 꾐과 두려움이 있었기 때문이니 어찌 슬프지 않겠는가. 신이 상제(喪制)로서 병을 앓는 가운데 연본을 얻어 보고서 홀연 "경이 죽은 뒤에는 누가 다시 알겠는가."라고 하신 성상의 말씀이 생각나서 나도 모르게 슬픈 마음이 일었다. 신은 지금 언제 죽을지 모르는 사람이니 어느 날 갑자기 죽어 버리면 어전에서 직접 들은 말이 세상에 전해지지 못하여 성덕(聖德)이 드러나지 못하게 될까 참으로 두려우니, 이것은 눈을 감기 어려운 한이 될 것이다. 이에 연본에서 그 대지(大指)를 뽑아내고 그 아래에 이와 같이 덧붙여 써서 사우(士友)들에게 전하여 알리려고 한다. 오호라, 천백세의 먼 훗날 팔방의 넓은 세상에 한 사람이라도 이 글로 인하여 우리 전하의 본심을 아는 자가 있다면 이것이 미천한 신이 특별한 지우(知

遇)에 보답하는 하나의 방법이 될 수 있지 않겠는가. 오호라, 슬프도다. 임자년(1792) 단오 하루 전날에 삼가 쓴다.

글을 다 지었는데 어떤 객이 찾아와서 보고는 말하기를,

"연본의 '두렵고 불안한 마음〔怵惕不安〕'이라는 한 구는 곧 우리 성상의 지성스럽고 슬픈 마음을 표현한 말씀인데 그 말을 쓰지 않은 것은 어째서인가?"

하여, 신이 대답하기를,

"이 구는 성상께서 이와 같으리라는 것을 아신다는 것이지 다른 뜻이 있는 것이 아니다. 도리로 미루어서 의당 이와 같으리라는 것을 아신 것이니, 이는 바로 성인(聖人)이 인륜(人倫)을 지극히 실천하는 사람이 되는 이유이다. 그러나 우리 성상께서 지극한 정성과 독실한 효도를 행하면서도 매번 차마 이것까지 말씀하지는 않으셨는데 지금 이런 하교를 한 것은 이우 무리를 일깨우기 위해서이다. 이는 부득이해서 그렇게 하신 것이니 신하가 어찌 감히 다시 제기하겠으며, 또한 어찌 차마 다시 제기하겠는가. 이우의 대답 중에 하늘과 일월을 가설하여 비유한 대목은 어찌 문제될 것이 있겠는가. 아래의 네 글자를 감히 쓰지 못한 것 또한 이 뜻이다. 그러나 연본이 세상에 돈 지 오래되었는데, 근자에 들으니 조정의 신하들이 날마다 상소하여 이우의 뒤를 잇는 자가 아직도 분분히 그치지 않고 있다고 하니, 앞에서 말한 '한 사람이라도 전하의 본심을 아는 자'가 없는 것은 말할 것도 없고, 다시 이 세상에서 기대할 수 없다. 신이 이에 가슴을 치고 눈물을 흘리는 것을 금할 수 없다. 그렇기는 하지만 공자가 이르기를 '나를 아는

자는 하늘일 것이다.'라고 하였는데, 해석하는 자가 말하기를 '사람들은 공자를 알지 못하고 오직 하늘만이 안다는 것이다.'라고 하였으니, 그 이치가 하나이기 때문이다. 오호라, 우리 전하의 본심을 아는 자는 하늘이니, 또 어찌 사람들이 알고 알지 못하는 것을 논할 것이 있겠는가."

하였다.

임자년(1792) 5월 상순에 또 쓴다.

이심원의 유고의 권수에 쓰다
題李深遠遺稿卷首

천지간에 일종의 청랭(淸冷)하고 허령(虛靈)한 기운이 있어 이따금 사람에게 모이니, 마음과 외모에서부터 언어와 문장으로 발로되는 것까지 모두 이 기운이다. 이 기운은 풍기(風氣)에 속박되지 않고 지역에 구애받지 않는다. 그러므로 말세에 살면서도 옛사람과 같은 사람이 있고 변방에 살면서도 중국 사람과 비슷한 사람이 있으니, 나의 친구 완산(完山) 이심원(李深遠)이 바로 그 사람이다.

심원은 젊은 나이에 과거에 급제하여 지위가 육경(六卿)에 이르렀는데도 천성이 강직해서 남들과 어울리려고 하지 않았다. 집이 도성 동쪽 제일교(第一橋) 북쪽 타락산(駝駱山) 아래에 있었는데 항상 문을 닫고 향을 피우고 앉아 있었고, 오직 때때로 나와 한산(韓山) 이윤지(李胤之)와 청풍(淸風) 김백우(金伯愚)와 왕래하였다. 간간이 시를 지었는데 대부분 생각나는 대로 지었고 지은 뒤에는 초고를 남겨 두지 않았으나 그 정신이 감발한 것과 영감이 발로된 것은 형식이나 법도로 구할 수 없는 점이 있으니, 읍취헌(挹翠軒)[60] 이후로 그런 시가 많지 않다.

심원이 죽은 지 20여 년이 되었는데 그의 집안사람이 심원의 친구들 집에서 유고(遺稿)를 수습하여 시(詩) 몇 수와 문(文) 몇 수를 얻고, 심원의 동생 이용강(李用康)의 유고를 덧붙였으나 오히려 한 권이 되

60 읍취헌(挹翠軒) : 박은(朴誾, 1479~1504)으로, 본관은 고령(高靈), 자는 중열(仲說), 호는 읍취헌이다.

지 못하니, 오호라, 분량이 적도다. 그렇기는 하지만 얼마 남지 않은 귀한 글들이 진토(塵土) 속에 묻히는 것이 슬퍼서 그를 위하여 그 시문을 산정(刪定)하고 책머리에 이와 같이 써서 후세에 심원을 알아줄 사람을 기다린다.

오호라, 심원은 안목이 높아서 문장을 바둑이나 장기와 같은 작은 기예로 보았고 애써 생각하여 명성을 얻으려고 한 사람이 아닌데 우리들은 그의 문장으로 심원을 후세에 전하려고 하니, 아, 슬픈 일이다. 그의 아우가 그와 우열을 가리기 어려운 것은 더욱 기이한 일이다. 이용강의 시는 차분하고 간결하여 그 사람의 성품과 같다. 그의 형이 호방하고 매이지 않는 것과 비교하면 사관(史官)의 재능에 견줄 만하니, 대체로 반고(班固)와 사마천(司馬遷)을 구별하는 것이라고 하겠다.

《신원록》 발문

伸冤錄跋

이 《신원록》은 장묘조(莊廟朝)의 두 대신을 복관(復官)한 전말[61]에 대해 기록한 것이다. 두 공(公)의 후손이 이 기록을 나에게 보여 주었다. 오호라, 계유년(1453, 단종1)의 참화는 슬퍼하지 않는 사람이 없다. 다만 당시의 일에 감히 드러내서 말할 수 없는 것이 있기 때문에 드러나지 않고 덮인 지가 이제 300년이 되었는데 하루아침에 성상의 마음이 환하게 풀려서 특별히 그 관직을 회복시켰으니, 공론(公論)은 백세(百世) 후에 정해진다는 것이 참으로 맞는 말이다.

그렇기는 하지만 광묘(光廟 세조)가 예묘(睿廟)에게 말씀하시기를 "나는 어려운 시대를 만났지만 너는 태평한 시대를 만날 것이다. 일은 때에 따라 변하는 것이니 나의 자취에 구애받아서는 안 된다."라고 하였다. 광묘께서 일찍이 분명히 말씀하셨으니, 이것이 바로 다른 사람이 미칠 수 없는 그분의 성대한 덕이다. 오늘날 사람들은 유독 쉬쉬하고 숨겨서 끝내 두 공을 복관하는 은전을 막아서 시행되지 못하게 하니, 오호라, 이것이 어찌 광묘의 성대한 덕을 본받는 것이겠는가.

공들의 깊은 충성과 순수한 절의로 말하면, 우암(尤庵) 송 문정공(宋文正公)이 "그 몸이 죽지 않았다면 어린 임금이 끝내 반드시 탈이 없었

61 장묘조(莊廟朝)의……전말 : 두 대신은 김종서(金宗瑞)와 황보인(皇甫仁)이다. 1453년 수양대군(首陽大君)이 계유정난(癸酉靖難)을 일으켜 김종서와 황보인을 죽이고 국정을 장악하였는데, 약 300년 뒤인 1746년(영조22)에 두 사람이 복관되었다.

을 것이다."라고 한 말[62]이 백세토록 전해지리라는 것은 의심할 여지가 없다. 다만 내가 이 일에 대해 서운한 마음이 있으니, 안평대군(安平大君)이 장묘의 숙부로서 두 대신과 함께 같은 날 순국하여 굴신(屈伸)과 영욕(榮辱)을 모두 함께하였는데 단지 증거할 만한 사적(事跡)이 없기 때문에 후세 사람들이 왕왕 그분에 대해 평론하기를 좋아하고 심지어는 재앙을 받을 짓을 했다고 비난하는 자까지 있다. 오호라, 장묘와 광묘 때에 종실이 매우 많았고 안평대군의 형제 또한 많았는데 안평대군만 수괴(首魁)로 지목된 것은 무슨 이유인가? 필시 그의 일신이 장묘에게 중요한 인물이 된 것이 두 대신과 같아서 당시에 크게 꺼림을 받아서일 것이다. 만약 안평대군이 죽지 않았더라면 장묘가 무사했겠는가? 그렇지 않다. 또 사육신(死六臣)과 금성대군(錦城大君)[63] 같은 일을 당하지 않았으리라고 어찌 보장하겠는가. 화를 입은 것이 유독 그에게 치우친 데에서 그의 충절이 절로 드러나는데, 오늘날 사람들이 평론하기를 좋아하고 남의 좋은 점을 이루어 주기를 좋아하지 않는 것은 유독 무슨 마음에서인가. 아, 슬프다. 그러나 두 공의 후손들이 안평대군이 복관된 전말을 이 책의 뒤에 붙였으니, 한창려(韓昌黎)가

62 우암(尤庵)……말 : 송시열(宋時烈)이 이택지(李擇之)에게 보낸 편지에 "김절재(金節齋)는 다른 일은 논할 것이 없고, 만약 그가 죽지 않았다면 어린 임금이 끝내 반드시 탈이 없었을 것이니, 어찌 충의(忠義)가 위대한 사람이 아니겠는가."라고 한 말을 가리킨다. 《宋子大全 卷71 與李擇之》 절재는 김종서의 호이다.

63 금성대군(錦城大君) : 세종의 여섯째 아들 이유(李瑜, 1426~1457)이다. 수양대군이 왕위를 찬탈하려는 야욕에 맞서 단종을 보호하려다가 삭녕(朔寧)으로 유배되었다. 이듬해 성삼문(成三問), 박팽년(朴彭年) 등의 단종 복위 계획이 실패하여 경상도 순흥(順興)으로 유배지가 옮겨졌다. 순흥에 안치된 뒤 부사 이보흠(李甫欽)과 함께 단종 복위를 계획하였는데 실패로 돌아가 처형당하였다.

장순(張巡)과 허원(許遠) 집안의 자제들이 두 부친의 뜻을 잘 알지 못한 것을 한탄한 것[64]에 비하면 어찌 훌륭하지 않겠는가. 내가 안평대군에 대하여 그 불행이 심한 것에 특별히 감회가 있어 연계해서 이와 같이 쓴다. 두 공의 후손은 김효술 경조(金孝逑景祖)와 황보사휘 도(皇甫士輝鍍)이다.

64 한창려(韓昌黎)가……것 : 당(唐)나라 안녹산(安祿山)의 난 때에 장순(張巡)과 허원(許遠)이 수양(睢陽)을 고수하며 끝까지 항거하다가 성이 함락되자 장순은 바로 죽고 허원은 포로로 잡혔다가 굴복하지 않고서 마침내 죽었다. 이와 관련하여 한유(韓愈)가 〈장중승전후서(張中丞傳後序)〉에서 "허원은 성이 함락되었을 때 포로가 되었다가 죽었으니 장순과는 단지 선후의 차이가 있을 뿐이다. 그런데 두 집안의 자제가 재지가 모자란 탓으로 두 부친의 뜻을 제대로 알지 못했기 때문에, 장순은 죽은 반면에 허원은 포로로 잡혔다고 하면서, 허원이 죽음을 두려워하여 적에게 굴복했다고 의심하였다."라고 기록한 내용이 있다. 《舊唐書 忠義列傳下 張巡》《文章正宗 卷21下》

동궁에게 〈무일〉과 〈억〉 시를 써서 올려 만든 병풍에 대한 발문
東宮書進無逸抑屛風跋

금상 44년 무자년(1768, 영조44) 8월 갑술일에 왕세손 저하가 경희궁(慶熙宮) 존현각(尊賢閣)에서 《자치통감강목(資治通鑑綱目)》의 〈동한기(東漢紀)〉를 강할 때에 남현로(南玄老), 신 김종수(金鍾秀), 이구영(李耉永)이 입시하였는데 저하께서 설화지(雪花紙) 16폭을 신 김종수에게 주라고 하고 말씀하시기를 "8폭마다 고문(古文) 각 1편씩을 써서 올리라. 내가 장황(裝潢)해서 병풍으로 만들려고 한다." 하였습니다. 이에 신이 삼가 《서경》 〈주서(周書) 무일(無逸)〉과 《시경》 〈대아(大雅) 억(抑)〉을 써서 올렸습니다.

삼가 생각건대 〈무일〉은 주공(周公)이 성왕(成王)을 경계한 글로 589자이고, 〈억〉은 위(衛)나라 무공(武公)이 스스로를 경계한 시로 469자입니다. 오호라, 그 내용이 많기는 하지만 뜻은 참으로 각각 가리키는 것이 있습니다. 그러나 〈무일〉이 근본입니다. 대개 천하 국가의 복은 안일함이 없는 것보다 큰 것이 없고, 재앙은 안일한 것보다 심한 것이 없으니, 위의(威儀)와 말이 밤과 낮 사이에 이치를 따르지 않음이 있는 것은 모두 안일하기 때문입니다. 안일함이 없다면 또 어찌 〈억〉 시의 경계를 기다릴 것이 있겠습니까. 그렇기는 하지만 〈억〉 시의 7장에 "드러나지 않으므로 나를 보는 이가 없다고 말하지 말라. 신의 강림을 헤아릴 수가 없는데 하물며 싫어할 수 있겠는가." 하였습니다. 드러나지 않으므로 나를 보는 자가 없다고 하여 그 안일함을 용납할 수 있다고 여긴다면 이는 드러난 곳에서는 안일함이 없지만 드러나지 않는 곳에서는 안일한 것이니, 이른바 '무일'이라는 것 또한 거짓일 뿐이고, 게다가 신이 강림하여 보고 있으니 은(殷)나라의 중종(中宗)·고종(高宗)·조갑(祖甲)과 주(周)나라의 문왕(文王)이 하늘에서 복을 받은 것처럼 되려고 하더라도 어찌 될 수 있겠습니까. 이것을 가지고 말한다면 '무일'의 뜻은 〈억〉 시가 있은 뒤에야 완비되니 삼가지 않을 수 있겠으며 두려워하지 않을 수 있겠습니까.

오호라, 병풍은 외부에 갖추는 것이고 글씨는 작은 기예입니다. 그러나 이를 통해 저하께서 한가할 때에 보고 반성하는 공부에 조금이라도 도움이 된다면 실로 종묘사직과 백성들의 다행일 것이고 신 또한 함께 영광스러울 것입니다. 신은 간절한 충정을 이기지 못하여 삼가 고사(故事)의 경계를 덧붙여 백공(百工)이 맡은 바 기예의 일을 가지고 간(諫)하는 의리[65]를 대략 본받으니, 저하께서는 살펴 주소서.

65 백공(百工)이……의리 : 《서경》〈윤정(胤征)〉에, 매년 맹춘(孟春)에 주인(遒人)이 목탁(木鐸)을 가지고 도로를 순행하며 말하기를 "관사(官師)가 서로 바로잡고, 백공들이 기예의 일을 가지고 간하라. 혹시라도 공손히 하지 않으면 나라에 정해진 형법이 있다." 하였는데, 몽오가 병풍 글씨를 쓴 일을 가지고 동궁에게 '무일(無逸)'에 대해 간하기 때문에 '기예'라고 한 것이다.

왕세손이 귤을 반사하고 수창(酬唱)한 시첩의 발문
王世孫頒柑賡和帖跋

금상 46년(1770, 영조46) 봄 1월 갑신일 밤에 신 김종수(金鍾秀)가 왕세손 저하를 모시고 《자치통감강목》을 강하였습니다. 강을 마치고 저하께서 이 시첩을 꺼내 신에게 보여 주시기에 신이 받아서 무릎 꿇고 펴서 읽어 보니, 궁관(宮官)에게 귤을 하사하던 날에 귤을 담은 놋쟁반에 칠언율시 한 편과 칠언절구 한 편을 직접 쓰고 시강원과 익위사의 신하들에게 화답시를 지어 올리라고 한 것이었습니다. 저하께서 신에게 명하기를 "그대가 예전에 나에게 시를 짓지 말라고 경계하였기 때문에 그 후로는 늘 시를 짓지 않았으나 이 일은 조종(祖宗)들께서 융성하던 때의 고사(故事)이니 무해하지 않겠는가. 그대의 뜻은 어떠한가?" 하여, 신이 대답하기를 "무슨 해가 있겠습니까. 지난날 신이 올린 경계의 말씀은 시에 탐닉하는 일이지 이것을 말한 것이 아니었습니다. 여기에서 선왕을 따르려는 뜻을 볼 수 있고, 궁료(宮僚)를 아끼고 예우하는 뜻을 볼 수 있습니다. 아름다운 점이 많으니 무슨 해로울 것이 있겠습니까." 하였습니다. 그러자 명하기를 "그렇다면 그대가 발문을 쓰라." 하였습니다.

신이 명을 받고 두려웠으나 삼가 생각하기를 '시율(詩律)이 제왕(帝王)의 학문에서 말단이기는 하지만 우연히 한번 지었는데 어찌 탐닉할 근심이 있겠는가. 그리고 저하께서 강관(講官)의 말을 즐거이 수용하고 이처럼 오랫동안 잊지 않으셨으니, 이 마음을 미루어 보면 비록 이보다 큰일이라도 장차 아랫사람이 말하지 않는 것이 없을 테고 그 말을 받아들이지 않는 것이 없을 테니, 이것은 종묘사직의 무궁한 복이다.' 하였습니다. 신은 삼가 이 말을 저하를 위해 올립니다. 그리고 시의 성조(聲調)와 율격(律格)을 품평하고 성대한 아름다움을 찬양하는 것은 신이 경계하는 말씀을 올린 본의가 아니기 때문에 신이 감히 그 아래에 한마디도 덧붙이지 못합니다.

봉정대부(奉正大夫) 수 시강원 보덕(守侍講院輔德) 신 김종수는 명을 받들어 삼가 발문을 씁니다.

녹색 비단을 하사한 어필첩의 발문

賜綠紬御筆帖跋

어필(御筆)은 "이 비단을 면전에서 하사하니 그대의 모친에게 전하여 연로한 사람을 생각하는 나의 뜻을 보이고 사은하지 말라.〔面賜此紬 傳于爾親 示予感年 仍其勿謝〕"였다.

금상 45년(1769, 영조45) 겨울 12월 병인일에 전지(傳旨)를 내려 신 김종수(金鍾秀)를 장연 현감(長淵縣監)에 제수하였는데, 신이 그때에 광주(廣州)의 시골집에 있다가 명을 듣고 도성에 들어가 무진일에 사은하였습니다. 그 뒤에 또 명을 받들어 입시했다가 물러난 뒤에 특지(特旨)로 신을 홍문관 수찬으로 옮겨 제수하고, 신의 모친에게 옷감과 음식물을 제급(題給)하여 지방관이 되어 어버이 봉양하는 것을 대신하게 하였습니다. 호조에서 면주(綿紬) 15필, 쌀 10섬, 돼지 1구, 민어(民魚) 10미, 석어(石魚) 200미를 보내왔으므로 신이 연화문(延和門) 밖에서 전(箋)을 올려 사은하였습니다. 계유일에 성상께서 연석에서 신의 모친이 몇 세인지 묻고 마침내 신이 다시 지방관에 보임되는 것을 허락하셨습니다.

다음 날 갑술일에 신이 집경당(集慶堂)에서 주강(晝講)에 입시하였는데 강을 마치고 성상께서 신을 돌아보고 이르기를 "유신(儒臣)의 모친 나이가 나와 비교하면 적다."라고 하시고, 이어 모친의 근력이 기동할 수 있는지를 묻고, 또 이밀(李密)의 〈진정표(陳情表)〉와 양성(陽城)이 태학생(太學生)에게 집에 돌아가 부모를 봉양하는 것을 허락한 고사[66]를 들어 유시하셨으니, 이는 신이 전에 여러 번 모친의 병을 이유로 벼슬을 사양하고 소명에 나아가지 않았기 때문입니다. 성상께서 내시에게 명하여 초록색 비단 1단(端)을 가져오라고 하고 이 16자를 손수 써서 신에게 내리셨으므로 신이 공경히 받고서 일어났다가 다시 엎드렸습니다. 성상께서 신의 집이 도성에서 몇 리인지 묻고 하교하기를 "곧바로 가서 그대의 모친에게 전하고 함께 설을 쇤 뒤에 신년에 와서 나를 보도록 하라." 하셨습니다.

신이 어필을 도포의 깃에 꽂고 손으로 주단(紬端)을 받들어 물러났는데, 계단을 미처 다 내려오기도 전에 감격의 눈물이 이미 눈에 가득하였습니다. 당일에 고향으로 돌아와 신이 모친께 직접 전하니 모친께서 받들어 펴 보고 어루만지고 하늘을 향해 손을 모아 "우리 임금님 만세, 우리 임금님 만세."라고 하였습니다. 신의 모친은 화를 당한 이래 한결같이 흰옷만 입었는데, 이때에 이르러 하사하신 녹색 비단으로 배자(背子)와 비도(臂弢)를 지어 입었으니 성상의 은혜를 자랑한 것입니다. 그 후 신이 성은을 입어 곡산 부사(谷山府使)로 부임해 온 뒤에 비로소 어필을 장황(裝潢)하여 첩(帖)을 만들고 이상과 같이 전말을 붙여 기록하였으니, 이는 후대의 자손으로 하여금 우리 성상께서 신의 모친을 은혜로 양로(養老)해 주신 덕스러운 뜻을 모두 칭송하게 하기 위해서입니다.

66 양성(陽城)이……고사 : 양성이 당 덕종(唐德宗) 때 국자사업(國子司業)이 되었을 때 제생들에게 고하기를 "무릇 배운다는 것은 충(忠)을 하고 효(孝)를 하기 위해서이다. 제생 중에 오랫동안 부모를 찾아뵙지 않은 사람이 있는가?"라고 하며 효를 권장한 일을 말한다. 《新唐書 卓行列傳 陽城》

경인년(1770) 9월 병진일에 통정대부(通政大夫)[67] 행 곡산 도호부사(行谷山都護府使) 신 김종수는 절을 올리고 삼가 씁니다.

67 통정대부(通政大夫) : 대본에는 '通政夫夫'로 되어 있다. 문맥에 근거하여 앞의 '夫'를 '大'로 바로잡아 번역하였다.

친림관예도 병풍의 발문

親臨觀刈圖屛風跋

금상 2년(1778, 정조2) 가을 9월 모일에 상께서 금원(禁苑)의 관풍각(觀豐閣)에 임어하여 벼 베는 일을 구경하셨습니다. 서명선(徐命善), 채제공(蔡濟恭), 서명응(徐命膺), 구윤옥(具允鈺), 홍낙성(洪樂性), 이휘지(李徽之), 신 김종수(金鍾秀), 정민시(鄭民始), 이진형(李鎭衡), 이의익(李義翊), 서유방(徐有防), 이경양(李敬養), 서용보(徐龍輔), 김면주(金勉柱), 이긍연(李兢淵)이 내농포(內農圃)에서 입시하였는데, 백성 수십 인이 모두 사립(簑笠)과 사반견의(簑半肩衣) 차림이었습니다. 종아리가 드러나게 바지를 걷고 낫을 들고 논에 들어가 벼를 베는 자도 있고, 벼 포기를 잡고 차목(叉木)에 두드려서 낟알이 비처럼 쏟아지게 하는 자도 있고, 휘석(麾席)으로 바람을 일으켜 검불과 쭉정이와 까끄라기가 바람에 날려서 낟알과 섞이지 않게 하는 자도 있고, 낟알을 쓸어 모아 개밋둑처럼 쌓아 놓고 말질하는 자도 있었습니다.

이윽고 상이 제신(諸臣)들에게 선반(宣飯)하고 마침내 어선(御膳)을 드셨는데 반찬 그릇은 농가에서 쓰는 것과 똑같은 것을 사용하고 밥상은 소나무로 만들었는데 네모나고 옻칠하지 않았으며, 그릇은 백자(白瓷)인데 청암색(青黯色)에 많이 비뚤어졌으며, 밥은 현미밥인데 된밥이고, 반찬은 나물국과 김치와 매운 젓갈 이외에 자반조기와 찐 북어를 찢어서 장을 바른 것과 추계(雛鷄) 다리 하나뿐이었습니다. 앙금이 들어 있는 탁주를 자기(瓷器) 술병에 담아서 자기 술잔에 따라서 돌리니 신하들이 자리에서 일어나 서서 술잔을 받아 엎드려 마시고

상을 모시고 배불리 밥을 먹었습니다. 타작한 벼가 몇 섬 되었는데 제신들에게 나누어 주라고 명하였습니다.

신이 삼가 생각건대 빈(豳)의 농민은 당(堂)에 올라 술잔을 들고서 임금이 장수하기를 축수하였고,[68] 주공(周公)은 〈무일(無逸)〉을 지어 농사의 어려움을 먼저 아는 것을 가장 중요한 일로 삼았으니, 《시경》과 《서경》에 나타난 것이 이와 같습니다. 그러나 빈의 백성들이 공당(公堂)에 올라가 두 동이의 술로 연향을 베풀고 양을 잡는다는 내용은 그 글이 오히려 번다한데도 식자들은 주(周)나라 800년 기업(基業)은 이것이 근본이 된다고 하였습니다. 그리고 〈무일〉에서 이른바 선지(先知)[69]라는 것이 또 반드시 그 일을 직접 보지 않고 그 음식을 직접 맛보지 않았는데, 주공이 은(殷)나라와 주나라의 철왕(哲王)들이 오랫동안 재위한 일을 열거하여 성왕(成王)을 경동(警動)시켰습니다. 신은 오늘의 일이 〈빈풍〉과 주공의 일에 비교할 때 어떠할지 모르겠습니다. 물러난 뒤에 화사(畫師)를 불러 그 일을 그리게 해서 병풍으로 만들었으니, 천백 대(代) 후에 우리 전하의 성대한 덕이 사람들의 이목에 항상 환히 비추기를 눈앞에 보듯이 하게 하려고 해서입니다.

자헌대부(資憲大夫) 행 평안도관찰사 겸 병마수군절도사 도순찰사 평양부윤(行平安道觀察使兼兵馬水軍節度使都巡察使平壤府尹) 신 김종수는 절하고 삼가 발문을 씁니다.

68 빈(豳)의……축수하였고 : 《시경》 〈빈풍(豳風) 칠월(七月)〉의 마지막 장 내용이다. 이 장에서는 백성들이 농사일을 마치고 양(羊)을 잡아 공소(公所)에 바치고 술잔을 들어 임금을 위해 축수하자고 서로 경계하는 내용이다.

69 선지(先知) : 주공이 성왕에게 경계하기를 "먼저 농사의 어려움을 알고 나서 편안하면 백성들이 의지하는 바를 알 것입니다."라고 한 말을 인용한 것이다. 《書經 無逸》

《단릉집》 발문

丹陵集跋

《단릉집》은 단릉산인(丹陵山人)의 유고 세 권이다. 산인(山人)의 성은 이씨(李氏)이고, 휘는 윤영(胤永)이며, 자는 윤지(胤之)이니, 나의 노우(老友)이다. 단릉의 산수(山水)는 그가 평생 좋아하는 것이었기 때문에 자기의 호로 삼은 것이다.

전에 내가 젊었을 때 벗이 없어 윤지를 벗으로 삼았는데, 윤지가 죽은 뒤에 내가 마침내 세상에 벗이 없게 되었다. 무릇 영욕(榮辱)과 희비(喜悲)와 놀라운 일과 우스운 일과 무료하거나 마음이 편치 않은 일을 만났을 때에 윤지를 생각하지 않은 적이 없다. 생각할 때마다 한편으로 슬프고 한편으로 부끄럽지 않은 적이 없으니, 세상에 윤지처럼 나를 알아주고 나에게 경계해 줄 사람이 없는 것을 슬퍼하고, 내가 윤지를 저버린 점이 많은 것을 부끄러워한 것이다.

윤지는 천성이 고결하여 세상과 맞지 않는다는 것을 스스로 알고서 일찍 과거 공부를 포기하고 산수와 문묵(文墨) 속에 살았다. 그러나 윤지는 기국이 크고 식견이 밝으며 재능은 한 시대를 경륜(經綸)하기에 충분한데 세상에서 알지 못하였을 뿐이다. 내가 예로부터 은둔한 인사들을 보건대, 그 마음은 참으로 맑고 그 자취는 참으로 기이하였으나 세상에 쓰기에는 부족한 자들도 있었다. 그러나 윤지는 그런 재능을 가지고 있으면서도 거두어 안에 간직하고 종신토록 스스로 폐기하고서 원망하거나 후회하는 마음이 없었으니, 이것이 윤지가 고상한 이유이다. 그렇기는 하지만 이런 점은 전할 수 없고, 남아 있는 것은 몇 편의 글뿐이다. 내가 이것까지 차마 전해지지 않게 할 수 없어 녹봉을 덜어서 목판으로 간행하니, 이것이 윤지를 후세에 전할 수 있겠는가. 오호라, 후세에 반드시 윤지를 알아주는 자가 있을 것이다.

금상 3년 기해년(1779, 정조3) 단옷날에 자헌대부(資憲大夫) 행 평안도관찰사 겸 병마수군절도사 도순찰사 관향사 평양부윤(行平安道觀察使兼兵馬水軍節度使都巡察使管餉使平壤府尹) 김종수(金鍾秀)는 쓴다.

《능호집》 발문
凌壺集跋

이원령(李元靈)은 기이한 선비이다. 수척하고 목이 길며 수염과 눈썹에 속된 기운이 적으며 산보할 때마다 시를 읊조리니, 멀리서 바라보면 그 모습이 학과 유사하다. 원령은 천성이 소탈하고 산수를 유람하고 글 짓고 술 마시는 것을 좋아한다. 그러나 뜻을 세우고 실행하는 것은 반드시 옛사람의 도리에 근거하여 비웃거나 꾸짖는 자가 있어도 돌아보지 않았다. 나는 이 때문에 원령을 존중한다. 세상의 소문을 듣고 그 명성을 좇는 자들은 단지 그의 문장과 전서(篆書)의 아름다운 점만 보니 어찌 원령을 알 수 있겠는가. 그의 시문(詩文)은 격조가 깨끗하고 정신이 활달하며 법으로 삼은 것은 고상하지만 괴이한 면이 때때로 나타나니 여기에서 또 그의 성격을 상상할 수 있다.

내가 평안도 관찰사로 있을 때 이윤지(李胤之)의 《단릉집》을 간행하였는데, 해평(海平) 윤자목(尹子穆) 씨가 편지를 보내와 원령의 《능호집》을 왜 이어서 간행하지 않느냐고 하였다. 그 뒤에 원령의 아들 이영장(李英章)이 자목이 산정(刪定)한 유고(遺稿)를 가지고 찾아왔는데 마침내 활자로 인출하였다. 나와 윤지와 자목은 모두 원령과 교유한 사람들이다. 관서(關西)에는 옛날부터 유명한 산수가 많은데, 내가 산에 오르고 물가에 가서 술을 마실 때마다 원령을 생각하고 서글픈 마음이 들지 않은 적이 없다.

《문신강제절목》 발문
文臣講製節目跋

규장각이 완성되자 상이 연소한 문신을 선발하여 강경(講經)과 제술(製述)에 응시하게 하고 각신(閣臣)에게 고시(考試)의 일을 주관하게 하였다. 신들이 상의 뜻을 여쭙고 나서 절목을 찬정(撰定)하였다.

삼가 생각건대 문신을 강경과 제술에 응시하게 하여 선발하면 선발된 자는 자중할 줄을 알고 선발되지 못한 자는 분발할 줄을 알게 할 수 있다. 강경을 한 달에 한 번 시험하고 제술을 열흘에 한 번 시험하면 잦더라도 촉급한 데에 이르지 않고 느슨하더라도 해이해지는 데에 이르지 않을 것이다. 강경은 경서(經書)와 사서(史書)로 시험하고 제술은 논(論)과 책(策)을 으뜸으로 하며, 강경은 또 문의(文義)를 우선으로 삼고 구두(句讀)를 다음으로 삼아서 장차 실제로 사용할 수 있게 하면, 상벌을 자주 시행하지 않더라도 반드시 공부가 진전되는 것을 격려하고 퇴보하는 것을 부끄럽게 여기도록 할 수 있을 것이다. 학문을 권면하고 독려하는 방법과 인재를 육성하는 도리가 이처럼 지성스럽고 상세하니 문풍(文風)이 어찌 진작되지 않을 수 있겠으며 인재가 어찌 이루어지지 않을 수 있겠는가. 《시경》에 이르기를 "그러므로 어른은 덕을 지니고 어린이는 학습하는 것이 있게 되었으니, 옛사람이 싫어함이 없었는지라 선비들로 하여금 명예를 이루어 준수한 사람이 되게 하셨도다." 하였으니, 옛사람은 문왕(文王)을 가리킨다. 이 시는 신이 지금 성조(聖朝)를 위하여 축원하는 말이다.

오호라, 문신들이 책을 읽지 않은 지 오래되었다. 문신인데도 책을 읽지 않는 것은 농부가 들에서 일하지 않고 장수가 물건을 매매하지 않는 것과 같다. 사람이 일정하게 하는 일이 없어서 그 마음을 한 군데도 쓰는 곳이 없으면 그 마음이 외물(外物)을 따라 옮겨 가서 여러 가지 사특한 마음이 여기에서 일어나니, 그 형세가 그러한 것이다. 이제부터 관직에 있는 사람이 하는 일이 안정되고 마음 또한 안정되어서 마음이 하는 일에 전일하여 다른 곳으로 옮겨 가지 않으면 사특한 마음이 싹틀 곳이 없을 것이다. 이것이 또 우리 성상께서 세도(世道)를 구제하고 인심을 선하게 하려는 은미한 뜻이다. 그 공효가 미치는 바가 또 어찌 임금의 교화를 돕는 것일 뿐이겠으며, 어찌 국가의 융성함을 칭송하는 데에 그치겠는가.

금상 5년(1781, 정조5) 봄 3월 정해일(丁亥日)에 숭정대부(崇政大夫) 행 용양위사직 겸 홍문관대제학 예문관대제학 지성균관사 규장각제학(行龍驤衛司直兼弘文館大提學藝文館大提學知成均館事奎章閣提學) 신 김종수(金鍾秀)는 하교를 받들어 삼가 발문을 쓴다.

《열조보감》 발문
列朝寶鑑跋

금상 5년(1781, 정조5) 가을에 《영종대왕실록》이 완성되어 사관(史館)에 봉안하고 부본은 명산(名山)에 보관하고 나서 상께서 사국(史局)의 신하들에게 그 정교(政敎) 중에서 대체(大體)에 관계되는 것들을 뽑아 편집하여 보감(寶鑑)을 만들라고 명하셨습니다. 또 하교하기를,

"내가 생각건대 《국조보감(國朝寶鑑)》은 세조조(世祖朝)에 처음 만들어졌는데, 태조, 태종, 세종, 문종 4조(朝)의 일을 기록하였다. 그 후에 《선묘보감(宣廟寶鑑)》이 숙종조에 만들어졌으며, 또 그 후에 《숙묘보감(肅廟寶鑑)》이 영종조에 만들어져서 몇백 년 중의 열성조(列聖朝) 가운데 보감이 있는 분은 6조뿐이다. 이는 문헌이 빠진 것으로, 열성조의 성대한 아름다움을 밝게 드러내 후사(後嗣)가 볼 수 있게 하는 도리가 아니다. 그대들은 차례로 찬수하여 빠진 것을 보완해서 신편(新編)에 합쳐서 한 책으로 만들도록 하라."

하였습니다. 제신들이 명을 받고 두려운 마음으로 정종, 단종, 세조, 예종, 성종, 중종, 인종, 명종, 인조, 효종, 현종, 경종 12조의 실록을 살펴서 모아서 편집하여 9월에 책을 완성하였으니, 《열조보감》이 도합 몇 권이 되었습니다. 신 김종수(金鍾秀)가 태사(太史)의 직책에 있다고 하여 신에게 그 책 뒤에 발문을 쓰라고 명하셨습니다. 신 김종수가 삼가 절하고 큰 소리로 말하기를,

"오호라, 옛날 융성하던 시절에 군신(君臣)이 서로 경계할 때면 반드시 하늘을 끌어대고 조종(祖宗)을 끌어대서 말하였습니다. 그러나

하늘은 자취가 없고 조종의 자취는 여러 책에 실려 있으니, 조종을 본받는 것이 곧 하늘을 본받는 것입니다. 옛사람이 열성조의 공덕(功德)을 하나하나 들어서 말해 놓은 것으로는 《시경》에 〈장발(長發)〉[70]과 〈집경(執競)〉[71]이 있고 《서경》에 〈무일(無逸)〉이 있으니, 그 마음을 쓴 것이 넓고 그 법을 취한 것이 넓습니다. 명(明)나라에 《훈록유편(訓錄類編)》이 있는 것 또한 이런 취지입니다.

생각건대, 우리나라가 성스러운 왕들이 서로 이어서 400년을 내려왔으니, 그 다스리는 법과 정사의 계책 중에 후세의 본보기가 될 만한 것은 이루 다 셀 수가 없습니다. 그러나 국사(國史)는 비장(秘藏)되어 있고 야사(野史)는 효잡(淆雜)하며 백성들이 기억하고 있는 성대한 덕과 지극한 선(善) 또한 세월이 갈수록 점차 희미해져 갈 것입니다. 그래서 전하께서 이를 안타까이 여겨 채록하여 편찬하게 하셨으니, 이에 조종의 큰 공업(功業)이 드러나 밝혀지게 되었습니다. 성대하고 찬란하여 천지간에 충만하고 고금을 꿰뚫어 빛납니다. 서로 간에 영향을 받아 더욱 빛나기도 하고 서로 간에 보완해서 이루어 주기도 합니다. 그 자취를 더듬으면 여기에 바로 심법(心法)이 있으니, 참으로 전하의 가전(家傳)의 아름다운 전범이 되고 사왕(嗣王)이 대대로 지켜 가야 할 훌륭한 법규가 될 것입니다.

아, 열성조의 융성한 공업과 치화(治化)가 이를 통해 더욱 드러나

70 장발(長發) : 상(商)나라가 대대로 심오하고 슬기로운 임금이 있어서 그 천명(天命)을 받은 상서로움이 나타난 지가 오래되었다는 말이다. 《詩經 商頌 長發》

71 집경(執競) : 스스로 힘쓰고 쉬지 않는 마음을 가진다는 뜻으로, 주(周)나라의 무왕(武王), 성왕(成王), 강왕(康王)의 덕을 찬양하며 제사 지내는 악가(樂歌)이다. 《詩經 周頌 執競》

고, 후왕(後王)이 거울삼고 본받는 도리가 이로 인해 그 근거를 얻게 되었으며, 본 왕조에서 전해지는 문헌(文獻)이 이를 통해 충분히 증거를 댈 수 있게 되었으니, 이 하나의 책에 세 가지 좋은 점이 갖추어진 것입니다. 우리 전하께서 한가한 시간에 한번 옷깃을 여미고 받들어 읽으면 마치 태묘에 들어가서 열성조를 뵙는 것처럼 황홀할 것이니, 그 뜻과 사업을 계승하고 계책과 공업을 빛내는 도리에 있어 필시 두렵고 감동하여 스스로 그만둘 수 없는 점이 있을 것입니다.

아, 공덕을 쌓는 일이 어렵다는 것을 보고 그것을 실추하기는 쉬울 수 있다는 사실을 두려워하며, 문질(文質)의 변화를 살피고 손익(損益)에 치우침이 있을까 염려하여[72] 함부로 뜯어고치는 것을 경계하여 법도를 넘는 일이 없다면 수문(守文)의 정사를 성실히 준행하게 될 것이고, 미혹되고 무너진 것을 정리하여 기강을 크게 진작한다면 중흥의 정치를 과감하게 본받게 될 것입니다. 이는 모두 선대의 뜻과 사업을 잘 계승하는 방법으로서 길은 다르더라도 귀결점은 같

72 문질(文質)의……염려하여 : 자장(子張)이 10세(世) 뒤의 일을 미리 알 수 있는지 묻자 공자가 대답하기를 "은(殷)나라는 하(夏)나라의 예(禮)를 따랐으니 덜어 내고 더한 것을 알 수 있으며, 주(周)나라는 은나라의 예를 따랐으니 덜어 내고 더한 것을 알 수 있다. 혹시라도 주나라를 계승한 나라가 있다면 비록 백세(百世) 뒤라도 알 수 있을 것이다." 하였다. 이에 대해 주희(朱熹)는 집주에서 "덜어 내고 더한 것은 문질과 삼통(三統)이다. 문질이란 하나라는 충(忠)을 숭상하고 은나라는 질(質)을 숭상하고 주나라는 문(文)을 숭상한 것이며, 삼통이란 하나라는 인월(寅月)을 정월로 삼고 은나라는 축월(丑月)을 정월로 삼고 주나라는 자월(子月)을 정월로 삼은 것이다."라고 하였다. 《論語集註 爲政》 몽오는 여기에서 정조에게 선왕들이 제정한 일을 개혁할 때에 신중을 기하라는 의미로 인용하였다.

습니다. 그리고 하늘을 공경하고 백성을 사랑하며, 어진 이를 친히 하고 간언을 받아들이며, 상벌을 신중히 하고 재물을 절약하는 대경대법(大經大法)은 또 모든 성인의 한결같은 마음으로서 예로부터 지금까지 바뀐 적이 없습니다.

아, 우리 영종대왕으로 말하면 효제(孝悌)는 신명(神明)에 통하고 근검은 백왕(百王) 중에 으뜸이 되어 아름답고 위대한 실적이 사책(史冊)에 다 기록하지 못할 정도입니다. 보령(寶齡)이 높은 뒤에도 밤낮을 가리지 않고 한결같은 마음으로 하늘과 사람의 관계를 통촉하셨으니, 비가 오거나 날이 갠 것에 관심을 갖지 않은 적이 없고 백성의 고통을 항상 자신의 고통으로 여기신 것은 우리 전하께서 옛날에 직접 보신 일입니다. 그러므로 하늘이 우리 선왕께 큰 복을 내려 52년간 재위에 계셨으니, 지금까지도 여염의 백성들이 선왕에 대해 얘기하게 되면 왕왕 흐느끼며 눈물을 흘리는 자가 있습니다. 아, 하늘이 보답한 것이 두텁고 백성들이 받드는 마음이 깊습니다. 우리 선대왕을 계승하는 자손들이 다만 선대왕의 마음을 자기의 마음으로 삼는다면 하늘의 보답과 백성들의 받듦이 만세(萬世)가 지나도록 한결같을 것입니다. 전(傳)에 이르기를 '주공(周公)이 성왕(成王)에게 고할 때에 문왕(文王)에 대해 자세히 말한 것은 당시의 일을 직접 눈으로 보고 귀로 들었기 때문이다.'라고 하였으니,[73] 아, 전하께서는 유념하소서."

하였다.

73 전(傳)에……하였으니 : 《서경》 〈무일〉은 주공이 성왕에게 안일하지 말도록 경계한 내용인데, 채침(蔡沈)이 쓴 이 편의 서문(序文)에 나오는 내용이다. 여기에서는 정조가 영조의 정치를 직접 보았으므로 귀감으로 삼으라는 의미로 말한 것이다.

《역대명신주의요략》 발문
歷代名臣奏議要略跋

《역대명신주의요략》 여덟 권은 도합 1000여 칙(則)이니, 대체로 모두 충신(忠臣)의 말입니다. 그 간절한 뜻과 강직한 기상을 말 이면에서 상상해 볼 수 있어서 왕왕 사람으로 하여금 감격하여 눈물을 흘리게 하는 대목이 있습니다. 그러나 밝은 임금과 어진 신하가 서로 만나서 신하가 말을 하면 임금이 들어주고 신하의 신분이 그에 따라 현달하는 경우는 드물고, 그 외에 임금이 아득히 멀게 여겨 살펴 주지 않거나 죄를 뒤집어쓰는 경우도 있으니, 이것이 바로 먼 옛날부터 충성스럽고 뜻있는 사람들이 똑같이 마음 아파하는 점입니다.

처음에 신이 이 책을 편집할 때에는 세상에 내놓지 않고 책 상자에 넣어 두었다가 후세에 이것을 보고서 좋아하는 자가 나타나 아래에서 신하가 그 말을 임금에게 올리고 위에서 임금이 그것을 채택해 주기를 바랐으니, 그렇게 되면 그 말이 당시에는 쓰이지 못하더라도 결국에는 천하 국가를 위해 쓰이게 될 것입니다. 신의 본의는 이와 같은 데에 불과했는데, 전하께서 그 책을 가져다 곁에 두고 반성하고 점검하며 몸소 징험하겠다고 유시하고, 심지어 "이 책을 매우 좋아한다."라고 하교하셨습니다. 이 책에 들어 있는 사람들이 고심한 정성에서 나온 말이 천년이 지나도록 한 번도 쓰이지 않아 빈말이 되었는데 이제야 비로소 전하에게 쓰이게 되었으니, 이 책에 들어 있는 사람들이 지각이 있다면 필시 세대를 건너뛰어 만나게 된 성대한 일을 영광으로 여겨서 다시는 그들의 말이 당시에 쓰이지 못한 것을 한으로 여기지 않을 것이고, 신이 일찍이 먼 후세에 쓰이기를 바랐던 것도 장차 직접 그것을 볼 수 있을 것입니다.

오호라, 전하께서 다른 사람에게서 취하여 선을 행하는 덕으로 이 책에 유념하시는 것이 이 정도까지 지성스러우니, 그 말들은 참으로 이루 다 쓸 수 없을 것입니다. 그리고 오늘날 그 말을 쓸 때에 어느 것을 우선할지는 성명(聖明)께서 아실 테니 어찌 신이 하나하나 거론할 필요가 있겠습니까. 맹자가 "천하의 선사(善士)와 벗하는 것으로 만족하지 못하여 또 위로 올라가 옛사람을 논하는 것이니, 이것이 상우(尙友)이다."라고 하였습니다. 오호라, 임금이 되어 한 시대의 말을 모두 쓰고도 만족하지 못하여 또 거슬러 올라가 옛사람의 말에 이른다면, 이는 천지와 같은 도량입니다. 오호라, 어찌 위대하지 않겠습니까.

금상 6년(1782, 정조6) 봄 3월 갑자일(甲子日)에 숭정대부(崇政大夫) 행 용양위사직 겸 홍문관대제학 예문관대제학 지성균관사 규장각제학(行龍驤衛司直兼弘文館大提學藝文館大提學知成均館事奎章閣提學) 신 김종수(金鍾秀)는 절하고 삼가 발문을 씁니다.

《홍문관지》 발문
弘文館志跋

옛날에 반맹견(班孟堅 반고(班固))이 《한서(漢書)》를 지을 때 천지(天地)와 예악(禮樂)으로부터 아래로 식화(食貨)에 이르기까지 그 본말을 낱낱이 서술하고 말하기를 "지(志)는 후세에 사서(史書)를 짓는 자가 본받을 것이다."라고 하였으니, 이것이 관부와 군현(郡縣)의 지(志)가 생기게 된 이유입니다. 그렇기는 하지만 '지'는 기록한다는 뜻이므로 그 일을 기록할 뿐이지 그 관부를 중요하게 여기도록 할 수 있는 것이 아니니 관부마다 모두 지가 있을 필요는 없습니다. 홍문관은 궁궐 안에 있는데 개국 초에 집현전을 설치할 때 관청의 제도를 당(唐)나라의 18학사(學士) 제도[74]를 본떠서 명칭을 등영(登瀛)이라고 하였다가 후에 지금의 이름으로 바꾸었습니다. 내부(內府)의 서적을 관리하고 경연에서 진강하는 일을 주관합니다. 국가의 정책을 결정하는 데에 참여하고 문후하는 반열에 참여하는 것은 승지와 비슷하고, 시정(時政)에 대해 논란하고 관리의 잘못을 조사하여 탄핵하는 것은 대간(臺諫)과

74 당(唐)나라의 18학사(學士) 제도 : 당 태종(唐太宗)이 태자 때에 궁성 서쪽에 문학관(文學館)을 설치하고 두여회(杜如晦), 방현령(房玄齡), 육덕명(陸德明), 공영달(孔穎達) 등 18인의 문관(文官)을 학사로 임명하고서 한가할 때면 이들에게 정사(政事)를 자문하기도 하고 함께 전적(典籍)을 토론하기도 하였다. 그리고 염입본(閻立本)에게 명하여 초상화를 그리게 하고 저량(褚亮)에게 찬을 짓게 하고 여기에 이름과 관작과 출신지를 쓰고서 '18학사'라고 불렀는데, 당시 사람들이 여기에 뽑힌 것을 몹시 흠모하여 "영주에 올랐다.〔登瀛洲〕"라고 하였다. 《新唐書 褚亮列傳》

비슷하니 그 관직의 중요함이 이와 같습니다.

오호라, 어전에서 경서를 진강하고, 진강하는 글의 내용으로 인하여 임금에게 좋은 말을 올리며 임금을 훈도(薰陶)하되 서두르지 않고 점진적으로 하며, 그릇된 마음은 싹트기 전에 막고 원래 가지고 있는 선(善)의 단서를 펼치도록 인도하니, 정자(程子)가 말한 "임금의 덕을 성취시키는 것이 그 책임이다."라는 것[75]입니다. 이로 말미암아 천지에 참여하고 예악을 일으킬 수도 있으니 어찌 지(志)가 없을 수 있겠습니까. 오호라, 열성조께서 이 관(館)을 중시하여 예우하신 것이 지극하였습니다. 예를 들어 문종께서 밤에 찾아와 근보(謹甫)라는 자(字)를 부르고,[76] 술에 취하자 담비 이불을 덮어 주고, 은술잔을 하사하고 성지(聖旨)를 기다리지 않고 내원(內院)의 술을 곧바로 가져다 마실 수 있게 하며, 직서(直署)에서 평상시에 쓰는 관(冠)을 쓰도록 허락하신 것은 모두 백대(百代)에 전할 수 있고 사책(史冊)을 빛나게 할 수 있는 일이니, 이 일이 또 어찌 지가 없을 수 있겠습니까.

금상 8년(1784, 정조8) 여름에 홍문관의 관원에게 명하여 홍문관에 보관되어 있는 옛날의 지(志)에서 불필요한 것을 빼고 중요한 것만 뽑아 바로잡아 정본(定本)을 만들라고 하셨으니, 아, 아름답습니다. 이것은 열성조께서 이 관(館)을 중시하신 성대한 뜻입니다. 책이 만들어지자 신 김종수(金鍾秀)가 일찍이 본관(本館)의 관장을 역임했다고

75 정자(程子)가……것 : 정이(程頤)가 경연(經筵)에 대해 논하면서 "천하의 치란은 재상에게 달려 있고, 임금의 덕을 성취하는 것은 그 책임이 경연에 있다."라고 한 말을 인용한 것이다. 《二程文集 卷7 論經筵第三箚子》

76 문종께서……부르고 : 근보는 성삼문(成三問)의 자이다. 자세한 내용은 《성근보집(成謹甫集)》 권3 〈실기(實記)〉에 실려 있다.

하여 책 뒤에 발문을 쓰라고 명하시니, 신이 지(志)가 생긴 원인과 이 관에 지가 없어서는 안 되는 이유를 특별히 써서 밝으신 명을 겨우 이행하였습니다. 세도(世道)가 낮아진 뒤로 사람들이 이 관청을 일컫지 않게 되니, 이에 이 사람들을 중시하지 않게 되었으며, 왕왕 마침내 이 관청을 중시하지 않게 되었으니, 오호라, 이것이 어찌 이 관청의 탓이겠습니까. 이 점이 또 이 지를 읽는 사람이 알지 않아서는 안 되는 것입니다.

숭정대부(崇政大夫) 행 양주목사 양주진병마첨절제사 규장각제학(行楊州牧使楊州鎭兵馬僉節制使奎章閣提學) 신 김종수는 하교를 받들어 삼가 발문을 씁니다.

〈규장각고사〉의 비지에 대한 발문

奎章閣故事批旨跋

금상 5년(1781, 정조5) 봄에 내각(內閣)에 명하여 〈춘방고사(春坊故事)〉의 예에 의거하여 고사를 써서 올리라고 하셨습니다. 4월 정미일(丁未日)에 신 김종수(金鍾秀)가 광주(廣州)의 전사(田舍)에 있으면서 고사 6조목을 써서 올렸으니, 위의 세 조목은 편차한 《명신주의(名臣奏議)》의 의례(義例)에 따라 품지(稟旨)한 것이고, 아래 세 조목은 다음과 같습니다. 우선 《명신주의》에서 맨 앞에 당 태종(唐太宗)이 위징(魏徵)[77]에게 "경이 노할까 두려워서 중간에 그만두었다."라고 답한 말을 들어서 전하께서도 노할까 두려워하는 신하가 있는지 물은 것, 다음으로 여공저(呂公著)[78]가 송 신종(宋神宗)에게 "허위(虛僞)가 마음에서 한번 싹트면 시기(猜忌)가 천 리 밖에서 행해진다."라고 고한 말을 들어서 내면의 마음과 외면의 행동을 점검하라고 청한 것, 다음으로 소식(蘇軾)이 신종에게 "작은 것에 상세하면 반드시 큰 것에 소략하고, 문식이 치밀하면 실질이 반드시 소루하다."라고 고한 말을 들어서 작은 것을 살피다가 큰 것을 빠뜨리고 문식이 실질을 지나치는 것을 경계하라는 내용입니다. 4일 후 신해일(辛亥日)에 각리(閣吏)가 와서

77 위징(魏徵) : 580~643. 당나라 태종 때의 명신으로, 자는 현성(玄成), 시호는 문정(文貞)이다.

78 여공저(呂公著) : 1018~1089. 송나라의 명재상으로, 자는 회숙(晦叔), 시호는 정헌(正獻)이다.

비지(批旨) 두 폭을 전하였는데, 1200여 자의 말씀에 의리가 정미(精微)하고 문장이 전아하고 엄정하였습니다. 특히 자신을 허물한 것이 매우 절실하고 열어 보인 것이 명쾌하여 사람으로 하여금 감격의 눈물을 흘리지 않을 수 없게 하였습니다.

오호라, 초야에 있는 신하의 광망하고 어리석은 말은 성상의 비답에 거론하신 "치우침을 바로잡지 못하고 사욕을 극복하지 못했다.", "자신을 믿고 독단하였다.", "스스로 성인이라고 여기고 신하들을 경시하였다.", "안팎을 순일하게 하지 못하였다.", "말을 하면 믿지 않고 명령을 내리면 따르지 않으며, 은혜를 베풀어도 감격하지 않고 벌을 주어도 복종하지 않는다.", "작은 것을 살피고 문식(文飾)에 치중한다."라는 것만 가지고 말하더라도 모두 좁은 마음으로 헤아린 것이 아니겠습니까. 그런데도 마음을 비우고 받아들이고 기꺼이 논란해 주셨으니, 대성인(大聖人)의 마음은 천리(天理)가 유행(流行)하는 신묘함이 있고, 통연히 털끝만큼도 얽매인 사심과 남과 나를 구분하는 마음이 없음을 우러러볼 수 있습니다. 그러므로 미천한 신의 말에 대해 애당초 진위(眞僞)와 곡직(曲直)을 따지지 않고 모두 받아들여 자신의 허물로 삼아 백척간두에서 진일보하는 데 도움으로 삼으셨습니다. 이는 의당 후세에 전하여 억만대토록 제왕가(帝王家)의 법도로 삼아야 할 것입니다. 마침내 감히 장황(裝潢)하여 첩(帖)으로 만들고 을사년(1785, 정조9)에 《일득록(日得錄)》을 편차할 때에 내린 유지(有旨)와 임인년(1782)에 책의 앞면에 써서 내린 것을 아래에 붙였습니다. 후세 사람에게 고하여 모두들 우리 성상의 환히 비춰 보는 명철함과 은혜롭게 대우하신 융숭함을 보아서 이로 인하여 성상의 덕을 만분의 일이나마 엿볼 수 있게 합니다.

이생 지경[79] 정재 의 화련첩에 대한 발문
李生止卿 定載 畫蓮帖跋

위 연꽃 그림 한 폭은 아래에 나의 백씨(伯氏) 본암(本庵) 선생의 〈연화찬(蓮花贊)〉 2편이 씌어 있으니, 한산(韓山) 이정재 지경(李定載止卿)이 소장하고 있는 것이다. 백씨는 평생 연꽃을 몹시 사랑하여 집이 좁은데도 작은 연못을 파서 연꽃 수십 포기를 심어 놓고 아침이나 저녁이나 맑은 날이나 비 오는 날이나 구경하였고, 연꽃이 있다는 말을 들으면 멀더라도 반드시 찾아가고 가서는 돌아올 줄을 몰랐다. 이미 두 편의 찬을 짓고 또 시 수십 편을 지어서 그 모습을 형용하고 그 아름다운 덕을 드러내서 거의 한마디도 빠뜨린 것이 없으니, 다시 이 시를 두 찬의 아래에 이어지게 하면 완연히 하나의 연화보(蓮花譜)가 될 것이다.

연꽃은 백씨와 참으로 백세(百世)를 뛰어넘어 한 번 만난 지기(知己)라고 할 수 있을 것이다. 오호라, 연꽃이 군자인 것은 이룬 덕으로 말한 것이니, 덕을 연꽃에 견준 사람은 주 부자(周夫子 주돈이(周敦頤)) 이후로 없었다. 백씨가 군자다운 사람을 생각했으나 볼 수 없었기에 같은 기운을 가진 대상을 초목 같은 물건에서 구하였다. 그러다가 연꽃

79 이생 지경(李生止卿) : 이정재(李定載)로, 본관은 한산(韓山), 자는 지경이다. 몽오의 형 김종후(金鍾厚)에게 수학하고, 임성주(任聖周), 박윤원(朴胤源) 등과 교유하였다. 생년은 알 수 없고, 몰년은 박윤원의 《근재집(近齋集)》 권3 〈도이지경정재(悼李止卿定載)〉 시에 의거하면 1788년(정조12)이나 1789년으로 추정할 수 있다.

을 얻어 가까이하고 나서는 취향이 서로 통하고 정신이 서로 통하는 것이 언어로 형용할 수 없는 점이 있었으니 그 뜻이 또한 너무 슬프다. 그러나 속찬(續贊)[80]에서 "맑고 통하고 쇄락(灑落)한 가운데 장중한 기상을 스스로 간직하고 있고, 멀리서 바라볼 수는 있지만 가까이할 수는 없다."라고 한 말은 오직 백씨가 거기에 가까우니, 이 말을 옮겨서 백씨를 찬하더라도 괜찮을 것이다.

오호라, 지경이 어려서 백씨를 스승으로 모셨는데 학업을 마치지 못하였다. 그가 이 첩을 만든 것은 연꽃이 백씨가 사랑한 대상이기 때문에 연꽃을 보면 백씨를 보는 듯하였기 때문일 것이다. 지경이 백씨의 도를 마저 배우려고 한다면 나는 지경에게 연꽃을 스승으로 삼으라고 고해 줄 것이다.

병오년(1786, 정조10) 윤7월에 몽오산인(夢梧山人)은 일장산(日長山) 아래 야인실(野人室)에서 쓴다.

80 속찬(續贊) : 김종후의 문집인 《본암집(本庵集)》 권6에 실려 있는 〈속연화찬(續蓮花贊)〉을 가리킨다.

《논사록》에 대한 발문

論思錄跋

내가 고봉(高峯 기대승(奇大升)) 선생의 〈사칠이기변(四七理氣辨)〉을 교정하고 그 아래에 한마디 말을 붙였다. 그러고 나서 또 선생의 《논사록》을 얻어 손을 씻고 공경히 읽어 보니, 그 내용이 간곡하고 명쾌하며 말은 정성스럽고 뜻은 장구하였는데, 가슴속의 생각을 드러내어 그칠 줄 모르고 자세히 말하였다. 한결같이 천덕(天德)과 왕도(王道)에 근본하고 공리(功利)의 사욕이 털끝만큼도 끼이지 않았으니, 여기에서 선생의 학문이 바름을 볼 수 있고 여기에서 선생의 충군애민하는 뜻이 독실함을 볼 수 있다. 그러나 이 책은 선생이 손수 기록한 것이 아니라 선생이 세상을 떠나신 직후에 선조(宣祖)께서 사관에게 명하여 《기거주일록(起居注日錄)》에 있는 내용을 발췌하게 한 것이다. 현명한 군주와 어진 신하가 좋은 세상에서 서로 만난 것이니, 아, 훌륭한 일이다. 요순(堯舜) 시대에 고요(皐陶), 익(益), 직(稷)이 임금 앞에서 훌륭한 계책을 진달했을 때에도 이런 일이 있었는지 모르겠다.

아, 선조께서 처음 즉위하셨을 때에 조정이 청명하여 현자들이 대거 조정에 나와 벼슬하였다. 선생이 조정에 계실 때에 퇴계(退溪) 이 문순공(李文純公)이 앞에서 천거하였고, 사암(思菴) 박순(朴淳), 송강(松江) 정철(鄭澈), 오음(梧陰) 윤두수(尹斗壽), 월정(月汀) 윤근수(尹根壽), 황강(黃岡) 김계휘(金繼輝), 약포(藥圃) 정탁(鄭琢), 백록(白麓) 신응시(辛應時), 청련(青蓮) 이후백(李後白) 등 여러 분이 뒤에서 도왔으니, 이때에 세도(世道)와 인심은 하나도 걱정할 만한 것이 없을 듯했다. 그런데도 선생의 정성스럽고 간곡한 마음은 현자와 간신의 소장(消長)하는 기미에 있었고, 심지어는 "소인이 군자를 공격하면서 군자가 조정의 정사를 비난한다고 말하는데, 군주가 혹 이것을 살피지 못하면 사화가 이 때문에 일어난다." 하였고, 동한(東漢)의 당고(黨錮)[81]와 당나라 말기의 백마역(白馬驛) 사건[82]을 인용하여 밝혔다. 또 말하기를 "외척이 비록 어진 사람이라도 군주는 그들을 의지하여 정사를 해서는 안 되며, 선비들도 외척들과 일을 함께하면 안 된다." 하였다. 그 고심이 담긴 말들은 천년이 지난 뒤에도 사람들로 하여금 반복해 읽고 눈물을 흘려 그칠 수 없게 할 것이니, 아, 그 천하와 만세를 위한 염려가 장구하다 하겠다. 구천에 있는 분을 다시 세상에 나오게 할 수 있다면 내가 선생 말고 누구에게 귀의하겠는가. 아, 슬프다.

숭정(崇禎) 후 세 번째 병오년(1786, 정조10) 중동(仲冬)에 후학 청풍(淸風) 김종수(金鍾秀)는 삼가 쓴다.

81 동한(東漢)의 당고(黨錮) : 후한 환제(後漢桓帝) 때에 환관이 정권을 주도하자, 이응(李膺)과 진번(陳蕃) 등이 태학생 곽태(郭泰)·가표(賈彪) 등과 연합하여 환관을 맹렬히 공격하였다. 그러나 환관들은 오히려 그들이 붕당을 지어 조정을 비난했다고 무고하여 이응 등 200여 명에 대해 종신토록 금고(禁錮)하는 형벌을 받게 하였다. 그 후 영제(靈帝) 때에 이응 등이 다시 기용되어 대장군 두무(竇武)와 모의하여 환관을 주벌하려다 사전에 발각되어 이응 등 100여 명은 피살되고 말았다. 이것이 이른바 '당고의 화(禍)'이다. 《後漢書 黨錮列傳》

82 백마역(白馬驛) 사건 : 당(唐)나라 애제(哀帝) 때 권신(權臣) 주전충(朱全忠)이 배추(裴樞) 등 조사(朝士) 30여 명을 백마역에 집결시켜 하룻저녁에 다 죽이고 그 시체를 황하(黃河)에 던져 넣은 사건을 말한다. 《新唐書 裴樞列傳》

조사문 신 의 《경의집설》에 대한 발문

趙斯文 愼 經義集說跋

한양(漢陽) 조 사문 신(趙斯文愼) 사숙(思叔) 씨는 일찍 과거 공부를 접고 50년 동안 굶주림을 참으며 녹문산(鹿門山)에서 독서하였다. 어느 날 그가 편집한 《경의집설》을 가지고 와서 나에게 보이며 한마디 말을 써 달라고 청하였다. 이 책은 사서(四書)의 경문(經文)과 집주(集註)에 우리나라 선비들의 여러 설을 뽑아서 그 아래에 붙이고 중간에 자기의 설을 붙인 것이다.

내가 책을 덮고 탄식하기를,

"경을 해설하는 것은 가지와 줄기가 말단에 잘못된 것을 설명하는 것이다. 근세 이래로 경을 해설하는 자들이 대부분 초야의 곤궁한 선비들이고 의관을 갖추고 옥을 찬 사람들이 아니니 여기에서 그 세도(世道)를 더욱 볼 수 있다. 그러나 내가 이 책에서 느낀 바가 있다. 오호라, 의리(義理)는 천하의 공적인 것인데 학자들이 각각 자기 스승의 학설을 고수하는 것은 후세 학자들의 잘못이고, 더구나 당목(黨目)이 분열된 뒤에는 말할 것이 있겠는가. 다만 그 심량(心量)이 협소함만 보일 뿐이니, 의리에 무슨 문제가 있겠는가. 지금 사숙 씨가 우리나라 학자들의 설을 취하면서 오직 의리에 맞으면 취하였으니, 그 마음의 공정함은 세상을 경계시킬 만하였다. 그러므로 기꺼이 이와 같이 쓴다."

하였다.

잡저 雜著

솔옹문답
率翁問答

내가 어려서 서울에 살았는데 자칭 몽오산인(夢梧山人)이라고 하였으니, 몽오는 지명이다. 나의 선인(先人)의 묘소가 있는 곳이므로 살아서는 여기에 살고 죽어서는 여기에 묻히려고 생각했기 때문에 이렇게 이름 지은 것이다. 내가 벼슬에서 물러나 몽촌(夢村)에서 노년을 보낼 때에 문득 솔옹(率翁)이라고 자칭하였더니, 어떤 객이 호를 솔옹이라고 지은 까닭을 물었다. 내가 대답하기를,

"'탄솔(坦率)하며 망발(妄發)을 좋아하는 것'은 곧 성상께서 나를 형용하신 말씀이다. '망발' 두 글자는 한 무제(漢武帝)가 급암(汲黯)을 지목한 말[83]이므로 내가 참으로 감당할 수 없지만 '솔'이라는 한 글자는 내가 나 자신을 잘 알고 또 성명(聖明)께 인정받은 것이니, 이것

83 망발……말 : 급암은 한 무제(漢武帝) 때의 명신으로, 자는 장유(長孺)이다. 임금 앞에서도 거침없이 직간하기로 유명하였다. 무제 때 국가에서 말을 징발하는데 백성들이 숨기고 내놓지 않다가 후에 말을 매매하다 적발되어 참형을 당해야 하는 자들이 500명이나 되었다. 이에 급암이 처벌을 강력히 반대하자 무제가 "내가 오랫동안 급암의 말을 못 들었더니 지금 또다시 망발을 하는구나."라고 하였다. 《漢書 汲黯傳》

이 내가 의심 없이 내 호로 삼은 이유이다."

하였다. 객이 말하기를,

"'솔'은 그대의 기질(氣質)의 병이다. 학문이란 기질을 변화시키는 것을 귀하게 여긴다. 그대가 어려서 학문에 뜻을 두었으면서 지금은 '솔'에 대해 스스로 편안히 여기고 호로 삼기까지 하니, 어찌하여 그대는 늙어서 마침내 그 학문을 잊은 것인가."

하자, 내가 말하기를,

"아, 그대의 말이 옳다. 치우친 것을 바로잡아 중도(中道)에 나아가서 성인의 도에 합치되기를 구하는 것은 참으로 나의 지난날 바람이었으나 지금은 늙어서 할 수가 없고, '솔'이라는 한 글자는 참으로 내 평생의 단점이지만 장점 또한 여기에 있고 성명께서 이미 인정하셨으므로 숨길 수 없다. 지난날 성상의 하교에 '얼핏 보면 자취가 당돌한 것 같지만 자세히 보면 실로 사심이 없다.'라고 하였고, 또 '평생의 성격이 입에서 나오는 대로 말한 것이 병이 된다.'라고 하였으니, 모두 '솔' 자를 풀이한 말이다. 내가 과거에 급제하여 조정에 출사한 20년 동안 조정에서 벼슬한 날은 많지 않고 법을 범하고 죄에 빠진 것은 거의 한두 번이 아니며, 심지어는 죽고 사는 것이 경각에 달린 경우까지 있었다. 그러나 우리 성상께서 내가 입에서 나오는 대로 말하고 마음이 가는 대로 행동하여 스스로 함정에 빠진 것이 모두 '솔' 때문이라는 것을 아셨기 때문에 그때마다 불쌍히 여겨 용서해 주었고, 용서해 주었을 뿐만 아니라 또 더욱 후하게 대우하셨다. 따라서 이 '솔'은 내 생명을 보호해 주는 보물이라고 할 것인데 감히 스스로 병으로 여겨 바로잡고 변화시킬 방법을 찾을 수 있겠는가. 그렇다면 내가 자랑스럽게 취하여 스스로 이름 짓고 남들에게 과시하는 것이 마땅하지 않겠는가."

하니, 객이 웃으며 말하기를,

"그대의 말은 일리가 있으나 그 마음은 또한 너무 슬프다. 내가 다시는 '솔'을 가지고 그대의 병통으로 삼지 않겠다."

하였다. 객이 간 뒤에 마침내 그 말을 기록하여 솔옹문답으로 삼는다.

몽오집

제5권

제문 祭文

애사 哀辭

제문 祭文

내제 홍자유 낙삼 에 대한 제문
祭內弟洪子有 樂三 文

유세차 계유년(1753, 영조29) 3월 정축일(丁丑日)에 청풍(淸風) 김종수(金鍾秀)는 이 술과 음식을 갖추어 내제 풍산(豐山) 홍자유의 영구(靈柩) 앞에 차려 놓고 제문을 지어 곡하노라.

슬프다 자유여, 너는 죽었느냐 살았느냐. 너의 모습은 우뚝 서 있는 난새 같고 너의 기상은 소를 잡아먹을 것 같았다.[1] 네가 태어났을 때에 나는 네가 금석(金石)처럼 건강할 것이라고 믿었는데 너는 어찌하여 이렇게 빨리 죽었느냐. 네가 서쪽에서 돌아가 병들어 죽게 되었을 때에 겨우 며칠 만에 비로소 내가 가서 보니 너는 이미 보지 못하고 말하지 못하는 상태였다. 어찌 그 마음은 명백한데 힘이 몸을 지탱하지 못하여 혼백이 이미 몸을 떠나서 그 죽음이 슬프다는 것을 알지 못한단 말인가. 그러나저러나 나의 애통함만 더할 뿐이다.

우리 어머니는 형제가 셋인데 그 소생이 아홉이었다. 이씨(李氏)에게 시집간 동생이 죽어서 이모의 혈맥(血脈)이 이어지지 않았고, 나의

1 너의 모습은……같았다 : 홍낙삼의 됨됨이가 훌륭하고 어려서부터 걸출한 모습을 보였다는 말이다.

누이가 죽어서 어머니의 머리카락이 모두 하얗게 세었다. 오직 외삼촌만이 아들을 넷이나 낳았는데 지금 네가 또 죽었으니 마치 사지가 하나 잘려 나가서 다시 완전한 사람이 되지 못하는 것과 같도다. 슬프다 자유여, 너는 활달하고 화락한 성품으로 준걸스럽고 뛰어난 재주를 타고났고 또 가운(家運)이 왕성한 때를 만났으므로 우리들은 매번 외가에 또 재상이 한 명 나오겠다고 하였는데, 유독 선대의 남은 복록을 받았으나 6척의 몸을 보전하지 못한 사람으로 너처럼 궁박한 이가 또 누가 있겠는가. 오호라, 외삼촌께서는 네가 가는 것을 보고서 너의 부음을 들으셨고, 외숙모께서는 네가 돌아온 것을 기뻐하다가 너의 죽음을 곡하셨으니, 한 번 가고 한 번 오는 것이 슬픔 아닌 것이 없다.

슬프다 자유여. 나와 너는 모두 친사촌 형제가 없기 때문에 서로 간의 정이 전일해서 시절(時節)마다 모여서 서로 웃고 얘기하고 함께 돌아다녔다. 슬프다. 지금이 어느 때인가. 봄철 초목의 싹은 곱게 올라오고 꽃들은 선명하게 피어나고 제비는 지저귀며 처마 밑에 집을 짓고 있거늘 어찌하여 자유는 보이지 않는가. 이곳을 떠나서 어디로 갔단 말인가. 오호라, 너와 나의 누이는 함께 지하에 돌아갔으니 길이 서로 가까우므로 서로 볼 수 있으려나. 두 아들과 딸 하나가 그 곁에 있으려나. 무덤이 매우 견고하니 안전하고 재해가 없을 것이다. 내가 너에게 기대서 말을 전하려 하지만 아득하고 막막하여 스스로 슬퍼할 뿐이로다. 슬프다 자유여. 죽으면 반드시 흙으로 돌아가는 것은 이치이고, 가면 다시 돌아오지 않는 것은 시간이다. 20년의 인생이 이처럼 훌쩍 지나 버렸으나 네가 나를 사랑하는 마음은 살아 있을 때나 죽은 뒤나 어찌 다르겠는가. 신(神)이 멀리 가지 않았거든 와서 내가 올리는 술을 마시기 바라노라. 오호라 슬프도다. 부디 흠향하기 바라노라.

이 봉조하[2] 병상 에 대한 제문

祭李奉朝賀 秉常 文

남을 대신하여 짓다.

큰 인물이 멀리 떠나니	鴻厖遯矣
한평생이 백 년이라는 말은 거짓인가 보다	世百其僞
얼굴과 내면의 모습 다르듯	顔肺殊象
베옷 입은 사람과 면류관 쓴 사람의 뜻이 다르네	褐冕異志
우뚝하신 공만은	卓爾惟公
홀로 그 천성을 온전히 하여	獨全其天
내면이 외면의 모습과 같고	中如其外
뒤가 앞과 어긋나지 않았네	後不乖前
세도가 어그러진 때에	世道之乖
나라에 새로 과거 급제를 알리는 방이 붙으니	國有新榜
혼돈한 세상이 비로소 정리되어	混沌肇闢
충과 역을 모두 잊게 되었네	忠逆兩忘
따르면 관작과 상을 받고	從以爵賞
거스르면 재앙이 있으니	咈則有殃
저 완악한 자들은	彼頑頓者
벼슬에 나아가는 것이 미친 사람 같았네	其進如狂

2 이 봉조하(李奉朝賀) : 이병상(李秉常, 1676~1748)으로, 본관은 한산(韓山), 자는 여오(汝五), 호는 삼산(三山), 시호는 문청(文淸)이다.

원수와 벗이 되고 與讎爲朋

굽히지 않은 자 없었는데 靡方不曲

공이 초야에서 와서 公徠自野

구차하게 허락하지 않고 의리를 지켰네 義不苟諾

내 마음 바뀌기 어려운 것이 吾腸難換

내 얼굴과 같아 如吾面然

한마디 짧은 말에 片言之微

신하의 절의 온전히 했네 臣節以全

세교를 지탱하는 것이 維持世教

한 올의 머리카락으로 천균의 무게를 버티는 형국이었고 一髮千勻

남북 변방으로 귀양 가도 南遷北戍

두려워하지 않고 얼굴 찡그리지 않았네 不慴不顰

속이지 않는 정성과 勿欺之誠

굽히지 않는 강단이 있었으니 不屈之剛

이것으로 공의 인품을 구한다면 以是求公

그 상세함을 얻을 수 있으리라 庶得其詳

가정에서 받은 교육 淵源詩禮

문명을 배태하여 肧胎文明

상서로운 봉황과 어진 기린 같고 瑞鳳仁麟

온화한 옥과 맑은 얼음 같았네 玉溫氷淸

마음가짐은 곧고 간략하며 操之貞約

행실은 바르고 미더웠으며 行以直信

효도와 우애로 가정에서 독실하여 孝友篤家

백행에 이를 준칙으로 삼았네 百行以準

평소에는 유약하여	平居粥粥
옷도 감당하지 못할 것 같다가도	若不衣勝
일을 당하면 뜻이 확립되어	當事而立
맹분이나 하육[3]도 감당하지 못할 정도였네	賁育莫承
타고난 자질 이미 아름다운데	天質旣美
학문으로 문채를 내서	學以文之
과거에 급제하여 조정에 발탁되니	魁庠擢庭
여러 고관들이 추천하였네	衆位攸推
정성을 다해서 임금을 보필하며	誠殫獻沃
의리는 사와 정의 구분에 엄격하였고	義嚴邪正
영광스러운 자리에 있으면서도 피로한 듯이 하고	居榮若瘵
벼슬에 나아갈 때는 두려워하고 물러날 때는 용맹하였네	進怯退猛
오호라, 백우여	嗚呼白牛
하늘이 기울어지고 땅이 뒤집어지니	乾傾坤顚
집을 무너뜨리는 재앙은	毁室之禍
주춧돌에 먼저 내려졌네	柱石其先
사 년 동안 변방에 귀양 갔으니	四年禦魅
나의 죄는 오직 충성 때문이라서	我罪伊忠
성상께서 등극하시니	聖后龍飛

3 맹분(孟賁)이나 하육(夏育) : 맹분은 전국 시대 제(齊)나라의 용사인데, 물에서는 교룡을 피하지 않고 육지에서는 시랑(豺狼)을 피하지 않았으며 화를 내서 소리를 지르면 그 소리가 하늘에까지 울렸다고 한다. 하육은 주(周)나라 때의 이름난 용사로 위(衛)나라 사람인데, 천균의 무게를 들 수 있을 정도로 힘이 세었다고 한다. 《漢書 司馬相如傳》《黃氏日抄 卷46 范雎蔡澤》

해가 중천에 뜬 것 같았네 如日方中
배소(配所)에서 소명을 받들어 鵩舍承召
문형과 전형(銓衡)을 담당하여 文衡銓柄
힘써 명의를 펴서 力張名義
처음 정사를 보필하였네 以弼初政
하늘의 뜻이 정해진 것이 얼마나 되는가 天定幾時
비색(否塞)하고 태평함이 일정하지 않아 否泰靡常
몸을 거두어 물러나서 斂身而退
도와 함께 뜻을 감추었네 與道偕藏
죽현의 마을은 竹峴之里
산은 높고 물은 차갑고 山峭水洌
온 집안이 쓸쓸하여 環堵蕭然
한 그릇의 밥과 한 표주박의 물도 자주 떨어졌었네 簞瓢累缺
세상사는 온갖 변화 일으키지만 世事千變
이치는 음양에 부합하니 理合陽陰
나는 옛날과 같아서 我則如故
어제도 없고 오늘도 없다네 無昨無今
세 번을 쫓겨나도 뜻을 바꾸지 않으니 三黜不悛
우리의 도는 더욱 빛나고 吾道彌光
노년에 북쪽으로 왔으나 暮年北來
공의 뜻은 변함이 없었지 公自有常
한만한 부서에서 배회하다 盤桓漫曹
곧이어 치사를 하였는데 旋致其事
앉아서 무너진 풍속을 진압하니 坐鎭頹俗

온갖 사악한 자들이 그를 꺼렸네 百邪所忌
아, 하늘이 원로를 남겨 두지 않아 嗟天不憖
선한 무리가 어찌 횡액을 당하는가 善類何戹
돌아가 선왕을 뵙더라도 歸見先王
공은 부끄러움이 없으리라 公則無怍
나는 온갖 일에 서툴렀는데 緊余百拙
일찍이 의기가 투합했었지 托契是早
성년이 되어서 서로 만났는데 結髮相見
둘 다 머리가 허옇게 세었다네 兩首俱皓
벼슬에 나아갈 때 나란히 급제하였고 進以聯榜
죄 또한 같은 죄안이었으니 罪亦共籍
일은 고르게 하기 어려운 점이 있고 事有難平
거취는 자취가 다르다네 去就殊迹
다른 데로 나아갔으나 결국 같게 되었으니 卽異而同
서로 비추는 것은 마음이고 相照者心
비방하는 말 공거(公車)에 가득하니 謗言盈車
나에게 시속을 따라 부침하라 하였네 謂余浮沈
나는 오히려 스스로 부끄러운데 余猶自愧
공은 나를 멀리하지 않고서 公則不遐
나를 사랑하고 나를 불쌍히 여겨 愛我憫我
내게 다른 뜻이 없음을 밝혀 주었네 明我無他
이제는 영원히 끝났으니 今焉永已
누가 나의 슬픔을 알까 孰知我悲
늙고 추한 나만 홀로 남았으니 獨留老醜

어렵고 위태로움만 눈에 가득 들어오네	滿目艱危
비유하면 배가 장차 기울어지려 하는데	譬舟將傾
썩은 노를 잡고 있는 격이니	而操朽舵
내 인생 무엇이 즐거우리오	我生何樂
한밤중에도 눕는 것 잊는다네	中夜忘臥
공사 간의 일이 머릿속에 뒤엉켜서	公私纏綿
눈물이 폭포처럼 쏟아지니	淚如懸瀑
한 잔 술을 와서 올리며	一杯來奠
내 심중의 말을 고하네	聊告心曲

현옹[4] 정 찰방 내교 에 대한 제문

祭玄翁鄭察訪 來僑 文

공께서는 문장에 있어　公於文章
하늘로부터 받은 재능이 많았고　天授維多
돌아보고 치달릴 때　眄睞馳驟
바른길이 있어 어긋나지 않았네　有路不頗
일찍이 사우를 따라 연마하였으니　夙從師友
비유하면 비단에 수를 놓은 격이고　譬錦加繡
표현한 말과 담은 이치가 화락하고 활달하며　辭理融活
풍치가 밖으로 드러났네　風情漏透
이런 재능을 품고서 스스로 귀하게 여겼으니　抱玆自珍
이것만으로도 웅시하기에 충분하지만　亦足雄視
내가 공에게 감복하는 것은　惟余服公
이것을 말하는 것이 아니네　非是之謂
담박하고 깨끗한　恬虛潔白
한마음뿐이니　維一心耳
기름이 태워지지 않고[5]　膏火不煎

4 현옹(玄翁) : 저명한 여항(閭巷) 문인 정내교(鄭來僑, 1681~1759)로, 본관은 창녕(昌寧), 자는 윤경(潤卿), 호는 완암(浣巖)·현옹이다. 몽오의 숙사(塾師)였다.

5 기름이 태워지지 않고 : 외부로부터 화를 당하지 않는다는 뜻이다. 《장자(莊子)》〈인간세(人間世)〉에 "산의 나무는 유용하기 때문에 벌목을 자초하고, 기름은 불을 밝힐 수 있기 때문에 자신을 태우게 한다.〔山木自寇也, 膏火自煎也.〕"라는 말이 있는데, 여

물결이 일어나지 않는 것과 같았네 波瀾不起
슬픔과 즐거움과 근심과 기쁨이 哀樂憂忻
어지럽게 몰려와도 其來紛然
물아(物我)를 모두 잊고서 兩忘所値
나의 천성을 온전히 하였네 以全吾天
아, 공의 평생은 噫公生平
남들이 감당하기 어려운 것이었으니 匪人所堪
밥그릇이 있으나 밥이 차지 않았고 有簞不盈
굴뚝이 있으나 그을리지 않았네 有堗不黔
노부모는 백발이 되었고 翁嫗白髮
두 아이는 병들어 울부짖으니 兩兒叫疾
누군들 공의 문 앞을 지나며 孰過公門
혀를 차지 않았겠는가 而不嗟咄
그런데도 공은 태연하여 公則夷然
이마를 찌푸리는 일이 없고 眉不見皺
큰 소나무 아래에 長松之下
술을 싣고 찾아왔네 有來載酒
쇠한 얼굴이 불콰해져서 衰頰暈紅
호탕한 기운이 일어나면 豪氣乃騰
말은 금방 예리해지고 談鋒乍利
노래도 함께 불렀었네 歌謳幷興

기에서는 정내교가 남들이 욕심낼 만한 점이 없기 때문에 남들로부터 화를 당하지 않았다는 의미로 사용하였다.

비웃고 욕하며 기침하고 재채기할 때에도	笑罵咳嚏
그 소리가 옥을 두드리는 것 같았고	其聲戛玉
종이를 펴 놓고 글씨를 쓰고서	展紙落筆
어깨를 들먹이고 한 번 읽었네	聳肩一讀
풍류가 넘쳐 나서	風流映發
멀리서 바라보면 신선 같았는데	望之若仙
오호라, 끝났구나	嗟乎已矣
어찌 백 년도 살지 못했는가	胡不百年
어리석고 둔한 나는	余之痴鈍
어려서 공에게 배웠는데	幼學于公
붙들어 주고 도와주어	以扶以翼
나의 미몽을 씻겨 내셨네	以刮其矇
내가 장성해서는	余方及壯
공은 이미 노쇠하여	奈公已衰
슬픈 날은 길고	悲日則長
즐거운 때는 짧았네	爲樂幾時
북쪽 산골짜기의 얼음과 눈	朔峽氷雪
연못가 누대의 경치	潭樓泉石
자취를 돌아보니 아득하여	撫迹茫然
나의 슬픔만 더하네	增我心惻
새는 어찌하여 재잘거리며	鳥何嚶嚶
꽃은 어찌하여 깨끗하게 피었는가	花何楚楚
봄의 경물(景物)은 눈앞에 가득한데	春物滿前
공은 홀로 어디로 가셨는가	公獨何去

나의 술잔 부질없이 놓이고	我觴空設
나의 눈물은 줄줄 흐르네	我淚其滋
공께서 나의 글을 아끼신다면	公愛余文
부디 내 말을 들어주소서	尙或聽之

이윤지[6]에 대한 두 번째 제문

再祭李胤之文

그대는 내가 살아 있는 것이	子視我生
죽은 것보다 낫다고 생각하는가	賢於死耶
사람이 한세상 살면서	人生世間
즐거운 일 많지 않네	樂事無多
한 사람의 지기를 얻는다면	得一知己
죽음을 잊기에 충분하니	足以忘死
내가 가지고 있는 내 마음은	我有我心
오직 나만이 안다네	惟我知耳
나를 아는 자가 있더라도	有知我者
이 또한 나 한 사람뿐이고	是亦一我
더구나 나는 고집 세고 재주 없으니	矧余狷拙
그 누가 옳다고 하겠는가	人孰爲可
내가 그대와 만난 것은	乃與子遇
운산 아래였는데	雲岡之下
백우는 오른쪽에 있고	伯愚在右
경보는 왼쪽에 있었지	敬父在左
좋은 향이 다 타고	名香燒歇

6 이윤지(李胤之) : 조선 후기의 문인 화가 이윤영(李胤永, 1714~1759)으로, 본관은 한산(韓山), 자는 윤지, 호는 단릉(丹陵)·담화재(澹華齋)이다.

매화는 꽃이 떨어지고 있었고	梅有墜花
눈빛으로 맞이하고 마음이 감동하여	目逆神動
그 마음 시로 지어 드러냈지	發之詠歌
끝에 가서 한 번 웃으니	終焉一笑
둘 다 충분하였네	兩皆充然
단릉에서 함께 놀 때	携手丹陵
그 즐거움 단란하였네	其樂團圓
저 봄물에 배를 띄우고	汎彼春水
기이한 봉우리 쳐다보니	仰視奇峯
물고기는 한가하고 새들은 느긋하여	鱗恬羽舒
정경이 화락하였네	情境昭融
장교에서 빗소리 듣고	長橋聽雨
남호에서 달을 구경하며	南湖看月
바위 아래 장원과 물가의 정자에서	巖莊水榭
세시와 가절(佳節)을 함께하였지	歲時令節
서로 어울려 수작할 때에	迹躡響應
풍류가 어우러지고	風流映帶
마음에 다 차지 않아	有未快意
서쪽으로 바다에 들어가면	西入滄海
바람과 우레 밤중에 진탕하고	風雷盪夜
그대의 시는 배에 가득 찼었지	子詩滿船
시를 읊고 휘파람 불며 서로 주고받으면	吟嘯相答
교룡이 앞길을 피해 주었지	蛟龍避前
그대는 산수에 대해	子於山水

타고난 것이 있어서　有得於天
간담은 목석과 같고　肝膽木石
마시고 먹는 것은 안개와 구름이었네　飮食煙雲
운선동[7]에서 살겠다는 맹세를　雲仙之盟
여러 친구들이 함께 들었고　數友同聞
모임 만들어 함께 늙는 것　結社終老
소원은 이것뿐이었는데　所願惟此
이것마저 이루지 못했으니　此猶不遂
운명이 궁박한 것이지　命之窮矣
그대의 인품은　子之爲人
옛사람 중에 누구와 견줄까　於古誰比
진나라에는 원량[8]이 있고　晉有元亮
한나라에는 유자[9]가 있네　漢有孺子
뛰어난 재능에 넓은 가슴　瑰才闊胸
그대는 실로 나라의 보배인데　子實國器

7 운선동(雲仙洞) : 충청북도 단양읍 대강면에 있는 사인암(舍人巖)을 끼고 흐르는 계곡으로 운선구곡(雲仙九曲)의 제9곡을 가리키는데, 운선구곡은 제1곡이 대은담(大隱潭), 제2곡이 황정동(黃庭洞), 제3곡이 수운정(水雲亭), 제4곡이 연단굴(煉丹窟), 제5곡이 도광벽(道光壁), 제6곡이 사선대(四仙臺), 제7곡이 사인암, 제8곡이 도화담(桃花潭), 제9곡이 운선동이다.《立齋集 卷3 九曲歌首絶》

8 원량(元亮) : 중국 남북조 시대 동진(東晉)의 시인 도잠(陶潛, 365～427)으로, 자는 원량, 호는 연명(淵明)・오류선생(五柳先生)이다.

9 유자(孺子) : 동한(東漢)의 고사(高士) 서치(徐穉, 97～168)의 자이다. 효성과 근검으로 널리 알려졌는데, 항상 스스로 농사지어 생활하고 학문에 힘썼으며 진번(陳蕃) 등이 천거하여도 조정에 나아가지 않았다.

유독 무슨 마음으로 亦獨何心
곤궁함을 달게 여기는가 甘爲枯槁
사람들은 그 고상함만 알 뿐 人知其高
그 괴로움을 아는 이 없으니 莫知其苦
깊고 깊은 방 안에서 深深一室
세속의 티끌을 벗어 버렸네 灑脫塵垢
고서 천 권과 古書千卷
꽃과 약초 반 이랑 花藥半畝
산의 거문고 바다의 경쇠 山琴海磬
주나라의 정과 은나라의 작 周鼎殷勻
아득한 그 속에서 漠然其間
소리가 끊어지고 그림자마저 없어질 때 聲斷影息
마음에 감촉하는 것이 있으면 有觸于中
홀연히 웃음 짓고 홀연히 눈물 흘렸네 忽笑忽涕
음양은 홀로 있을 수 없고 陰陽無獨
천지는 끝내 무너져 天地終壞
사람의 정과 사물의 형태가 人情物態
눈앞에 가득 늘어서니 滿目羅列
나라를 위한 일념에 一念宗國
배고픈 줄도 모르고 목마른 줄도 모르고 匪飢匪渴
울울한 뜻 펴지지 않아 有鬱不舒
그 기운이 가슴속에 맺혀 其氣磈磊
그것으로 글을 짓고 而以爲文
그것으로 시를 짓고 그림을 그리니 爲詩爲畫

고상하게 진면목을 드러내서 高以出眞
기이하여도 도리에 어긋나지 않았고 奇不涉詭
그마저 권태로워지면 그만두어 意倦則止
단지 희롱거리로 삼았네 聊以爲戲
때로 서로 만나서 有時逢迎
말하지 않고 담담하게 서로 보았고 澹默相視
그러다가 함께 말하게 되면 及與之語
누에가 실을 뽑아내듯 하여 如繭吐絲
사물의 어지러운 것에서부터 事物紛綸
마음속의 기미에 이르기까지 方寸幾微
갈고리로 긁어내듯 도끼로 쪼개듯 鉤探斧劈
깨달음이 말 이전에 있었으니 悟在言先
천하의 즐거운 일이라 天下之樂
이것이 통쾌함이 되었네 斯爲快焉
오호라, 이 세상에 嗚呼斯世
이 한 사람의 선비가 있을 뿐이니 乃有一士
군자가 의지하는 분이고 君子所恃
소인이 꺼리는 대상이었네 小人所忌
이제는 세상을 떠났으니 今其亡矣
세상이 장차 어찌 될 것인가 世將奚似
그대가 임종할 때에 子之臨終
정신이 흐트러지지 않아 精爽弗忒
한가롭게 담소하고 談笑閑暇
죽음을 하찮게 여겨 以死爲謔

낭랑하게 시를 읽고	琅然誦詩
신선처럼 말하였네	仙鬼其語
오호라, 그대가 태어날 때에는	嗟子之生
맑은 기운이 모이더니	淸氣攸聚
그 기운이 흩어질 때가 되어서는	迨其將散
이런 괴이한 광채를 뱉는구나	洩此光怪
그대가 나의 손을 잡고	子執我手
부탁하고 경계하기를	以托以戒
그대는 그대의 몸을 선하게 하고	爾淑爾身
그대는 나의 뜻을 밝히라 하였으니	爾明我志
내가 죽기 전에	我之未死
감히 이 뜻을 잊겠는가	敢忘此意
갈림길에서 배회하며	棲棲岐路
비바람에 날로 황무해지니	風雨日荒
회포 일어 크게 탄식하고	興懷太息
한밤중에 방황하네	中夜彷徨
아직 밝은 영령이 있거든	猶有明靈
나를 일깨워 주기 바라노라	庶幾誘啓
오직 그대와 나는	惟我與子
골육처럼 사랑하여	骨肉之愛
집안의 세세한 일까지	庭戶瑣細
서로 다 말하여	兩盡其言
병들거나 근심과 즐거움에	疾病憂樂
그대에게 기대어 도움을 받았는데	倚子爲援

하늘이 지금 나를 괴롭히려 天方抏我
그대를 데려가 버렸으니 子乃見抽
그대의 노년과 유년 시절이 子老子幼
나의 근심이 될 뿐이네 適爲我憂
추령[10]의 언덕에 秋嶺之原
서리와 눈이 내려 풀을 덮었으니 霜雪縈艸
횡액이 오는데 橫逆之來
곧음과 굽음을 어찌 따지겠는가 枉直奚較
내 그대의 마음을 생각건대 我想子心
어찌 번뇌가 없었으리오 其無懊惱
덕지의 꿈에 나타나 夢于德之
그대가 실로 밝게 알려 주었으니 子實明告
길한 산 택하기를 기다려 俟卜吉岡
무덤에 길이 안장하리라 永安宅兆
궤연이 남쪽으로 내려가면 筵几南下
산천이 장차 막히리니 山川將阻
나는 이제 我其自今
슬픔을 어디에 쏟아 내리오 洩哀何處
다과를 차려 놓고 茶果之奠
영결의 마음을 펴노라니 以象歆餞
곡을 해도 애통함 다하지 못하고 哭不盡痛

10 추령(秋嶺) : 경기 광주(廣州)에 있는 고개이다. 태현(泰峴), 태현(台峴), 추령(楸嶺)이라고도 한다.

글로도 속마음 다 표현하지 못하네	文不盡蘊
다하지 못한 것을	其不盡者
그대는 응당 스스로 알 것이니	子應自知
그대를 위해 슬퍼하는 것이 아니라	非子之悲
실로 나의 슬픔을 슬퍼하는 것이네	實悲我悲

이원령[11]에 대한 제문

祭李元靈文

모년 모월 모일에 청풍(淸風) 김종수(金鍾秀)는 시골에서 올라와 차를 끓이고 꿩을 구워 올려 뇌상관주인(雷象觀主人) 이군 원령(李君元靈)의 영령께 제를 지내고 고합니다.

그대에게 네 명의 벗이 있으니	子有友四
송과 신과 오와 이[12]였는데	宋申吳李
그대가 네 사람을 잃었을 때부터	自哭四子
그대는 이미 마음이 죽었네	子已心死
단릉[13]이 죽었을 때	丹陵之殯
그대 홀연히 정색을 하고	子忽愀然
하늘이 어진 이를 해쳐서	天方椓賢
온전한 사람이 아무도 없으니	靡有或全
내가 살아 있는 것이 부끄러운데	吾生恥也
저 사람 죽는 것이 어찌 슬프겠냐고 하였으니	彼死奚傷

11 이원령(李元靈) : 조선 후기의 문인 화가 이인상(李麟祥, 1710~1760)으로, 본관은 전주(全州), 자는 원령, 호는 능호(凌壺)·보산자(寶山子)이다.

12 송(宋)과……이(李) : 송문흠(宋文欽), 신소(申昭), 오재순(吳載純), 이윤영(李胤永)을 가리킨다.

13 단릉(丹陵) : 이윤영의 호이다. 본관은 한산(韓山), 자는 윤지(胤之)이다.

격분한 마음에 한 말이겠지만　雖則有激
말이 상서롭지 않음에 가까웠는데　語近不祥
그대가 마침내 죽었으니　子竟死矣
그대의 마음 어떠한가　子心如何
삼대가 거듭 화를 당하여　三世洊禍
길 가는 사람도 한탄하니　行路攸嗟
마치 원수에게 이 집안을 도모하도록 한 것처럼　如俾仇謀
어찌 그리도 심한가　何其甚歟
하늘에 하나의 기운 있어　天有一氣
그 형상이 청허하니　其狀淸虛
우연히 사람이 된 것은　偶値爲人
물이 얼어 얼음이 되는 것과 같은데　如水凝氷
홀연히 흩어지니　忽然而散
살고 죽는 것을 누가 헤아리겠는가　孰測虧成
그대의 평생은　子之平生
고고하고 결백하여　孤高潔白
몸가짐은 옛 성현이 되기를 바랐고　操躬希古
마음가짐은 세속을 벗어났네　立心違俗
하늘까지 통하는 식견과　玄通之識
울울한 기운이　壹鬱之氣
문장으로 발휘되면　發爲文章
괴이한 광채 종이에 가득하고　光怪滿紙
고륙[14]을 얼릴 정도로　氷斯顧陸
뛰어난 재주를 지녔으니　專斯絶藝

이와 같은 사람이　乃如之人
어찌 세상에 오래 살겠는가　豈久於世
글 상자 안에 가득 찬 유고에는　盈箱之稿
그의 간담이 깃들어 있으니　肝膽攸寄
백세 후에　百世之後
우리의 훌륭한 선비를 증명하리라　徵我奇士
내가 그대와 사귐에　我與子交
마음은 뜨거우나 자취는 차가웠으니　心熱迹冷
산수를 벗 삼아　山水朋友
노닐 때는 반드시 좋은 곳을 가렸네　游必選盛
설성[15]에서 마음껏 술 마시고　雪城放酒
운선동에서 돌에 글을 쓸 때　雲仙題石
정신이 얽매이지 않고　神情不礙
의기는 감격하였지　氣義感激
뜻은 한이 없는데 인생은 짧아　意長世短
성내어 꾸짖고 울다가 웃었지　吒叱涕笑
오호라, 이 즐거움　嗚呼此樂
이제는 다시 없겠구나　今不復有
눈 쌓인 빈산에　積雪空山
나무와 돌과 어울리니　木石爲徒

14 고륙(顧陸) : 동진(東晉)의 화가 고개지(顧愷之)와 남조(南朝) 송(宋)나라의 화가 육탐미(陸探微)를 이른다.

15 설성(雪城) : 충청북도 음성(陰城)의 옛 이름이다.

내 옛 친구들 생각하니	我思同人
태반이 지하에 있구나	太半泉塗
대문을 들어서면 예나 마찬가지로	入門依然
기이한 돌과 이름난 꽃이 있건만	奇石名卉
책상 위의 책에는 먼지가 가득하니	塵滿丌書
그 사람은 어디에 있는가	其人何在
온갖 감상 일어나서	感念多端
눈물이 턱밑까지 흘러내리네	我淚交頤
나의 슬픈 마음을	我心之悲
그대는 응당 아시리라	子應知之

외삼촌에 대한 제문

祭舅氏文

기축년(1769, 영조45) 8월 경자일에 얼마 전에 고인이 되신 판돈녕부사로 치사(致仕)한 봉조하(奉朝賀) 풍산(豊山) 홍공(洪公)의 영구가 서울 집에서 발인하여 장단(長湍) 공덕리(孔德里)의 새 묘지로 향했습니다. 9월 초하루 경진일에 장사를 지내게 되었기에 생질 청풍(淸風) 김종수(金鍾秀)가 광주(廣州)의 시골집에서 술과 과일을 싸 가지고 정신없이 달려와 그 전날인 기묘일에 영구 앞에 올리고 제문을 써서 고합니다.

오호라, 슬프도다	嗚呼哀哉
선인께서는 형제가 적고	先人終鮮
모친께서는 아우만 있어	母氏有弟
부계 친속과 모계 친속에	父屬母屬
가까운 분은 공뿐이었으니	近者公耳
내가 우리 외삼촌을	我視我舅
백부나 숙부처럼 여겼네	視伯叔父
서울 남쪽에 나란히 이웃하여 살며	幷宅于南
전적으로 한묵(翰墨)에 정을 쏟았고	情專迹聚
내외종 형제들이	外內兄弟
떠들면서 담소하기도 하고 질타하기도 하였으니	群呼笑叱
우리 외삼촌의 사랑으로 인하여	以我舅仁

내가 누구의 자식인지 잊을 정도였네 若忘誰出
내가 잠시 북쪽으로 귀양 갔다가 我稍北徒
마침내 전리(田里)로 돌아왔는데 遂歸于田
모친께서 곤궁하게 사셨으나 母氏窮苦
외삼촌은 복을 온전히 누리셨으니 舅氏福全
천륜의 즐거운 일이라 天倫樂事
꿈속에서도 멀리 달려갔었네 夢魂長走
공께서는 힘이 강해서 謂公强力
백 세를 살아도 장수하는 것이 아니라고 여겼는데 百歲非壽
뜻하지 않은 병에 無妄之疾
신명이 먼저 떠났네 神明先離
지난번 내가 서울에 들러서 曩余過京
무릎 꿇고 공을 안마해 드렸더니 跪撫公肌
공께서 이르시기를, 떠나면 公曰去矣
너를 다시 보지 못할 것이라고 하셨는데 見汝不復
이 말이 들어맞아 斯言而中
겨우 아흐레밖에 지나지 않았으니 爲日纔九
공께서는 어찌하여 公乎奈何
우리 모친을 슬프게 하십니까 戚吾母氏
위대한 우리 외삼촌은 偉哉我舅
한 시대의 인걸이셨으니 一代人豪
안색은 양양하고 기운은 굳세지만 色揚氣踔
마음은 매우 여렸네 而心孔嫩
지혜는 세상의 일을 두루 알아 智周世務

그 운세를 회복하였고	有恢其運
일을 만나서는	及與事遇
강물이 터지듯 천리마가 달리듯 처리하여	河決驥騁
일찍 임금의 지우를 입어	蚤被主知
높은 지위에 오르셨네	致位則盛
공의 이력을 더듬어 보면	迹公所踐
한직은 많고 요직은 적었으니	冗多要少
재능도 다 펴지 못했는데	才猶未究
하물며 문장이겠는가	矧厥文藻
어떤 이는 사람을 탓하여	有或尤人
나아가지 못하게 저지했다고 하는데	謂尼其止
내 생각은 그렇지 않으니	我謂不然
공이 실로 스스로 초래한 것이네	公實自致
아첨하여 총애를 받으려 하고	媚骨媒寵
겉을 꾸며서 명성을 키우는 짓	粉飾養譽
한 가지도 하지 않았으니	無一於是
이것이 공의 고상한 점이네	是公高處
그 누가 우리 외삼촌처럼	孰如我舅
안팎이 모두 좋은 사람이 있겠는가	外內俱好
붉은 얼굴에 드문 수염으로	丹頰稀髯
돌아보면 웃는 것 같고	顧眄如笑
그 풍류에 가려져서	風流所揜
내 편협한 성격을 잊었으니	我忘褊拘
완연히 눈에 선한데	宛宛在目

다가가면 계시지 않네 卽之則無
필마가 끄는 영거(靈車) 서쪽에서 와서 匹馬西來
영구가 이미 광중에 들었으니 柩已臨壙
쓸쓸한 가을바람 나뭇가지 흔들고 凄飆振柯
날아가는 기러기 울음소리 들려오는데 逝雁流響
저 화려한 집을 등지고 背彼華屋
어찌하여 산속에 누웠는가 胡爲山丘
목이 쉬도록 길게 울부짖으며 失聲長嘷
영결을 고합니다 一訣千秋
오호라, 슬프도다 嗚呼哀哉
부디 흠향하소서 尙饗

이심원[16]에 대한 제문

祭李深遠文

유세차 신묘년(1771, 영조47) 4월 계미일에 청풍(淸風) 김종수(金鍾秀)는 죽은 벗 형조 판서 이공(李公)의 영구가 발인하여 통진(通津) 가좌동(佳佐洞)의 선영으로 향하여 을유일에 장사 지낸다는 소식을 들었다. 이에 광주(廣州)의 시골집에서 병을 무릅쓰고 달려와 양화(楊花)나루에서 닭 한 마리 차려 놓고 제문을 지어 영결하노라.

오호라, 슬프도다. 신미년(1751) 늦봄에 내가 공을 운선동(雲仙洞) 골짜기에서 만났는데, 앞에는 하늘까지 솟은 붉은 벼랑이 서 있고 아래에는 푸른 하늘이 비치는 맑은 물이 있었다. 담화(澹華)에서 맹세하고 산신령을 불러와서 증인으로 삼았다. 오호라, 사람의 일은 차고 기우는 것이 있고, 기수(氣數)는 성쇠(盛衰)가 있다. 그 후로 20년 사이에 영고(榮枯)와 사생(死生)이 같지 않은 것은 자취이지만, 중천에 떠 있는 해와 별처럼 밝게 빛나는 한마음은 어찌 때에 따라서 바뀌겠는가.

내가 초야에서 일어나 조정에 이름을 올리자 공이 나의 손을 잡고 눈가에 기뻐하는 기색을 띠면서 말하기를 "나는 벗을 얻었는데 그대는 때가 아닌가 보다. 어찌 나아가기를 물러나는 것처럼 하는 것이 나처럼 오활한가." 하였는데, 공이 지금 나를 버렸으니 내가 어디로 갈까. 내가 자취를 감추고 두려워하며 궁궐 바라보기를 하늘처럼 하였다. 공이

16 이심원(李深遠) : 이유수(李惟秀, 1721~1771)로, 본관은 전주(全州), 자는 심원, 호는 완이(莞爾), 시호는 정익(貞翼)이다.

병들었을 때 내가 대면하여 영결하지 못했고 공이 죽었을 때 내가 시신을 어루만지며 곡하지 못하였다. 공의 영구가 장지로 간다는 소식을 듣고 내가 병든 몸을 이끌고 달려와 보니 구름과 물은 아득하고 하늘의 해는 옅은 구름에 가려져 있고 골짜기의 꾀꼬리는 벗을 부르고 백사장의 갈매기는 무리 지어 있네. 처음 내가 올 때에는 공을 볼 수 있을 것 같았는데 내가 오고 나서는 공을 보지 못해 슬프니 이번에 온 것이 누구를 위한 것인가.

오호라, 고고(孤高)한 심사와 드높은 풍도와 나라를 근심하는 밝고 밝은 정성과 세상을 꾸짖는 준엄한 말은 지금 어디로 가고 하나의 신주에 깃들어 계신가. 공의 몸이 없어진 것은 슬프지만 공의 영령은 아직도 혁혁하리라 생각하네. 하늘에 올라서 날아다니고 어지러운 세상 내려다보고 탄식하며 상제(上帝)의 뜰에서 열성조를 뵙고 길이 우리나라를 보호하시려는가. 장차 내려와 담화에서 만나 더듬거리는 나를 불쌍히 여겨 나를 일깨워 주고 나를 인도해 주며 내 꿈속에 현몽하여 고해 주시려는가. 내가 공의 덕을 장황하게 늘어놓지 않고 간략하게 표현하였으니, 나의 붓에 부끄럽지 않을 뿐만 아니라 공의 뜻에 맞을 것이다. 강에 임하여 통곡하고 공과 길이 이별하노라. 푸른 하늘을 우러러보니 나의 슬픔을 아시리라. 오호라, 슬프도다. 부디 흠향하소서.

서사의[17] 형수 에 대한 제문
祭徐士毅 逈修 文

유세차 신축년(1781, 정조5) 2월 갑진삭(甲辰朔) 27일 경자일은 얼마 전 작고한 강원도 관찰사 서공(徐公)의 대상(大祥)을 여드레 앞둔 날이다. 친구인 청풍(淸風) 김종수(金鍾秀)가 전야(田野)에 칩거하여 도성에 발을 들이지 않고 있기 때문에 술과 안주를 대략 갖추어 나의 척질(戚姪)이자 공의 사위인 홍대영(洪大榮)[18]을 시켜 나 대신 공의 영전(靈前)에 올리게 하고 제문을 지어 흠향하시기를 권하노라.

오호라, 슬프도다	嗚呼哀哉
내가 세상을 오래 살아	我閱世久
사람을 대하면 싫증이 나는데	對面生厭
인품이 용렬한 것은 타고난 천성이고	瑣多天稟
성정이 약은 것은 시속에 물들어서이네	黠由俗染
위대하도다, 부자여	偉哉夫子
시류(時流)에 들어가지 않았고	不入時樣
마음에 기심(機心)이 없으니	心無機械

17 서사의(徐士毅) : 서형수(徐逈修, 1725~1778)로, 본관은 달성(達城), 자는 사의, 호는 직재(直齋)이다.

18 홍대영(洪大榮) : 1755~1812. 본관은 풍산(豊山), 자는 이수(而壽), 호는 족수당(足睡堂)이다. 뒤에 홍인모(洪仁謨)로 개명하였다.

어찌 부앙할 줄을 알겠는가	豈識俯仰
남산에 있는 집은	南山之第
적막하여 사람이 없는 것 같으니	寂若無人
문은 열려 있으나	開戶則在
자리 가득 먼지가 쌓여 있네	滿席凝塵
술동이에 술이 가득하니	有酒盈缶
스스로 권하고 스스로 즐기며	自勸自娛
내가 남을 찾아가지 않는데	我不訪人
누가 나를 찾아오겠는가	人孰訪吾
한 말의 열혈이 있어	一斗熱血
때로 의분이 올라와	有時鬱律
나라를 근심하고 시속을 욕할 때면	憂國罵俗
수염은 곤두서고 눈자위는 찢어진다네	鬇張眥裂
변방에 유배되고 벼슬길 막힌 것은	投流廢錮
분수로 볼 때 마땅했는데	於分則宜
지방관이 되고 승지가 되어서는	藩臬喉司
그저 오활할 뿐이었지	聊爾委蛇
살아서 고고하였으니	生也踽踽
죽는다고 어찌 스스로 애석하겠는가마는	死寧自惜
세상에 이 사람이 없으니	世無斯人
남아 있는 사람이 슬퍼할 뿐이네	後死之戚
그대는 자약[19]을	子謂子約

19 자약(子約) : 서유수(徐有守, 1757～1775)의 자이다. 본관은 달성이다.

부자간이면서 지기라고 했는데 父子知己
지하에서 돌보게 될 것이니 泉塗顧復
나는 그대가 부럽네 我則羨子
외로운 저 과부는 孑彼孀女
하늘에 무슨 죄를 지었기에 于天何辜
남편도 없고 자식도 없고 無夫無子
위로 시부모도 없단 말인가 上無舅姑
심장을 쥐어짜서 글을 지어 刺心爲文
나의 슬픔을 고하노니 以告我哀
내가 그대에게 술을 권하는 것도 我勸子酒
이 술잔에서 그치리라 止于此杯
오호라, 슬프도다 嗚呼哀哉
부디 흠향하소서 尙饗

애사 哀辭

임직중[20] 경주 에 대한 애사 병서
任直中 敬周 哀辭 幷序

서하(西河) 임군 직중(任君直中)은 약관의 나이에 문장(文章) 공부를 하다가 28세에 죽었으니, 세상에 직중을 아는 자 중에 슬퍼하지 않는 사람이 없었다. 그의 중씨(仲氏)인 진사공(進士公)이 내가 유독 직중을 깊이 알고 있다고 하여 나에게 애사를 지어 달라고 부탁하였다.

신유년(1741, 영조17)에 내가 마을 사람을 통해서 처음 직중을 보았는데, 안색은 온화하고 기운은 맑으며, 말은 분명하면서도 중간에 농담을 섞기도 하였으니, 풍도(風度)가 깨끗하여 왕사(王謝)[21]의 기미(氣味)가 있었다. 직중은 평소에 두문불출하고 독서하며 남들과 어울려서 이름을 내려 하지 않았다. 그러나 나만은 매우 좋아하였으니, 내가 벗이 없기 때문이었다. 직중을 얻어서 벗으로 삼았으니 그 즐거움을

20 임직중(任直中) : 임경주(任敬周, 1718~1745)로, 본관은 풍천(豐川), 자는 직중, 호는 청천(靑川)이다.

21 왕사(王謝) : 왕씨(王氏)와 사씨(謝氏)를 말한다. 진(晉)나라 이후 남조(南朝)에 이르기까지 왕씨와 사씨 두 집안이 대대로 높은 벼슬을 지낸 까닭에, 세가(世家)나 망족(望族)의 대표적인 가문으로 일컬어졌다. 《南史 侯景列傳》

알 만할 것이다.

그 후로 불시에 만나더라도 매번 마음을 터놓고 얘기하였고, 문장의 고하를 격렬하게 논할 때에는 담봉(談鋒)이 예리하여 천고(千古)를 오시(傲視)하는 뜻이 있었다. 중간에 얘기가 시무(時務)의 이해와 일의 성패와 득실에 미치면 왕왕 그 핵심을 정확히 짚어 내는 것이 마치 날카로운 화살이 과녁을 한 치도 어긋나지 않게 맞히는 것과 같았다. 직중이 항상 나에게 말하기를 "학문이란 정치의 요체를 아는 것이 중요하니, 정치의 요체를 알지 못하면 선비가 될 수 없다."라고 하였다. 내가 근세의 문장가들을 보건대 대부분 멋을 부려 글을 지어서 한때의 명성을 구하려고만 하고 천하의 일은 언어나 문장으로 해낼 수 있는 것이 아니라는 점은 알지 못한다. 직중은 홀로 세상일을 다스리고 백성을 다스리는 학문에 개연히 뜻을 두었으니, 하루아침에 공명(功名)을 취하여 세상에 큰일을 할 것 같았다. 그렇기는 하지만 직중의 문장은 참으로 세상에서 알아줄 만하였다. 이와 같은 것은 또 누가 능히 알아서 슬퍼하겠는가.

직중의 인간성은 담박하고 개결하며 청정하여 세상의 영욕과 득실에 마음을 쓰지 않았다. 그와 얘기해 보면 부드러워서 가까이할 수 있을 것 같지만 속마음은 실로 준엄하고 강직하며 지키는 지조는 매우 견고하다. 직중은 문장에 밝은 식견이 있고 글을 잘 엮었는데, 청초하고 깨끗하고 간략하면서도 법도가 있으며 시속의 기미가 전혀 없고, 읽어 보면 쨍그랑 하고 쇠나 돌이 부딪치는 소리가 난다. 처음에 우리나라의 풍속이 비루해서 고문(古文)을 지을 줄 몰랐는데, 농암(農巖) 선생이 비로소 고문을 선도하면서부터 근세의 학사(學士)와 대부(大夫)들이 자못 고문을 숭상하는 것을 얘기할 줄을 알게 되었다. 그러나

직중은 어려서부터 자력으로 문장을 지어 품격과 음조(音調)가 옛사람의 글과 일치하지 않는 것이 없었다. 이로 말미암아 우리나라 글의 비루한 점을 한번 씻어 낼 수 있었는데 완성하지 못하고 죽었으니, 오호라, 어찌 하늘의 뜻이 아니겠는가.

직중이 평소에 나에게 글을 지어 달라고 간절히 요구하였으나 내가 게을러 글을 짓지 못해서 직중에게 보여 주지 못했는데 직중의 뜻은 오히려 지성스러웠다. 내가 직중을 위해 글을 지었지만 직중이 볼 수 없게 되었으니 더욱 슬프다. 직중의 이름은 경주(敬周)인데, 미간이 넓고 광대가 도드라졌으며 눈빛이 형형하였다. 애사는 다음과 같다.

아름다운 선비 한 사람 있어	有一美士
혼탁한 세상을 뛰어넘어	超氛壒兮
시서에 감화를 받고	被服詩書
난초를 허리에 찼네	蘭爲佩兮
나의 보배로운 수레를 장식하고	飾我珍駕
크고 높게 솟아올라	廓高揭兮
문단에서 노닐며	遊戲藝圃
말방울 소리 온화하였네	和鑾噦兮
위로 순 임금과 우 임금을 엿보고	上窺姚姒
아래로 당나라와 송나라에 미쳐서	唐宋逮兮
바야흐로 높이 뛰어오르려 했는데	方將超軼
도리어 넘어져 버렸네	而反蹶兮
어찌 하늘이 눈이 어두워	豈天耄瞶
기르고 엎는 것을 거꾸로 하는가[22]	栽覆盭兮

그대는 혼탁한 세상 싫어하여　　將子厭塵
훌훌 허물을 벗었는데　　欻蟬蛻兮
무함이 하늘로 올라가 버렸으니　　巫咸升天
내 누구에게 길흉을 물을까[23]　　吾誰价兮
태어나고 죽는 것은　　維生與死
초하루와 그믐 같아서　　如朔晦兮
그 기간이 이르고 늦음에　　早晚其間
어찌 기뻐하고 원망하리오　　曷欣懟兮
오호라, 문장만은　　嗟哉文章
어두워지지 않아서　　爲不昧兮
한세상 짧다 하고　　一世以短
천세토록 길이 전해지리라　　長千歲兮
이것으로 저것을 바꾸었으니　　以玆易彼
그대 어찌 서운하리　　子寧慨兮
오호라, 이 이치는　　嗟哉斯理
내가 분명히 안다네　　我所晣兮
그러나 오히려 잊기 어려운 것은　　然猶難忘

22 기르고……하는가 : 《중용장구》 제17장에 "하늘이 만물을 기를 때에 반드시 그 자질에 따라서 돈독하게 하니, 바르게 심긴 것은 자라게 하고 기울어진 것은 엎어서 죽게 한다."라고 하였는데, 임경주가 한창 왕성하게 성장하다가 죽었기 때문에 만물을 기르는 하늘의 이치에 역행한다고 한 것이다.

23 무함(巫咸)이……물을까 : 무함은 은(殷)나라 고종(高宗)의 현신(賢臣)으로서 복서(卜筮)를 창시한 신무(神巫)의 이름이다. 여기에서는 임경주를 무함에 견주어 임경주가 세상을 떠났으므로 길흉을 물을 사람이 없다는 의미로 인용하였다.

정에 매여서이니	情則滯兮
오호라, 끝났도다	嗚呼已矣
그대를 장차 어찌하리오	將子奈何

오경보[24] 찬 에 대한 애사 병서
吳敬父 瓚 哀辭 幷序

금상 신미년(1751, 영조27) 겨울에 사간원 정언 오공 경보(吳公敬父)가 북쪽 끝 삼수(三水)의 배소(配所)에서 죽었다. 경보가 이해 봄에 장원 급제하고 여름에 간관(諫官)에 제수되고 가을에 삼수로 귀양 갔는데, 이때에 한 해가 아직 끝나지 않았으니, 슬프다.

처음에 경부(敬夫)의 벗이 있었으니, 완산(完山) 이원령(李元靈)과 한산(韓山) 이윤지(李胤之)와 청풍(淸風) 김백우(金伯愚)[25]였다. 이 세 사람은 내가 모두 친하게 지내는 사람들이고 또 어떤 사람은 내가 경보를 알기 전부터 알던 사람들이다. 그러므로 내가 경부의 얼굴은 알지 못했지만 경보의 마음은 알고 있었으니, 이른바 충신(忠信)하고 정직하며 선을 좋아하고 의를 좋아하는 사람이었다. 내가 백우의 집에서 경보를 만났는데, 얼굴이 검고 눈에서는 빛이 나며 말은 진심에서 나왔으니, 그 얼굴을 보자 그 마음을 더욱더 믿을 수 있었다. 이때에 시를 지어 뜻을 말하였는데 얼마 지나지 않아 경보가 과거에 급제하였다. 백우가 나에게 말하기를 "경보는 성품이 담박하여 벼슬에 대한 생각이 없었다. 날마다 나와 글을 읽고 시를 읊으며 대문을 나가서는 산수를 구경하고 한가할 때는 향을 피우고 경쇠를 치며 꽃을 기르고

24 오경보(吳敬父) : 오찬(吳瓚, 1717~1751)으로, 본관은 해주(海州), 자는 경보, 호는 청수재(淸修齋)이다.

25 김백우(金伯愚) : 김상묵(金尙默, 1726~1779)으로, 자는 백우이다.

대를 심어서 이것들을 즐기면서 늙어 감을 잊으려고 하였는데, 이제 그 사람을 잃었다." 하기에, 내가 웃으면서 말하기를 "그대는 잃었지만 국가가 얻었으니 세도(世道)에 가망이 있게 되었다." 하였다.

얼마 뒤에 경보가 대각에 들어가서 상서(上書)하여 시사(時事)를 논하면서 인륜이 무너진 것과 풍속과 교화가 무너진 것을 논하였다. 또 며칠 뒤에 궐에 나아가 계사를 올려 임술년(1742, 영조18)의 일을 토죄하자 역적의 괴수가 관직을 떠났고, 또 며칠 뒤에 대책(對策)을 올려 신법(新法)의 득실(得失)을 말하고 내탕고(內帑庫)를 혁파하기를 청하였다. 나는 경보의 말이 여기에만 그치지 않으리라는 것을 알고 있는데 경보가 이미 죄를 지어 죽었으니, 오호라, 내가 세도에 대해 기대한 것이 과연 어떻게 되었는가. 내가 세상의 학사와 대부들에 대해 그 안색을 보고 그 풍지(風旨)를 접한 것이 또한 많지만 경보 같은 사람을 어찌 다시 얻을 수 있겠는가. 오호라, 이것이 그가 죽은 이유이다.

지난해 봄에 내가 원령과 백우와 함께 단구(丹丘)로 윤지를 방문하여 구담(龜潭)에서 배를 띄워 사인암(舍人巖) 곁의 집터를 보았다. 술이 얼근해지자 슬픈 노래를 부르며 서로들 도가 행해지고 감추어지는 것이 때가 있음에 감개하고 만나고 헤어짐이 무상함을 슬퍼하였으며, 세 사람이 경보와 함께하지 못하는 것을 매번 한탄하였다. 또 경보가 비록 과거에 급제하여 조정에 나아갔지만 훗날 반드시 이곳으로 함께 돌아올 것이라고 하였고, 나 또한 그렇게 생각했는데, 경보가 어찌 갑자기 세상을 떠났단 말인가. 나의 마음으로 세 사람의 마음을 짐작할 수 있다. 이에 짧은 글을 지어 세 사람을 위로한다. 경보의 휘는 찬(瓚)이고 본관은 수양(首陽 해주(海州))인데, 죽은 때의 나이가 35세였다. 애사는 다음과 같다.

세도가 낮아지고 시운이 각박해지니	世降運渝兮
어두움과 밝음의 위치가 바뀌고	昏昭易植
기운은 갈기갈기 찢어지고	氣橫而裂兮
습관이 천리처럼 굳어졌네	慣若天理
어지럽고 암담한 세상에	汶棼黓黮兮
모두들 벼슬에 나가는데	鳴玉曳紳
곤궁한 집에서 쓸쓸하게 지내며	窮廬蕭瑟兮
근심으로 지새우는 사람이 있었네	耿耿其人
그들과 반대하면 이단으로 모니	反是則异兮
등과는 재앙이지 상서가 아니라네	菑也非祥
오호라, 경보여	嗟嗟敬父兮
늠연히 양명한 품성 지녔으니	稟厥陽明
너를 변방에 두어	宜爾置之兮
목석과 어울리게 한 것 당연하네	木石之群
참된 도를 품에 안고 재능을 감추고서	抱眞葆光兮
상고의 제왕 노래했네	歌詠羲軒
마음 맞는 벗 있으니	有友同心兮
그 즐거움 매우 훈훈했지	其樂孔薰
임금 계신 곳 멀고 험하니	天門邃峻兮
내가 미칠 수 있는 곳이 아니네	匪我思跂
누가 너에게 오르게 해서	孰俾爾登兮
그 다른 길을 밟게 했는가	以蹈其异
그 성품을 어겼으니	用違其性兮
명운이 궁박하였네	命之窮矣

높은 나무에서 매가 날아내리니	喬林鶻落兮
모든 새가 숨을 죽였는데	百鳥屛喙
말을 하자 죄가 되어	言出有罪兮
벼슬에 나가자마자 물러났네	於進乎退
높고 높은 백산이여	白山峨峨兮
거친 밥에 푸성귀뿐이네	蔘飯苜菜
누런 국화와 붉은 구기자	黃菊紅杞兮
고향은 아득하고	故園渺綿
차가운 바람 뼈에 스미니	寒風砭肌兮
그대가 실로 그렇게 지냈네	子實云然
저 하늘은 아득하기만 하여	勻天寥廓兮
꿈만 꾸고 깨지를 않네	有夢無覺
〈대초(大招)〉[26]를 누가 지었는가	大招孰賦兮
산 귀신 와서 위로하네	山鬼來弔
높은 고갯마루 얼음 얼어	嶺氷崚嶒兮
유거가 자주 미끄러지니	柳車屢跌
생각건대 그대는 미소 짓겠지만	想子莞爾兮
사람들은 비통해한다네	人乃忉怛
태어난 것 이미 우연이니	生旣偶然兮

26 대초(大招) : 《초사(楚辭)》의 편명이다. 초(楚)나라 굴원(屈原)이 추방된 지 9년 만에 자신이 죽으려고 할 때 그 혼을 불러 풍간(諷諫)한 내용으로 알려져 있으나 《초사장구(楚辭章句)》를 정리한 왕일(王逸)은 이 작품을 경차(景差)가 지은 것으로 보았다. 《楚辭 卷10 大招》

죽는 것 또한 어찌하겠는가 死亦奈何
올라가고 밀쳐 내며 升之擠之兮
익살스러운 일 많았는데 爲戲則多
오호라, 끝났도다 嗚呼已矣兮
내가 누구를 원망하리오 我將疇尤
한밤중에 배회하며 中夜彷徨兮
하늘 우러러보니 아득하기만 하네 仰視悠悠
흰 눈은 산에 가득한데 皓雪彌山兮
밝은 달은 하늘에 떠 있네 明月在空
내 그 사람을 그리워하노니 我思伊人兮
천고의 마음 통하리라 千古心通

이용강[27]에 대한 애사 병서

李用康哀辭 幷序

옛날의 군자는 현달하여 올라갔는데 오늘날의 군자는 곤궁하여 내려오고, 비록 곤궁하지 않은 자가 있더라도 오래가지 못하니, 여기에서 세도를 볼 수 있다. 신미년(1751, 영조27) 겨울에 전 정언(正言) 오경보(吳敬父)가 삼수(三水)에서 죽었고, 지난해 가을에 홍문관 교리 이공보(李功父)가 죽었고, 지금 이용강이 또 죽었다. 세 사람은 그 뜻과 사업이 모두 같지는 않지만 모두 군자이다. 과거에 급제한 시기로 보면 오래된 사람은 몇 년 되었고 가까운 사람은 몇 달 되었는데 갑자기 죽었으니, 참으로 운수가 궁한 사람들이다. 용강은 그중에 가장 젊고 과거에 급제한 것도 최근이며 또 한 번도 벼슬을 받아서 자기의 말과 행실을 드러내지 못했으니, 그 궁함이 특히 심하다.

처음에 용강의 집이 도성 동쪽의 타락산(駝駱山) 아래에 있었는데, 대문을 닫고 독서만 하여 마을에도 함부로 나가지 않았기 때문에 내가 심원(深遠 이유수(李惟秀))과 교유한 지 10년이 되었는데도 그의 어진 아우 용강이 있는 줄을 몰랐다. 그 후에 내가 용강을 단양(丹陽)의 산속에서 보았는데, 모습은 시골 사람과 비슷하고 말과 웃음이 적어 그 뛰어난 재능이 밖으로 드러나지 않았다. 내가 가만히 살펴보니 개결하고 정직하며 진실하고 후덕하여 옛사람의 심성을 지니고 있었다.

27 이용강(李用康) : 이유년(李惟秊, 1729~1756)으로, 본관은 전주(全州), 자는 용강이다. 이유수의 동생이다.

용강이 단산(丹山)을 한 번 보고는 마음으로 좋아하여 이윤지(李胤之)에게 1만 냥을 주고 부탁하여 운선동(雲仙洞) 안에 전답을 사고 나무를 베어 집을 지었다. 윤지가 일찍이 나에게 말하기를 "운선동의 장적(帳籍)에 이름을 올린 사람이 여러 명인데 나와 함께 돌아갈 사람은 반드시 용강일 것이다."라고 하였다. 그 후 용강이 과거에 급제하자 기이하게 여기지 않는 사람이 없었으나 나는 용강이 조정에서 벼슬하더라도 자신을 깨끗이 하고 지조를 지켜서 동료들과 벼슬자리를 다투지 않으리라는 것을 알고 있었다. 그런데 용강이 이미 죽었으니, 오호라, 훗날 운선동에 윤지와 함께 돌아갈 사람이 누구이겠는가. 조정에서 벼슬하면서 남들의 뒤를 따르지 않을 사람은 또 누구이겠는가. 그런 사람이 있다면 내가 슬픔을 잊을 수 있으련만, 얻을 수 있겠는가.

용강은 평생토록 삼가고 양보하여 다투는 기색이 없고 과시하려는 뜻이 없으며 자기의 재능을 감추어서 남들이 알까 두려워하였다. 그의 뜻을 보건대 장차 종신토록 궁하게 살 사람인데 살아서는 그 궁함을 보전하지 못하였고 또 마침내 죽어서 그 궁함을 이루었으니, 오호라, 어쩌면 그리도 슬프단 말인가. 생각건대 내가 용강을 안 곳이 단산이고, 단산은 또 용강이 평생토록 좋아하던 곳이다. 그러므로 그 장례 때에 운선동의 노래 한 장(章)을 지어서 상여를 매는 사람들에게 노래하게 하여 용강의 뜻을 이루어 주려고 한다. 애사는 다음과 같다.

운선동은 어쩌면 그리 깊숙한가	夫何雲仙之窈窕兮
골짜기 열려 신령한 기운이 쌓였네	洞府闢而靈氣蓄
산은 높아서 옥을 꽂아 놓은 듯하고	山峻高而攢玉兮
물은 휘돌아 물결이 춤을 추네	水縈廻而舞縠築

흰 돌은 우뚝우뚝 솟아 있고 白石之嶙峋兮

기이한 아름다운 나무 베어 伐嘉樹之離奇

박달나무로 들보를 삼고 계수나무로 서까래를 삼으며 檀爲楝而桂爲桷兮

벽려로 둥근 문을 내고 창포로 문미를 만들었네 薜荔璧而蓀楣

원숭이와 학을 만나도 뜻에 거스르지 않고 猿鶴遇之不忤兮

흰 구름은 뭉게뭉게 처마 밑에 피어나네 白雲溶溶而承霤

무성한 풀 베어 내어 밭을 개간하고 刈蓁莽而載菑兮

십 묘의 밭에 지초와 창출을 기른다네 滋芝朮之十畝

참으로 장저와 걸닉[28]이 함께 농사짓듯이 固沮溺之有耦兮

종신토록 곤궁해도 후회하지 않으려네 誓終窮而不以悔

갑자기 조정에 이름을 올린 것은 習策名於天門兮

내 마음에 유쾌한 것이 아니었네 非余心之攸快

비둘기와 까치 끌어대서 너를 꾸짖으니 援鳩鵲而誶汝兮

참으로 축하하는 것이 아니라 장난하는 것이네 寔匪賀而伊謔

아침에 궁궐에 들어가 붓을 잡았는데 朝丹墀之攝筆兮

저녁에 푸른 적삼을 들고 혼백을 부르네 夕青衫之嘷魄

산에 돌아가려는 오래된 뜻을 헤아려 보니 揆歸山之宿志兮

어지러운 세상 벗어나 멀리 숨으려던 것이네 蓋欲超氛而遐藏

참으로 그 몸은 더러워지지 않았으니 苟厥躬之無汙兮

비록 죽더라도 무엇을 슬퍼하리오 雖大歸亦何傷

28 장저(長沮)와 걸닉(桀溺) : 춘추 시대 초(楚)나라의 은사(隱士)이다.

창(倡)은 다음과 같다.

초가을 날씨는 뜨거운데	孟秋兮天熱
땅은 축축하고 또 비가 많이 내리네	土潤溽兮又多雨
썩은 풀에서는 열이 나서 버섯이 올라오고	腐草蒸兮菌蕈生
외로운 매미 울어 대니 마음 홀로 괴롭구나	孤蟬鳴兮心獨苦
유지[29]에 붉은 영정 세우고	柳池兮載駕丹旐兮
펄럭이며 도성 문 나오며 돌아보네	飛揚出國門兮眷顧
부모는 중당에서 곡을 하니	父母哭兮於中堂
오호라, 용강이여	嗟嗟兮用康
한번 가면 돌아올 기약 없네	逝一去兮無來期
막 알았는데 사별하니	新知兮死別
사람들은 내 마음의 슬픔을 알지 못하네	衆莫知兮余心悲
너의 뜻 분명하니	惟爾志兮皦然
어찌 생사에 따라 바뀌리오	豈生死兮移易
하늘에 올라 열성조를 뵙거든	倘升皇兮覲列聖
조국에 길이 복을 내려 주기 바라노라	永垂休兮宗國

종장(終章)은 다음과 같다.

넓은 호수 곁 산에 있는 묘 상서로우니	廣湖之山兆叶祥兮

29 유지(柳池) : 유(柳)는 유거(柳車)로 장례 때에 사용하는 수레이며, 지(池)는 영구(靈柩)에 사용하는 장식품으로 대나무를 엮어 채롱처럼 만든다.

천추만세토록 우리의 어진 사람 묻었네	千秋萬歲埋我良兮
호수의 물 동쪽으로 흘러 운선동 거슬러 올라가면	湖水東流雲仙泝兮
무지개 수레가 바람 타고 밤낮으로 달리네	虹輿風馭日夕赴兮
그대는 참으로 이것을 즐겨 유명의 구분이 없지만	子誠樂斯無明幽兮
벗은 우두커니 서서 부질없이 눈물을 흘린다네	有友竚立空涕流兮

숙부 이공보 양천 에 대한 애사 병서
李叔功父 亮天 哀辭 幷序

완산(完山) 이공 공보(李公功父)는 내 조부의 외삼촌의 손자이기 때문에 나는 공을 숙부라고 부르는데 공은 나를 벗으로 대하였다. 서로 늦게 알았으나 서로 매우 좋아하여 장차 늙어서 죽을 때까지 싫증 나지 않을 것 같았는데 공이 갑자기 죽었다. 오호라, 공을 안 지 몇 년밖에 되지 않았는데 공이 언사(言事)로 인하여 섬에 유배되었고 나 또한 상중(喪中)이라 그간에 서로 만난 것이 몇 번 되지 않았으므로 하고 싶은 마음속의 말을 둘 다 서로 다 하지 못하였으니, 슬프다. 공은 조정에서 벼슬하기는 하였으나 조정에 공을 아는 자가 없었고, 공이 또 자신을 굽혀 남에게 낮추려고 하지 않았기 때문에 조정의 벼슬아치들 중에 왕래하는 자가 없었으니, 이는 불우(不遇)와 같은 것이다. 공은 더욱 울울불락하여 대문을 나서도 갈 곳이 없었고, 오직 때때로 나에게 와서 얘기하는 것을 좋아하였다.

내가 공의 모습을 보건대 담박하고 청정하여 한 가지도 잘하는 것이 없는 사람 같았다. 그러나 그 지기(志氣)가 준엄하여 항상 홀로 천고를 압도할 뜻을 지니고 있어서 세상의 어둡고 어지러운 일들을 보면 그 마음에 맞는 것이 하나도 없었다. 그 감식안은 고명(高明)하여 경사(經史)를 분석하는 것이 정밀하였고, 때때로 골수에까지 파고드는 것이 마치 혹독한 관리가 옥사를 다스리는 것 같았다. 그러나 그와 시운(時運)의 소장(消長)과 인물의 선악을 논할 때에는 크게 탄식하지 않은 적이 없었다. 공이 벼슬에 나아가서는 자기의 말이 임금에게 믿음을 받지 못하였으나 물러나서는 몇몇 사류(士流)들과 자신의 소신을 지켜서 후세 사람들이 그것을 보아서 국가가 그것에 힘입게 하려고 하였으니, 그 뜻이 또한 너무 슬프다.

공이 문장을 품평하는 수준이 매우 높았는데 외람되게도 나의 글에 대해서는 비루하지 않다고 칭찬하였다. 그리고 또 자기가 지은 글에 대해 스스로 말하기를 "내 마음속에는 분명하지만 글은 간혹 이에 부응하지 못하는 경우가 있으니 문장을 짓는 것 또한 어찌 구차하게 할 수 있겠는가."라고 하였으니, 그가 뜻을 세운 것이 이와 같았다. 공이 일찍이 어떤 사람에게 탄핵을 받은 적이 있었는데 실정에 맞지 않았으나 공은 그대로 받아들이고 한마디도 자기변명을 하지 않았으므로 사람들이 이 일로 공을 더욱 훌륭하게 여겼다.

공은 모친을 섬기는 데에 효성스럽고 가정에서의 행실이 매우 단정하였다. 문장은 힘 있고 깨끗하며 간결하고 엄정하며 신(神)과 정(情)이 서로 고무하고 격발하도록 힘썼으며 중간에 홀로 터득한 뜻이 많았다. 시는 더욱 청초하고 격조가 뛰어난 것이 많았다. 일찍이 주공(周公)의 《의례(儀禮)》와 주자(朱子)의 《자치통감강목(資治通鑑綱目)》을 좋아하여 저술을 하려고 하였으나 끝내 하지 못하였다.

내가 일찍이 들으니 공이 어렸을 때에 유경명(兪景明)과 남산 꼭대기에 올라가 통곡하고 돌아왔다고 하는데, 유경명 또한 뛰어난 선비이다. 내가 그 뜻을 미처 묻지 못하였는데 경명이 죽었고, 공 또한 죽었다. 오호라, 나의 우활하고 괴벽한 성격으로 뜻과 사업이 같은 한두 사람을 얻어 그와 벗이 되는 것만으로도 즐거워서 늙어 가는 것을 잊기에 충분하건만, 어쩌다 얻었는데 끝까지 가지 못했으니 오호라, 어찌 운명이 아니겠는가. 이에 애사를 써서 그 슬픔을 쏟아 낸다. 공의 휘는 양천(亮天)이고, 홍문관 교리를 지냈다. 향년은 40세이고, 자식이 없다. 애사는 다음과 같다.

슬프다, 붕우의 도가 날로 낮아져	嗟哉友道之日卑兮
뭇사람들 이익을 생각하고서 벗을 찾는도다	衆懷利而要之
말과 안색이 매우 아름답더라도	言與色其孔嘉兮
어찌 그 마음을 감히 알겠는가	詎厥心之敢知
어찌 부자의 빛나고 큰 뜻으로	何夫子之耿介兮
옛날의 도를 바라서 스스로 지키고 있는가	希古道而自秉
옛날에 내가 사귀면서 부끄럽지 않았으니	昔余托交而不慙兮
참으로 뜨거운 마음이 아니라 차가운 마음이어서였네	寔匪熱而伊冷
밭에 채초(茝草)와 난초를 심어 놓고	藝茝蘭于中畦兮
세모에 함께 거두기를 바랐건만	冀歲暮而將共掇
참으로 아름다운 향기 음미할 사람 없는데	信芳馨其無誰玩兮
하늘은 또 때가 되니 서리와 눈을 내리도다	天又及之以霜雪
그대의 신은 날이 갈수록 멀어지는데	子之神日以邈兮
나는 남아 있는 향기에서 그대를 떠올리네	余猶想像乎遺芬
오래된 우물은 물결 일으키지 않고	古井不波兮
좋은 옥은 문채를 감춘다네	良玉含文
지극하고 숭고한 뜻이 있어	有志極而高厲兮
위로 하늘에 오르고 아래로 황천에 이르네	上蟠穹而下洞泉
곤궁함을 달게 여겨 분수를 지키고	甘枯槁而自守兮
책 속에서 즐거움을 찾아	聊怡志乎簡編
만물을 거두어 앞에 늘어놓고	攬萬類而羅列兮

마음에 닿으면 이에 깨닫는다네　心觸之而斯悟
사람을 사귐에 위로도 아래로도 믿음을 받지 못해　交不獲乎上下兮
그 뜻을 세우고서 더욱 굳게 지키네　植厥志而彌固
하늘은 그대에게 신령스러운 마음을 부여하고서　天旣賦子以靈心兮
어찌 그대의 모습을 아름답게 하지 않았는가　胡子貌之不媚
사람에게 아첨하지 않고　旣不媚于人兮
귀신에게도 아첨하지 않는다네　又不媚于鬼
하늘 길 평탄하여 사방으로 달리니　天衢坦坦而方馳兮
얼굴은 윤기가 흘러 붉게 물들인 것 같고　顔渥澤而如赭
광릉의 가을 풀에서 잠을 자는데　宿廣陵之秋艸兮
그대는 홀로 황야에 뼈를 묻었네　子獨埋骨乎荒野
그대의 마음 한 조각 밝게 빛나　惟子心一片之熒然兮
영원토록 남아 있으리니　敻終古而猶在
연잎 위의 둥근 이슬처럼　譬荷珠之團團兮
그 빛이 흠이 없어 부서지지 않는 것과 같으리라　光宛轉而不碎
벽장에 남겨진 글들 모으니　拾遺文於壁間兮
작은 상자에도 차지 못하는 것이 슬프고　哀零金之不盈
그 말들 주워 모아도 그대를 묘사하기에 부족하니　攬言蓋不足以摹狀兮
또 누가 그대의 마음을 알겠는가　又孰知子之肝膽
남들이 알든 모르든　其知不知兮
그대에게 무슨 상관 있겠는가마는　於子何有
홀연 바람을 향해 눈물을 흘리며　忽嚮風而灑涕兮
이 세상에 나의 벗이 없음을 슬퍼한다네　悼斯世之無吾友

홍자선[30]에 대한 애사 병서

洪子善哀辭 并序

선비가 어찌 참으로 학문과 문장을 귀하게 여기지 않겠는가. 그러나 그 마음에 조금이라도 순수하지 않은 점이 있으면 학문이 참으로 넓고 문장이 참으로 정교하더라도 군자가 그에게서 무엇을 보겠는가. 세상에 학문과 문장에 뛰어난 선비가 없는 것이 아니지만 그 마음이 섞이지 않아 순일(純一)하고 오염되지 않아 깨끗한 자는 적다. 나의 내제(內弟) 홍군 자선(洪君子善)은 부귀한 집안에서 나고 자라 능히 문학에 종사하였고, 또 인간성이 정직하고 청렴하였다. 마음에 옳다고 생각되는 것은 굳게 지켜서 조금도 바꾸려고 하지 않았고, 옳지 않다고 생각되는 경우에는 더러운 것이 몸에 가까이 오지 못하게 하는 것처럼 하였다. 오호라, 어찌 이른바 섞이지 않아 순일하고 오염되지 않아 깨끗한 자가 아니겠는가. 그러나 기질(奇疾)이 있어서 크게 힘을 쓰지 못하고 마침내 완성하지 못한 채 요절하였으니, 오호라, 그의 마음속에 석연치 않은 점이 없을 수 있겠는가. 그렇기는 하지만 학문은 마음을 근본으로 삼으니, 자선이 비록 병 때문에 학문에 힘을 쏟지 못해서 학문을 완성하는 데에는 이르지 못했더라도 그 마음이 순일하고 깨끗한 것은 별과 달과 함께 없어지지 않을 테니, 학문의 근본을 얻었다고 하더라도 괜찮을 것이다. 오호라, 자선은 슬퍼하지 않아도 될 것이다.

30 홍자선(洪子善) : 홍낙최(洪樂最, 1735～1757)로, 본관은 풍산(豐山), 자는 자선이다. 몽오의 외사촌 아우이다. 《本庵續集 卷4 內弟洪子善樂最哀辭》

자선은 허약하여 기력이 약하였으나 마음은 실로 준엄하였으니, 벼슬에 나아가면 당세(當世)에 뛰어난 절의를 세우고 나아가지 않으면 산수(山水) 속에 은거하더라도 기꺼이 종신토록 지낼 사람이었다. 그러나 자선이 이미 병이 들어서 벼슬살이를 할 수 없었으니 결국은 은거할 수밖에 없었다. 나 또한 곤궁한 사람이니, 훗날 자선과 산기슭으로 돌아가 농사지으며 거문고 타고 시 읊으며 서로 어울린다면 그 즐거움이 어떠하겠는가. 내가 이 뜻을 묵묵히 마음속에 간직하고 있었고 자선 또한 나의 기색을 보고 매우 좋아하는 것 같았으니, 서로 간에 느끼는 것이 깊었다. 그런데 자선이 이제 죽었으니 내가 어찌 슬퍼하지 않을 수 있겠는가. 슬픔이 깊으므로 말로 표현하지 않을 수 없다. 애사는 다음과 같다.

나의 외가는　於維外氏
예로부터 국가의 두터운 은총을 입은 집안으로　古禁臠兮
고관대작이 이어져서　金犀襲武
대대로 혁혁하였네　厥世燀兮
높은 용마루 조각한 들보　危甍雕棟
곳간은 가득 찼고　囷有盈兮
아름다운 비단과 빛나는 주옥(珠玉)에　紈綺璀璨
굽고 지지고 요리하는 냄새 향기로웠네　炰臇芳兮
화려한 수레에 망아지 멍에하고　華輪擁騶
아전이 벽제(辟除)하였는데　吏士辟兮
그대는 그 속에 있으면서도　爾在其中
그것들이 안중에 없는 것 같았네　若無矚兮

발원하여 맹세하니　發願矢心
마음 홀로 괴로워　心獨苦兮
층층의 벼랑 꼭대기에 오르고　層崖之巔
큰 바다의 해변을 배회하였네　大海澨兮
첩첩이 쌓인 바위는 우뚝 솟아 있고　疊石巃嵸
온갖 나무는 뒤엉켜 있는데　萬木樛兮
곰과 표범 포효하고　熊唫豹吼
기[31]는 짝을 불렀네　夔招儔兮
얼음과 눈 차가운데　氷雪凌兢
띠로 지붕을 이고　茅茨翳兮
높은 갓 쓰고 보옥 차고　高冠寶佩
벽려로 옷을 지어 입으니　薜荔製兮
몸은 편안하고 정신은 즐거워　體舒神怡
찡그리지 않고 웃으며　笑不顰兮
선왕을 노래하면서　歌詠先王
해가 가는 것을 잊었네　忘歲年兮
순일하고 깨끗하니　專兮潔兮
아름답도다, 그 뜻이여　美哉志兮
살아서는 이루지 못하고　生而不遂
죽어서는 부질없이 버려졌도다　死空委兮
사람이 영달하고 쇠락하는 것은　將人榮枯
각각 그 씨앗이 있는 법인데　各有種兮

31 기(夔) : 전설상의 짐승 이름이다.

영달해야 하는데 쇠락하니	宜榮而枯
도리어 재앙이 되었구나	反爲眚兮
그러한가, 그렇지 아니한가	其然不然
끝내 잊기 어렵구나	竟難忘兮
오호라, 자선이여	嗟嗟子善
맑은 선비였다네	士之淸兮

서생 유항 에 대한 애사 병서

徐生 有恒 哀辭 幷序

나의 벗 대구(大丘) 서여진(徐汝進)에게 어진 아들이 있으니, 이름은 유항(有恒)이고 자는 치구(穉久)이다. 됨됨이가 순수하고 깨끗하며 욕심이 적고, 천성대로 하고 겉을 꾸미지 않으며, 성품이 인륜을 독실히 좋아하였다. 일찍이 《시경》의 "아내와 화합하는 것이 금슬을 타는 것 같다.〔妻子好合 如鼓琴瑟〕"라는 구절에 대해 공자가 "부모는 안락하게 여기실 것이다."라고 찬미한 대목을 읽고서 마음이 뭉클하고 송연(悚然)하여 마치 외부의 감촉이 안에서 호응하는 것 같고 사냥할 때 짐승과 조우하여 잡은 것[32] 같았다. 이에 일어나서 춤출 듯이 감격하고 영탄(詠歎)하였다. 치구가 한수재(寒水齋) 권 선생(權先生)의 집안에 장가들어서 부솔공(副率公)께 학문을 하는 대체(大體)를 듣고서 물러나 마음으로 연구하고 몸으로 실천하였는데, 여기에서 그치지 않고 사방으로 사우(師友)를 구하여 힘을 다 쏟으려고 하다가 갑자기 병이 나서 죽었으니, 향년이 겨우 22세였다. 임종할 때에 정신이 또렷하여 슬퍼하거나 한탄하는 기색이 전혀 없었다. 부친이 하고 싶은 말을 물으니 눈을 뜨고서 부친을 보고 말하기를 "세 가지 한이 있습니다. 부모를

32 사냥할……것 : 사냥하는 법은 달아나는 짐승을 활로 쏘아 잡는 것이 정도인데, 편법으로 사냥할 경우에는 짐승이 달아날 수 없게 몰아서 잡는다. 춘추 시대에 왕량(王良)이 조 간자(趙簡子)의 신하인 해(奚)에게 이 방법을 사용하였다. 따라서 조우하여 잡는다는 말은 원래 좋지 않은 뜻으로 쓰인다. 《孟子 滕文公下》 여기에서는 자기의 생각과 맞아떨어진다는 의미로 쓰였다.

끝까지 봉양하지 못한 것이 첫 번째이고, 자식이 없어 대를 잇지 못한 것이 두 번째이고, 학문에 뜻을 두었으나 이루지 못한 것이 세 번째입니다." 하고, 처에게 손짓하여 문밖으로 나가게 하고 옆에 있는 사람에게 바로 눕히게 하였는데, 바로 눕히자 곧 숨을 거두었다. 오호라, 사람이 거짓으로 할 수 없는 것이 생사가 갈리는 때이다. 치구는 어렸는데도 이와 같이 하였으니 어찌 참으로 어질지 않겠는가. 치구는 내 며느리의 오빠이다. 처음 내가 여진을 보고서 덕이 있는 사람이라 복을 받을 것이라고 생각했는데, 지금 참최(斬衰)를 입고서 울면서 나에게 애사를 써 달라고 청하였으니, 슬프다. 애사는 다음과 같다.

슬프다, 치구여	嗟嗟穉久
헌걸차고 명민하며	頎而晳乎
자질은 후덕하고 마음은 어질며	質厚心仁
걸음은 법도에 맞았었네	步中矱兮
달콤하지 않고 담담하며	匪甘伊淡
깨끗한 바탕에 아무런 색이 없고	素無色兮
천륜의 즐거움을	天倫之樂
마음속에 스스로 얻었네	中自得兮
고개를 숙이고 부지런히 책을 보는 것이	俯首劬書
마치 기욕 같았고	如嗜慾兮
성인이 될 수 있으리라 여겨	謂聖可作
뜻이 지극히 높았네	志峻極兮
비유하면 훌륭한 장인이	譬彼良工
조탁하기를 기다리는 것과 같았는데	待彫琢兮

하루아침에 떨어져 깨져서	一朝墜碎
광채가 사라졌네	光芒索兮
선을 행한 것이 무슨 죄인가	爲善何罪
하늘의 뜻을 헤아릴 수 없네	天莫測兮
하늘의 뜻은 헤아릴 수 없으나	天則莫測
그대는 부끄러울 것이 없네	爾無怍兮
완악한데도 사는 저들은	彼頑之生
단지 욕될 뿐이니	秖以辱兮
하늘에 핑계 대고 남들과 비교한들	諉天較人
끝내 무슨 이익이 있겠는가	竟奚益兮
슬프다, 치구여	嗟嗟穉久
내 마음 애석하도다	我心惜兮

이좌백 언보 에 대한 애사 병서
李佐伯 彦輔 哀辭 幷序

지난날 내가 광수산(光秀山) 아래에 우거(寓居)할 때에 일찍이 같은 마을에 사는 동성(同姓)의 숙부 군민(君民) 씨와 이봉래(李鳳來) 등 몇몇 사람과 배를 타고 저자도(楮子島)로 향하여 가고 있었다. 중류에서 큰 비바람을 만나 갓이 모두 꺾이고 물이 옷의 재봉 선을 따라 비처럼 흘러내렸다. 얼른 배에서 내려 보리밭으로 기어 들어갔는데 땅이 질고 미끄러워 한 걸음 걸을 때마다 넘어져서 온몸이 붉은 진흙투성이였다. 마침내 학탄(鶴灘)의 인가에 들어가니 집에 한 노인이 있는데 수염은 하얗고 얼굴은 붉은 칠을 한 것처럼 붉었다. 내 모습을 보고는 손뼉을 치고 크게 웃으며 맨발로 나와서 맞이하였으니, 그가 곧 좌백(佐伯)이다. 내가 자루에 있던 술을 꺼내서 함께 마셨는데 술이 다 떨어진 뒤에야 돌아갔다.

광수산은 학탄과 이웃해 있기 때문에 이때부터 나와 좌백은 자주 내왕하였다. 몇 년 뒤에 내가 온 집안 식구를 데리고 백운산(白雲山)으로 들어가니 좌백은 고향인 의곡(義谷)으로 돌아갔는데, 산기슭을 넘어 왕래하기를 광수산 아래에 있을 때와 같이 하였다. 그 후 내가 몽촌(夢村)의 분암(墳庵)으로 이사하자 좌백이 때때로 걸어서 왔고, 오면 그와 바둑 두고 시를 짓고 노래하고 술을 마셨다. 취하면 기운이 더욱 호방해져서 노랫소리가 더욱 씩씩하였으나 좌백이 너무 늙었기 때문에 심하게 취하면 이따금 내 옆에서 소변을 지리고도 알아차리지 못하였다.

무신년(1788, 정조12) 가을에 내가 서울에서 벼슬하고 있을 때에 좌백의 부고를 받았으니, 좌백은 75세를 살았다. 좌백의 휘는 언보(彦輔)이고, 국성(國姓)인 이씨이니, 세종대왕의 아들 임영대군(臨瀛大君) 이구(李璆)가 그 시조이다. 좌백은 아름다운 풍골(風骨)에 담론이 들을 만하였고, 비록 집이 가난하여 추위와 배고픔을 견디지 못할 지경이었으나 그 안색을 보면 환히 밝았다. 세상의 잔달고 좀스러운 자들을 보면 곧바로 그 얼굴에 침을 뱉으려고 하였으니, 그는 호걸스러운 사람이었다. 그러나 끝내 포의(布衣)로 늙어 죽었으니 슬프다. 내가 애사 한 장(章)을 짓고 술 한 병과 전복 열 마리와 자단향(紫檀香) 한 쪽을 그 집안사람에게 부쳐 보내 술을 올리고 향을 사르고서 애사를 읽어 달라고 부탁하였다. 애사는 다음과 같다.

슬프다, 좌백이여	吁嗟佐伯
선비 중의 호걸이었으니	士也傑兮
도량은 넓고	器宇軒豁
기운은 성대하였네	氣鬱嵂兮
술을 얻으면 취하고	得酒則醉
취하면 노래를 불렀고	醉則歌兮
흰머리는 고슴도치 털 같고	皓首磔張
붉은 얼굴은 홍조를 띠었지	丹頰酡兮
좀스러운 자들을	齷齪者流
애들로 보았는데	視兒曹兮
팔십이 다 되도록 곤궁하게 살다가	八十窮餓
초라한 집에서 죽었다네	死蓬蒿兮

나의 처신 유별나서	我行踽踽
세상과 맞지 않아	與世左兮
조정에는 벗이 없고	於朝無友
초야의 사람 벗하였네	友諸野兮
서로 보고서 한 번 웃고	相視一笑
마음이 서로 어긋나지 않았으니	神不忤兮
이 세상에 이런 즐거움	此生此樂
다시 만나기 어려우리	難更遻兮
사귀는 도리 처음과 끝에	交道始終
술이 있다고 하는데	曰有酒兮
그대가 나의 글을 좋아하니	子嗜我文
글을 가지고 권하노라	文以侑兮

몽오집

제6권

비碑
묘갈墓碣
묘표墓表

비 碑

이조 판서 권공의 신도비명 병서
吏曹判書權公神道碑銘 竝序

공은 휘는 혁(爀), 자는 자장(子章)이며, 권씨(權氏)로 안동(安東) 사람이다. 그의 선조에 태사(太師) 행(幸)이 있었는데, 본래의 성은 김씨(金氏)였으나 고려 태조가 지금의 성을 하사함으로써 마침내 안동 권씨의 시조가 되었다. 본조에 들어와서는 양평공(襄平公) 감(瑊)이 공훈으로 화천군(花川君)에 봉해졌다. 5대를 내려와 선산 부사(善山府使) 휘 성원(聖源)이 휘 격(格)을 낳았는데, 이분은 벼슬이 사헌부 집의이며 간관(諫官)으로서 효종과 현종의 조정에서 명성이 높아 나의 고조부인 관찰사 부군(觀察使府君)[1]과 이름을 나란히 하였다. 동춘(同春) 송 문정공(宋文正公)[2]이 상에게 아뢰기를 "김징(金澄)과 권격(權格)은 국가의 보배입니다." 하였다. 이분이 아들 셋을 낳았는데, 장남

1 관찰사 부군(觀察使府君) : 몽오의 고조부 김징(金澄)을 말한다. 전라도 관찰사를 지냈다.

2 동춘(同春) 송 문정공(宋文正公) : 송준길(宋浚吉)로, 호는 동춘당(同春堂), 시호는 문정이다.

휘 상하(尙夏)는 젊어서부터 우암(尤庵) 송 문정공(宋文正公)을 사사하여 황강(黃江) 가에서 도(道)를 강론하였으며, 학자들이 그를 추존하여 "문정공의 학문을 전승했다."라고 하였다. 벼슬은 좌의정이고 시호는 문순(文純)이다. 계씨(季氏) 휘 상유(尙游)는 벼슬은 이조 판서이고 시호는 정헌(正獻)이며, 덕행으로 숙종조의 명신이 되었다.

공은 정헌공의 둘째 아들이다. 모친 정부인(貞夫人) 원주 원씨(原州元氏)는 한성부 우윤(漢城府右尹) 원만춘(元萬春)의 따님으로, 숙종 갑술년(1694, 숙종20)에 공을 낳았다. 공은 어려서부터 기국과 도량이 있었으며, 기해년(1719)에 진사시에 장원을 하였고 생원시에도 아울러 입격하였다. 영종(英宗) 병오년(1726, 영조2)에 익위사 세마(翊衛司洗馬)에 제수되었으나 숙배하지 않았고, 바로 그해 겨울 알성시 을과에 급제하였다. 정미년(1727)에 《숙종실록》을 찬수할 때 실록 낭청이 되고 한림에 추천되었으나, 앞서 임금께 올린 말에 마땅히 추천받아야 하는데 추천받지 못한 사람이 있다는 것을 이유로 스스로 인책하여 시험을 보지 않았다. 이해에 관례대로 6품으로 올랐다. 무신년(1728)에 성균관 전적에 제수되고 곧바로 홍문록(弘文錄)에 올랐다.

3월에 역적이 남방에서 일어나자[3] 공은 여주(驪州)에서 분문(奔問)[4] 하기 위하여 서울로 들어왔고, 다음 날 사간원 정언에 제수되었다. 당시 중외(中外)에서 역적들과 높은 지위에 있는 자들이 내통하여 모

3 3월에……일어나자 : 1728년(영조4) 3월 이인좌(李麟佐)가 중심이 되어 영조의 즉위에 반대하는 반란이 일어난 것을 말한다. 이 반란은 이인좌의 난 또는 무신란(戊申亂)이라고 일컬어진다.

4 분문(奔問) : 난리를 당한 임금에게 달려가서 문후하는 것을 말한다.

의한다는 말이 많아 인심이 흉흉한데도, 이광좌(李光佐)가 영의정으로 있으면서 역적의 기세를 떠벌려 말하며 도성을 떠나기를 주청하고 또 영남 사람 조덕린(趙德鄰)과 이형상(李衡祥)을 호소사(號召使)로 임명하여 군사를 모아 근왕(勤王)하기를 청하자, 공이 소(疏)를 올려 극력으로 간쟁함으로써 그 계책을 중지시켰고, 더하여 도성을 수리하고 대오를 짜서 성을 지킬 계책을 진언하였다. 또 충청도 관찰사 권첨(權詹)이 도망쳐서 사태를 관망한 행적을 들어 그를 효시(梟示)하기를 주청하였으나 허락받지 못하였다. 반란이 평정되자 바로 황강으로 돌아왔고, 여러 차례 관직이 주어졌으나 나아가지 않았다.

이에 앞서 숙종이 승하하고 경종이 왕위를 이었으나, 경종에게 질병이 있었으므로 대신 김창집(金昌集), 이건명(李健命), 이이명(李頤命), 조태채(趙泰采)가 영종을 책봉하여 왕세제로 삼기를 청하였는데, 조정의 신하들 중에 일찍이 숙종의 조정에서 죄를 지은 사람들이 김창집 등이 반역을 모의하였다고 무함하여 그들을 죽였다.[5] 영종이 왕위를 잇게 되자 가장 먼저 김창집 등의 죄명을 씻어 주고 김창집을 무고한 자를 처단하였으나, 정미년(1727)에 다시 김창집 등의 작위와 시호를 빼앗아 역안(逆案)으로 돌아갔고, 흉당(凶黨)이 마침내 나라의 권력을 전횡하여 병란이 있어났던 것이다. 이 난리가 평정되자 흉당이 탕평(蕩

5 조정의……죽였다 : 1722년(경종2)에 일어난 목호룡(睦虎龍)의 고변(告變), 즉 소론이 목호룡을 사주하여 노론이 숙종 말년부터 경종을 제거할 음모를 꾸며 왔다고 무고한 사건을 가리킨다. 경종 즉위 후에 영조의 왕세제 책봉과 대리청정을 둘러싼 노론과 소론의 정쟁이 있었는데, 이 고변으로 인해 8개월간에 걸쳐 국문이 진행되었고, 그 결과 김창집, 이건명, 조태채, 이이명 등 노론 사대신을 비롯한 노론의 많은 사람이 처형되었다.

平)의 설을 앞장서 지어내어 조금씩 옛 신하들을 끌어내어 쓰기를 상에게 청하였는데, 공이 이것을 수치스럽게 여겨 교리의 신분으로 상소하여 말하기를 "선악을 구별하지 않고 작록으로 그들을 부리고자 하는 것은 불행히도 옛사람이 말한 '소나 말을 얽어매는 것'에 가깝습니다." 하고, 다시 상소하면서 말을 더욱 절박하게 하니, 상이 노하여 체직을 명하였다.

기유년(1729)에 연이어 옥당에 제수되었다. 전에 공이 이수해(李壽海) 등과 함께 《숙종실록》을 편수하였는데, 이때에 이수해가 사사(史事)를 논하다가 섬으로 유배되고[6] 정언 이양신(李亮臣)이 이광좌의 열두 가지 큰 죄를 탄핵하다가 북변으로 유배되자,[7] 공이 상소하여 이수해 등과 함께 죄주기를 청하고, 또 말하기를 "이양신이 무슨 죄가 있습니까. 저군(儲君)을 세워 대리청정하는 일은 의리가 광명하여 천하와 후세에 떳떳이 말할 수 있으니, 신축년(1721, 경종1)과 임인년(1722)에 여러 신하를 도륙한 일과 정미년에 이전의 잘못을 그대로 답습한 일은 충역이 뒤집어지고 인륜이 끊어진 것입니다." 하니, 상이 하교하여 심하게 꾸짖고 삭탈관작하여 문외출송하도록 명하였다. 겨울에 서

6 이수해가……유배되고 : 1727년 이수해와 몇몇 실록청의 관원들이 사사로이 《숙종실록》을 보궐(補闕)하려는 시도를 하였다 하여 이광좌를 비롯한 소론의 탄핵을 당하였다. 이수해도 이 일로 삭직되고 1729년에는 강진(康津)으로 유배되었다. 《英祖實錄 3年 9月 12日, 5年 4月 8日》

7 이양신(李亮臣)이……유배되자 : 1729년 이양신이 정미환국으로 집권한 이광좌에 대해서 왕세제의 대리청정을 반대한 일, 역적 김일경(金一鏡)을 등용한 일을 비롯한 12항의 죄목을 열거하여 탄핵하였고, 이 일로 이양신은 경원(慶源)으로 유배되었다. 《英祖實錄 5年 2月 28日》

용되어 부수찬이 되었다.

경술년(1730)에 또 여러 번 관직에 임명되었으나 나아가지 않았다. 상이 마침 영릉(寧陵)에 행차하여 공을 의금부에 내려 추고하도록 명하자 공이 곧바로 행재소(行在所)로 달려가 대명(待命)하였고, 상이 가두지 말고 패초하도록 명하니 공이 비로소 나와 사은숙배하였다. 상이 도성으로 돌아가자, 또 상소하여 관직에 나아갈 수 없는 의리를 진술하니 상이 체차를 명하였다. 또 부교리가 되었는데, 이때 상이 간언하는 사람에게 노하여 삼사(三司)의 소(疏)를 들이지 말도록 명하자, 공이 상소하여 말하기를 "나라가 삼사를 설치한 것이 무엇을 하려고 한 것이겠습니까. 군덕(君德)에 모자란 점이 있는데도 바로잡지 않고 시정(時政)에 잘못이 있는데도 바로잡지 않으며, 일의 시비를 따지지 않고 오직 임금이 명하는 대로 따를 뿐 감히 가부를 말하지 못한다면, 전하께서 홀로 위에서 정사를 하시기에 충분한데 삼사를 어디에 쓰겠습니까. 아무도 감히 잘못을 바로잡지 못하는 것이 자사(子思)가 위후(衛侯)에게 우려의 말을 한 까닭인데도[8] 상께서 언사(言事)를 금지하시니, 이 무슨 거조입니까. 이것이 '한마디 말로 나라를 잃는 것'[9]에 가깝지 않겠습니까." 하니, 상이 진노하여 정의 현감(旌義縣監)

8 아무도……까닭인데도 : 자사가 위후에게 "왕의 국사가 장차 날로 잘못될 것입니다."라고 하자, 위후가 그 까닭을 물으니, 자사가 "임금이 한마디 말을 내놓으며 스스로 옳다고 하면 경대부가 감히 그 잘못을 바로잡지 못하고, 경대부가 한마디 말을 내놓으며 역시 스스로 옳다고 하면 사서인이 감히 그 잘못을 바로잡지 못하기 때문입니다."라고 하였다. 《資治通鑑 卷1 周紀1 安王25年》

9 한마디……것 : 노(魯)나라 정공(定公)이 한마디 말로 나라를 잃는 경우가 있느냐고 공자에게 물어보자, 공자가 "임금이 만약 '나는 임금 된 것이 즐거울 것이 없고,

으로 내쫓아 보임하도록 명하였다.

현(縣)이 먼 바다 가운데 있어서 땅이 척박하고 풍속이 고루하였으나 공이 시속에 따라 다스리고 부리는 것이 사리에 합당하니 백성들이 공을 사랑하고 받들었다. 공이 상소하여 섬 안에 있는 목장과 버려진 땅을 백성들에게 주어 농사를 지어 먹게 하기를 청하고, 또 양역(良役)과 어호(漁戶)의 납공(納貢)과 관우(官牛)를 융통성 있게 활용하는 일을 진술하니 상이 많이 채택하여 썼다. 겨울에 옥당으로 부름을 받았다.

신해년(1731)에 연이어 옥당과 학직(學職 강관(講官))에 제수되었으나 모두 나아가지 않았다. 겨울에 또 의금부에 내려 추고하라는 명을 내리고 가두었다가 곧 풀어 주며 재촉하여 불러들이니, 공이 마침내 나아가 사은숙배하였다. 상을 모시면서, 그동안 부름에 나아가지 않았던 것은 군부(君父)에 대한 무함이 아직 씻기지 않아 큰 의리가 캄캄하게 막혀 있었기 때문이라고 말하고, 이어서 김창집 등 네 신하가 반은 신원되고 반은 신원되지 않은 것은 반상낙하(半上落下)한 일이라고 말하니, 상이 온화한 말로 타이르며 이르기를 "나 역시 그 사실을 알고 있으니, 저절로 백세(百世)의 공의(公議)가 있게 될 것이다." 하였다. 이윽고 또 연신(筵臣)에게 이르기를 "기유년(1729)의 폐합(閉閤)[10] 후

단지 내가 말을 하면 사람들이 나의 말을 어기지 않는 것이 즐겁다.'라고 할 경우, 가령 그 말이 선하기 때문에 아무도 어기는 일이 없다면 그래도 괜찮겠지만, 그 말이 선하지 않은데도 어기는 사람이 없다면 한마디 말로 나라를 잃는 것에 가깝지 않겠습니까."라고 하였다.《論語 子路》

10 기유년의 폐합(閉閤) : 폐합은 임금이 신하들을 만나지 않으려고 합문(閤門)을 닫아건다는 뜻이다. 영조는 당쟁의 격화를 문제 삼아 1729년(영조5) 8월 5일에 폐합하

에는 이전에 일어났던 일을 모두 그대로 두어 다시 의논하지 않으려 하였는데, 만약에 권혁이 아니었다면 내가 더불어 수답(酬答)하지 않았을 것이다." 하였다. 공이 물러 나와 소를 올려 앞서의 말을 거듭 아뢰었으나 상이 비답을 내리지 않았다.

공이 또 소를 올려 아뢰기를 "하늘이 영명함을 열어 주어 전하께서 그 자질을 지니셨고, 어려움이 많은 나라를 중흥하는 일은 전하께서 그때를 얻으셨습니다. 그런데도 전하께서는 단지 전철을 답습하여 상규(常規)를 따르고 구습에 의지하며, 한 걸음을 나아가기도 전에 멀찌감치 물러나십니다. 세월은 강물처럼 흐르고 사방을 돌아보아도 막막하기만 한데 지금 편안히 여기고 스스로 만족해하시니, 신은 마음 깊이 전하를 위하여 애석하게 여깁니다. 자신을 성스럽다고 여기면 성스러움의 경지에 들어가기 어려우며 자신의 생각대로만 하면 잘 다스릴 수가 없습니다. 전하께서는 영명한 기운이 너무 드러나고 신하들 중에 나만 한 자가 없다고 여기십니다. 이 때문에 뜻과 생각이 강하고 높아서 다시 도움을 받아들일 여지가 없으며, 큰일이든 작은 일이든 전하의 마음이 한번 정해지면 아무도 감히 되돌릴 수 없고 전하의 명령이 한번 내려지면 아무도 감히 어길 수 없으니, 저 조정에 가득한 높은 벼슬아치 중에 전하께서 꺼리는 대상이 없습니다. 전하께서 이러한 병을 얻으신 근원을 돌아보건대 어떤 약으로도 고칠 수 없습니다." 하였다. 또 아뢰기를 "임금의 말은 간중(簡重)함을 귀하게 여기는데 전하께서는 말씀이 번잡하고 변명이 너무 지나치며, 아랫사람을 부릴 때는 기를 꺾어 버리거나 속박하여 억지로 내몰기도 하십니다." 하였고, 이어서

였으며 같은 달 16일에야 청대(請對)를 허락하였다. 《英祖實錄 5年 8月 5日, 16日》

홍문록의 권점이 잘못되었음을 논하였다. 상이 밤 3경에 특교를 내려 공을 대정 현감(大靜縣監)으로 내쫓아 보임하였는데, 대신과 유신들이 명을 거두어들이기를 번갈아 청하자, 상이 이르기를 "간사하고 각박한 사람이야 본시 책할 것도 없지만, 권혁 같은 자는 끝내 감화되지 않으니 대정으로 들여보내지 않을 수 없다." 하였다. 바다를 건너기 전에 해남(海南)에 편배(編配)하도록 명하였다.

계축년(1733, 영조9)에 용서받고 돌아왔다. 갑인년(1734)에 서용되어 헌납이 되고 용강 현령(龍崗縣令)이 되었다. 을묘년(1735)에 이조좌랑, 북평사, 부교리가 되었으나, 거듭 옥리(獄吏)에게 내려지고도 여전히 명에 응하지 않았고, 또 이조로 옮겨졌다. 그해 6월에 상이 친히 도목 정사(都目政事)에 임하여 엄중한 하교를 내려 공에게 명에 응하도록 재촉하니, 공은 명에 응하였다가 바로 장관과 의론이 맞지 않아 붓을 던지고 떠났다. 사간원, 옥당, 춘방(春坊)에 연이어 제수되었으나 모두 나아가지 않았다.

병진년(1736)에 처음 부안 현감(扶安縣監)에 제수되었다가 사간으로 옮겨지고 얼마 뒤 특지로 통정대부로 품계가 올랐다. 종성 부사(鍾城府使)가 되어서는 명목이 없는 세금을 없애 변경 백성들의 힘을 펴게 해 주고, 오랑캐 차사를 맞이하기를 엄정하면서도 예에 맞게 하여, 이전의 잘못을 한꺼번에 바꾸었다. 무오년(1738)에 작은 잘못에 연루되어 파직되었다. 기미년(1739)에 동부승지와 무주 부사(茂朱府使)에 제수되었고 곧바로 예조 참의를 거쳐 대사성으로 옮겨져 공정하게 과시(課試)를 주관하였다. 경신년(1740)에 또 승지에 제수되어 우부승지로부터 우승지에 이르렀으며, 외직으로 나가서 전라도 관찰사가 되었다. 공은 "본도는 막 역란(逆亂)을 겪었으므로, 다스림에 있어서 풍속을 돈후하게 하고 기강을 바로잡는 것보다 중요한 것이 없다."라고 하면서 7조목의 훈령을 내려 도내의 백성들을 효유(曉諭)하였고, 이 조목에 따라서 형벌과 포상을 행하였다. 신유년(1741)에 일이 있어 파직되었다가 서용되어 승지와 대사간이 되고 다시 병조 참의가 되었는데, 나아가기도 하고 나아가지 않기도 하였다.

갑자년(1744)에 철원 부사(鐵原府使)로 나갔다가 곧바로 본도(강원도)의 관찰사에 올랐다. 이때 양전(量田)에 대한 논의가 있었는데, 그 의도는 누락된 전지(田地)를 찾아냄으로써 인삼으로 매기는 부세(賦稅)를 보충하려는 것이었다. 공이 상소하여 아뢰기를 "척박한 토지인데도 비옥한 토지와 같은 등급으로 양전을 하면 백성들은 더욱 괴롭게 됩니다." 하고, 곧바로 군읍(郡邑)의 화전세(火田稅)의 실태를 조사하고 또 공삼(貢蔘)의 잉여분을 되돌려 줌으로써 백성들을 도와주었다. 을축년(1745)에 경상도 관찰사로 옮겨졌는데, 마침 그해에 크게 흉년이 들었으므로, 공은 봉록을 덜어 내어 백성들을 구휼하고 마음과 힘을 모두 여기에 쏟았다. 영남은 본래 경사(京司) 노비의 징공(徵貢)이 많으면서도 도망한 자와 죽은 자는 헤아리지 않았는데, 공이 실제의 숫자에 따라 징공하기를 조정에 청하고, 곧바로 새로 인원수를 조사하여 이전의 공액(貢額)을 추징하는 일에 대해 굳게 다투어서 이를 혁파하였다. 정묘년(1747)에 서용되어 판결사가 되고 이조 참의로 옮겨졌으며, 얼마 안 되어 강화 유수(江華留守)에 발탁되었는데 녹봉을 떼어 성을 수리하고 갑곶(甲串)에 염산(鹽山)을 만들었다.

무진년(1748)에 평안도 관찰사로 옮겨졌다가 곧바로 체직되었다. 이때부터 한성부 우윤, 호조 참판, 형조 참판, 공조 참판, 여주 목사, 대사헌, 부제학을 역임하고, 간간이 세자좌부빈객, 동지경연사, 동지의금부사를 겸하였으나 모두 나아가지 않았으며, 간혹 숙배만 하기도 하였다. 병자년(1756)에 지방으로 나가서 함경도 관찰사가 되었다. 감영에 자모전(子母錢)의 묵은 포흠(逋欠)이 있어서 백성들에게 큰 고통이 되었는데, 공이 쓰임새를 줄여 포흠을 메우고 그 채권(債券)을 불태우니 아전과 백성들이 크게 기뻐하였다.

다음 해에 상이 경연 자리에서 대신들에게 이르기를 "권혁은 침체된 지 오래되었다. 어찌 그를 북변(北邊)에서 늙게 할 수 있겠는가." 하고, 자헌대부(資憲大夫) 지돈녕부사(知敦寧府事)로 승진시키도록 명하였다. 무인년(1758)에 대사헌과 한성부 판윤이 되었다. 어떤 대신이 "공은 네 도에서 방백을 지내고 다섯 고을에서 수령을 지냈는데도 집이 매우 가난합니다."라고 하자, 상이 "귀한 일이다."라고 하고, 얼마 뒤 특지로 공을 이조 판서에 제수하면서 이르기를 "권혁은 사람됨이 자상한 맛은 없으나 반듯하고 욕심이 없다. 내가 이 사람에게 전형(銓衡)의 권한을 주는 것은 자기와 같이 반듯하고 욕심 없는 자들을 들어서 쓰기를 바라서일 뿐이다." 하였다. 그러나 이때는 도목 정사의 시기가 지났으며, 상이 공에게 의지하여 국정을 행하고자 하였으나 공은 병이 들어 나와 사은숙배할 수 없었다. 기묘년(1759)에 비로소 체직되고 마침내 2월 2일에 세상을 떠났다. 상이 놀라고 슬퍼하였으며, 관례에 따라 조회를 철폐하고 부의를 보내 치제하도록 하였다. 4월에 금산(錦山) 두곡(杜谷)의 정헌공 묘 아래 건좌(乾坐)의 언덕에 장사 지냈으니, 이는 공의 유언에 따른 것이었다.

정부인(貞夫人) 연안 이씨(延安李氏)는 통덕랑 이원좌(李元佐)의 따님이자 죽창(竹窓) 충목공(忠穆公)[11] 이시직(李時稷)의 현손으로, 성품이 온유하여 군자의 배필로 어긋남이 없었으니, 사람들은 공의 청렴하고 결백한 지조에는 부인의 조력이 있었다고 하였다. 아들이 없어서 족인의 아들 호성(浩性)을 취하여 후사로 삼았는데, 현감으로 벼슬을 마쳤다. 딸이 넷인데 각각 판서 민백흥(閔百興), 군수 이현철(李顯喆), 승지 심관지(沈觀之), 사인(士人) 이경모(李敬模)에게 출가하였다. 호성의 다섯 아들은 진사 수응(壽應)과 기응(箕應), 후응(厚應), 도응(度應), 오응(五應)이며, 딸은 조학운(趙學雲)에게 출가하였다. 수응의 두 아들은 중리(中履)와 중태(中泰)이며, 딸은 이의귀(李義龜)에게 출가하였다. 이사중(李師中), 이태중(李泰中), 이겸중(李謙中)은 사위 이현철의 소생이며, 심능유(沈能裕), 심능위(沈能褘), 심능희(沈能禧), 심능우(沈能祐)는 사위 심관지의 소생이다.

공은 수려한 얼굴에 살갗이 검었으며, 말과 웃음이 적고 다소곳하기가 마치 시골 사람 같았으나, 마음이 깨끗하고 지조가 있었다. 타고난 성품이 인후한 데다 어려서부터 가정에서의 가르침을 몸에 익혀서, 부친 정헌공을 섬기기를 처음부터 끝까지 예에 맞게 하였고, 상(喪)을 치르면서는 아침저녁으로 산소에 가서 곡을 하였으므로 무릎을 꿇었던 곳에 풀이 자라지 않았다. 백씨(伯氏)와 계씨(季氏)가 일찍 세상을 떠났으나, 형수를 어머니처럼 섬기고 귀하게 되었다고 해서 살림을 따로 하지 않았으며, 녹봉이 들어오면 고스란히 형수에게 맡겼다. 백씨와 계씨 두 집의 고아들을 가르치고 기르기를 자신의 아이들처럼 하였으며, 선조를 받드는 모든 일을 법도대로 행하여 빠트림이 없었다.

임금을 섬김에 한결같이 절조를 지켜 세상 형편에 따라 바꾸지 않았

11 충목공(忠穆公) : 대본에는 '忠貞公'으로 되어 있다. 《숙종실록》 9년 6월 24일 기사에 근거하여 '貞'을 '穆'으로 바로잡아 번역하였다.

으므로 그동안 올린 말들이 절박하고 솔직함이 너무 지나쳤으나, 상 또한 그것은 공의 기질이고 공에게 딴마음이 없음을 알았기 때문에 심하게 화를 내지 않았다. 공의 업적이 여러 차례 징험되는 것과 공의 마음 씀이 한결같음을 알고는 자주 공을 높여 주고 대우해 주었으며 빨리 크게 쓰고자 하였으나, 공은 이미 병이 들고 말았다. 공은 벼슬에 있으면서 명성을 얻고자 하지 않고 눈앞의 이익을 꾀하지 않았으니, 시행한 모든 일은 공이 그 직책을 떠나고 오래된 후에 백성들이 이를 편리하게 여겼고, 열 번이나 지방의 수령을 지냈지만 공이 세상을 떠나고서는 처자가 집안을 꾸려 나갈 수 없었다.

처음에 공의 종조형(從祖兄 육촌 형)의 손자인 징사(徵士)[12] 진응(震應)이 공의 사행(事行)을 엮어서 시장(諡狀)을 지었는데, 상국(相國) 김익(金熤)이 그것을 다듬어 시첩(諡牒)을 만들었고, 봉상시(奉常寺)가 시호(諡號)를 청함에 홍문관이 '관락영종(寬樂令終)'과 '평이불자(平易不訾)'의 두 가지 시법(諡法)[13]을 적용하여 공을 '정간(靖簡)'으로 시호하였다. 시법이 문란해진 지 오래되어 종종 넘침이 과해서 반대가 되지만, 도리어 공 같은 어진 이가 이와 같은 시호를 받았으니, 아, 이것이 어찌 공을 평가하기에 충분한 것이겠는가. 행실이 깨끗하고 예를 좋아하는 기응(箕應)이 와서 나에게 명(銘)을 청하였는데, 나는 김 관찰(金觀察 김징(金澄))의 현손이고 공은 권 집의(權執義 권혁(權

12 징사(徵士) : 조정의 부름을 받고도 나아가 벼슬하지 않는, 학식과 덕행이 높은 선비를 일컫는 말이다.

13 관락영종(寬樂令終)과……시법(諡法) : 시법에 "즐거운 마음으로 생을 잘 마감하는 것을 정이라 한다.〔寬樂令終曰靖〕"라고 하고, "원만하고 남을 헐뜯지 않는 것을 간이라 한다.〔平易不訾曰簡〕"라고 한 것이 있다.

爀))의 손자로, 집안끼리의 세교(世交)가 지금 5대째이다. 더구나 나는 어려서도 공을 애모하였고, 지금 늙어 백수(白首)가 되고서 더욱 공을 사모하여, 지금의 사대부들이 공을 뵙지 못하는 것을 한스럽게 생각하고 있으니, 의리상 명을 짓지 않을 수 없었다. 명은 다음과 같다.

문정[14]의 도가	維文正道
한수[15]에 전해졌는데	傳于寒水
한수에게 아우가 있었으니	寒水有季
공이 그 아들이라	公其肖子
선인의 법도 굳게 지켜	確遵先軌
집안에 펴고 나라에 폈으며	于家于國
꾸밈이 없어 순수하고	匪繢伊素
다듬지 않아 질박하였도다	匪鑿伊朴
젊어 출사함에 막힘이 많고	少仕多止
외직은 길고 내직은 짧았으나	外久內暫
진퇴에 기준이 있었으니	進退有據
성품이 유하지만은 않았도다	非直性淡
연달아 지방 수령 맡아서는	藩邑委蛇
멀리까지 계책을 세웠고	長籌遠圖
자신의 녹봉을 써서	廩餘之用

14 문정(文正) : 우암(尤庵) 송시열(宋時烈)의 시호이다.

15 한수(寒水) : 한수재(寒水齋) 권상하(權尙夏)를 가리킨다. 권상하는 송시열의 학통을 계승한 수제자로 일컬어진다.

선조를 받들고 고아를 돌보았도다 奉先卹孤
벼슬에서 돌아오니 네 벽만 남아 歸視四壁
처자의 생계가 궁하였으나 妻兒食窘
무릇 공이 행한 일들은 凡厥實行
오래되고서야 믿음을 얻었도다 旣久方信
공의 마음이 겸손할수록 公心愈卑
임금의 알아줌이 더욱 커졌지만 主知愈隆
그가 벼슬에 나아간 행적은 彼循名者
봇도랑 물이 쉽게 마르는 것과 같았도다 如澮易空
훌륭하다, 공이시여 偉哉夫公
높은 명성과 굳센 절개로다 完名苦節
빗돌에 시를 새기니 詩于墓石
나의 붓이 부끄럽지 않도다 不愧吾筆

평안도 병마절도사 증 호조 판서 시 충장 백공의 신도비명 병서

平安道兵馬節度使贈戶曹判書諡忠莊白公神道碑銘 幷序

경종대왕 원년 신축년(1721)에 위로 인원 태모(仁元太母)[16]의 뜻을 받들어 영종대왕을 왕세제(王世弟)로 책봉하였는데, 다음 해 임인년(1722)에 목호룡(睦虎龍)의 고변서(告變書)가 올라와[17] 정책대신(定策大臣)[18] 김창집(金昌集) 등이 모두 죽음을 당하였고, 원임(原任) 평안도 병마절도사 백시구(白時耈) 또한 이 사건으로 죽음을 당하였다. 영종이 즉위하고서 여러 대신의 벼슬을 회복시키고 이들 모두를 '충(忠)'으로 시호하였는데, 이때 백공(白公)은 자헌대부(資憲大夫) 호조판서 겸 지의금부훈련원사 오위도총부도총관(戶曹判書兼知義禁府訓鍊院事五衛都摠府都摠管)에 추증되었다. 상은 공이 죽음을 당하였을

16 인원 태모(仁元太母) : 숙종의 계비 인원왕후를 가리킨다. 인현왕후(仁顯王后)의 승하 후 1702년(숙종28) 숙종의 세 번째 왕비로 책봉되었으며, 경종이 즉위한 후에는 왕대비가 되었고, 영조가 즉위한 후에는 대왕대비가 되었다. 숙종의 후궁 숙빈(淑嬪) 최씨(崔氏)의 소생인 연잉군(延礽君)을 지지해 왕세제 책봉에 결정적인 역할을 하였다.

17 목호룡(睦虎龍)의 고변서(告變書)가 올라와 : 지관(地官) 목호룡이 1722년(경종2) 소론 김일경(金一鏡)의 사주를 받고 노론 김창집 등이 경종을 시해하기로 모의하였다고 고변한 일을 말한다.

18 정책대신(定策大臣) : 임금을 옹립하는 데 공이 있는 대신을 말하는 것으로, 여기서는 경종의 뒤를 이을 후사로 연잉군을 세제(世弟)에 책봉하고 대리청정을 실시하게 하려 하였던 김창집, 이이명(李頤命), 조태채(趙泰采), 이건명(李健命) 등 노론 사대신을 가리킨다.

때 역신(逆臣)이 공의 가산을 멋대로 적몰하였다는 사실을 알고서 하교하기를 "매사를 제 마음대로 한 것이니, 지금까지 사람들이 한 짓이 본래 이와 같았다." 하고, 그의 가산을 돌려주도록 명하였으며, 다음 해에는 또 공의 묘를 이장하는 데 필요한 비용과 일꾼을 대 주도록 명하였다. 금상(今上) 6년(1782, 정조6)에 공에게 시호를 내리도록 명하자, 홍문관에서 '위신봉상(危身奉上)'과 '무능지중(武能持重)'의 두 가지 시법(諡法)[19]을 적용하여 공을 '충장(忠莊)'으로 시호하였다.

오호라, 신임(辛壬)의 화(禍)[20]가 엄혹하였으나 우리 영고(英考 영조)께서 끝내 경종의 대를 이어 52년 동안 대위(大位)에 있었고, 성손(聖孫 정조)에게 대위를 전하였다. 순국(殉國)으로 표장(表章)된 신하들은 앞뒤로 유감이 없으며, 군자들은 이것은 모두 천명에 따른 것으로 사람이 할 수 있는 일이 아니라고 여긴다. 나는 일장산(日長山) 아래에서 부름을 받고 도성으로 들어왔는데, 공의 손자인 전 승지 백사근(白師謹)이 고(故) 태학사(太學士) 황공 경원(黃公景源)이 공의 시호를 청할 때 올린 공의 행적을 적은 글[21]을 가지고 와서 공의 묘비에 새길 명(銘)을 청하므로, 내가 그대로 사양하지 않고 이렇게 쓴다.

19 위신봉상(危身奉上)과……시법(諡法) : 시법에 "위험을 무릅쓰고 윗사람을 받드는 것을 충이라 한다.〔危身奉上曰忠〕"라고 하고, "무력으로 중후함을 간직한 것을 장이라 한다.〔武能持重曰莊〕"라고 한 것이 있다.

20 신임(辛壬)의 화(禍) : 이른바 신임옥사로, 신축년(1721, 경종1)과 임인년(1722) 사이에 왕위 계승 문제를 둘러싼 노론과 소론 사이의 당파 싸움에서 소론이 노론을 역모로 몰아 많은 노론 인사들이 처형되고 소론이 실권을 잡은 사건이다.

21 고(故)……글 : 1782년(정조6) 강한(江漢) 황경원이 백시구(白時耉)의 시호를 청할 때 올린 시장(諡狀)을 가리키는 듯하다. 이 시장은 《강한집》 권21에 실려 있다.

공의 자는 덕로(德老)이다. 먼 조상인 휘 경신(景臣)이 삼대에 걸쳐 고려에 벼슬한 뒤를 이어 상장군(上將軍)이 되고 휘 천장(天藏)[22]을 낳았는데, 이분이 정당문학(政堂文學)으로 수원백(水原伯)에 봉해져서 마침내 수원 사람이 되었다. 5대조 휘 인호(仁豪)는 사포서 별제(司圃署別提)를 지내고 호조 참판에 추증되었는데, 휴암(休菴)[23] 선생 인걸(仁傑)이 그의 아우이다. 이분이 장단 부사(長湍府使) 휘 유온(惟溫)과 한성부 좌윤(漢城府左尹) 휘 유검(惟儉)을 낳았고, 좌윤의 아들 휘 희민(羲民)이 부사공(府使公)의 후사가 되었는데, 이천 현감(伊川縣監)을 지내고 장악원 정(掌樂院正)에 추증되었다. 이분이 승정원 좌승지에 추증된 휘 홍서(弘緖)를 낳고, 휘 홍서가 호조 참판에 추증된 휘 원진(元振)을 낳았다. 휘 원진이 전주 이씨(全州李氏) 부사 이영명(李永命)의 따님에게 장가들어 효종 기축년(1649, 효종 즉위년)에 공을 낳았다.

숙종 경신년(1680, 숙종6)에 무과에 급제하였고, 임술년(1682)에 무신겸선전관(武臣兼宣傳官)이 되었다가 계해년(1683)에 선전관으로 옮겨졌다. 을축년(1685)에는 훈련원의 주부(主簿), 판관(判官)으로 승진하고 도총부에 들어가 도사(都事)가 되었으며, 비변사 낭청을 겸임하였다. 병인년(1686)에 경상좌도 수군우후(慶尙左道水軍虞候)로 나갔고 장천(將薦)[24]에 올랐으며, 도총부 경력에 제수되었다. 경오년

22 천장(天藏) : 《잠곡유고(潛谷遺稿)》 권13 〈증좌찬성시충숙백공신도비명(贈左贊成諡忠肅白公神道碑銘)〉과 《우계집(牛溪集)》 권6 〈의정부우찬성백공행장(議政府右贊成白公行狀)〉에는 '藏'이 '臧'으로 되어 있다.

23 휴암(休菴) : 백인걸(白仁傑)의 호이다.

(1690)에 봉산 군수(鳳山郡守)로 나갔다가 부친 참판공의 상(喪)을 당하였고, 상복을 벗은 뒤 다시 훈련원으로 들어와 첨정(僉正)이 되고 부정(副正)이 되었다. 계유년(1693)에 절충장군(折衝將軍)의 품계에 오르고 남원 영장(南原營將)이 되었으며, 을해년(1695)에 이천 부사(伊川府使)가 되었다.

무인년(1698)에 초계 군수(草溪郡守)가 되었는데, 임지에 이르러 말하기를 "내가 비록 무인(武人)이기는 하지만, 학교를 진흥하는 것이 수령이 할 일이다." 하였다. 이때에 학업 수행의 과정이 만들어져, 초계의 선비들이 진사시에 입격한 것이 공으로부터 시작되었으니, 고을의 사민(士民)이 이를 기려서 비를 세웠다. 내직으로 들어와 금군장(禁軍將)이 되었다. 신사년(1701)에 안흥진 첨절제사(安興鎭僉節制使)로 나가게 되었으나 부임하지 않았으며, 곧 조사오위장(曹司五衛將)을 거쳐서 파주 목사(坡州牧使)로 나갔다. 계미년(1703)에 또 평산 부사(平山府使)로 나갔을 때 큰 기근이 들었는데, 구휼을 잘하였다 하여 말을 하사받았다. 을유년(1705)에 전라좌도 수군절도사로 발탁되었다가 곧바로 평산 부사에 잉임되었는데, 평산에서 돌아올 때 백성들이 고을의 네 경계에 절벽을 깎고 구리를 주조하여 비를 세움으로써 공을 잊지 못하는 마음을 나타내었다.

병술년(1706)에 정부인(貞夫人)의 상을 당하였고, 상복을 벗고는 금군장이 되고 선전관이 되었다. 기축년(1709)에 충청도 수군절도사

24 장천(將薦) : 무과 출신 중에 수천(首薦)인 선전관천(宣傳官薦)을 제외한 부천(副薦)인 부장천(部將薦)과 말천(末薦)인 수문장천(守門將薦)에 해당하는 사람들을 함께 일컫는 말이다.

로 나갔고, 경인년(1710)에 제주 목사로 옮겨졌다. 신묘년(1711)에 전임(前任) 때의 일 때문에 하옥되고 의금부가 장(杖)을 치는 것으로 판결하였으나, 상이 명을 내려 장형을 면하도록 하였으니, 이것은 특별한 은혜를 입은 것이다. 임진년(1712)에 안악 군수(安岳郡守)에 제수되어 평산에서처럼 정사를 펼쳤고, 옷감 한 벌을 하사받았다. 계사년(1713)에 본도(本道 황해도) 병마절도사에 올라 스스로의 몸가짐을 검소하게 하고 아랫사람 부리는 것을 엄하면서도 은혜롭게 하였다.

을미년(1715)에 내직으로 들어와 어영별장이 되었고, 병신년(1716)에 함경남도 병마절도사가 되었으며, 정유년(1717)에 함경북도 병마절도사로 옮기고 가선대부(嘉善大夫)로 품계가 올랐다. 공이 관북(關北)에 있던 3년 동안 군기를 수선하고 사졸을 훈련시킨 것이 해서(海西)에 있을 때에 비해 더 나았는데, 이에 대해 말하기를 "지역이 궁벽지고 멀어 공사(公私) 간에 방해받는 일이 없어서 내 뜻대로 할 수 있었기 때문이다." 하였다. 종신(從臣)으로서 관하(管下)에 있는 자가 공의 절도(節度)를 따르지 않자 계사를 올려 그를 파직시켰다. 기해년(1719)에 숙종이 기로소(耆老所)에 들어갔을 때,[25] 공은 70세로서 가의대부(嘉義大夫)로 품계가 올랐고, 임기가 차자 내직으로 들어와 오위도총부 부총관과 훈련도감 중군이 되었다. 경자년(1720)에 금위영 중군을 거쳐 평안도 병마절도사로 나갔다. 관서(關西)에 전부터 있던 규정으로, 원군(元軍)[26]에게는 베 2필을 징수하고 군관(軍官)에게는

25 기해년에……때 : 숙종이 1719년(숙종45)에 60세가 되어 기로소에 들어간 것을 말한다.

26 원군(元軍) : 원래 정해진 정규 군사, 즉 상비군을 가리킨다.

그 반을 징수하였는데, 공이 관찰사 권공 업(權公𢢜)과 의논하고 원군에게서 1필을 깎아 균등하게 하여, 관서 사람들이 길이 그 덕을 보았다.

신축년(1721, 경종1)에 역신(逆臣) 김일경(金一鏡) 등이 권력을 휘두르기 시작하자 조정이 일변하여 옛 신하들은 모두 먼 곳으로 유배되었고, 공 역시 중비(中批)로 제수되었으나 특지(特旨)에 의해 파직되었다. 다음 해에 이진순(李眞淳)이 계사를 올려 공이 관서에 있을 때[27] 기로소에 은(銀)을 빌려준 일을 말하였는데, 말한 의도가 음흉하였다. 공이 옥리에게, 빌려준 것이 명분이 있는 데다 그 은이 이미 상환되었고 관련된 문서와 장부가 갖추어져 있다고 진술하였다. 상이 본도(本道 평안도)에 명하여 조사하게 하였으나 사실이 공의 말과 꼭 일치하자, 또 명을 내려 풀어 주었다.

또 얼마 안 있어 무옥(誣獄)이 일어났는데 서얼(庶孼)인 김성절(金盛節)이라는 자가 역적들의 꾐에 빠져 여러 사람을 무고하였다. 그 가운데에 "기로소에 빌려준 은이 어디에 쓰였다."라는 말이 있자, 공이 마침내 국문을 받았다. 기로소의 차인(差人)과 함께 날마다 혹독한 형벌이 가해졌으나, 끝내 드러난 사실이 없었다. 위관(委官) 최석항(崔錫恒)이 공을 회유하여 충헌공(忠獻公) 김창집(金昌集)의 죄를 드러낼 속셈으로 묻기를 "기로소의 차인이 말하기를 '네가 김창집이 부탁하는 편지를 받고 허락하였다.'라고 하는데, 이 말이 사실이면 너는 죄가 없다." 하니, 공이 꿋꿋이 말하기를 "상공(相公)께서 편지를 보낸 적이 없다." 하였다. 최석항이 화를 내며 말하기를 "김창집이 반역을 하였거늘, 어찌 상공이라 하느냐." 하자, 공이 말하기를 "나는 그분이

27 공이……때 : 백시구가 평안도 병마절도사로 있을 때를 말한다.

대신으로서 정책(定策)을 한 분[28]이라는 것은 알지만 그분이 반역을 한 것은 알지 못한다." 하였다. 이때 이광좌(李光佐)가 판의금부사로서 옥사를 다스리고 있었는데, 공이 그를 흘겨보며 말하기를 "백사(白沙 이항복(李恒福))의 자손으로서 이런 짓을 하는구나." 하니, 이광좌가 일어나서 자리를 피하였다. 고문을 가하자 공이 갑자기 눈을 부릅뜨고 크게 꾸짖기를 "선조(先朝)의 숙장(宿將)들을 모두 죽이고 장차 무슨 짓을 하고자 하느냐." 하자, 최석항이 말하기를 "네가 숙장들을 죽인다고 하였으니, 이것은 이홍술(李弘述)과 이우항(李宇恒)[29]을 가리킨 것일 터이다. 네가 감히 이런 말을 하는구나." 하니, 공이 웃으며 말하기를 "이상집(李尙䥔)과 심진(沈搢)[30]도 있다." 하고, 한편으로 옥졸에게 말하기를 "나는 속히 죽고 싶으니 너는 나를 매우 세게 쳐야 한다." 하였다. 마침내 9월 14일 옥중에서 세상을 떠났으니, 당시 74세였다.

공이 세상을 떠나자 평안도 관찰사 오명항(吳命恒)이 "절도사가 장부에 기재한 은(銀)이 전에 비해서 크게 줄었는데, 이는 백시구가 탐오(貪汚)하였기 때문이니 그의 가산을 적몰하는 것이 마땅하다." 하였다.

28 대신으로서……분 : 임금을 옹립하는 데 공이 있는 대신이라는 뜻이다. 207쪽 주18 참조.

29 이홍술(李弘述)과 이우항(李宇恒) : 두 사람 모두 삼도 수군통제사와 포도대장 등을 역임한 당시의 원로 무장(武將)으로서, 신임옥사 당시 경종 시해 계획의 주동자로 몰려 신문을 받고 옥중에서 죽었으며, 영조 즉위 후에 신원되었다. 이홍술의 시호는 충정(忠定)이고, 이우항의 시호는 경무(景武)이다.

30 이상집(李尙䥔)과 심진(沈搢) : 두 사람 모두 병마절도사 등을 역임한 원로 무장으로서, 신임옥사 당시 반역죄로 신문을 받고 옥사하였으며, 영조 즉위 후에 신원되었다. 이상집의 시호는 충목(忠穆)이고, 심진의 시호는 장민(壯愍)이다.

다음 해에 오명항이 호조 판서로서 판의금부사 유봉휘(柳鳳輝)와 몰래 의논하여 공의 가산을 적몰하였으나, 영종 초에 이르러 대신 문충공(文忠公) 민진원(閔鎭遠)과 여러 명망 있는 사람들이 공의 청백(淸白)함이 뛰어났다는 실상을 환히 밝혔다. 처음에 공을 적성현(積城縣) 남쪽에 임시로 장사 지냈다가, 7년 뒤에 철원부(鐵原府) 동쪽 풍전(豐田)의 간좌(艮坐) 언덕에 이장하였고, 정부인 광주 김씨(光州金氏)를 합장하였다.

공은 사람됨이 단정하고 화락하였으며, 다른 사람과 이야기할 때 겸손하게 자신을 낮추었으나 내면이 확고하여 한번 마음에 정해진 것이면 천만 명이 뭐라고 해도 그 뜻을 빼앗을 수 없었다. 부모를 섬김에 효성스러웠고, 부모상을 치르면서는 3년 동안 여막에 머물며 최질(衰絰)을 벗지 않았으며, 형제들과 우애가 깊어 의식(衣食)을 함께하고 길흉사의 비용을 늘 자신이 내었다. 종족과 친구에 이르기까지 마음을 다하여 보살피지 않은 적이 없었으니, 주곤(州閫 병사와 수사)으로 있을 적에는 번번이 관청 문을 활짝 열고 맞아들이면서 오히려 미치지 못하는 듯이 하였다. 어떤 사람이 공의 관봉(官俸)에 한도가 있다고 하자, 말하기를 "우리 종족이 모두 빈한하고, 조정에서 녹을 받는 사람이 오직 나뿐이다. 그러니 이 사람들이 곤궁하여 나에게 도움을 구하는데 내 어찌 차마 모른 체할 수 있겠느냐. 마땅히 먹는 것과 입는 것을 줄여서 돌보아 주어야 할 뿐이다." 하였다. 또 아들들에게 훈계하여 말하기를 "부모가 사랑하던 것이면 비록 개나 말이라 해도 사랑하는데, 이들은 모두 내 부모의 친족들이니, 내가 만약 스스로 풍족하게 살고자 하여 저 사람들에게 야박하게 한다면 하늘이 반드시 벌을 내릴 것이다." 하였다. 공이 지위가 높으면서도 서울에 집이 없었으므로 친우가 공을 위하여 집을 사서 기거하게 하였다. 공이 집에 있을 때는 매우 검소하게 살고 애완품(愛玩品)을 가까이하지 않았으며, 사사로이 청탁하러 다니지 않고 오직 매일 손자들에게 경서(經書)를 가르쳤다.

관직에 있을 때는 명예를 구하지 않고 오직 실제의 혜택이 백성들에게 미치도록 힘을 썼으므로, 공이 떠나고 나서 백성들이 공을 그리워하였다. 충군(忠君)과 애국(愛國)은 공의 천성에서 나왔으니, 숙종이 승하하였을 때 곡림(哭臨)할 적마다 애통해하여 주위 사람들을 감동시켰다. 신축년(1721)의 사화가 닥쳤을 때는 조보(朝報)를 보고 눈물을 흘리지 않은 적이 없었는데, 파직을 당하고 나서 다른 사람에게 말하기를 "나는 아마도 황보위명(皇甫威明)이 되는 것은 면할 것 같다."[31] 하였다. 충간공(忠簡公) 조성복(趙聖復)이 체포되었을 때, 공이 당시 하옥되어 있으면서, 조공(趙公)이 공초(供招)를 바치려 하자 공이 그에게 훈계하기를 "만대(萬代)의 우러러봄이 이 하나의 거동에 달려 있네."라고 하였는데, 공이 국문(鞫問)을 받고서 공초를 바치자, 사람들은 "공이 적흑자(翟黑子)를 저버리지 않았다."[32]라고 하였다.

정부인(貞夫人)은 무공랑(務功郎) 김정면(金廷冕)의 따님으로 부덕

31 나는……같다 : 황보위명은 후한(後漢) 때의 명장인 황보규(皇甫規)이다. 위명은 그의 자이다. 환제(桓帝) 때에 당옥(黨獄)이 크게 일어나 천하의 명현들이 모두 연좌되어 체포되었는데, 황보규는 이름난 명장으로서 자신이 이 당옥에 연좌되지 않은 것을 크게 부끄럽게 여겨, 자신도 당옥에 연좌되어야 한다고 주장하였다. 《後漢書 皇甫規列傳》 백시구가 이 사실을 빗대어 말한 것이다.

32 공이……않았다 : 위 태무제(魏太武帝) 때의 총신(寵臣)인 적흑자와 저작랑(著作郎) 고윤(高允)의 일화가 《소학》 〈선행(善行)〉에 실려 있다. 여기서는 백시구의 행동을 고윤의 행동에 비유하여 말한 것이다.

(婦德)이 있었으니, 첩의 자식을 대함에 친족과 향리 사람들은 그들이 부인의 소생이 아니라는 것을 거의 알지 못하였다. 1남 3녀를 낳았는데, 아들 상우(尙友)는 진사를 거쳐 침랑(寢郎)이 되었으나 나아가지 않고 수직(壽職)으로 첨지중추부사에 제수되었으며, 딸들은 김천로(金天老), 현감 이중주(李重周), 한건조(韓騫朝)에게 출가하였다. 서자는 상지(尙志), 무과에 급제하여 현감이 된 상화(尙華), 상엽(尙曄), 무과에 급제하여 현감이 된 상휘(尙輝), 상흡(尙翕), 동지중추부사 상기(尙琦)이다. 첨지중추부사의 소생으로는 아들 사밀(師謐), 사겸(師謙), 사근(師謹), 사의(師誼), 병사(兵使) 사은(師誾)과 현감 홍기보(洪夔輔), 심공협(沈公協), 홍주헌(洪柱憲)에게 출가한 딸들이 있으며, 사위 김천로의 소생으로는 아들 김필록(金必祿)과 임덕순(林德淳), 홍길인(洪吉人)에게 출가한 딸들이 있고, 사위 이중주의 소생으로는 아들 이현채(李顯采)가 있고, 사위 한건조의 소생으로는 아들 한명집(韓命集), 한명혁(韓命爀)과 이규운(李奎運)에게 출가한 딸이 있다. 사밀의 아들은 수사(水使) 동의(東毅)와 병사 동준(東俊)이며, 사겸의 아들은 도사(都事) 동환(東煥)과 동언(東彦)이며, 사근의 아들은 부사 동운(東運)과 동규(東逵)와 선전관 동원(東遠)이다. 사영(師英), 사훈(師薰), 사순(師蕣), 사계(師啓), 사종(師宗), 첨지중추부사 사굉(師宏), 사용(師容), 사택(師宅), 찰방 사헌(師憲), 사희(師禧), 사룡(師龍), 사찬(師贊), 무과에 급제한 사빈(師賓), 사현(師賢)은 서손(庶孫)이다. 동장(東章), 동신(東新), 동익(東翊), 동근(東近), 동섬(東暹), 동일(東逸), 동관(東寬), 동선(東宣), 동택(東宅), 동식(東寔), 동좌(東佐), 동우(東佑), 무과에 급제한 동수(東修), 동간(東侃), 동소(東韶), 동호(東頀), 동영(東韺), 동주(東疇), 동구(東九)는 서증

손(庶曾孫)이다. 공의 제사를 주재하는 사람은 동의(東毅)의 아들 태진(泰鎭)이다. 아래와 같이 명(銘)을 붙인다.

지난 시절 신축년과 임인년의 환란에서 昔歲辛壬
흉악한 무리가 권력을 훔치니 群凶盜權
문무의 인물들이 머리를 나란히 하여 文武駢首
죽음으로 절의를 빛내었다네 死也光鮮
공은 북두 같은 담력으로 公膽如斗
옥에서 더욱 기세를 떨쳤으니 在獄彌激
빨리 죽지 않을 것을 걱정하고 懼死不亟
눈 부릅떠 역적을 꾸짖었다네 張目叱賊
장수가 없어졌으니 將則盡矣
상공이 어찌 편지를 보내리오[33] 相豈有書
그 죽음은 누구를 위한 것인가 其死誰爲
우리 국저를 위한 것이라네 爲我國儲
도료장군[34]이 부끄러워하였거늘 度遼恥也
공이 그 말을 실천하였으니 公踐斯言
공의 큰 절개를 살펴봄에 迹公大節
어찌 그 근원이 없겠는가 夫豈無源
효성과 우애에다 인척과 화목하고 孝友睦姻

33 상공(相公)이……보내리오 : 신임옥사를 주도하였던 사람들이 당시의 영의정 김창집이 백시구에게 역모를 꾀하는 편지를 보냈다고 무함하려 한 일을 빗대어 말한 것이다.

34 도료장군 : 후한의 명장 황보규(皇甫規)를 가리킨다.

집안에서의 행실 잘 닦았으며	內行克修
시서는 극곡[35]이요	詩書郤縠
아가는 두후[36]로다	雅歌杜侯
끝내 나라 위해 죽어서	卒死于國
영예와 높임이 함께하였으니	榮抗與同
철원 풍전의 산에	鐵豐之山
우뚝 솟은 비가 있도다	有碑穹崇
태사가 명을 지어	太史銘之
먼 훗날까지 밝게 드리워	昭垂來遠
신하 된 자들에게	俾爲臣者
충성을 권면하도다	惟忠是勸

35 극곡(郤縠) : 춘추 시대 진(晉)나라의 장수로 무예뿐만이 아니라 시서(詩書)와 예악(禮樂)에도 조예가 깊었다.

36 두후(杜侯) : 당나라 시인 두보(杜甫)를 가리키는 듯하다.

박삼가 선생 수량 정효비음기

朴三可先生 遂良 旌孝碑陰記

이것은 삼가(三可) 선생 박공의 정효비(旌孝碑)이다. 공의 자는 군거(君擧)이며, 경주(慶州) 사람이다. 연산주(燕山主)가 영을 내려 온 나라에 단상법(短喪法)[37]을 시행하게 하고 따르지 않는 자는 죽이라고 하였으나, 공은 홀로 최질(衰絰)을 하고 여묘(廬墓)살이를 하여 3년을 마쳤다. 중종반정(中宗反正) 뒤에, 명을 내려 정문을 세워 공의 효도를 표창하게 하였고, 도암(陶庵) 이재(李縡) 선생이 그의 묘소에 명(銘)을 새겼다.

그 전 기묘년(1519, 중종14)에 제현(諸賢)이 공을 현량(賢良)으로 천거하여 용궁 현감(龍宮縣監)이 되었을 때, 상이 공을 소견(召見)하고 묻기를 "삼대의 다스림을 회복할 수 있겠는가?" 하니, 공이 "할 수 있습니다."라고 하였다. "무엇 때문인가?" 하니, 대답하기를 "신이《본초강목(本草綱目)》을 즐겨 읽는데, 풀의 본성은 옛날에 달던 것은 지금도 달고 옛날에 쓰던 것은 지금도 씁니다. 풀의 본성조차도 그러한데 하물며 사람이겠습니까."라고 하자, 상이 훌륭하다고 칭찬하였다. 이에 앞서 충암(冲庵) 문간공(文簡公) 김정(金淨)이 철쭉나무 지팡이를

37 단상법(短喪法) : 연산군 때, 삼년상의 기간이 너무 길어 불편하다 하여 기일을 단축하도록 한 것을 말한다. 곧 궁인(宮人)은 27일, 무수리는 12일, 사대부는 27일, 일반 서민은 12일로 제한하였는데, 이때 경박한 무리들은 그대로 하였으나, 조신(操身)하는 사람들은 이전대로 하다가 죽음을 당하는 일이 있기도 하였다.《燕山君日記 11年 9月 27日》

주면서 공에게 지어 준 시에 "늦가을 서리와 눈을 맞은 가지처럼, 오래오래 마음을 변치 말게.〔九秋霜雪 歲晩心期〕"라는 말이 있는데, 공이 화답하기를 "곧은 나무 먼저 베어지기 꺼려서 그 몸 굽히고자 하지만, 곧은 천성 여전히 속에 있으니, 어찌 도끼질을 면하리오.〔似嫌直先伐 故欲曲其身 直性猶存內 那能免斧斤〕" 하였다.

오호라, 지금 공의 시대로부터 300여 년이 지났고, 풀의 본성으로 말한 대답과 철쭉나무 지팡이를 받고 지은 시는 쓸쓸한 몇 마디 말일 뿐이지만, 오히려 공의 배움의 올바름과 선견지명을 상상해 볼 수 있으니, 참으로 공경할 만하도다.

공조 판서 신공의 신도비명

工曹判書申公神道碑銘

공은 휘는 응현(應顯)이고, 자는 동보(同甫)이다. 신씨(申氏)로 평산(平山) 사람이니, 고려의 태사 신숭겸(申崇謙)의 후손이다. 휘가 흠(欽)인 분은 영의정 전문형(領議政典文衡)으로, 시호가 문정(文貞)이고, 호는 상촌(象村)인데, 선조(宣祖)에서 인조(仁祖) 기간에 명상(名相)으로 이름이 났다. 그 아들 휘 익성(翊聖)은 선조의 딸 정숙옹주(貞淑翁主)에게 장가들어 동양위(東陽尉)에 봉해지고, 문장과 절의로 사대부 사이에서 크게 이름이 났으며, 문충(文忠)이라는 시호가 내려졌으니, 이분이 공의 6대조이다. 고조부 휘 종화(宗華)는 공조 좌랑이고, 증조부 휘 철(轍)은 성균 생원이며, 조부 휘 치원(致遠)은 지중추부사이다. 부친 휘 수(檖)는 세자시강원 필선(世子侍講院弼善)으로, 공이 귀하게 되었기 때문에 이조 판서와 대제학에 추증되었다. 함종 어씨(咸從魚氏) 현감 어사경(魚史經)의 따님에게 장가들어, 경종 임인년(1722, 경종2) 12월 13일에 공을 낳았다.

공은 나면서부터 미목이 훤칠하였고, 천성이 글을 좋아하여 7세에 이미 시를 읊으니 조부 판서공이 매우 기특해하였다. 19세에 상제(庠製)[38]에서 장원을 하였고, 영종 임신년(1752, 영조28)에 정시(庭試)에 급제하여 곧바로 괴원(槐院)을 거쳐 한원(翰院)으로 들어갔다. 을해년(1755)에 병조 좌랑을 거쳐 사간원 정언에 제수되었고, 문천 군수(文川

38 상제(庠製) : 성균관에서 보이는 제술 시험을 말한다.

郡守)에 특제(特除)되어 굶주린 백성을 구휼하고 해악을 바로잡으니, 군민들이 거사비(去思碑)를 세웠다. 정축년(1757)에 사헌부 지평에 제수되었고 장령으로 올랐다.

당시에 장헌세자(莊獻世子)가 서정(庶政)을 대리하고 있었는데, 공이 글을 올려 학문과 정사를 부지런히 할 것을 권면하고, 이어서 유일(遺逸)을 불러들이고 언로를 여는 일을 언급하였으며, 마지막으로 또 바른말을 하다가 죄를 얻은 대신(臺臣) 서형수(徐逈修)와 윤시동(尹蓍東)을 사면해 주기를 청하였다. 영조가 이것을 당(黨)을 비호하는 것이라고 꾸짖고, 공을 기장현(機張縣)에 보임하도록 명하였다가 곧바로 명을 바꾸어 그 현에 유배하였는데, 가을에 사면되어 돌아왔다. 기묘년(1759)에 지제교(知製敎)에 선발되고 평안도의 향시(鄕試)를 관장하였으며, 세자시강원 필선, 우통례(右通禮), 경기 도사(京畿都事)를 역임하였다. 경진년(1760) 봄에 장령이 되었는데, 당시에 국옥(鞫獄)이 있었는데도 입궐하여 사실을 전달하지 않았다 하여, 해남(海南)으로 유배하라는 명이 내려졌다가 곧바로 사면되었다. 신사년(1761)에 북청 부사(北青府使)에 제수되었고, 그사이에 또 도사(都事)로서 영남의 향시를 관장하였다. 갑신년(1764)에 헌납, 순천 부사(順天府使)에 제수되었다. 병술년(1766)에 사간에 올랐는데 모친 정부인(貞夫人) 상을 당하였고, 탈상(脫喪)한 후에 다시 사간에 제수되었다.

당시에 상이 매우 연로한 몸으로 담후(痰候)가 있어서 송절차(松節茶)[39]를 드셨는데, 간혹 중도를 지나치는 일이 있어도 조정 신하들 중에

39 송절차(松節茶) : 차(茶)라고 부르지만, 실제로는 술의 효능을 가진 음료인 듯하다. 영조가 입시한 대신들에게 이 차를 내리면서 취하도록 마시라고 권했다는 기사가

감히 말을 하는 이가 없었다. 공이 이에 상소하기를,

"성상의 음식과 기거는 십분 신중하게 조절하여야 하며, 조금이라도 도를 지나쳐서는 안 됩니다. 지금 송절차를 약으로 올리기는 하지만, 드시는 양이 지나치면 이로움은 없고 해로움만 있습니다. 옛사람이 '본래 술을 마실 수는 있지만, 생각을 황폐하게 하고 학업을 폐하게 하므로 술을 끊는다.'라고 하였고, 지금 여항 사람들이 속삭이며 '그간의 잘못된 거조가 혹시라도 연유가 있는 것인가?'라고 하니, 이에 신은 실로 안타깝게 여깁니다. 고(故) 판서 김안국(金安國)이 중종조(中宗朝)에 벼슬하였는데, 황조(皇朝)에 사행(使行) 갔다가 돌아왔을 때 상이 황조의 일을 물으니, 대답하기를 '황제가 궁전 뜰에서 조신(朝臣)에게 장형(杖刑)을 가하였으니, 이는 망국의 거조입니다.' 하였습니다. 만일 김안국이 지금 살아 있다면 어떻게 생각하겠습니까."

하였다. 소(疏)가 들어갔는데 상이 하룻밤이 지나도 비답을 내리지 않으니, 사람들은 모두 공이 위태로울 것이라고 여겼다. 이틀 뒤에 상이 진연(診筵)에 임하여 "병중에 쇠잔하여 눈물 속절없이 흐르는데, 서쪽에서 오는 소식에 가슴이 찢어지네. 만절필동의 말씀[40] 그날의 일, 지금에 누가 다시 신종을 위해 눈물 흘리려나.〔病中衰淚自無從 消息西來斗膽舂 萬折必東當日事 祗今誰復泣神宗〕"라는 시구를 읊고서, "이 시

있다.《英祖實錄 45年 2月 26日》

40 만절필동의 말씀 : 선조가 임진왜란 중에 원군(援軍)을 파병해서 나라를 위기에서 구해 준 명나라의 은혜에 고마움을 표현한 말로, 중국의 모든 강물이 만번 굽이쳐 흘러가더라도 결국은 동쪽의 황해로 흘러 들어가는 것처럼 명나라에 대한 의리를 저버리지 않겠다는 뜻이다.

는 누가 지은 것인가?"라고 하니, 연신(筵臣)이 대답하기를 "이 시는 고 동양위(東陽尉)가 매산각(煤山閣)[41]의 비보를 듣고 자신의 부채에 써 놓은 시입니다." 하였다. 상이 이르기를 "동양위의 충절에 대해서는 내가 일찍이 탄복하였는데, 그의 자손이 누구인가?" 하니, 연신이 대답하기를 "사간(司諫) 신응현인데, 그가 막 소(疏)를 올려 입계하였습니다." 하였다. 상이 승지에게 그 소를 읽게 하고, 문지방을 두드리며 칭찬하고서, 이어 비답을 내려 이르기를 "지금 그대의 상소를 들어 보니, 이것이 어찌 나의 지우(知遇)를 저버리지 않은 것일 뿐이겠는가. 나를 위한 약석(藥石)이니, 그 가운데 몇 마디 말은 진실로 정문일침(頂門一針)이다. 그대가 지금 말한 것은 나의 잘못이니, 마땅히 그대의 말을 억시(抑詩)[42]를 대신하여 스스로를 권면하겠다. 그대도 그 임금이 살아 있는 동안 충성을 다해야 할 것이다." 하고, 이어서 연화문(延和門)에 대령시키던 전배(前排)를 그날부터 없애라고 명하였다.

다음 날 공이 입시하였을 때 도승지 홍낙인(洪樂仁)이 주대(奏對)에서 망발을 하여 공이 추고하기를 청하니, 상이 이르기를 "이 같은 일은 역시 말을 하는 것이 마땅하다." 하였다. 홍낙인이 이 일로 크게 원한을 품었다. 경인년(1770) 여름에 패초를 어겼다는 이유로 회령(會寧)에 유배되었다가, 겨울에 홍문록(弘文錄)에 선발되어 홍문관 수찬에 제수되었고, 그사이에 종부시 정과 사복시 정, 시강원 보덕에 제수되었다.

41 매산각(煤山閣) : 북경의 자금성 뒤 만세산(萬歲山)에 있던 누각으로, 1644년 명나라의 도성이 함락되던 날에 의종황제(毅宗皇帝)가 이곳에서 자결하였다.

42 억시(抑詩) : 《시경》 〈억(抑)〉을 가리킨다. 위 무공(衛武公)이 나태해지려는 마음을 경계하기 위해 이 시를 지어 날마다 사람을 시켜 자신의 곁에서 외게 해 스스로를 경계하였다고 한다.

임진년(1772)에 집의에 제수되었다. 이때 양사(兩司)에서 유현(儒賢)을 죄주기를 청하는 계(啓)를 올렸는데, 공은 전후로 모두 여덟 번 사헌부에 제수되었으나 한 번도 나아가지 않았다. 갑오년(1774)에 교리에 제수되었고, 을미년(1775)에 또 집의가 되었다. 당시에 대사간 박성원(朴盛源)이 남강로(南絳老)를 신원하기를 청하자, 상이 진노하여 섬에 가극(加棘)하도록 하고, 이어서 박성원을 국문하라고 청한 대신(臺臣)들을 불러들이게 하였는데, 공이 패초를 어겨 파직되었다. 12월에 서용되어 집의에 제수되었으니, 이때가 영조대왕 재위 51년이었다.

성상의 수(壽)가 이미 80이 되어 서정(庶政)을 돌보는 일이 정양(靜養)에 방해가 되고 있었는데, 상이 일찍이 대신들에게 이르기를 "내가 선위(禪位)의 하교를 하고 싶지만, 충자(沖子 왕세손)의 마음을 다치게 할까 염려된다. 그러나 청정(聽政)이라면 원래 《국조고사(國朝故事)》에 있으니, 경들의 생각은 어떠한가?" 하자, 좌의정 홍인한(洪麟漢)이 나서서 대답하기를 "동궁은 소론과 노론에 대해 알 필요가 없고, 이조 판서와 병조 판서에 대해 알 필요도 없으며, 조정의 일 또한 알 필요가 없습니다." 하였다. 이에 이르러 상이 명하기를 "모든 공사(公事)를 동궁으로 들이도록 하라." 하고, 이어서 대리청정을 시행한다는 전교를 쓰라고 명하니, 홍인한이 손을 휘저으며 승지에게 쓰지 말라고 하였다. 상이 승지가 쓴 전교를 읽으라고 명하자, 홍인한이 소리를 높여 아뢰기를 "누가 감히 이 전교를 읽겠습니까." 하였다. 이것은 당시 적신(賊臣) 정후겸(鄭厚謙)이 자기 어머니에 힘입어 권세를 믿고서 방자하였고,[43] 홍인한은 안으로 그의 형[44]을 믿고 밖으로 정후겸과 결탁하여 상이 정양하는 틈을 타서 위복(威福)을 행사하고 의리를 무시하였는데, 청정의 논의가 일어나자 금상(今上 정조)의 영명함을 꺼려서 온갖 방법으로 이를 막으려고 매우 다급하게 꾀를 부린 것이었다.

재신(宰臣) 서명선(徐命善)이 앞장서서 소를 올려 홍인한의 죄를 다스리기를 청하였고, 그 뒤 며칠 만에 마침내 왕세손에게 대리청정하도록 명하였으나, 오래된 집안과 이름 있는 문중의 태반이 홍씨를 지지하였으므로 간사한 의론이 횡행하고 민심이 반신반의하여 종묘사직의 위태로움이 이전과 다름이 없었다. 공이 이에 분연히 상서(上書)하여 "우리 저하께서 동궁의 지위에 계시면서 춘추가 한창이시니, 요 임금이 권근(倦勤)하였던 상황[45]을 맞아 순 임금의 섭정을 본받는 것은 그 일이 광명정대하여 백년이 지나도 의혹되지 않을 것입니다. 적신(賊臣) 홍인한이 마침내 감히 '세 가지를 알 필요가 없다.〔三不必知〕'[46]라는 말을 어전에서 나서서 진달하였으니, 그가 말한 '알 필요가 없다.'는 것이 저하가 지금 나이가 어려서 알 바가 없다는 말입니까? 예학(睿學)이 이루어지지 않아서 미처 알지 못할 것이라는 말입니까? 저하로서도

43 정후겸(鄭厚謙)이……방자하였고 : 정후겸은 영조의 서녀(庶女) 화완옹주(和緩翁主)의 양자로 들어가서, 영조의 총애를 바탕으로 당시 세도가였던 홍인한과 더불어 마음대로 국정을 좌우하였다.

44 그의 형 : 당시 동궁이었던 정조의 외조부로서 정치적 영향력을 크게 행사하였던 홍봉한(洪鳳漢)을 말한다.

45 요……상황 : 연로한 영조가 정사에 피로함을 느끼는 상황을 말한다. 《서경》 〈요전〉과 〈순전〉에 따르면, 요 임금은 재위한 지 70년 되던 해에 자신이 연로하다는 이유로 순 임금에게 섭정을 맡겼고 순 임금이 섭정한 지 28년 되던 해에 승하하였다.

46 세……없다 : 영조가 대리청정에 대한 생각을 물었을 때, 홍인한이 '노론과 소론, 이조 판서와 병조 판서, 조정의 일 등 세 가지에 대해서 동궁은 알 필요가 없다'고 대답한 것을 가리킨다.

모른다면 누가 알아야 한다는 것입니까. 그 심보를 따져 보아도 진실로 헤아릴 수가 없습니다. 분명하게 법에 따라 처벌하고 그 당여(黨與)를 발본하여 다스리소서."라고 하였다. 글이 올라갔으나 불허한다는 비답을 내렸다. 공이 피혐하면서 또 홍인한이 대리청정의 대책(大策)을 가로막은 것에 대해서 극론하고, 승지와 원임 대신과 대사헌이 홍인한의 뜻에 맞추고 그를 비호한 죄를 거듭 성토하자, 상이 파직하고 서용하지 말도록 명하였다. 이 일은 《명의록(明義錄)》에 자세히 실려 있다.[47]

병신년(1776) 봄에 봉상시 정에 제수되었다. 3월에 영조가 승하하였다. 6월에 상이 윤약연(尹若淵), 민항렬(閔恒烈), 홍상간(洪相簡)을 친국(親鞫)할 때 공이 사간으로 국문에 참석하여 아뢰기를 "흉악한 무리의 형세가 이처럼 강성하니 홍인한과 정후겸을 더욱 하루도 천지간에 살려 둘 수 없습니다."라고 하고, 또 김양택(金陽澤)이 영조의 지문(誌文)을 잘못 지은 죄를 논하기를 "선대왕이 재위에 계셨던 50년 동안 성덕(盛德)과 대업(大業)이 사관이 이루 다 쓸 수 없을 정도로 많지만, 작년 겨울에 내리신 대리청정의 명으로 말하면, 이것은 바로 요 임금과 순 임금이 제위를 주고받았던 마음이었습니다. 당시의 위태로웠던 형세를 되돌려 만세 태평의 대업을 정한 일은, 만약 조금이라도 지체하였다면 나라에 오늘이 있었을지 알 수 없습니다. 그러니 현궁(玄宮)의

47 이……있다 : 《명의록》은 정조가 왕세손 시절 자신의 대리청정을 반대한 홍인한, 정후겸 등을 역적으로 단죄하여 사사(賜死)하고, 자신을 옹위한 홍국영, 정민시(鄭民始), 서명선의 충절을 선양한 후에, 이 사건의 전말을 공표하여 충역(忠逆)을 밝히고자 1777년(정조1)에 간행한 책으로, 이 일에 관련된 신응현의 언행이 《명의록》 권1의 을미년 조에 실려 있다.

지장(誌狀)에 반드시 이를 드러내어 밝혀야 하고, 역적 홍인한이 대리청정의 대책을 가로막은 죄 또한 필법을 준엄하게 시행해야 하는데도, 지장을 지으면서 고작 '당시의 상신이 칭송하여 드러내지 못하였다.〔時相不能贊揚〕'라고만 하였습니다. 이 여섯 글자는 뜻이 모호하고 공허하니 어찌 선왕의 지극한 덕을 높이고 후세에 난신(亂臣)을 경계시킬 수 있겠습니까. 그래서 신은 지문 중의 이 한 구절은 속히 고쳐 지어야 하며, 잘못 지은 대신 또한 죄가 없을 수 없다고 말씀드리는 것입니다." 라고 하였으며, 또 아뢰기를 "김상익(金相翊)이 원래 홍인한의 당인(黨人)이었으면서 지금 사헌부의 장이 되어 토역의 논의를 주관하고 있으니, 이것을 어찌 열을 열로 다스리는 것과 다르다고 하겠습니까." 하였다. 또 피혐 계사에서 김양택이 홍인한을 위하여 그의 죄상을 숨겨준 정상을 꿰뚫어 진술하고, 또 김상익이 홍인한, 정후겸, 윤양후(尹養厚)와 함께 깊이 서로 결탁한 죄를 낱낱이 말하였다. 지문의 구절을 마침내 고쳐 지었고, 얼마 안 있어 전조(銓曹)가 김상익을 벌하여 지방으로 축출하였다.

가을에 북관(北關)에 큰 기근이 들자, 상이 특별히 공을 감진 어사(監賑御史)로 차출하고, 출발할 때 초모(貂帽)와 약물을 하사하였다. 공은 열 고을을 돌며 백성을 구휼하는 데 밤낮으로 정성을 다하여 굶주린 백성 20여 만 명을 살려 내었다. 정유년(1777, 정조1) 여름에 응교에 제수되고서 7월에 복명(復命)하였는데, 이 일로 가자(加資)되었다. 입시하니, 유시하기를 "어사는 비단 북관에서 공로가 있었을 뿐만이 아니라, 재작년 겨울에 선견지명을 발휘하였다." 하고, 바로 예조 참의에 제수하였다. 공은 북관의 어려운 사정을 조목조목 아뢰어 전부 윤허를 받았으며, 북관의 백성들이 그 덕을 입었다. 승지에 제수되고 우승지에 이르렀다. 기해년(1779)에 안주 목사(安州牧使)가 되고 내직으로 들어와 승지가 되었으며, 호조 참의를 거쳐 대사간에 제수되었다. 우레가 치는 이변이 일어난 일을 통해 형정(刑政)의 잘못을 아뢰었다. 형조 참의를 지내고 임인년(1782) 겨울에 또 대사간에 제수되었다.

당시 적신(賊臣) 조시위(趙時偉)가 산실청(産室廳)을 설치하기를 주창하였는데, 이로부터 3년이 되도록 자손을 보는 경사가 없다가 이 해 9월에 문효세자(文孝世子)[48]가 탄생하였다. 조야가 서로 경하하고 다들 원량(元良)의 위호(位號)를 빨리 정하기를 바랐는데, 오직 조시위 등 불순한 자들만은 감히 다른 생각을 품어 나라의 경사를 저해하고 공적인 자리에서 패악스러운 말을 하기까지 하여 여론이 더욱 통분하였으나, 아무도 감히 말을 하지 못하였다. 11월에 《국조보감(國朝寶鑑)》이 완성되자 상이 인정전(仁政殿)에 나아가 하례를 받았는데, 하례가 끝나고 상신(相臣) 김상철(金尙喆)과 서명선이 처음으로 원자의 위호를 정하기를 우러러 청하였으나 강력하게 말하지 못하였다. 공이 뒷줄에 있다가 앞으로 나아가서 아뢰기를,

"왕자의 탄생은 실로 종사(宗社) 억만년의 경사인데도 아직 위호가 정해지지 않았으니, 이것이 어찌 황천(皇天)의 조종(祖宗)이 돌보아 주시는 뜻에 우러러 답하는 것이겠습니까. 세변(世變)이 겹쳐 일어나는 것이 모두 국본(國本)이 정해지지 않아서이니, 오늘 속히 책봉을 명하여 신명과 사람의 바람에 부응하는 것이 마땅합니다."

하니, 상이 이르기를,

48 문효세자(文孝世子) : 1782~1786. 정조와 의빈(宜嬪) 성씨(成氏) 사이에서 태어난 정조의 첫 아들로, 3세에 왕세자에 책봉되었으나 5세에 병사하였다.

"내가 어찌 석복(惜福)의 도리로써 유시하지 않겠는가."

하였다. 공이 아뢰기를,

"신이 일찍이 의서(醫書)를 보았습니다만, 무릇 자식이 태어남에 그 의복 등의 물건을 검소하게 하는 것이 바로 석복입니다. 그러나 위호를 정하는 일에 이르면, 이것은 바로 종사의 대계이니, 오늘 위호를 정하는 것이 바로 백성들에게 크게 복을 내리는 것입니다."

하니, 상이 이르기를,

"내 마땅히 들어가서 자전(慈殿)께 고하고 나서 다시 부를 것이니, 경들은 물러가라."

하였다. 공이 아뢰기를,

"전교를 써서 내주신 후에 자전께 고하여도 반드시 기뻐하실 것이니, 어찌 굳이 들어가서 고한 후에 쓰겠습니까."

하니, 상이 이르기를,

"내가 마땅히 경들을 편전으로 불러서 전교를 써서 내리겠다."

하였다. 공이 아뢰기를,

"일의 체모가 지극히 중대하므로, 비록 편전에 나아갔더라도 이 전교를 쓰려면 의당 법전(法殿)으로 나아가셔야 합니다."

하니, 상이 이르기를,

"내가 다시 생각해 보겠다."

하였다. 공이 아뢰기를,

"이것은 다시 생각할 일이 아닙니다. 바로 즉시 명하여 전교를 내리시기를 바랍니다."

하니, 상이 이에 원자의 위호를 정하는 전교를 쓰도록 명하였다. 뒤에 또 상소하여 윤선거(尹宣擧) 부자를 복관(復官)하라는 명을 거두기를 청하였다.

계묘년(1783) 봄에 대사간에 제수되었다. 이때는 국본이 이미 정해졌으나 흉악한 무리가 여전히 불만스러운 마음을 품고 사설(邪說)을 멋대로 퍼트려 민심이 안정되지 않았다. 공이 '산실청의 일에 대하여 끝내 한 사람도 말하지 않는다면 천하 후세의 사람들이 반드시 오늘날을 두고 말하기를 꺼린 때라고 할 것이다. 나는 나라의 두터운 은혜를 입었으니, 어찌 화(禍)를 겁내어 말하지 않을 수 있겠는가.' 하고, 이에 상소하기를,

> "건국 이래로 20여 개월 동안 산실청을 설치한 경우가 있었습니까. 기만하는 습속에 대해 신은 참으로 통탄스럽게 생각합니다. 의관(醫官)들이 감히 이치상 절대로 있을 수 없는 일을 군부(君父) 앞에서 장담하여 팔방에서 보고 듣는 눈과 귀를 미혹시키고 또 후세의 비난거리를 남겼으니, 바랄 수 없는 일에 헛된 기대를 갖게 하고 막아서는 안 될 때에 여러 사람의 뜻을 막은 것, 문안하는 예를 원자의 탄신일에 맞추지 못하고 위호가 세 달이 지난 뒤에야 정해진 것은 이들의 죄가 아닌 것이 없습니다."

하였다. 소(疏)가 들어가자, 엄한 하교가 거듭 내려와 사판(仕版)에서 이름이 삭제되었다. 이에 흉악한 무리가 크게 유감을 품어 재앙의 기미가 갑작스럽게 나타났으므로, 공은 문을 닫고 손님을 사절하였고, 매일 술을 마시고 시를 읊는 것으로 유유자적하며 스스로를 달래었다.

기유년(1789) 봄에 아들 신헌조(申獻朝)가 알성과(謁聖科)에서 장원으로 뽑히자, 상이 명하여 소차(小次)에서 인견하고 하교하기를 "내가 너의 아버지에게 어찌 미워하여 죄를 물었겠느냐. 온전하게 보전해주고자 내가 크게 고심하였다."라고 하고, 이어서 공을 서용하여 대사

간에 제수하였다. 승지가 되어 강연(講筵)에 나아갔을 때, 상이 이르기를 "승지는 훌륭한 사람이다. 이 사람이 전후로 연달아 두려워할 만한 소(疏)를 올렸으니, 을미년(1775, 영조51) 즈음에 누가 홍인한이 죽을 것이라고 생각했겠는가. 또 계묘년(1783, 정조7) 봄의 일 또한 매우 무서운 것이었다. 그래서 내가 실제로 고심을 거듭하여 이 사람을 온전하게 보전한 것이다. 조정이 비록 그에게 죄를 묻기는 하였지만 온 세상의 공론을 어찌 가릴 수 있겠는가. 과연 명인(名人)이로다." 하였다. 이해 8월에 현륭원(顯隆園)을 천봉(遷奉)하였을 때, 춘방(春坊)의 구료(舊僚)라 하여 가선대부의 품계에 올랐으며, 한성부우윤 부총관에 제수되었다가 병조참판 겸 동지의금부사로 옮겨지고 대사헌으로 옮겨졌다.

신해년(1791) 공의 나이 70세에 아들 신헌조가 시종신(侍從臣)이 되어 추은(推恩)으로 가의대부의 품계에 올랐다가, 얼마 뒤 또 자헌대부에 오르고 기로소에 들어갔다. 공조판서 겸 지의금부사 도총관에 제수되고, 와서(瓦署)・혜민서(惠民署)・장원서(掌苑署)・내의원(內醫院)의 제조와 지중추부사 지돈녕부사 겸 지춘추관사를 역임하였으며, 또다시 대사헌이 되었다. 계축년(1793)에 풍담증(風痰症)이 생겨 마침내 한가히 지내면서 요양하였다. 갑인년(1794) 봄에 우로(優老)의 은전을 받아 정헌대부에 올랐다. 을묘년(1795) 여름에 도총관에 특제(特除)되었으나 명을 받들지 못하였고, 정사년(1797) 1월 25일에 정침에서 세상을 떠났으니, 76세의 수를 누렸다. 부고가 올라가자 정조시(停朝市)하였고, 유사(有司)가 부의(賻儀)를 전달하고 예관이 상주에게 조문하였으며, 예에 따라 치제(致祭)하였다. 3월 8일에 광주(廣州) 고랑리(高浪里) 임좌(壬坐)의 언덕에 예를 갖추어 장사 지냈다.

부인 해평 윤씨(海平尹氏)는 영의정 윤두수(尹斗壽)의 6대손인 군수 윤광(尹洸)의 따님이다. 두 아들을 두었는데, 장남 헌조(獻朝)는 문과에 급제한 전 대사간이고, 차남 건조(健朝)는 일찍 세상을 떠났다. 헌조는 아들 하나를 두었는데 효선(孝善)이고, 건조도 아들 하나를 두었는데 학선(學善)이다.

공은 마음이 넓으면서도 외면이 강직하고 뜻이 확고하면서도 안색이 온화하였으며, 인륜을 실천하는 데 독실하고 명의를 바로잡는 데 준엄하였다. 붕우와의 사귐에서는 오래되어도 경건하게 대하여 장난하고 친압한 적이 없었으며, 또한 세리(勢利)나 빈천(貧賤)을 가지고 가벼이 판단하지 않았다. 평소에 거처할 때는 단정하고 과묵하여 말이 입에서 나오지 않을 듯하였지만, 상주(上奏)하거나 논변(論辨)할 때가 되면 비록 임금이 지척에 있더라도 간절하고 자세하게 반드시 말하고자 하는 바를 다 말하였다. 여론과 세속의 일에 뜻을 둔 적이 없는 듯하였지만, 의리에 관계된 일에 대해서는 분석하여 파헤치는 데 어긋남이 없었다. 대각(臺閣)에 있을 때는 말할 만한 것이 있으면 바로 자기 뜻을 결단하여 남과 모의하지 않았고, 뜻이 정해지면 또한 반드시 말을 하고야 말았다. 관직에 있을 때는 청렴하고 명철하여 수고로이 닦달하지 않고도 기강이 저절로 세워졌다.

독서를 좋아하여 손에서 책을 놓지 않았으며, 좋은 때나 좋은 철이 되면 번거로움을 마다하지 않고 편지로 벗을 초대하고 자질(子姪)들을 모두 불러서, 주석(酒席)을 벌이고 운(韻)을 내어 지은 시가 권(卷)을 이루었다. 공은 50년 가까이 벼슬살이하는 동안, 어렵고 험한 일을 두루 겪으면서도 의연하게 처신하여 한 번도 혀를 차거나 얼굴을 찌푸린 적이 없었다. 만년에 아들 헌조와 조카 봉조(鳳朝), 귀조(龜朝)가

연달아 과거에 급제하자, 공이 훈계하기를 "오래 비색하였던 우리 집안의 운세에 만약 국은(國恩)이 아니었다면 어찌 이런 일이 있었겠느냐. 오직 '마음을 속이지 않는다.〔不欺心〕'라는 세 글자는 내가 평소에 힘을 기울였던 조목이라 너희에게 말해 주는 것이니, 너희는 부디 잊지 말라." 하였다. 집 한 채를 지어 '우헌(愚軒)'이라고 편액하였으니, 이는 상이 하교하면서 "나는 신응현이 우직한 충성심을 가졌다는 것을 알고 있다."라고 한 적이 있었기 때문이라고 한다.

공이 조정에 있을 때 큰 절의가 우뚝하였으니, 남의 이목을 끌어 사필(史筆)에 기록된 것이 세 가지이다. 그 하나는 영조 재위 때 송절차의 일을 진계(陳戒)한 것으로, 숨기지 않고 말을 다 해서 우리 임금을 과오가 없는 경지에 들게 하여, 팔도의 신민들이 모두 군자가 일식과 월식처럼 과오를 고친 것과 명군(明君)과 양신(良臣)이 만난 것을 우러러보게 하였으니, 충성이 속에 쌓여서 위로 깨고 나온 사람이 아니고는 어찌 이렇게 할 수 있었겠는가. 또 하나는 당저(當宁)가 처음 대리청정할 때 소장을 올려 역신 홍인한을 성토한 것으로, 그 의리는 우리나라의 한 부(部)의 《춘추(春秋)》이며, 이로써 천하와 후세에 할 말이 있게 되었다. 또 하나인 계묘년(1783) 봄에 올린 소(疏)로 말하면, 흉악한 무리가 권력을 잡고 있으면서 감히 나라의 경사를 막고 몰래 다른 뜻을 품었으나 사람들이 모두 두려워하여 아무도 감히 지적하지 못하였는데 공이 홀로 분연히 붓을 휘둘렀으니, 단호한 충심으로 나라를 위하여 목숨을 걸었던 사람의 모습을 지금 세상에서 바로 공에게서 볼 수 있다. 그러나 7년간 죄를 입고 버려져서 온갖 위란과 치욕을 겪는 동안, 안으로는 가상히 여기면서도 밖으로는 외면하였던 성상의 뜻을 사람들이 헤아려 볼 수 없었다. 그런데 천만다행으로 하늘이 성상의 마음을 열어 주어 맏아들이 과거에 급제하고 공의 죄명이 깨끗이 씻어졌으며, 은총이 변치 않아서 차례로 벼슬이 오르고 편안히 녹위(祿位)를 누렸으니, 이것은 하늘의 뜻이지 사람의 힘으로 된 것이 아니다.

이 글을 쓰는 나는 공보다 여섯 살 아래로서, 약관의 나이에 과거 시험장에서 공을 보았을 때 흰 살결에 하관이 넉넉하고 재사(才思)가 넘쳐 나서 바라봄에 친근감이 느껴졌다. 공이 삼사(三司)에 드나들면서 언론과 풍채가 족히 허물어진 기강을 바로잡고 입 다문 백관들을 두렵게 하는 것을 보게 되어서는 공에 대한 변함없는 기대가 늙어서도 더욱 깊어졌다. 그러나 지금 온갖 변괴가 나타나고[49] 이것들이 점점 더 기괴해지는데도, 홀로 남은 이 늙은이가 공을 돌아볼 수 있는 말을 하지 않는다면, 이와 같은 사람을 어디에서 찾을 수 있겠는가. 슬프도다. 다음과 같이 명(銘)을 붙인다.

우뚝하고 굳센 공이여	崛强維公
옛사람의 곧은 풍도로다	古之遺直
송절차의 일로 진계하자	松茶進誡
임금이 약석으로 받아들였고	王曰藥石
연화문의 전배를 배척하자	延和排戟
흔적이 남김없이 사라졌다네	迹掃靡遺
말하기 어려운 일이라고	事有難言
하늘을 속일 수 있겠는가	謂天可欺

49 온갖 변괴가 나타나고 : 훌륭한 인물이 죽고 나서 소인배들이 득세하는 것을 빗댄 말이다.

공은 분연히 붓을 휘둘러	公奮厥筆
신하로서 죽음을 무릅썼다네	臣死無憾
충성을 다 바친 날들은	盡忠之日
임금의 말에서 징험되었고	王言乃驗
공의 마음이 밝게 드러났으니	公心旣白
공의 이름도 길이 남았다네	公名亦長
내가 공의 묘에 명을 새기니	我銘公墓
글자에 빛이 비치도다	文有光芒

묘갈 墓碣

형조 좌랑 심공의 묘갈명 병서
刑曹佐郎沈公墓碣銘 幷序

경종대왕 신축년(1721, 경종1)에 왕태비(王太妃)[50]의 교지를 받들어 영종대왕을 왕세제로 책봉하였으나, 정책대신(定策大臣)[51] 충헌공(忠獻公) 김창집(金昌集), 충문공(忠文公) 이이명(李頤命), 충민공(忠愍公) 이건명(李健命), 충익공(忠翼公) 조태채(趙泰采)가 이 일로 죽었다. 그리고 흉당(凶黨)이 김공 용택(金公龍澤), 이공 천기(李公天紀), 이공 희지(李公喜之), 심공 상길(沈公尙吉), 정공 인중(鄭公麟重)도 반역을 공모하였다고 아울러 고변하여 이들을 모두 죽였다.[52]

영종이 왕위를 잇게 되자, 먼저 네 대신과 김공 등 다섯 분의 억울함을 풀어 주고 그들의 벼슬을 회복시켰는데, 당시에 일부의 사람들이

50 왕태비(王太妃) : 숙종의 계비 인원왕후(仁元王后) 김씨이다.

51 정책대신(定策大臣) : 임금을 옹립하는 데 공이 있는 대신을 말하는 것으로, 책에 이 사실을 써서 종묘에 고하였기 때문에 생긴 말이다.

52 경종대왕……죽였다 : 1721년과 1722년 김일경(金一鏡)의 사주를 받은 목호룡(睦虎龍)의 고변으로 많은 노론 인사가 처형된 이른바 신임옥사(辛壬獄事)이다.

양다리를 걸칠 속셈으로 주장하기를 "건저(建儲)의 대사(大事)는 대신들이 조정에서 후계자를 세운 것이니 포의(布衣)의 무리가 이 일에 무슨 공이 있겠는가. 그들의 처신이 바르지 못한데도 이 일에 공이 있다고 한다면 이는 대신들을 현양하는 것이 아니다."라고 하면서 스스로를 청론(淸論)이라고 일컬었고, 여기에 부화(附和)하는 자가 많았다. 그러나 민익수(閔翼洙), 민우수(閔遇洙) 선생 형제가 이때 사림의 중망(重望)을 업고서 말하기를 "네 대신과 다섯 분은 나라를 위하여 죽은 점에서 똑같다. 더구나 당시의 상황은 말하기 매우 어려운 점이 있으니, 비록 대신이라 해도 다섯 사람이 그들을 보좌한 데 힘입지 않을 수 없었다는 것 또한 숨길 수 없는 사실이다."라고 하여, 이에 의논이 마침내 정해졌다. 그로부터 16년 뒤 경신년(1740)에 상이 다섯 분을 예전의 죄안(罪案)으로 되돌리라고 명하였으니, 이는 흉당이 상을 위협한 것이었다. 또 27년 뒤 병술년(1766)에 상이 비로소 다섯 분을 을사년(1725)과 같이 설원(雪冤)하고 그들의 관직을 회복시키며 그 아들들을 녹용하라고 명하였다.

나는 사우(士友)들과 어울려 다섯 분의 일을 논할 때마다 슬퍼하지 않은 적이 없었으니, 그들의 계책이 나라를 보전하는 데 다급하여 스스로 캄캄한 구렁텅이로 뛰어들기를 불사(不辭)하였기 때문이다. 지금 심공(沈公 심상길)의 사증손(嗣曾孫) 심복영(沈復永)이 나에게 와서 공의 묘명(墓銘)을 청하니, 의리상 사양할 수가 없어 마침내 가장(家狀)을 살펴 서술한다.

공의 자는 자팔(子八)이며, 심씨(沈氏)로 청송(靑松) 사람이다. 고려의 문림랑(文林郞) 홍부(洪孚)가 시조이며, 아조(我朝)에 들어와서 휘가 덕부(德符)인 분이 좌정승으로 안정(安定)이라는 시호를 받았다.

이로부터 3대를 지나 휘 선(璿)에 이르렀는데, 광묘(光廟 세조(世祖)) 초에 경기 관찰사로 있다가 부절을 반납하고 돌아와 끝내 벼슬에 나아가지 않았다. 이분의 아들 휘 광언(光彦)은 좌참찬으로 호안(胡安)이라는 시호를 받았는데, 공의 6대조이다. 고조부 휘 종범(宗範)은 진원현감(珍原縣監)으로 병조 참판에 추증되었고, 증조부 휘 준(僔)은 유릉 참봉(裕陵參奉)으로 호조 판서에 추증되었으며, 조부 휘 지문(之汶)은 대사헌에 추증되었다. 부친 휘 로(櫓)는 통덕랑으로, 순천 현씨(順天玄氏) 현두황(玄斗煌)의 따님에게 장가들어 숙종 무오년(1678, 숙종4)에 공을 낳았다.

공은 나면서부터 영특하고 천성으로 효성과 우애가 있었으며, 좀 자라서 역사서와 전기(傳記)를 읽으면서는, 옛사람이 살신성인한 대목에 이를 때마다 무릎을 치며 강개해하곤 하였다. 어렸을 때 이미 문예(文藝)로 이름이 났으며, 아내를 맞이하는 날 저녁에 아내 쪽 사람이 종이를 주며 시를 짓게 하자, 공이 붓을 잡고 곧바로 시를 지어 수십에서 백 편에 이르렀고, 종이가 다해 시 짓기를 멈추었을 때가 한밤중이 채 안 되었으니, 좌중의 모든 사람들이 신의 솜씨라고 탄복하였다.

공은 문장을 지음에 시율(詩律)에 능하였고 과체시(科體詩)에 더욱 빼어났다. 임오년(1702)과 을미년(1715)에 한성시(漢城試)에서 거듭 장원을 하였고, 을미년에 잇달아 진사시 제3명(第三名)에 입격하였다. 공이 세상을 떠나고 자손이 모두 일찍 죽어 고아와 과부가 떠돌아다녔으므로, 공의 초고가 마침내 모두 산일되고 단지 사람들의 입에 오르내리는 과체시만이 세상에 전한다고 한다. 병신년(1716)에 벼슬을 시작하여 침랑(寢郎)이 되고, 차례로 승진하여 내섬시 직장에 이르렀으며,

체직되었다가 복직되어 종부시 직장에 제수되고, 빙고 별제(氷庫別提)에 올랐다가 형조 좌랑으로 옮겨졌다. 임인년(1722, 경종2) 4월 14일에 화를 입었고,[53] 공의 중부(仲父)인 절도사 심진(沈榗) 역시 이 일로 죽었다.

공은 고흥 유씨(高興柳氏) 유익하(柳翊夏)의 따님에게 장가들어 2남 2녀를 낳았다. 장남 기(埼)는 부친의 죄에 연좌되어 죽었고, 그의 처 유씨(柳氏)는 장령 유만추(柳萬樞)의 따님인데, 자결하여 따라 죽었다. 차남은 광(垙)이고, 딸들은 첨정(僉正) 신경조(申景祖)와 사인(士人) 유식(柳埴)에게 출가하였다. 기(埼)의 아들은 교진(喬鎭)이다. 광(垙)은 세 딸을 두었는데, 박처검(朴處儉), 김종탁(金宗鐸), 한사석(韓師錫)에게 출가하였고, 유식은 딸 하나를 두었는데 박치의(朴致義)에게 출가하였다. 교진의 외아들이 바로 복영(復永)이며, 세 딸은 유탁(柳鐸), 남이의(南履義), 이기의(李基義)에게 출가하였다. 공의 묘는 안산군(安山郡) 능길리(能吉里) 해좌(亥坐)의 언덕에 있다. 다음과 같이 명(銘)을 붙인다.

몸이 죽어 나라가 사는 것이 공의 뜻이었으니　身死而國活公志也
뜻이 이루어졌는데 또 무엇을 슬퍼하리오　志得矣而又奚怛
체백이시여 이곳에서 길이 평안하소서　體魄其永寧于是

53 임인년……입었고 : 심상길이 임인옥사 때 반역죄로 처형당한 일을 말한다.

호조 좌랑 정공의 묘갈명 병서
戶曹佐郞鄭公墓碣銘 竝序

철산(鐵山)의 정생 지현(鄭生趾顯)이 선배들이 쓴 비문과 행장을 가지고 와서 그의 선조의 묘에 새길 명(銘)을 지어 주기를 청하므로, 행장을 살펴보고서 쓴다.

공은 휘는 사온(思溫), 자는 직이(直而)이며, 정씨(鄭氏)로 하동(河東) 사람이다. 원조(遠祖) 림(霖)이 한림(翰林)으로서 철산에 유배되자, 자손들이 그대로 여기에 집안을 이루어 살았다. 증조부 휘 계례(繼禮)는 통정대부이고, 조부 휘 길손(吉遜)은 공조 참의에 추증되었으며, 부친 휘 윤무(允武)는 첨지중추부사로 호조 참판에 추증되었다. 모친 정부인(貞夫人) 이씨는 이문형(李文馨)의 따님이다. 공은 가정(嘉靖) 기미년(1559, 명종14)에 태어났고, 병술년(1586, 선조19)에 방백이 효행으로 상에게 아뢰어 특별히 침랑(寢郞)에 제수되었다. 임진년(1592)에 선조대왕이 왜구를 피하여 서쪽으로 몽진하자, 이때 공은 마침 귀근하고 있다가 변고를 듣고 궐기하여 말하기를 "군주가 욕을 당하셨으니, 신하는 죽음으로써 직분을 다할 뿐이다." 하고, 즉시 밤낮으로 길을 가서 평양에서 상을 맞이하였고, 어가를 배종하여 의주(義州)에 이르렀다. 명나라 군사가 우리나라로 출동하였을 때, 유격장군(遊擊將軍) 장기공(張奇功)[54] 등이 추량(芻糧)을 운반하여 도착하자,

54 장기공(張奇功) : 명나라가 임진왜란에 조선으로 출병할 때 가장 먼저 파견한 장수 가운데 한 명이다. 대본에는 '張奇公'으로 되어 있다. 《선조실록》 25년 7월 30일 기사

문충공(文忠公) 이항복(李恒福)이 상에게 아뢰기를 "정사온은 재주가 군량(軍糧)을 주관할 만합니다."라고 하여, 마침내 특지(特旨)로 공을 호조 좌랑에 제수하였다. 공이 나가서 양책역(良策驛)에 근거지를 정하고 추량 20만 섬의 운반을 감독하였는데, 직접 주판(籌板)을 손에 잡고 여러 군영에 나누어 보급하여 여러 수송로의 일들이 즉시 처리되고 수송량에 조금의 차질도 없으니, 명나라 장수들이 모두 혀를 내두르며 "조선에 인물이 있다."라고 하였다.

계사년(1593)에 왜적이 물러나고 행재소에서 과거 시험을 보였을 때, 공이 장원으로 뽑혔으나 곧 시험에 같이 합격한 문신기(文愼機)가 칼을 빼어 들고 시험관을 핍박한 일 때문에 합격자 전원의 합격이 함께 취소되었다. 갑오년(1594)에 부친 참판공의 상을 당하여 상을 치르면서 예를 극진히 행하자, 예조에서 또 효행으로 공을 천거하고 급복(給復)을 명하였다. 정유년(1597)에 왜적이 다시 쳐들어오자, 공은 또 미곶진(彌串鎭)으로 나가서 군량 운송을 주관하기를 임진년과 똑같이 하였다. 병오년(1606)에 예빈시 주부를 거쳐 외직으로 나가 문경 현감(聞慶縣監)이 되었다가, 다시 들어와서 주부(主簿)가 되었다.

광해군 무오년(1618, 광해군10)에 폐모(廢母)의 논의가 일어나, 조정이 존호(尊號)를 없애고 천자의 고명(誥命)을 불태우기를 청하는 데 이르자, 공이 분연히 "천륜은 지극히 중하고 대의는 매우 밝은 것이니, 곧 천륜을 중히 여기고 대의를 밝히는 것이 변고에 대처하는 지극한 길입니다.〔彝倫至重 大義昭明 重倫明義 處變盡道〕"라는 등의 글을 써서 승정원에 올렸다. 경신년(1620)에 채은(採銀) 때문에 이천(伊川)

등에 근거하여 '公'을 '功'으로 바로잡아 번역하였다.

으로 출사(出使)하여 채은하는 일을 혁파하기를 계청하였고, 돌아와서 선공감 주부에 제수되었다. 계해년(1623) 인조대왕의 반정이 일어나고, 승정원이 공이 무오년에 써서 올린 열여섯 글자를 상에게 보고하자, 특별히 승진시켜 서용하라고 명하여 바로 책례도감 낭청(冊禮都監郎廳)에 차임되고, 감찰을 거쳐 외직으로 나가 금성 현령(金城縣令)이 되었다. 갑자년(1624, 인조2)에 또 호조 낭관에 제수되었고, 정묘년(1627)에 상의원 주부(尙衣院主簿)를 거쳐 장례원 사평(掌隷院司評)으로 옮겨졌다가 외직으로 나가 강음 현감(江陰縣監)이 되었다.

신미년(1631) 서울의 집에서 세상을 떠났다. 병이 위독해지자 관복(官服)을 가져다 몸을 덮으라고 명하고, 아들들에게 말하기를 "너희는 나를 반장(返葬)하지 말고 도성 근교에 장사하여 나의 혼백이 북궐(北闕)을 길이 지키게 하라." 하였다. 마침내 양주(楊州) 해등촌(海等村) 사좌(巳坐)의 언덕에 장사하였으니, 도성에서 20리 떨어진 곳이다. 그 후에 사림(士林)이 옛터에 공의 사당을 세웠고, 조정에서 공을 호성원종공신(扈聖原從功臣)으로 녹훈(錄勳)하면서 공에게 가선대부 병조참판을 추증하였다. 공의 전배(前配) 이씨와 후배(後配) 김씨는 모두 정부인(貞夫人)에 추증되었다. 아들은 군자감 첨정 수기(修己), 약기(約己), 후기(厚己)이고, 딸은 강금설(康今契), 진사 강수(康洙), 이시찬(李時贊)에게 출가하였다. 서자(庶子)는 훈련원 첨정 진기(盡己), 선기(善己), 성기(省己), 서기(恕己)이다.

공은 총명하고 영민하고 지조가 준엄하였으며, 여러 경서에 널리 통하고 한편으로 상수(象數)에도 통하였다. 천성이 지극히 효성스러웠으니, 어릴 때 《소학(小學)》과 《효경(孝經)》을 읽고서 감탄하며 말하기를 "자식의 도리는 마땅히 이와 같아야 한다." 하였다. 부모의 병에 시탕할 때 밤낮으로 간호하여 잠깐도 쉬지 않았는데, 자제들이 대신 간호하기를 청하니, 말하기를 "어쨌든 각각 자기의 어버이를 어버이로 섬길 뿐이다." 하였다. 어버이의 상을 당해서는 묘소 옆에서 시묘살이를 하였는데, 그 여막을 영모암(永慕庵)으로 이름 지었다. 상제(喪制)가 끝나고는 새벽마다 가묘(家廟)에 배알하였고, 재일(齋日)에는 사람들과 우스갯말을 하지 않고 몸소 제사 기물을 챙겼으며, 닭이나 돼지의 모혈(毛血)은 반드시 땅에 묻었다. 서울에서 벼슬살이할 때 매일 밤 손수 우물물을 떠 놓고 서쪽을 향해 절을 하여, 가까운 동네에서는 그 우물을 영모정(永慕井)으로 불렀다고 한다.

아, 세상 사람들은 관서(關西) 지방을 궁마(弓馬)의 고을이라고 하면서 게으른 사람을 꾸짖을 때마다 "서인(西人)이다. 서인이다."라고 한다. 그러나 공으로 말하면, 서쪽 변방에서 태어났으나 일찍부터 학문을 닦았고 어버이에 대한 효도로 이름이 났다. 세상에 나가 벼슬을 하게 되어서는, 군부(君父)가 도성을 떠나 피란할 때를 당하자 몸을 일으켜 어려운 상황에서 왕을 배종하고 군량을 헤아려 분배하는 일을 혼자 맡아서 수고하였으며, 폐주(廢主 광해군)가 인륜을 무너뜨리려 하자 온 조정이 침묵하고 있을 때 붓을 휘둘러 직간하여, 논자(論者)들이 이 문충(李文忠 이항복)과 이름을 나란히 한다고까지 하였으니, 이른바 서인이란 사람이 어떠하였던가? 이런 일은 마땅히 묘도(墓道)에 비석을 세워 세상에 드러내어 널리 알려야 하므로, 내가 곧 사양하지 않고 서술하였다. 다음과 같이 명을 붙인다.

선조께서 의주로 몽진하시고	宣祖龍灣
인목대비께서 서궁에 갇히셨으니	仁穆西宮

역수에 액운이 들어서인가	歷數刦運
나라에 재앙이 극심하였도다	禍極吾東
공이 이때를 당하여	公於是時
분연히 몸을 돌보지 않아	奮不身顧
재주가 위태로움에서 드러나고	才由危著
절의가 혼란에서 세워졌다네	節因亂樹
도성 가까이 묻히기 바란 것은	願埋郊畿
혼이라도 왕실을 지키려는 뜻이니	魂衛王室
죽어서도 임금을 잊지 않아	死不忘君
무덤이 아직도 우뚝하도다	斧封猶屹
내가 이 돌에 명을 새기어	我銘斯石
선비와 벼슬아치들에게 알리노니	用告衿紳
바라건대 와서 예를 올리라	尙其來式
공이 바로 서인이니라	公乃西人

김백우의 묘갈명 병서

金伯愚墓碣銘 幷序

나의 벗 청풍(淸風) 김백우(金伯愚)는 같은 고을 사람이다. 젊어서부터 몸가짐이 깨끗하고 옛것을 좋아하였으며, 글과 술과 산수(山水)를 즐기는 것으로 이름이 났으나, 천성으로 통이 크고 식견과 사려가 있어 늘 천하와 국가의 일을 생각하였다. 벼슬하여 조정에 들어가 권세를 잡은 간흉들이 국정을 좌우하여 당세 사대부의 성쇠(盛衰)를 결정하고 그들의 범죄가 또 말로 하기 어려운 지경에 이르게 되자, 백우는 홀로 한두 명의 동지들과 함께 사람들을 물리고 말을 하면서 그때마다 비분강개하여 눈물을 흘렸고, 종종 은밀하게 기미를 살피고 조용히 궁리하여 앞일을 계획하고 대비하였다.

백우의 집안 세계(世系)는 원래 왕실과 인척으로 연결되어 저절로 나라와 존망을 함께하였으므로, 나라를 보존하는 일이면 비록 몸이 치욕을 당하더라도 이를 돌아보지 않았다. 이로 말미암아 사대부들이 조금씩 거취(去取)와 향배(向背)를 알게 되고, 얼마 안 있어 권세를 잡은 간흉들도 세력이 꺾이자, 군자들이 "백우에게 공이 있다고 할 것이다."라고 하였다. 금상(今上 정조)이 등극하여 조정이 깨끗해지고 사류(士流)가 점차로 등용되었으나, 백우만은 유독 고을 수령으로 몇 년을 전전하다가 세상을 떠났다. 그의 아우 김광묵 중회(金光默仲晦)가 경상도 관찰사로 있으면서 나에게 편지를 보내어 말하기를 "그대가 아니고는 우리 형님의 묘갈명을 지을 사람이 없습니다." 하였다. 오호라, 내가 백우의 명을 짓지 않으면 누가 백우의 명을 짓겠는가.

백우는 휘가 상묵(尙默)이며, 백우는 그의 자(字)이다. 나와는 고려 문하시중 대유(大猷)를 같은 조상으로 하는데, 여러 대를 내려오면서 집안이 나뉘었다. 효종조의 명신인 영의정 문정공(文貞公) 육(堉)이 휘 우명(佑明)을 낳았는데, 이분이 명성왕비(明聖王妃)[55]를 낳아 청풍부원군(淸風府院君)에 봉해졌고 시호는 충익(忠翼)이니, 백우의 고조부이다. 증조부 휘 석연(錫衍)은 공조 판서로 시호는 정희(貞僖)이다. 부친 휘 성채(聖采)는 군자감 정(軍資監正) 휘 도흡(道洽)의 아들로 백부 통덕랑(通德郎) 휘 도함(道涵)의 양자로 갔고, 평강 현감(平康縣監)으로 벼슬을 마쳤다. 비(妣)는 파평 윤씨(坡平尹氏)로, 증(贈) 참의 윤식(尹寔)의 따님이며 좌의정 윤지선(尹趾善)의 손녀이다.

백우는 영조 병오년(1726, 영조2) 7월 21일에 출생하였고, 15세에 정암(貞庵) 민우수(閔遇洙) 선생의 집안으로 장가들었는데, 선생이 그를 크게 될 인물로 기대하고 소중히 여겼다. 22세에 진사가 되고, 30세에 세자익위사 세마(世子翊衛司洗馬)에 제수되었으며, 통례원 인의(通禮院引儀)에 올랐다가 공조 좌랑으로 옮겨지고, 외직으로 나가 용궁 현감(龍宮縣監)과 전주 판관(全州判官)이 되었다. 임오년(1762)에 큰 흉년이 들었을 때 백성을 구휼하여 한 사람도 죽거나 집을 떠난 사람이 없자, 상이 명하여 백우의 이름을 써서 승정원의 벽에 게시하고 순창 군수(淳昌郡守)로 옮기도록 하였다. 얼마 안 있어 구일제(九日製)에서 2등으로 뽑히자 상이 특명으로 급제를 내렸으니, 백우의 나이 40이었다.

그다음 해에 창명(唱名)을 하고서, 사간원에 들어가 정언이 되고

55 명성왕비(明聖王妃) : 현종의 정비(正妃)이자 숙종의 모후(母后)인 명성왕후(明聖王后) 김씨(金氏)이다.

사헌부에 들어가 장령이 되고 홍문관에 들어가 교리가 되었다. 상이 마침 어떤 일 때문에 격노하고 있을 때, 백우가 소(疏)를 올려 진계(陳戒)하였으나 소가 전달되지 못하였고, 갑산(甲山)으로 유배되었다가 곧 사면되었다. 돌아와서 부수찬이 되었으나 나아가지 않았고, 또 갑산으로 유배하라는 명이 내렸는데 곧 사면되었다. 정해년(1767)에 서용되어 교리가 되었는데, 어사(御史)로서 염문(廉問)한 것이 상의 뜻에 맞지 않아 편배(編配)되었다가 곧 풀려났고, 응교에 올랐다. 그사이에 의정부 검상(議政府檢詳), 사복시정 겸 한학교수(司僕寺正兼漢學教授)가 되었으며, 헌납이 되었을 때 소를 올려 전관(銓官)이 최익남(崔益男)이라는 자를 주의(注擬)한 일을 논핵하자, 상이 노하여 전리(田里)로 추방하라는 명을 내렸고, 해를 넘기고 비로소 서용되어 세손시강원 보덕에 제수되었다.

경인년(1770)에 청주(淸州) 유생 한유(韓鍮)가 홍봉한(洪鳳漢)을 참수하기를 청하는 소를 올리자 상이 한유를 친국(親鞫)하였다. 백우가 교리로서 소를 올려 아뢰기를 "시골구석의 유생은 참으로 광망(狂妄)하다고 할 수 있겠으나, 난역(亂逆)의 죄로 다스리는 경우는 옛날부터 없었으니, 이 일이 팔방으로 전해지고 사책(史冊)에 기록되면 얼마나 성덕(聖德)에 누를 끼치고 국맥(國脈)에 해를 끼치겠습니까. 신은 초야에서 진언하는 통로가 이 일 때문에 막히고 끊어져서 나라에 존망의 위기가 닥치더라도 전하께서 아무 말도 듣지 못하시게 될까 두렵습니다." 하고, 또 아뢰기를 "소를 올린 유생이 복궐(伏闕)을 거절당한 것은 후일의 병폐에 관계되니 병조의 관리를 죄주어 언로가 막히는 걱정을 없애야 마땅합니다." 하였다. 소가 올라가고 나서 국인(國人)들이 모두 목을 움츠렸으나, 상은 단지 사판(仕版)에서 백우의 이름을 삭제하라고만 명하였다. 때마침 대간(臺諫) 이원(李遠)이 역신 민홍렬(閔弘烈)의 교만과 횡포를 논하자, 상이 이원을 잡아들여 심문하게 하였는데, 그 공사(供辭)에 신광집(申光緝)이 연루되고 신광집은 백우를 끌어들였으나, 상이 원사(爰辭)[56]를 읽고서는 분명하게 밝혀졌다고 칭찬하고 이원을 풀어 주었다. 얼마 안 있어 거제(巨濟)에 유배하라는 명이 내렸는데 석 달 만에 사면을 받았고, 또 수찬, 교리 겸 중학교수(校理兼中學教授)가 되었다. 최익남의 옥사[57]가 일어나고서 특지로 승정원 동부승지에 올랐으니, 이전에 최익남을 논함에 선견(先見)이 있어서였다. 얼마 안 되어 외직으로 나가 수원 부사(水原府使)가 되었다.

임진년(1772, 영조48)에 정세가 크게 변하여 내가 당(黨)의 수괴라는 죄목으로 바다 가운데의 섬에 갇혔을 때, 어떤 사람이 글을 올려 전 참판 구상(具庠)이 청론(淸論)을 주장하였다고 고하여 백우 또한 체포되었으나, 대부(對簿)[58]한 뒤에 곧바로 석방되었다. 예조 참의가 되자, 체포되었을 때 실대(失對)한 일을 가지고 뒤따라 상소하여 자책하였고, 정광충(鄭光忠)에게 탄핵을 당하여 삭직되자, 마침내 집안 식구들을 모두 데리고 두릉(斗陵)의 강가로 내려왔다. 뒤에 서용되어 병조 참의에 제수되었으나 나아가지 않았고, 병신년(1776)에 안동 부

56 원사(爰辭) : 죄인이 신문을 받고 진술한 범죄 사실을 기록해 놓은 문서를 말한다.

57 최익남의 옥사 : 1770년 이조 낭관으로 있던 최익남이 당시 영의정 김치인(金致仁)이 사도세자(思悼世子)의 죽음에 죄가 큼을 논하고 세손으로 하여금 사도세자의 묘사(墓祠)에 참배하게 할 것을 청하였다가, 대신들의 맹렬한 탄핵을 받고 영조의 노여움을 사서 대정현(大靜縣)에 유배되고, 계속되는 고문으로 장하(杖下)에 죽은 사건을 말한다.《英祖實錄 46年 11月 10日, 12月 4日》

58 대부(對簿) : 서면으로 조사를 받는 것이다.

사(安東府使)로 나갔다가 무술년(1778, 정조2)에 돌아왔다. 기해년(1779) 4월 25일에 두릉에서 세상을 떠났으니, 향년이 겨우 54세였다. 6월에 양주(楊州) 평구(平丘)의 건좌(乾坐)의 언덕에 장사 지냈으니, 선영(先塋)이 있는 곳이다. 민 부인(閔夫人)을 합장하였다.

부인은 을사년(1725) 12월 13일에 태어나서 병오년(1786) 3월 3일에 세상을 떠났다. 아들 기정(基鼎)은 생원으로, 문행(文行)이 있었으나 일찍 세상을 떠났다. 세 딸은 모두 일찍 혼자가 되었고 아들이 없다. 기정은 아들 하나를 두었는데 원선(元善)이다.

백우는 얼굴이 네모지고 하관이 풍만하고 수염이 적고 미목(眉目)이 그림처럼 수려하였으며, 언뜻 보기에는 발하는 기운이 서늘하지만 그와 말을 해 보면 자상하고 온화한 뜻을 알아낼 수 있었다. 또 집안에서의 행실이 매우 단정하였고, 종족이나 향리 사람을 대하여는 은혜를 베풀고 급한 사람을 도와주기에 있고 없고를 헤아리지 않았으며, 남을 위하여 도모하는 것을 마치 자기의 일을 도모하는 것과 같이 하였으니, 사람들이 모두 감복하여 그를 위하여 사력을 다하였다. 백우는 한가히 지낼 때면 향을 피우고 서화(書畫)와 옛 이기(彝器)를 곁에 벌여 놓기를 좋아하여, 초연하기가 마치 아무 일이 없는 사람 같았으며, 손님이 오면 술자리를 마련하고 시를 읊어 풍류가 온 자리를 감돌았다. 인물의 옳고 그름과 일의 잘잘못을 평론할 때는 남들이 겪어 보지 못한 살을 저미고 뼈에 사무치는 고난을 홀로 겪었으면서도 포용하고 덮어 주기에 힘을 썼으며, 일을 마주할 때는 과감하게 결단할 것을 곧바로 결단하는 것이 바람이 일어나는 것과 같고 번개가 치는 것과 같고 물이 천 길 골짜기를 가르며 아래로 쏟아지는 것과 같았으니, 이런 사람은 의당 한번 조정에 등용하여 그의 국량과 솜씨가 어떠한가를 살펴보았어야 한다. 그러나 백우는 도리어 스스로 불우(不遇)의 길을 택하여 여러 차례 고난과 실패를 겪고, 마침내 쓸쓸히 그 생을 마쳤으니, 아, 이것이 어찌 천명이 아니겠는가.

그렇지만 그가 분연히 자신의 힘을 생각지 않고 명의(名義)를 붙듦으로써 암암리에 흉악한 역도의 세력을 꺾어 끝내 국세(國勢)가 공고해지고 세도(世道)가 청명해졌으니, 그의 공이 또한 이미 위대한 것이다. 이것이 한때 경상(卿相)의 자리를 차지하여 그 몸을 부귀하게 하는 데 그친 것에 비해서 어떠한가. 나는 고지식하고 어리석어 남들과 잘 어울리지 못하지만, 유독 백우와는 서로 지기가 되어 지낸 지가 그간 40년이었다. 지금 벗들이 다 세상을 떠나 오직 늙어 흰머리가 된 나만 남았고, 조야를 둘러보아도 백우가 어떤 사람이라고 말해 줄 만한 사람이 없다. 아, 군자의 마음과 호협(豪俠)의 기개로 자나 깨나 왕실에 충성하여 사생(死生) 간에 지조를 변치 않은 사람으로 백우 같은 이가 어디에 있으리오. 한밤중에 그를 생각할 때면 언제나 공적인 일과 사적인 일에 대해 이리저리 생각하고 장탄식하면서 몸이 백 개라도 속죄하기 어렵다는 감회에 젖지 않은 적이 없다. 슬프도다. 다음과 같이 명(銘)을 붙인다.

아, 백우는 기상이 높고 정신이 빛나서	嗟伯愚氣奕奕而神熒熒
밝음은 등불이 될 만하고	而明足以燭幾
힘은 나라를 붙들 만하였다네	力足以扶傾也
어찌 높이 벼슬하여 은택을 입지 않고	何不高位以廣澤利
어찌 오래 살아 포부를 펴지 않았던가	何不遐壽以究抱負
그런데도 바로 이렇게 낭패를 겪고 실의하여	而直爲此顚頓落拓

쓸쓸하게 세상을 마쳤다네	侘傺以沒其世也
아, 백우는 그 빛나는 정신과 높은 기상으로	嗟伯愚惟其熒熒而奕奕
몸과 함께 사라지지 않을 사람이니	而不與身俱鑠者
오히려 찬란하게 하늘에 올라	尙有以陞皇翕赫
열성을 뵙고 종국을 돕지 않겠는가	覲列聖而佑宗國也耶

익위 유공의 묘갈명 병서

翊衛柳公墓碣銘 竝序

영종(英宗) 무자년(1768, 영조44)에 내가 춘방(春坊)에 입직하여 전주(全州) 유공 사휘(柳公士輝)를 계방(桂坊)에서 만났을 때, 그의 시선이 전일하고 그의 걸음이 반듯하여 마음으로 기이하게 여겼다. 그런데 그와 더불어 고금(古今)을 논하고 사리(事理)를 말해 보니, 그의 말이 술술 이어지는 것이 마치 산을 뚫어 금을 캘 때 파면 팔수록 금이 더 나오고 더욱 그침이 없는 것과 같아서, 당대의 홍유(鴻儒)라고 이를 만하였다. 그 뒤에 공은 영남에서 벼슬살이하고 호우(湖右)에서 살았으며, 나는 유배되고 폐고(廢錮)되어 사람들과 소식을 통하지 못하였는데, 얼마 되지 않아 공이 세상을 떠났다. 어느 날 공의 아들 숙지(肅之)가 일장산(日長山) 아래로 나를 찾아와서 공의 묘갈명을 부탁하였다. 의리상 사양할 수 없어 가장(家狀)을 살펴보고서 쓴다.

공의 휘는 광익(光翼)이며, 사휘는 자이고 풍암(楓巖)으로 자호하였다. 전주 유씨(全州柳氏)는 보계(譜系)가 고려 직제학 극서(克恕)에서 시작되었고, 아조(我朝)에 들어와서는 대사간 헌(軒)과 이조 참판 세린(世麟)이 크게 이름이 드러난 분이다. 고조부 이(怡)는 사산감역(四山監役)으로 사복시 정에 추증되었고, 증조부 정직(廷稷)은 좌승지에 추증되었다. 조부는 원(源)이고 부친은 만춘(萬春)이다. 앞서 승지의 막내아들 증 참판 운(澐)이 동지중추부사 유춘(囿春)을 낳았는데, 공은 동지중추부사의 아들로서 백조부(伯祖父) 원(源)의 후계자가 되었다. 정부인(貞夫人) 밀양 박씨(密陽朴氏)는 참판 박로(朴簬)의 현손으로 부덕(婦德)이 있었으며, 숙종 계사년(1713, 숙종39) 9월 7일에 공을 낳았다.

공은 나면서부터 영특하고 보통 사람보다 총명하여 10세에 《소학(小學)》과 《효경(孝經)》에 통달하였고, 약관에 《동사편년(東史編年)》을 편찬하였다. 마침내 과거 공부를 포기하고 오로지 학문에 뜻을 두어 풍암(楓巖)에 이택재(麗澤齋)를 세웠고, 종유하던 인사가 이미 수십 인이었으니, 이때 공의 나이가 겨우 30이었다. 경진년(1760, 영조36)에 경명행수(經明行修)로 천거되어 창릉 참봉(昌陵參奉)에 제수되고, 임오년(1762)에 종묘서 부봉사에 올랐는데, 상이 공의 행동거지를 보고서 말하기를 "이 사람은 반드시 조행(操行)이 있는 사람일 것이다." 하였다. 상서원 직장, 선공감과 예빈시와 사복시의 주부(主簿), 서부(西部)와 의금부의 도사(都事), 익위사 익위(翊衛司翊衛)의 벼슬을 역임하였으나, 사소한 죄에 걸려 유배된 것이 두 번이고, 고산 현감(高山縣監)이 되었을 때는 부임하기 전에 체직되었다. 무자년(1768)에 처음으로 외직으로 나가 지례 현감(知禮縣監)이 되었다. 64세에 생부 동추공(同樞公)이 세상을 떠나자, 공이 최마복(衰麻服)을 입고 곡읍하기를 장년(壯年)처럼 하니, 보는 사람들이 슬피 여겼다. 경자년(1780, 정조4) 12월 19일에 세상을 떠나니 향년이 68세였다. 금천(衿川) 낙성동(落星洞) 임좌(壬坐)의 언덕에 장사하였으니, 그곳이 선영이다.

공은 청주 경씨(淸州慶氏) 경재창(慶再昌)의 따님에게 장가들었고, 재취(再娶)는 파평 윤씨(坡平尹氏)로, 윤동룡(尹東龍)의 따님이다. 두 분에게 모두 아들이 없어서 아우 광적(光迪)의 아들 숙지(肅之)를 들여서 후사로 삼았는데, 진사시에 입격하고 봉사(奉事)를 지냈다. 삼취(三娶)는 단양 우씨(丹陽禹氏)로, 우환규(禹桓圭)의 따님이며, 두 아들을 낳았는데, 생원으로서 요절한 석지(碩之)와 목지(穆之)이다. 딸들은 남석로(南錫老)와 남이희(南履喜)의 처가 되었다.

공은 학문에 뜻을 세우고 노력하면서 비방과 칭찬 때문에 우쭐하거나 좌절하지 않았고, 한가히 지낼 때는 의관을 단정히 하고 종일토록 꼿꼿이 앉아 있었다. 학문의 과정은 한결같이 주 부자(朱夫子)의 법문(法門)을 따랐으니, 일찍이 "학문을 하는 데는 선후(先後)를 아는 것이 중요하다. 격물(格物)과 치지(致知)가 학문으로 들어가는 입구이지만 존양(存養)과 천리(踐履) 또한 하나라도 빠트려서는 안 된다."라고 하였다. 어버이를 섬김에 지극한 효성이 있었고, 두 아우와 우애가 좋아 의식(依食)을 늙도록 함께하였다.

금상(今上 정조)이 동궁에 있을 때 계방의 관원으로서 시강(侍講)을 하면서 왕도(王道)와 패도(霸道)의 구분을 명백히 하는 데 정성을 다하였으며, 매번 외척을 억제하는 일과 현사(賢邪)를 구별하는 일과 재용(財用)을 절약하는 일을 말하고, 이것을 실심(實心)과 실정(實政)으로 결론지었다. 일찍이 《통감(通鑑)》을 진강하면서 광무제(光武帝)가 주유(朱鮪)를 열후(列侯)에 봉한 일[59]에 이르러, 춘방의 관원이 아뢰기를 "이것이 제왕의 국량입니다." 하자, 공이 반박하여 아뢰기를 "광무제가 잠자리에서 눈물을 흘렸으니, 어찌 주유의 죄를 분명히 알지 못했을 리가 있겠습니까. 그러고서도 공을 이루는 데 급급하여 주유를

59 광무제(光武帝)가……일 : 주유는 경시장군(更始將軍) 유현(劉玄)의 부하로 있을 때 유현을 위해서 광무제의 장형(長兄) 유연(劉縯)을 죽였고, 그 뒤 유현이 죽고 광무제가 천자의 자리에 오르자 낙양(洛陽)에 웅거하면서 버티었다. 광무제는 잠팽(岑彭)을 시켜 그를 설득하였고, 주유가 항복해 오자 그를 평적장군(平狄將軍)에 임명하여 부구후(扶溝侯)에 봉해 주었다. 《資治通鑑綱目 卷8下 光武帝本紀》

열후에 봉하기까지 하였으니, 그 마음가짐은 왕도가 아닙니다." 하니, 상이 공의 말을 옳게 여겼다. 공이 또 아뢰기를 "명제(明帝)가 낭관(郎官)을 때려 병통이 밖으로 드러난 것은 의가(醫家)에서 말하는 양증(陽症)이지만, 눈과 귀로 남이 숨긴 것을 밝혀내기를 좋아한 것은 곧 음증(陰症)이니,[60] 그 잘못이 더욱 큽니다." 하니, 상이 또 훌륭하다고 칭찬하였다. 지례 현감으로 있으면서는, 군적(軍籍)을 바로잡고 민역(民役)을 줄였으며, 여가가 있을 때는 《소학》으로 제생(諸生)들에게 시험을 보였다.

아, 공같이 박학하고 다능한 사람이 조정 안팎에서 벼슬을 하였음에도, 논의하고 시행한 일 중에 알아볼 수 있는 것이 이 정도뿐이니, 아, 참으로 적다. 그러나 이것으로도 공이 배운 바가 옳았음을 알 수 있다. 유집(遺集) 몇 권이 집안에 보관되어 있고, 공의 저술로 또 《완류가장(完柳家藏)》, 《동헌계보(東獻系譜)》, 《총화담졸집화(叢話譚稡輯話)》, 《심경보주(心經補注)》, 《강학제요(講學提要)》, 《산록(散錄)》, 《경현신편(景賢新編)》, 《대학집석(大學輯釋)》, 《진학유어(進學類語)》, 《자서록(自敍錄)》, 《독언록(獨言錄)》이 있다. 오호라, 세교(世敎)가 쇠퇴하고부터 선비들이 사화(詞華)를 숭상하고 행검(行檢)을 소홀히 하며 학문을 내 몸 밖의 일로 여겨서 공과 같은 처세가 조롱과 비웃음을 사기에 이르렀으니, 이것이 공에게야 무슨 문제가 되겠는가마는 이것으로 세도(世道)를 살펴보기에 족하다. 아, 마침내 다음과

60 명제(明帝)가……음증(陰症)이니 : 후한 명제가 눈과 귀로 남이 숨긴 것을 밝혀내기를 좋아하였고, 어떤 일 때문에 노하여 스스로 일어나 낭관(郎官) 약숭(藥崧)을 지팡이로 때렸다는 기사가 《자치통감》 권44 〈현종효명황제(顯宗孝明皇帝)〉에 나온다.

같이 명(銘)을 짓는다.

세교가 쇠퇴하자 世敎之衰
유학이 먼저 무너졌는데 儒學先壞
여기에 뜻을 두어 有志於斯
크고 작은 비방과 의심을 받았다네 大詈小怪
문채 나는 공께서는 斐然維公
꿋꿋이 서서 흔들리지 않았고 植立弗撓
학문의 길 엄정히 하여 門路有嚴
마음과 힘을 다 쏟았다네 心力齊到
삼라만상을 연구하여 宇窺宙溯
글이 수레에 가득하였으나 其書滿車
드러내지 않고 감추어 藏而不市
음관으로 벼슬하였다네 薄涉蔭塗
귀천은 때에 따라 바뀌어도 時有貴賤
도리는 항상 변함이 없으니 道無伸詘
아, 속된 유자들이여 嗟嗟俗儒
이 묘갈명을 보시라 視此銘碣

족증조 집의공 묘갈명 병서

族曾祖執義公墓碣銘 幷序

공은 휘는 재(栽), 자는 중고(仲固), 호는 양관재(養觀齋)이며, 우리 청풍 김씨(淸風金氏)로, 고려 시중(侍中) 휘 대유(大猷)가 시조이다. 공의 증조부 휘 충백(忠伯)은 효도로 호조 참판에 추증되었고, 우암(尤庵) 송 문정공(宋文正公)이 그의 묘에 명(銘)을 썼으며, 조부 휘 익신(益新)은 이조 참판에 추증되었다. 부친 휘 도(濤)는 은거하여 벼슬하지 않았고, 증(贈) 승지 한담(韓曇)의 따님 서원 한씨(西原韓氏)에게 장가들어 두 아들을 낳았다. 장남 휘 간(榦)은 유학(儒學)으로 좌참찬 벼슬을 하였고 학자들이 후재(厚齋) 선생으로 불렀다. 공은 그의 아우이다. 공은 효종 경인년(1650, 효종1)에 태어났다. 여섯 살에 두자미(杜子美 두보(杜甫))의 〈북정시(北征詩)〉를 읽었는데, 한 번 읽고서는 다 외웠다. 기유년(1669, 현종10)에 진사시에 입격하고 곧 후재와 함께 현석(玄石) 박세채(朴世采)에게 배웠으며, 간간이 우옹(尤翁 송시열(宋時烈)) 문하에 가서 학문의 대체(大體)에 대해 들었다.

숙종이 새로 즉위하였을 때, 영남 사람 곽세건(郭世楗)이 역적 윤휴(尹鑴)의 뜻을 받들고 상소하여 우옹을 비방하였는데, 말이 매우 참람하였다.[61] 공은 소변(疏辨)의 논의를 창도하여 상소문을 짓기도 하고

61 영남……참람하였다 : 숙종이 송시열에게 현종의 지문(誌文)을 짓도록 명하였는데, 곽세건이 상소하여 송시열이 기해년(1659)의 예송(禮訟)에서 효종을 서자(庶子)로 간주했던 점을 논박하면서, 지문을 짓도록 한 명을 거둘 것을 청한 일을 말한다.

베끼기도 하였는데, 소두(疏頭) 이필익(李必益)이 북변으로 유배되자, 공이 그를 유배지까지 호송하는 데 힘을 다하고 곡식을 모아서 그 집을 구제해 주었다. 또 이영부(李永敷)와 윤헌(尹攇)을 위하여 우옹의 신원을 청하는 소(疏)를 지으니, 온 세상 사람들이 전해 가며 그 글을 외웠다. 이때부터 마침내 과거 공부를 그만두고 오로지 학문에 뜻을 두어 후재와 더불어 강론하고 연마하였는데, 후재가 매양 공을 일컬어 "깊이 생각하는 것은 내가 조금 낫지만, 빨리 깨우치고 널리 통달하는 것은 내 동생에게 양보하여야겠다." 하였다.

을해년(1695, 숙종21)에 처음으로 별시 문과(別試文科)에 급제하였으나, 당로자(當路者)에게 배척을 당하여 분관(分館)에서 성균관에 예속되었다. 병자년(1696)에 공이 학유(學諭)를 거쳐 의정부 사록(議政府司錄)이 되었다가 곧바로 시강원 설서에 의망되고 후재가 자의(諮議)에 제수되자, 유중무(柳重茂)가 이 일을 아울러서 논박하였고 이공징명(李公徵明)이 상소하여 그렇지 않음을 극력 변론하였다. 얼마 안 있어 보안도 찰방(保安道察訪)으로 나가서 녹봉을 덜어 내어 백성들의 살림을 돌보았다. 모친 한씨 부인의 상을 당하였고, 상기를 마친 뒤에 학정(學正)이 되었다. 신사년(1701)에 박사(博士)로서 전적(典籍)에 올랐고, 병조 좌랑과 사헌부 감찰로 옮겨졌다. 시강원으로 들어가 사서(司書)가 되고, 호남 지방에서 선비들에게 시험을 보였으며, 다시 사간원 정언이 되었다.

인현왕후(仁顯王后)가 승하하자, 상소하여 남구만(南九萬)과 유상운(柳尙運)이 역적을 비호하여 변고를 키운 죄를 논하였다. 임오년(1702)에 사헌부 지평과 시강원 문학을 역임하고, 또 정언의 신분으로 사헌부 관원과 함께 발계(發啓)하여 남구만과 유상운을 먼 곳으로 귀

양 보내기를 청하였다. 또 지평의 신분으로 상소하여 아뢰기를,

"나라를 다스리는 근본은 집안을 다스리는 데 있으니, 만약 적서(嫡庶)와 귀천(貴賤)의 구분이 엄정하지 않아서 임금의 마음이 사사로운 사랑에 현혹되고 바르지 않은 길이 안팎에 통한다면, 나라가 이 때문에 어지러워지고 망하게 될 것입니다. 전하께서는 전에 명분이 뒤집히는 손실이 있으셨고 뒤에 요사스러운 자들이 농락하는 불행이 있으셔서,[62] 무고(巫蠱)의 옥사가 대대(大內)에서 일어나기까지 하였으니, 이것이 집안을 바로잡는 데 얼마나 누(累)가 되었습니까. 만약 전하께서 병통의 근원을 통렬히 성찰하여 내부까지 깨끗이 씻어 내지 않으신다면 후일에 이 병통이 다시 나타나지 않을지를 어찌 알겠습니까."

하고, 또 아뢰기를,

"전하께서 덕을 굳게 지키지 않고 호오(好惡)를 민심에 따르지 않다가 끝내는 깨우치셨지만, 이미 무너진 조정과 이미 뼈가 된 충혼(忠魂)에 무슨 도움이 있겠습니까. 조정에 가득한 흉악한 무리가 전하를 불의(不義)한 데로 이끌어, 전하께서 존귀하게 임금이 되고서도 끝내 한 분 배필을 보전하지 못하셨으니, 8년 동안에 사대부의 풍습이 크게 무너져서 오직 눈앞의 요행을 바라고 훗날의 복을 구하는 것을 좋은 계책으로 삼아 군신의 대의(大義)를 잊고 만세의 공의(公議)를 없애어, 당당한 예의의 나라가 서로 이끌어 이적(夷狄)의 경

62 전에……있으셔서 : '명분이 뒤집히는 손실'은 몇 차례의 환국(換局)에서 집권 세력이 뒤바뀐 것을 말하고, '요사스러운 자들이 농락하는 불행'은 희빈(禧嬪) 장씨(張氏)로 인한 국정의 혼란을 가리켜 말한 듯하다.

지로 들어갔습니다. 천하에 의리가 없어진 적이 없는데 단지 저 한두 대신 때문에 의리가 무너지고 농락되어 이 지경에 이르렀으니 어찌 통탄하지 않겠습니까."

하였다. 상이 가납하였으니, 식자들은 개기(改紀)[63] 이후의 장소(章疏) 중에서 이 소(疏)를 으뜸으로 삼아야 한다고 하였다.

그 뒤 몇 해 동안 춘방(春坊)과 대간(臺諫)에 연이어 제수되었는데, 대간으로 있을 때, 발계하여 박세당(朴世堂)이 《사변록(思辨錄)》으로 경전(經傳)을 훼손하고 주자(朱子)를 욕되게 한 죄를 묻기를 청하였고, 또 김진귀(金鎭龜) 형제는 척신(戚臣)이므로[64] 병권(兵權)을 가지는 직책이나 사유(師儒)의 직책[65]에 두어서는 안 된다고 말하였다. 그 사이에 서장관(書狀官)으로 오랑캐 땅에 사신으로 가기도 하였다. 을유년(1705)에 지평으로서 상소하여 남구만과 유상운을 서용하라는 명을 거두기를 청하며 말하기를 "이 일에 관계된 명분과 의리에 대하여 조정의 신하들이 바른말을 하려 하지 않으니, 전하께서 대의로써 결단하지 않으면 전하의 나라는 혼암(昏闇)한 나라가 될 것입니다. 명릉(明陵)[66]의 풀이 아직 시들지도 않았는데 토복(討復)의 의리가 해이해졌

63 개기(改紀) : 정세가 바뀌는 것을 뜻하는 말로, 여기서는 갑술환국(甲戌換局)을 의미한다. 1694년 노론과 소론 계열이 숙종의 폐비인 민씨(閔氏) 복위 운동을 일으키자, 이를 계기로 남인 계열이 그들을 제거하려 하였으나 숙종이 오히려 남인들을 귀양 보내고 소론계를 등용하여 정국이 일변되었다.

64 김진귀(金鎭龜) 형제는 척신(戚臣)이므로 : 김진귀는 숙종의 첫 번째 비 인경왕후(仁敬王后)의 오빠이다.

65 사유(師儒)의 직책 : 성균관에 소속된 대사성(大司成), 사성(司成), 박사(博士) 등을 가리킨다.

으니, 대방(大防)이 한번 무너지면 수습할 수 없게 될 것입니다." 하였다. 경기 도사(京畿都事)와 시강원 보덕을 역임하였다.

병술년(1706)에 부안 현감(扶安縣監)에 제수되었으나 김일경(金一鏡)에게 논박을 당하여 체차되었다. 얼마 되지 않아 이산 군수(理山郡守)로 나갔는데, 학정(學政)에 정성을 다하여 고루한 풍속이 크게 바뀌었고, 은혜와 위엄을 번갈아 베풀어 강호(强豪)들이 두려워하며 움츠러들었다. 무자년(1708)에 시강원 필선으로 소환되자, 군민들이 학궁(學宮) 곁에 동비(銅碑)를 세워 그리워하는 마음을 표하였다. 봉상시정을 거치고, 집의로 있으면서 이숙(李塾)이 기사년(1689)에 자신의 견해를 뒤집은 상황과 강현(姜鋧)이 과장(科場)에서 한 일에 대해 논하였다. 얼마 안 있어 소를 올려 최석정(崔錫鼎)이 《예기유편(禮記類編)》으로 경전(經典)을 훼손하고 성인을 업신여긴 죄를 논하였다가, 한 해 동안 관직에서 밀려나 있었다.

신묘년(1711)에 외직으로 나가 영해 부사(寧海府使)가 되었는데, 공이 "영남의 풍속은 쉽게 바뀔 수 있다."라고 하고 더욱 풍교(風敎)의 근본에 마음을 기울이니, 세력이 있는 사람과 뜻이 다른 사람들 중에도 감격하여 눈물을 흘리는 이가 많았다. 마침 큰 흉년이 들자 봉록을 덜어서 굶주린 사람을 먹여 주고 밤낮으로 백성을 살리는 일에 노심초사하였으나, 공 자신은 병이 들었다. 마침내 임진년(1712) 6월에 영해부의 관아에서 세상을 떠나니, 향년이 63세였다. 공을 고향으로 운구(運柩)할 때, 고을 백성들이 벌써 길가에 커다란 비를 세웠는데, '타루

66 명릉(明陵) : 일반적으로 숙종 또는 숙종의 능을 가리키는데 여기서는 인현왕후의 능을 가리킨다.

비(墮淚碑)' 세 글자를 크게 쓰고, 또 "여섯 달 다스린 일 만세토록 잊지 못하네.〔六朔爲政 萬歲不忘〕"라고 썼다. 고향으로 모셔 와 광주(廣州) 백운산(白雲山) 갑좌(甲坐)의 언덕에 장사 지냈다.

공은 완산 이씨(完山李氏)에게 장가들었는데, 현령 이자(李澬)의 손녀이다. 딸 하나를 낳았고, 현감 윤동석(尹東奭)에게 출가시켰다. 후취(後娶)는 은진 송씨(恩津宋氏)로, 증 이조 참판 송정필(宋鼎弼)의 따님이다. 딸 하나를 낳았고, 현감 이보순(李普淳)에게 출가시켰다. 공에게 아들이 없어서 삼종제(三從弟) 승지 고(槹)의 아들 항로(恒魯)를 들여 후사로 삼았는데, 군수 벼슬을 지냈다. 이분이 두 아들을 낳았는데, 진사 치화(致和)와 치성(致聖)이고, 치화의 아들은 종익(鍾翼)이다. 사위 윤동석의 아들은 진사 윤섬(尹暹)이고, 사위 이보순의 아들은 부사 이성호(李成祜)와 대사헌 이숭호(李崇祜)이다.

공은 기국(器局)이 크고 가정에서의 행실이 매우 단정하였으며, 어려서부터 성현의 학문에 뜻을 두었다. 천성이 총명하기 때문에 이치를 보는 것이 분명하고 자질이 순수하기 때문에 실천하는 것이 독실하였다. 비록 과거에 급제하여 벼슬하기는 하였지만 법도를 어기면서 세상에 영합하려 한 적이 없었다. 일을 말할 때는 천리(天理)와 민이(民彝)에 충실하게 하였고, 권력의 음지와 양지가 바뀔 때에도 자신과 집안의 이로움을 꾀하지 않았다. 그러므로 공과 같은 문학(文學)과 풍절(風節)로도 벼슬길이 순탄치 않았고 배운 바를 크게 펼칠 수 없었으니, 군자들이 이 점을 애석하게 여긴다.

이전에 윤증(尹拯)이 스승을 배반한 일[67]이 일어났을 때, 현석(玄石

67 윤증(尹拯)이……일 : 윤증은 송시열에게 배웠는데, 윤선거(尹宣擧)의 묘갈문 문

박세채(朴世采))이 오랜 친구라 곧바로 끊지 못하고 매양 양비론(兩非論)을 내세우자 공이 옳지 않다고 하며 힘써 논쟁하였는데, 기사년(1689)의 변고[68]가 일어나자 현석이 부끄러워하며 사과하였다. 갑술년(1694)에 정국이 다시 바뀌고,[69] 현석이 대신으로 조정에 나아가서 남구만과 유상운을 징계하는 논의를 극력 주도하였는데, 여기에는 공의 힘이 컸다. 이에 현석의 문도(門徒) 중에서 윤증을 편들고 남구만과 유상운을 편드는 자들이 공에 대한 감정이 뼈에 사무쳐, 공을 일컬어 사문(師門)을 그르쳤다고 하였다. 이 때문에 공이 처음 벼슬에 나아갔을 때 한 번 괴원(槐院)에서 막히고 다시 춘방에서 곤란을 겪었으며, 불우하고 쓸쓸한 벼슬길이 20년 동안 계속되고 이어서 북쪽으로 쫓겨나 세 번 옮겨 다니다가 끝내 배척을 받아 유배지에서 세상을 떠났다.

공은 이처럼 훌륭하였으니, 아, 학문의 힘을 어찌 속일 수 있겠는가. 문집 몇 권이 집안에 보관되어 있는데, 학문을 논한 글들이 풍성하고 편지글을 잘 썼으며 소장(疏章)들은 더욱 놀랍고 절실하여 읽을 만하다. 진사공(進士公)[70]이 나에게 공의 묘도에 쓸 명(銘)을 쓰게 하였다.

제가 불거지면서 사제 간의 의리가 어긋나기 시작하였고, 윤증이 '송시열이 윤휴(尹鑴)와 남인을 지나치게 몰아붙여 정치적 실효는 없고 당쟁만 격화시켰으며, 평생을 바쳐 주장한 대의도 실효가 없으며, 편벽된 기질이 있다.'고 논박한 〈의여회천서(擬與懷川書)〉가 드러나면서 둘 사이의 관계가 완전히 어긋나 버린 일을 말한다.

68 기사년의 변고 : 1689년 숙종이 희빈 장씨의 소생을 원자로 봉하고 세자로 책봉하려 하자, 송시열 등 노론 인사들이 소를 올려 이에 반대하였고, 이 일 때문에 서인이 실각하고 남인이 정권을 잡은 기사환국(己巳換局)을 가리킨다.

69 갑술년에……바뀌고 : 1694년 폐비 민씨(閔氏)의 복위 운동을 반대하던 남인이 화를 입어 실권하고 소론과 노론이 재집권하게 된 사건을 가리킨다. 갑술환국 또는 갑술옥사(甲戌獄事)라고도 한다.

명은 다음과 같다.

옛날의 유자는	上世之儒
학문한 뒤 벼슬하였으나	學然後仕
지금은 반대로	今也反是
벼슬과 학문이 별개로다	仕學爲二
공은 아름다운 자질이 있고	公有美質
또 능히 배워서 행하면서도	又克修爲
어찌 학문은 높이고	何學之崇
벼슬은 낮추었던가	而仕之卑
애절하게 간하고	惻怛諫藁
훌륭하게 고을을 다스려	偃蹇郡符
사특한 자 탄핵하여 떨게 하고	彈邪邪讋
굶주린 자 먹여서 살려 주었네	哺飢飢蘇
임금을 높이고 백성을 도와	尊主庇民
공 또한 많다고는 하지만	功亦云多
어려서 배워 장성하여 행한 것이	幼學壯行
아, 어찌 여기에서 그쳤던가	嗟止是耶
공에게 무슨 잘못이 있으리오	于公奚病
군자들이 한탄하니	君子攸噫
묘석에 시를 새겨	刻詩墓石
길이 후세에 남기노라	以永厥垂

70 진사공(進士公) : 이 묘갈의 주인공 김재(金栽)의 손자 김치화(金致和)인 듯하다.

묘표 墓表

고려 예의 판서 민공 묘표
高麗禮儀判書閔公墓表

경상도 산청현(山淸縣) 북송구(北松衢)에, 두류산(頭流山) 오른쪽 기슭에 직면하고 앞에 경호(鏡湖)를 마주 보면서 높이 5자로 간방(艮方)를 향하고 있는 무덤은 고려 예의 판서 민공 안부(閔公安富)가 묻힌 곳이다. 옛날부터 있던 짧은 표석에는 글자가 마멸되어 알아볼 수 없는데, 알아볼 수 있는 글자로는 표석 앞면의 관직(官職)과 성(姓)을 적은 다섯 글자와 표석 뒷면의 '농은(農隱)'과 '두문(杜門)' 등의 글자뿐이다. 후손 수백 인이 새 표석을 다시 세우기로 계획하고, 민의수(閔宜洙)를 시켜 일장산(日長山) 아래로 천 리 길을 와서 나에게 글을 청하게 하였다.

공은 고려를 섬겨 벼슬이 예의 판서에 이르렀으나, 고려의 운수가 다하리라는 것을 알고 만수산(萬壽山)의 두문동(杜門洞)으로 숨었다. 성조(聖祖 조선 태조)가 임금이 되어 여러 차례 불렀으나 나가지 않고 마침내 영(嶺)을 넘어 남쪽으로 산음(山陰)의 대포(大浦)에 가서 집을 짓고 살았으며, 농은으로 자호(自號)하고 자손들에게 과거(科擧)를 보지 말라는 훈계를 남겼다. 공에 관하여 야사(野史)에 보이는 것이 이것뿐이고, 공의 가승(家乘)을 살펴보았으나 얻은 것이 없다. 공이 지은 시(詩) 20자를 얻었는데, 시에서 "불의한 부귀는 나에게 뜬구름과 같네. 돌밭에 새봄이 왔으니 호미로 아침저녁 김을 맬 뿐.〔不義之富貴於我如浮雲 石田王春在 携鋤朝暮耘〕"이라고 하였으니, 아, 이것이 농은으로 자호한 까닭이 아니겠는가.

공은 자가 영숙(榮叔)으로, 여흥(驪興) 사람이다. 원조(遠祖) 휘 칭도(稱道)는 벼슬이 상의 봉어(尙衣奉御)이며, 6대를 내려와 이부상서문하평장사(吏部尙書門下平章事)를 지낸 휘 기(基)가 공의 증조부이다. 조부 휘 유(孺)는 호조 원외랑(戶部員外郞)이고, 부친 휘 욱(栯)은 도첨의사인(都僉議舍人)이다. 공은 청송 심씨(靑松沈氏) 합문지후(閤門祗候) 심연(沈淵)의 따님에게 장가들어 외아들 수(綏)를 낳았다. 아조(我朝)에 들어와서 조정에서 동복 현감(同福縣監)을 제수하였으나 나아가지 않았다. 대포의 서쪽에 산이 북쪽으로 꺾여 솟아오른 곳이 있어 망경대(望京臺)라고 부르는데, 고로(故老)들이 전하기를 "공이 매월 초하루에 그곳에 올라 송경(松京)을 바라보았기 때문에 그렇게 불렀다." 하였다.

나라가 바뀔 때는 공사(公私) 간에 장고(掌故)가 전해지지 않는 일이 많아서, 종종 의심스러운 것은 의심스러운 대로 전하지만, 전해지고 징험된 공의 출처(出處)와 대절(大節)은 오히려 국사(國史)의 빠진 곳을 보충하기에 충분하다. 아, 공의 행위로 말하면, 단지 자기 마음과 자기 선왕(先王)에게 부끄럽지 않기를 바랐을 뿐이요, 애초부터 후인(後人)들이 알아주기를 구한 것은 아니었다. 그런데도 이제 후세 사람이 굳이 숨은 덕행을 밝게 드러내어 높이고자 하는 것은, 저 천대(千代) 백대(百代) 뒤에 신하가 되어 나라를 팔아 자신의 이익을 도모하는 자들을 부끄럽게 하려는 것이다. 내가 이 때문에 특별히 글을 써 주고, 돌아가서 돌에 새기게 하였다. 산청은 본래 산음현이니, 뒤에 지금의 이름으로 바뀌었다고 한다.

후릉 참봉 정공 묘표
厚陵參奉鄭公墓表

영종대왕(英宗大王) 4년 무신년(1728)에 역적이 영남에서 일어났는데, 영남 사람들이 역적에게 기만당하여 세가(世家)와 대족(大族)들 중에 역적에게 호응한 자가 많았으며, 혹 호응하지 않은 사람이 있어도 역시 머리를 감싸고 초야에 숨어 입으로 감히 한마디 말도 하지 못하였다. 이때 함양(咸陽) 유생 정희운(鄭熙運)이 분연히 군수에게 글을 올려 적을 막을 방도를 조목조목 개진하고 곧 뜻을 같이하는 사람들을 앞장서 이끌어서 군사를 모으고 성을 지킬 계획을 세웠으며, 성이 함락되고 나서는 역순(逆順)의 도리로 군민들을 효유하여, 군민으로서 적의 진영에서 도망하여 돌아온 자가 100여 인이었다. 정희운은 일두(一蠹) 정 문헌(鄭文獻 정여창(鄭汝昌)) 선생의 7대손이었으므로, 군자들이 "문헌공이 훌륭한 후손을 두었다."라고 하였다. 역적이 평정되고 나서 사신(使臣)이 그 사실을 위로 올렸고, 그 8년 뒤에 나의 중조(仲祖) 충정공(忠靖公 김재로(金在魯))이 영남 관찰사가 되었으므로, 나는 그 시말(始末)을 매우 상세하게 들을 수 있었다. 금상(今上) 정미년(1787, 정조11)에, 공의 손자 정진망(鄭鎭望)이 일장산(日長山) 아래로 와서 나에게 공의 묘표를 부탁하므로 가장(家狀)을 살펴보고서 쓴다.

공은 자가 태오(泰吾)이며, 정씨(鄭氏)로 하동부(河東府) 사람이니, 고려 밀직부사(密直副使) 국룡(國龍)을 시조로 삼는다. 판종부시사(判宗簿寺事) 지의(之義)에 이르러 처음으로 함양에 거주하였는데, 이분이 문헌공의 증조부이다. 공의 고조부 휘 대민(大民)은 장수 현감

(長水縣監)을 지냈고, 증조부 휘 홍서(弘緖)는 성균관 학정(成均館學正)을 지냈으며, 조부 휘 광연(光淵)은 황산도 찰방(黃山道察訪)을 지냈다. 부친 휘 세정(世楨)이 남원 양씨(南原梁氏) 사재감 참봉 양지영(梁地英)의 따님에게 장가들어 숙종 무오년(1678, 숙종4)에 공을 낳았다.

계해년(1743, 영조19)에 경기전 참봉(慶基殿參奉)에 제수되었으니, 이것은 무신년(1728)의 공로를 포록(褒錄)한 것이다. 을축년(1745)에 후릉 참봉(厚陵參奉)으로 옮겨졌으나 취임하지 못하고 6월 25일에 세상을 떠났는데, 향년이 68세였다. 처음에 같은 군의 덕곡리(德谷里)에 장사하였다가, 을미년(1775)에 승안동(昇安洞) 건방(乾方)을 감싸고 있는 언덕으로 이장하였다.

초취(初娶)는 진산 강씨(晉山姜氏)로 강이우(姜以遇)의 따님이고, 후취(後娶)는 죽산 박씨(竹山朴氏)로 박성화(朴聖和)의 따님이다. 강씨 부인이 아들 여섯을 낳았으니, 중헌(重獻), 상헌(尙獻), 사헌(師獻), 조헌(祖獻), 지헌(志獻), 효헌(孝獻)이고, 측실의 아들은 후헌(後獻)과 경헌(敬獻)이다.

공은 사람됨이 순수하고 성실하면서도 집안을 다스리는 데 엄격하였고, 처첩을 거느리고 자손을 가르치는 데 모두 정한 법도가 있었으며, 향당(鄕黨)에 있을 때나 관부(官府)에 임할 때나 한결같이 진실한 마음으로 남을 대하고 밖으로 꾸미지 않았다. 공은 일찍 부친을 여의어 백씨(伯氏)를 부친처럼 섬기며 재물을 모으고 토지를 사서 선조의 제사를 받들었으므로 원근의 부로(父老)들이 그의 효우를 자주 칭찬하였다.

오호라, 무신년의 창의(倡義)가 어찌 근본을 둔 바가 없겠는가. 처음 무신란이 일어났을 때, 벼슬에 있던 사람 중에 암암리에 그 모의에 참여하거나 아니면 앉아서 역모의 성패를 살핀 사람이 많았고, 저 적병이 승승장구하며 북으로 올라가자 여러 고을이 모두 싸우지도 않고 적에게 항복하였다. 공은 초야의 일개 포의(布衣)에 불과하였으나, 온 고을이 적을 맞게 되자 곧 홀로 나라를 위하여 창의하여, 한 방면의 사람들로 하여금 나라를 배반해서는 안 되고 역적을 따라서는 안 됨을 분명히 알게 하였으니, 그 공로가 어찌 작겠는가. 저 임금의 은혜로 밥을 먹고 임금의 은혜로 옷을 입으면서도 기꺼이 역적과 통한 자들은 유독 무슨 마음인가. 내가 이 때문에 특별히 이 글을 써서 영남 사람들이 보도록 한다.

고려 좨주 이공 묘표
高麗祭酒李公墓表

고려 좨주(祭酒) 선생 이공 성(李公晟)은 대를 이어 홍주(洪州)에서 살았다. 이분의 13대손 한종(漢宗)이 홍주에서 허백(虛白) 홍귀달(洪貴達)이 쓴 전(傳)을 가지고 와서 공의 묘에 표(表)할 글을 청하였다. 내가 그 전을 받아서 읽어 보고, 허백이 차례로 인용한 《황조명신론(皇朝名臣論)》 및 《고려사(高麗史)》, 김점필재(金佔畢齋 김종직(金宗直))가 평한 《홍주지(洪州誌)》, 예조에 소장된 《효경(孝經)》 각판(刻板)에 있는 말로 판단하여 글을 쓴다.

공의 5대 조부 연수(延壽)는 송나라에 들어가서 고종(高宗)을 섬겨 금자광록대부(金紫光祿大夫)가 되었고, 고조부 지청(之靑)은 송나라에 들어가서 효종(孝宗)을 섬겨 상서 복야(尙書僕射)가 되었다. 부친 기종(起宗)은 고려의 사공(司空)으로, 김부식(金富軾)이 사론(史論)에서 "당시에 온 세상이 불교를 숭상하였으나 대대로 가학(家學)을 지켰으니, 공로가 창려(昌黎 한유(韓愈))의 아래에 있지 않다."라고 하였다. 모친은 능성 구씨(綾城具氏)로, 판서 구침(具沈)의 따님이다. 공은 약관의 나이에 과거에 급제하고 분전(墳典)[71]을 깊이 연구하였으며, 가는 곳마다 배우려는 자가 구름같이 모여 오경(五經)의 도가 비로소 밝아졌으므로, 당시의 사람들이 그를 '오경 상자〔五經笥〕'라고 하였다.

71 분전(墳典) : 삼분오전(三墳五典)으로, 삼분은 삼황(三皇)의 글이고 오전은 오제(五帝)의 글인데, 옛날 전적을 통칭한다.

우리 태조(太祖)가 천명(天命)을 받고서 편지를 보내어 공을 불렀으나 공이 출사하지 않았고,[72] 태조가 공의 집에 친히 임하여도 공이 동쪽을 향하고 절하지 않았다. 태조가 꿇어앉아 말하기를 "그대를 신하로 삼고자 하는 것이 아닙니다. 원컨대 빈사(賓師)가 되어 나를 가르쳐 주고 나를 바로잡아 주시오." 하자, 공이 노래하기를 "금은 여수(麗水)에서 나니, 어찌 모든 물에서 금이 나겠는가. 옥은 곤강(崑岡)에서 나오니, 어찌 모든 산에서 옥이 나오겠는가. 여자는 반드시 자기의 지아비를 따라야 하니, 또 어찌 모든 지아비를 따르겠는가." 하니, 태조는 그가 끝내 굽히지 않을 것을 알고 출사를 강요하지 않았다. 그리고 태조가 문을 나가면서, 손에 잡고 있던 금채찍을 들어 사방으로 산과 토지를 가리키며 "이 땅을 녹읍(祿邑)으로 하시오."라고 하였다. 홍주의 화성(化城)에는 웅거하고 있는 도적들이 매우 많아서, 현관(縣官)이 그들을 쳤지만 평정하지 못하였는데, 이때 공이 마침 화성에 거주하여, 도적들이 공을 보고 감발되어 마침내 귀순하니, 홍주 사람들이 공을 '화평소부사(化平素府使)'로 불렀다. 공은 원 세조(元世祖) 갑신년(1284) 4월 을유일에 태어났으나 졸년(卒年)은 상고할 길이 없다.[73]

아, 고려조가 불교로 온 나라를 바꾸었을 때, 공이 집안의 대를 이은 유학자로서 홀로 정학(正學)을 지키고 생도를 가르치고 학업을 전하여, 거의 끊어졌던 우리의 도가 다시 이어지게 되었으니, 우리나라

72 우리……않았고 : 《고려사》에 나오는 이성의 졸년은 1325년(충숙왕12)이다. 태조의 조선 건국과는 상당한 차이가 있으니, 아마도 착오가 있었던 듯하다.

73 공은……없다 : 《고려사》와 《동사강목(東史綱目)》에 나오는 이성의 생졸년은 1251년에서 1325년으로, 이곳의 기술과는 차이가 있다.

사람에게 끼친 공로가 진실로 이미 포은(圃隱 정몽주(鄭夢周))에 버금가며, 성조(聖朝 조선)가 일어났을 때 출사하지 않고 깊이 은둔하여 고려의 죄주로 생을 마쳤으니, 점필재가 "그 지조가 백이(伯夷)와 같다."라고 한 것은 지나친 말이 아니다. 그러므로 공을 드러내어 표창하기를 야은(冶隱 길재(吉再)), 석탄(石灘 이존오(李存吾)) 같은 사람들처럼 하여, 천하에 신하가 되어 두 임금을 섬기는 자들을 부끄럽게 하는 것이 마땅하다. 그러나 공이 세상을 떠난 지 지금 400년인데, 위로 성조의 숭상과 표창을 받지 못하고, 아래로 명유(名儒)와 거장(巨匠)이 붓을 휘둘러 그의 일을 특서(特書)하지 않아서 끝내 인멸되어 전해지지 않기에 이르렀으니, 우리나라 문헌의 황폐함이 대개 이와 같다. 아, 어찌 애석하지 아니한가. 어찌 애석하지 아니한가.

지평 증 이조 판서 충민 김공 묘표
持平贈吏曹判書忠愍金公墓表

우리나라의 사화(士禍)에 대해 이야기하는 사람은 기묘사화와 을사사화를 가장 먼저 말하며, 지금도 말이 여기에 미치면 반드시 눈물을 흘린다. 기묘년(1519, 중종14)의 옥사(獄事)에 십청헌(十淸軒) 김 문간공(金文簡公)은 위기에 처하였지만 결국 죽지는 않았는데, 그 아들 충민공(忠愍公)은 끝내 을사년(1545, 명종 즉위년)의 옥사에 죽었다. 이기(李芑), 허자(許磁), 정순붕(鄭順朋), 임백령(林百齡)[74]의 흉악함이 남곤(南袞)과 심정(沈貞)[75]보다 더 심했던 것인가, 아니면 문간공은 올곧은 도(道)를 지녔으면서도 소장(消長)과 왕래(往來)의 기미를 알아챌 수 있었던 반면에 충민공은 젊은이의 영기(英氣)를 가져서 곧게 나아가 죽음을 피하지 않는 것을 도리로 여겼기 때문에 그리된 것인가? 군자들은, 이런 아버지가 있으매 이런 아들이 있는 것은 당연하지만, 어떤 사람은 죽고 어떤 사람은 죽지 않은 것은 천명(天命)이라고 하였다.

충민공의 휘는 저(儲), 자는 학광(學光)이다. 김씨의 선조는 모두 신라 왕을 조상으로 하는데, 경주를 관향으로 하는 김씨는 고려 태사

74 이기(李芑)……임백령(林百齡) : 이들은 모두 을사사화를 일으킨 윤원형(尹元衡)의 심복이다.

75 남곤(南袞)과 심정(沈貞) : 이들은 조광조(趙光祖) 등의 신진 사류를 일망타진한 기묘사화의 주동 인물이다.

김인관(金仁琯)을 시조로 삼는다. 5대조 휘 자수(自粹)는 호가 상촌(桑村)으로, 태종(太宗)이 형조 판서의 벼슬로 부르자 광주(廣州) 추령(秋嶺)에 이르러 절명사(絶命詞)를 짓고서 마침내 자진하였다. 고조부 휘 근(根)은 평양 소윤(平壤少尹)으로 병조 판서에 추증되었고, 증조부 휘 영유(永濡)는 지중추부사로 시호는 공평(恭平)이며, 조부 휘 훈(薰)은 상의원 첨정으로 공조 판서에 추증되었다. 부친 문간공 휘 세필(世弼)은 벼슬이 이조 참판으로 이조 판서에 추증되었고, 모친 정부인(貞夫人) 고성 이씨(固城李氏)는 부사 이탁(李鐸)의 따님이다.

공은 정덕(正德) 기사년(1509)에 태어났다. 가정(嘉靖) 기해년(1539)에 광화문 별시 제2인으로 뽑혀 한림에 천거되고 곧 옥당(玉堂)에 들어가 홍문관의 저작(著作)과 박사(博士)가 되었으며, 이조 좌랑으로 승진하였다. 인종이 승하하자 윤원형이 권세를 믿고 크게 날뛰었는데, 공이 사헌부 지평으로서 윤원형이 뇌물을 받고 권세를 판 실상을 알아내고 곧바로 사헌부 서리를 보내어 윤원형의 여종을 체포하여 궁중에서 법대로 처벌하였다.

을사년(1545) 8월 21일에 윤원형이 양사(兩司)의 장관을 앞장서서 협박하여 대간들을 중학(中學)에 모이게 하고, 유관(柳灌), 유인숙(柳仁淑), 윤임(尹任)을 논죄하면서 밀지(密旨)가 있다고 하였다. 사헌부 대사헌 민제인(閔齊仁)과 사간원 대사간 김광준(金光準) 등이 으르면서 "궁중의 형세가 흉흉하니, 만약 우리들이 먼저 들추어내지 않으면 나라의 일이 장차 안정되지 못할 것이다."라고 하니, 공이 분연히 말하기를 "충량(忠良)한 신하를 도륙하는 데는 이것이 바로 그 전조이니, 사류(士流)로서 어찌 차마 남곤과 심정이 한 짓을 따르겠는가." 하였고, 집의(執義) 송공 희규(宋公希奎)가 곧바로 말하기를 "비록 내 뼈를 잘게 쪼개어 흩뿌리더라도 나는 따르지 않겠소." 하였다. 이때 사간 박공 광우(朴公光佑), 장령 정공 희등(鄭公希登)과 헌납 백공 인걸(白公仁傑), 정언 김공 난상(金公鸞祥)은 모두 공을 편들었고, 장령 이언침(李彥忱)과 지평 민기문(閔起文)은 오직 하늘을 쳐다보며 크게 탄식할 뿐이었다. 공은 앉았다 일어났다 하며 소매를 휘두르면서 노기가 등등하였는데, 결국 논의가 일치하지 않아 모임이 파하였다. 다음 날 충순당(忠順堂)의 회의에서 사달이 일어났고, 공은 또 일곱 대간과 함께 소를 올려 이 일에 대해 논쟁하였다가 마침내 하옥되어 고문을 당하고 안동(安東)으로 유배되었다.

다음 해 병오년(1546)에 삼수(三水)로 이배(移配)될 때, 가는 길이 홍인문(興仁門) 밖을 지났는데, 정부인이 문간공이 기묘년(1519) 옥사 때 입었던 피 묻은 옷을 안고 서울에서 나와 공을 맞이하면서 공을 붙들고 크게 통곡하며 말하기를 "기묘년에는 밝은 군주가 위에 계셔서 네 아버지가 죽음을 면하였지만, 지금은 주상이 어리고 간신이 나라를 제멋대로 하니, 너는 필시 돌아오지 못할 것이다." 하였다. 그다음 해 정미년(1547)에, 궁중에서 윤원형의 여종을 체포한 것과 중학의 모임에서 다른 주장을 내세운 것을 죄목으로 하여 끝내 사약을 받아 마침내 세상을 떠났으니, 겨우 38세였다. 죽음에 임하여 목욕하고 옷을 갈아입고서, 붓을 잡아 정부인에게 영결하는 편지를 쓰려고 하다가 이윽고 말하기를 "단지 이것으로 어머니의 슬픔을 더할 뿐이다." 하고 마침내 그만두었다. 대궐을 향하여 네 번 절하고 꿇어앉아 독약을 마셨으나 숨이 끊어지지 않자, 의금부의 관리가 끈으로 목을 졸랐다. 용인(龍仁) 죽전리(竹田里) 간좌(艮坐)의 언덕에 장사하였으니, 부친 문간공의 묘소 아래이다.

그 후 김명윤(金明胤)의 고변과 정언각(鄭彦慤)의 벽서(壁書) 때문에 또 수노적산(收孥籍産)[76]의 형률이 시행되었다가, 선조(宣祖)가 즉위하여 율곡(栗谷) 이 문성공(李文成公)의 진언으로 공의 관작(官爵)을 회복시키라는 명을 내렸고, 금상(今上) 을사년(1785, 정조9)에는 사화가 있었던 을사년이 다시 돌아온 해를 맞아 명을 내려 이조 판서를 추증하고 충민(忠愍)으로 시호하였다.

공의 부인 숙인(淑人) 고령 신씨(高靈申氏)는 부사 신수(申洙)의 따님인데, 자식이 없다. 공이 남쪽의 적소(適所)에서 북쪽으로 갈 때, 영결시(永訣詩)를 써서 중씨(仲氏) 승지공(承旨公)에게 부치면서 중씨의 둘째 아들로 자신의 뒤를 잇게 해 달라고 요청하였고 승지공이 이를 허락하였지만, 죄인의 집이라 감히 법대로 관에 알리고 문서를 만들 수가 없었다. 숙종 을축년(1685, 숙종11)에 이르러, 어떤 상신(相臣)이 이 일을 상에게 아뢰고 예조로 하여금 문서를 만들어 주게 하기를 청하자, 상이 허락하였다. 공의 손으로 쓴 영결시가 아직 공의 집에 있다. 공의 뒤를 이은 아들 중경(重慶)은 진사로, 사암(思菴) 문충공 박순(朴淳)이 학행으로 천거하여 전설사 별제(典設司別提)에 제수되었으나 나아가지 않고 세상을 떠났으며, 호조 판서에 추증되었다. 이분이 세 아들을 낳았는데, 장남 물(岉)은 문과에 급제하고 직제학을 거쳐 벼슬이 동지중추부사에 이르렀으며, 예조 판서에 추증되었다. 차남은 흘(屹)이다. 삼남 억(嶷)은 율곡의 문인으로 호는 남곡(南谷)이며, 천거로 벼슬을 받아 공조 정랑에 이르렀고 이조 참의에 추증되었다.

76 수노적산(收孥籍産) : 중죄를 지었을 경우, 본인을 극형에 처하고 나서 그 처자식까지 연좌하여 관(官)의 노비로 만들고, 또 그들의 재산을 몰수하는 것을 말한다.

처음에 공을 공경하는 인사들이 말마리(秣馬里)에 향현사(鄉賢祠)를 세워서 상촌(桑村 김자수(金自粹))과 십청(十淸 김세필(金世弼))과 공을 제향하였으나, 그 뒤 십청이 팔봉서원(八峯書院)에 제향되자 한 분을 여러 서원에 모시지 못하게 되어, 이에 향현사가 중도에 철폐되었다. 공은 효우가 있고 행실이 단정하였으며, 일찍부터 어진 부친의 가르침을 받았다. 재주가 빼어나 과거에 급제하고 명망을 크게 떨치자 여러 소인들이 원래부터 이미 마음으로 미워하였으며, 공이 조정에 있을 때 강직한 태도로 악을 물리치고 선을 장려하는 것을 자신의 임무로 삼자 흉악한 무리가 공을 원수같이 미워하였다. 그러나 공은 조금도 돌아보거나 두려워하지 않고 끝내 간악한 행위를 따지고 흉악한 논의를 꺾어서 죽음에 이르고서도 후회가 없었다. 오호라, 공과 같은 사람이 옛날의 이른바 열사(烈士)가 아니겠는가. 슬프도다.

백씨의 묘표
伯氏墓表

선생은 휘는 종후(鍾厚), 자는 백고(伯高)이며, 김씨로 청풍(淸風) 사람이다. 본암(本庵)은 그의 호이다. 증조부 휘 구(構)는 우의정 충헌공(忠憲公)이고, 조부 휘 희로(希魯)는 호조 참판으로 좌찬성에 추증되었으며, 부친 휘 치만(致萬)은 세자익위사 시직(世子翊衛司侍直)으로 영의정에 추증되었다. 모친 정경부인(貞敬夫人) 풍산 홍씨(豐山洪氏)는 이조 참판 휘 홍석보(洪錫輔)의 따님이다.

공은 경종 신축년(1721, 경종1) 10월 28일에 태어났다. 21세에 진사가 되고, 처음으로 세자익위사 세마(世子翊衛司洗馬)에 제수되었는데, 상(喪)을 당해 관직을 떠나서는 마침내 다시 벼슬길에 나가지 않았다. 천거로 시강원 자의(侍講院諮議), 사헌부 지평, 장령 겸 경연관이 되고, 금상(今上 정조)이 여러 번 사관(史官)을 보내어 불렀으나 끝내 나가지 않았다. 경자년(1780, 정조4) 10월 7일에 세상을 떠나 광주(廣州) 몽촌(夢村) 유좌(酉坐)의 언덕에 장사 지냈으니, 증조부 충헌공 묘소의 오른편이다. 부인 연안 이씨(延安李氏)는 진사 이명채(李命采)의 따님으로, 정결(貞潔)하였고 지극한 품행이 있었다. 외아들 직연(稷淵)은 일찍 세상을 떠났고, 딸은 유한재(兪漢宰)에게 출가하였다. 직연의 계자(繼子)는 동석(東碩)이다.

공은 어려서부터 단정하고 성실하며 욕심이 적어 타고난 자질이 도(道)에 가까웠다. 성인의 학문에 뜻을 두게 되어서는, 고명한 식견을 가지고서 우둔한 사람처럼 노력하였고 심술(心術)과 의리(義理)의 구분과 문로(門路)와 사정(邪正)의 경계를 아주 엄격하게 지켰으며, 격물치지에는 철저하여 온 힘을 다하였고 실천에는 고집스러워 한 발짝도 어긋나지 않았다. 마침내 의(義)가 정밀해지고 덕(德)이 높아져서 법도를 지키는 가운데서도 느긋하게 스스로 즐겼으니, 이것은 그가 자득(自得)한 바가 깊었기 때문이다. 아우 종수(鍾秀)는 삼가 묘석에 이와 같이 써서 덕을 아는 사람이 보아 주기를 기다린다.

자표

自表

산인(山人)[77]의 이름은 종수(鍾秀)이고 자는 정부(定夫)이다. 김씨로 청풍(淸風) 사람이며, 충헌공(忠憲公) 구(構)의 증손이다. 조부 희로(希魯)는 호조 참판이고 부친 치만(致萬)은 세자익위사 시직(世子翊衛司侍直)이다. 모친 정경부인(貞敬夫人) 풍산 홍씨(豐山洪氏)는 이조 참판 홍석보(洪錫輔)의 따님이다. 몽오산인(夢梧山人)이라고 부르는 것은 몽(夢)과 오(梧)가 모두 선산(先山)의 이름이기 때문이다.

산인은 영종(英宗) 무신년(1728, 영조4)에 태어났다. 어렸을 때 일찍이 학문을 위한 공부를 하였지만 문장이 이루어지지 않았다. 진사를 거쳐 세자익위사 세마에 임명되었고 문과에 급제하자 바로 춘방(春坊)에 들어갔다. 당시에 금상(今上 정조)께서 동궁(東宮)에 있었는데, 시강(侍講)과 부주(敷奏)를 할 때 산인의 뜻이 군덕(君德)을 바르게 하고 의리(義理)를 밝히는 데에 있었고, 상 또한 거기에 마음을 기울이셨다. 그러나 늘 시골에 있다가, 조정에서 벼슬살이한 기간이 수십 일이 채 되지 못하여 곧바로 당(黨)의 우두머리라는 죄목으로 바닷가 고을로 유배되었고, 고폐(錮廢)되어[78] 서민이 된 기간이 6년이었다.

77 산인(山人) : 세상에 나가지 않고 산중에 사는 사람이라는 의미로, 여기서는 몽오 자신을 객관화하여 삼인칭으로 부른 말이다.

78 당(黨)의……고폐(錮廢)되어 : 고폐는 금고폐기(禁錮廢棄)의 준말로, 벼슬에서 쫓아내 다시는 등용하지 않는 것을 말한다. 김종수는 1772년 청명당(淸明黨)의 수괴로 지목되어 기장현(機張縣)으로 유배되었고, 뒤이어 서민으로 폐기되고 자제들을 벼슬하

금상께서 즉위하자 가장 먼저 기용하여, 승지로부터 한 해 안에 병조판서에 올랐고, 수 년 동안 조정의 관직에 머물렀으며, 어머니가 늙어 봉양하기를 청하여 전리(田里)로 돌아와 지낸 기간이 모두 8년이었다. 상께서 대장(大將)의 병부(兵符)로써 재촉하여 부르고 전병(銓柄)과 문병(文柄)을 내려 주었고,[79] 각신(閣臣)으로서 수시로 어전(御前)을 출입하였으며, 마침내 발탁되어 정승이 되었다. 매양 상의 앞에서 번번이 춘방 시절에 했던 말을 매우 간곡하게 거듭 아뢰었지만 뚜렷하게 건의한 것은 없었다. 종종 무리를 따라 부침하여 사우(士友)들이 그것을 단점으로 지적한 적이 많았으며, 정승이 된 지 몇 달 만에 쫓겨나고 쫓겨난 지 몇 달 만에 다시 정승으로 돌아왔다가, 또 몇 달 만에 모친상을 당하여 벼슬을 떠났다.

모년 모월 모일에 세상을 떠났다. 산인은 서울에도 시골에도 집이 없어서 나고 자라고 늙고 죽기를 모두 종자(宗子)의 집에서 하였다. 모월에 광주성(廣州城) 서쪽 정림(靜林)의 오좌(午坐) 언덕 선공(先公)의 묘소 오른편에 장사하였다. 정경부인 해평 윤씨(海平尹氏)는 홍문관 교리 윤득경(尹得敬)의 딸이다. 아들 약연(若淵)은 일찍 세상을 떠났고, 딸은 서유수(徐有守)에게 출가하였으며, 서녀(庶女)는 어리다. 약연의 계자(繼子)는 동선(東善)이다.

산인은 사람됨이 고지식하고 우활하였으며, 말을 경솔하게 감정대

지 못하게 하는 금고의 처분을 받았다.

79 대장(大將)의……주었고 : 몽오가 정조 즉위 후에 훈련도감·어영청·금위영의 대장, 총융사, 포도대장을 모두 겸하기도 하고, 이조 판서와 대제학의 직책을 여러 차례 맡기도 하였기 때문에 이렇게 말한 것이다.

로 하는 일이 많아서 이 때문에 많은 사람들이 그를 원망하였다. 조정에 들어가서는 음사(陰邪)를 물리치고 염치를 길러서 조정을 맑게 하고 왕실을 높이고자 힘을 썼으므로 좋아하지 않는 사람이 더욱 많아져서, 기장(機張)에 유배되고 금갑도(金甲島)에서 가시울타리에 갇히기도 하였다. 또 부령(富寧)으로 귀양 보내고 울진(蔚珍)으로 귀양 보내라는 명이 내리기도 하였으나 끝내 시행되지 않았으니, 이는 상 또한 그에게 다른 마음이 없음을 살피고 또 그에게 당여(黨與)의 도움이 없음을 가엽게 여겼기 때문이다. 상께서 일찍이 산인의 상(像)에 제(題)하기를 "조정에서는 홀로 대의를 책임지고, 벼슬을 떠나서는 검은 먼지에 더러워지지 않으니, 이 사람이 이른바 공적은 우뚝하지만 마음은 텅 빈 사람이 아니겠는가." 하였다. 아, 신하를 아는 데는 임금만한 사람이 없으니, 어찌 믿지 않겠는가.

산인이 일찍이 동선을 돌아보며 말하기를 "나는 부모를 섬김에 자식의 도리를 다하지 못하였고, 임금을 섬김에 좋은 만남을 얻어 은택이 옛날에 비할 데가 없었으나 끝내 털끝만큼의 도움도 드리지 못하여 임금을 저버린 죄가 크니, 대신(大臣)이라고 할 수 있겠는가. 내가 죽거든 시호(諡號)를 청하지 말고 비(碑)를 세우지 말며, 한 조각의 돌을 세워 '몽오산인의 묘〔夢梧山人之墓〕'라고 쓰면 충분하다." 하였다. 그러고는 돌 뒤에 위의 글과 같이 새기게 하였다.

증 사간원 대사간 유곡 박공 묘표

贈司諫院大司諫楡谷朴公墓表

영종대왕(英宗大王) 38년(1762) 여름 5월에 사헌부 집의 유곡(楡谷) 박공(朴公)이 소를 올려 홍봉한(洪鳳漢)의 죄를 성토하기를 "오늘의 재앙[80]이 그 사람 때문에 빚어졌는데도 시종 그에게 정사를 독단할 권한을 맡기니, 윤리와 기강이 무너져 사람들이 장차 서로 이끌어 금수(禽獸)의 경지에 들어가게 되었습니다." 하고, 또 말하기를 "좌의정의 자리를 차지하고 총호사(摠護使)의 임무를 맡아서, 장차 무슨 면목으로 재실(梓室)[81] 곁을 들락날락하고 나아가서 동궁(東宮)을 뵈올 것입니까. 이 사람으로 하여금 동궁을 보도(輔導)하게 하였으니 400년 종사(宗社)가 반드시 이 사람의 손에서 망할 것입니다." 하였으며, 이어서 여러 신하가 사실을 속이고 총명을 가린 죄를 일일이 성토하였다. 소가 들어가자, 상이 진노하여 소를 불태우라고 명하고, 이어서 박공의 지위를 박탈하여 서인으로 만들고 흑산도(黑山島)에 위리안치(圍籬安置)하되, 길을 배나 재촉하여 압송하라고 명하였다. 공은 그때 71세였는데, 집이 가난하여 말이 없었으므로 명을 듣고 걸어서 성문을 나오니, 도성의 백성들이 모여서 이 광경을 보고 탄식하였으며 눈물을 흘리는 사람까지 있었다.

흑산도에 들어가서는, 발길이 섬돌 계단을 내려가지 않았고, 5년을

80 오늘의 재앙 : 사도세자의 죽음을 말한다.

81 재실(梓室) : 왕세자의 관(棺)을 뜻한다. 여기서는 사도세자의 관이다.

지내다가 세상을 떠났다. 병이 위독해졌을 때, 약을 물리치고 먹지 않고 한마디도 집안일을 언급하지 않으면서 자식들에게 이르기를 "살아서 천안(天顔)을 다시 뵙지 못하게 되었으니, 이것이 한스러운 일이다. 늙은 신하의 가슴속 뜨거운 피로 역적을 토벌하는 의리를 펼치기를 맹세하였는데, 지금 그 의리를 펼치지 못하고 죽으니 어찌 눈을 감을 수 있겠느냐." 하였고, 말이 끝나자 숨을 거두었다.

모여서 곡하는 섬 안의 남녀들이 문과 골목을 메웠고, 관(棺)을 따라 바다를 건너와서 하관(下棺)까지 보고 돌아간 사람까지 있었으며, 당시에 상신(相臣) 원인손(元仁孫)이 호남 관찰사로 있으면서 의금(衣衾)과 관곽(棺槨)과 수레와 말을 마련하여 산 아래까지 운구해 주었다. 아, 이것으로 사람의 마음속에 있는 천리(天理)는 사람의 힘으로 막을 수 있는 것이 아님을 알 수 있지 않은가. 전에 상신 원인손이 공과 사이가 좋지 않았으나 도백(道伯)이 되어서는 결연히 말하기를 "내가 어찌 사사로운 미움 때문에 올곧은 신하를 내가 다스리는 땅에서 굶어 죽게 할 수 있겠는가." 하고, 곧 공에게 먹을 것을 후하게 보냈는데 공이 사절하고 받지 않았다. 당시에 홍봉한의 기세가 하늘을 찌를 듯하여 원근의 수령들이 아무도 감히 음식을 제공하거나 문안을 하지 못하였으니, 공이 그때 조석의 끼니를 자주 거르면서도 지조를 굳게 지킨 것이 이와 같았다. 금상(今上 정조)이 왕위를 이어받고서 공의 고신(告身)을 돌려주도록 명하고, 공을 통정대부 사간원 대사간에 추증하도록 명하였으니, 아, 공의 굴신(屈伸)과 영욕(榮辱)이 국운의 성쇠와 관련되어 있음을 여기에서 알 수 있다.

공은 휘는 치륭(致隆), 자는 여승(汝升)이며, 반남 박씨(潘南朴氏)로 문정공(文正公) 상충(尙衷)의 후손이다. 증조부는 휘가 일개(一開)

로 현령이고, 조부는 휘가 두익(斗益)이며, 부친은 휘가 태흥(泰興)으로 승문원 정자로서 승정원 도승지에 추증되었다. 모친은 풍산 홍씨(豐山洪氏)로, 홍만겸(洪萬兼)의 따님이다.

공은 숙종 임신년(1692, 숙종18) 5월 19일에 태어났고, 병오년(1726, 영조2)에 문과에 급제하였다. 승문원 정자로 있을 때, 이산배(李山培)가 문형(文衡)의 아들[82]로서 시권(試券)에 문형의 진전(進箋)에 있는 문구를 사용하여 급제하였다 하여 공이 이산배의 분관(分館)을 막자, 상이 노하여 공의 벼슬을 삭탈하라고 명하였고, 그로부터 10년 동안 조용(調用)되지 못하였다. 대간으로 있을 때, 지평 박성원(朴聖源)이 언사(言事) 때문에 해도(海島)에 유배되자[83] 공이 상소하여 그를 구원하였고, 이어서 조태상(趙台祥), 한사득(韓師得), 권현(權賢)이 언사를 맡은 대간을 공격함으로써 상에게 아첨한 죄를 낱낱이 논하면서, 그들을 여우와 쥐로 지목하였다. 상이 노하여 공을 불러다그치며 심문하였을 때, 임금의 위세가 사납고 임금의 음성이 매우 거칠어 조정의 신하들이 모두 다리를 떨었으나, 공은 주대(奏對)가 차분하고 행동이 한결같았다. 공을 갑산(甲山)에 유배하라는 명을 내렸으나, 그 뒤에 또 상소하여 부제학 김시찬(金時粲)의 해도 유배를 풀어 주기를 청하면서 그를 옛 간신(諫臣)의 풍채가 있다고 하였고, 또 간악한 무리와 결탁하여 흉측한 말을 퍼뜨린 조재호(趙載浩)의 죄를 논하고 법에 따라 그를 처벌하기를 청하였다.

82 문형(文衡)의 아들 : 이산배는 대제학 이덕수(李德壽)의 아들이다.

83 지평……유배되자 : 박성원이 1744년 영조가 기로소(耆老所)에 들어가는 것을 반대하다가 남해에 위리안치된 일을 말하는 듯하다.

공은 사람됨이 강직하고 청렴결백하였으니, 어려서 부친을 여의어 모친을 효도로 섬겼고 돌아가신 뒤에도 살아 계신 것처럼 섬기면서 제사를 지냈으며, 세 번이나 지방 고을을 다스렸으나 털끝만큼도 자신을 위해 욕심을 부리지 않아서, 벼슬을 버리고 돌아온 날에 쌀을 꾸어서 밥을 지었다. 평소에 거처할 때는 문을 닫고 단정히 앉아서 교유를 사절하고 말을 적게 하였으며, 천성으로 악을 미워하였으나 또한 남의 잘못을 드러내기를 좋아하지 않았다. 해도에 있을 때[84] 아들들에게 이르기를 "죽고 사는 일은 하늘에 달렸으니, 너희가 일을 당하면 다만 도리를 따라 올곧게 행하는 것만을 마음에 두어야 한다." 하였으니, 오호라, 공과 같은 사람이 이른바 옛사람의 곧은 유풍(遺風)이 남아 있는 사람이 아니겠는가.

공은 파평 윤씨(坡平尹氏) 윤승교(尹承教)의 따님에게 장가들어 두 아들을 낳았는데, 상서원 직장(尙瑞院直長) 순명(淳命)과 창명(昌命)이다. 뒤에 남양 홍씨(南陽洪氏) 홍육(洪堉)의 따님에게 장가들어 두 딸을 낳았는데, 조학수(趙學修)와 성도필(成道弼)에게 출가하였다. 순명의 아들은 성후(成垕)이고 성후의 아들은 헌릉 영(獻陵令) 수형(壽亨)이다. 창명의 두 딸은 이윤흠(李允欽)과 민영호(閔榮祜)에게 출가하였다. 사위 성도필의 계자(繼子)는 성의영(成宜永)이다. 수형이 나에게 공의 묘표를 써 주기를 청하였다.

아, 대명(大明)이 중천(中天)에 있어 굽은 것과 곧은 것이 모두 드러

84 해도에 있을 때 : 박치륭은 1762년 사도세자의 구명을 위하여 상소하였다가 영조의 노여움을 사서 흑산도에 위리안치되었고, 1766년 세상을 떠날 때까지 그곳에 갇혀 있었다.

났으니, 포상과 증직의 은전을 내린 것은 이미 공의 충성(忠誠)과 직절(直節)을 깊이 살폈기 때문일 것이다. 그러나 하늘의 벌이 아직 내리지 않아서 역적의 세력이 남모르게 자라나 종국(宗國)의 근심이 이에 더 심해지는데도 공은 저승에서 살아올 수 없으니, 어찌하겠는가. 슬프도다.

창의사 박공 묘표
倡義使朴公墓表

영종 무신년(1728, 영조4)에 역적이 영남에서 일어나 왕기(王畿)를 범하여 먼저 청주(淸州)를 함락하자, 그 고을 사람 박민웅(朴敏雄)이 의병을 일으켜 청주를 수복하였다. 이때에는 나라가 태평한 지 100여 년이 되었는데, 어느 날 갑자기 적도가 일어났고 조정의 신하들 중에 그들과 내응한 자 또한 많았다. 그런데 공은 포의(布衣)의 신분으로 맨주먹을 휘둘러, 열흘이 못 되어 한 고을의 사방 100리 땅에 다시 나라의 통치를 회복하였다. 이 때문에 이 일을 이야기하는 사람들이 공의 충의(忠義)가 원래 민심을 감동시키지만 무예와 지략 또한 남보다 뛰어나다고 하는 것이다. 공의 사손(嗣孫) 흥서(興瑞)가 공의 묘문(墓文)을 부탁하니, 의리상 사절할 수 없어 행장을 살펴보고서 쓴다.

공의 자는 사호(士豪)이다. 그의 선조는 순천(順天) 사람 이조 판서 박중림(朴仲林)으로, 아들 팽년(彭年)·인년(引年)과 더불어 나라를 위해 함께 죽었으며,[85] 시호는 문민(文愍)이다. 인년은 벼슬이 교리이고 공의 11대조이다. 고조부 춘번(春蕃)은 임진란 때 의병을 일으켜 조중봉(趙重峯 조헌(趙憲))과 더불어 청주에서 공을 세웠다. 증조부 정

85 아들……죽었으며 : 세조 즉위 후, 박중림은 아들 박팽년과 성삼문(成三問), 하위지(河緯地) 등 집현전 학사들이 중심이 되어 은밀히 추진하던 단종 복위 운동에 가담하였다가 사육신과 함께 잡혀 처형되었고, 아들 박인년, 박기년(朴耆年), 박대년(朴大年)도 모두 처형되었다.

명(定命)은 동지중추부사이고 조부 원진(元辰)은 부사이며, 부친 세은(世隱)은 대사헌에 추증되었다. 모친 정부인(貞夫人) 초계 정씨(草溪鄭氏)는 정발(鄭菝)의 따님으로 현종 갑인년(1674, 현종15)에 공을 낳았다. 공은 날 때부터 신채(神彩)가 빼어났으며, 지략이 있고 말타기와 활쏘기에 능하였다. 무과(武科)에 응시하였으나 급제하지 못하여 시골로 가서 농사를 지었는데, 공의 명성을 들은 무장(武將)들이 입을 모아서 공을 조정에 천거하였다.

무신년의 난이 일어나자, 역적 이기좌(李麒佐)가 청주에 들어가 절도사(節度使) 이봉상(李鳳祥)과 토포사(討捕使) 남연년(南延年)과 비장(裨將) 홍림(洪霖)을 죽였으며, 청주성에 웅거하고 또 병력을 나누어 상당산성(上黨山城)에 주둔하여 성원하게 하였다. 공이 청주 교생(校生) 조중백(趙重伯)과 황용택(黃龍澤)을 불러 눈물을 흘리면서 말하기를 "조정에서 이 고을 사람들이 모두 역적과 호응하였다고 말하니, 우리 고을의 수치일세. 장차 어찌할 것인가." 하니, 조중백 등이 말하기를 "오직 공의 명에 따르겠습니다." 하였다. 공이 말하기를 "적들로 하여금 청주성을 비우고 상당산성에 병력을 취합하게 할 사람이 있겠는가? 그럴 수 있으면 적을 한 번의 싸움으로 사로잡을 수 있을 것이다." 하고, 이어서 조중백에게 설명하기를 "청주성은 평지인 데다 무너지고 뚫린 곳이 많아, 험한 지형에 힘입어 저절로 견고하기가 상당산성보다 못하니, 당신이 적들과 같은 편인 척하면서 이런 논리로 그들을 회유하면 믿지 않을 리가 없을 것이다." 하였다. 조중백이 그렇게 하겠다고 하고 가서, 공이 말한 대로 적들을 설득하자, 적들이 그럴싸하다고 여겨 상당산성에 병력을 취합하였다.

공이 마침내 의병을 일으켜 수백 인을 모으고서, 암말을 타고 곧바로

절도사의 영(營)으로 달려 들어가 그곳을 지키는 자를 죽인 다음, 승세를 타고 상당산성으로 향하였는데, 상당산성 안에서 포성이 천지를 진동하자 병사들이 모두 두려워 벌벌 떨면서 아무도 앞서서 싸우려는 자가 없었다. 전에 부사공(府使公 조부 박원진)에게 '나라에 보답할 마음은 변함없이 간직하고, 집을 그리는 생각은 영원히 끊으리라.〔猶存報國之心 永絶思家之念〕'라는 열두 자를 새긴 패검(佩劍)이 있었는데, 이때 공이 이 검을 뽑아 크게 외치기를 "물러서는 자는 베겠다." 하고 크게 부르짖으며 달려 들어가자, 병사들이 모두 용감하게 뛰어나가 다투어 성으로 들어갔다. 이때 마침 성 아래에 살고 있던 김진희(金晉熙)라는 사람이 집안 장정들을 거느리고 곧장 성으로 갔고 청주의 교생(校生 조중백)이 성문을 열어 그를 맞이하였다. 공이 도착하여 많은 군사를 거느리고 따라 들어가서, 마침내 역적 괴수 이기좌와 위절도사(僞節度使) 신천영(申天永)을 묶어 목을 베었고, 수급(首級)을 상자에 담아 조정에 보고하였다.

이에 앞서, 상이 청주가 적에게 함락되었다는 보고를 받고 숭례문(崇禮門)으로 나가 조정 신하들에게 능히 이 역적을 평정할 수 있는 자가 누구인가를 물었을 때, 여러 사람이 공이라고 대답하니, 곧바로 충청도병마우후 겸 창의사(忠淸道兵馬虞候兼倡義使)의 고신(告身)을 공에게 주도록 명하였는데, 고신이 공에게 이르기도 전에 승전보가 올라왔다. 청주가 평정되자, 공은 그날로 군사들을 해산시키고 각건(角巾)을 쓰고 집으로 돌아왔다. 얼마 안 되어, 영남의 역적이 평정되지 않자 상이 공을 상주토포사 겸 영남창의사(尙州討捕使兼嶺南倡義使)에 제수하고, 유시하기를 "영남의 도적들이 연이어 날뛰어, 나는 이제 그대를 장성(長城)처럼 의지하니, 적이 평정되기를 기다려서 그대의 고결한 뜻을 이루도록 하라." 하였다. 공이 명을 받고서 길을 나서자, 적들 중에 소식을 듣고 흩어져 간 자들이 많았다.

도백(道伯) 박문수(朴文秀)가 경상도 경계에까지 나왔으나, 공이 그를 수치스럽게 여겨[86] 나가서 만나려 하지 않았다. 바로 상소하기를,

"미천한 목숨을 바쳐 나라의 위급함에 죽으려고 하였으니, 애초에 어찌 난을 틈타서 공을 노리려는 생각을 하였겠습니까. 적의 기세가 한창 날카로운 시기에 일찍이 싸움에 한 걸음도 나아가지 못하여, 호전(湖甸)을 떨게 하고 경사(京師)를 위험하게 하였습니다. 또 상당산성의 조무래기 적이 초멸(剿滅)된 것은 모두 청주 교생이 내응한 공이니, 신이 무슨 힘이 되었겠습니까. 하찮은 지조를 지키느라 감히 공복(公服)으로 관아에 나아가지 못하니, 다만 세낸 집에서 짚신을 신고서 본분을 지키겠습니다. '적이 모두 소멸되기를 기다려 그대가 처음 품은 뜻을 이루라.'라고 하신 성교(聖教)가 단청처럼 환하게 빛나지만, 신은 삼가 관인(官印)과 병부(兵符)를 해당 영(營)에 봉납하겠습니다."

하고, 마침내 걸어서 집으로 돌아와서는, 단지 홍의장군 곽재우(郭再祐)가 도피하고 벼슬을 받지 않았던 고사를 원용(援用)하여 말할 뿐이었다.

곧 박문수의 논계(論啓)로 인하여 상주(尙州)에 편배(編配)되었다가 얼마 안 되어 풀려나 해미 현감(海美縣監)에 제수되었다. 경술년

86 공이……여겨 : 박민웅이 박문수를 만나기 싫어한 사유는 자세히 알려진 것이 없다. 박문수는 소론의 핵심 인물이었으므로, 당시 소론과 노론 간의 당쟁과 관계되었을 가능성이 있다.

(1730)에 창성 부사(昌城府使)에 올라 읍성(邑城)을 보수하고 완악(宛岳)과 자장(自壯) 두 산성을 축조하며 무기를 수선하고 학유(學儒)들에게 시험을 보여, 표리(表裏)를 하사받았다. 임자년(1732)에 강계 부사(江界府使)로 옮겨졌으나, 미처 부임하기 전에 병으로 창성의 관아에서 세상을 떠났으니, 8월 13일이었다. 향년 59세이다. 병이 위독해졌을 때 '서호산인 박공지구(西湖山人朴公之柩)'라는 여덟 글자를 불러주어 명정(銘旌)에 쓰게 함으로써 자신의 뜻을 보였다. 10월에 청주 북강(北江) 묘좌(卯坐)의 언덕에 장사하였다. 금상(今上) 무신년(1788, 정조12)에 공을 가선대부 병조 참판에 추증하고 그 사손(嗣孫)에게 벼슬을 내리도록 명하였다.

숙부인(淑夫人) 청주 한씨(淸州韓氏)는 한상렴(韓尙㻩)의 따님으로, 공의 덕에 능히 짝할 만하였다. 아들이 없어 중제(仲弟) 민준(敏俊)의 아들 신우(新祐)를 들여서 후사로 삼았다. 이분이 낳은 아들은 지금 사재감 직장인 흥서(興瑞)와 무과에 급제하여 도사(都事)인 필서(弼瑞)와 용서(龍瑞), 대서(大瑞), 무서(茂瑞)이며, 딸은 구석진(具錫禛)과 이극경(李克慶)에게 출가하였다. 공의 증손은 기현(器鉉), 완현(完鉉), 창현(昌鉉), 양현(亮鉉), 점현(漸鉉), 정현(廷鉉), 좌현(佐鉉), 규현(揆鉉), 길현(吉鉉)이다.

나는 공이 부모를 잘 섬겼으며, 산소 옆의 여막에서 거상(居喪)을 하고 3년 동안 소식(疏食)을 하였다고 들었다. 청주는 나의 선영이 있는 고향인데, 그 고을 사람들 중에 지금도 공의 업적과 행실을 전하여 말하는 이가 많다. 오호라, 공이 난을 만나 분발하여 충절로써 스스로 우뚝 선 것이 그 어찌 뿌리를 둔 바가 없겠는가. 슬프도다.

이조 판서로 치사한 조공의 묘표
吏曹判書致仕趙公墓表

총재(冢宰)로서 치사(致仕)한 죽석(竹石) 조공(趙公)은 약관의 나이에 과거에 급제하여 주상의 돌봄을 크게 입었으나, 겨우 20년이 지나서 바로 물러나기를 청하였고 물러난 지 20여 년 뒤에 세상을 떠났다. 세상을 떠난 지 3년이 되어 고자(孤子) 진완(鎭完)이 가장(家狀)을 지니고 와서 말하기를 "돌아가신 아버님이 병이 위독하실 때 저에게 말씀하기를 '오직 정부(定夫 김종수)만이 나의 묘에 명(銘)을 쓸 사람이다.' 하셨습니다. 그래서 감히 청합니다." 하였다. 오호라, 이 세상을 둘러봄에 공의 묘에 명을 쓸 사람이 내가 아니고서 누구이겠는가.

공은 휘는 돈(暾), 자는 광서(光瑞)로, 풍양현(豐壤縣) 사람이다. 시조는 문하시중 맹(孟)이며, 아조(我朝)에 들어와서 명망과 훈공의 기록이 대대로 끊이지 않았다. 부친 휘 상경(尙絅)은 충후함으로써 영종의 지우(知遇)를 받아 이조 판서로 관직 생활을 마치고 뒤에 영의정에 추증되었으며, 부평 이씨(富平李氏) 정랑 이정태(李廷泰)의 따님에게 장가들어 숙종 병신년(1716, 숙종42) 1월 28일에 공을 낳았다.

공은 영종 경신년(1740, 영조16)에 문과에 급제하여 대간(臺諫), 옥당(玉堂), 춘방(春坊)의 관직을 역임하고 충청, 경기, 함경, 경상 네 도의 관찰사와 송경(松京)의 유수(留守)를 지냈으며, 원임 이조 판서로 치사하였다. 공이 벼슬에서 물러나기를 청하고부터 허락을 얻기까지 7, 8년 동안에 상의 꾸지람이 매우 엄하였고, 옥리에게 내리거나 귀양 보낸 것이 대여섯 번이나 되었으나, 끝내 명을 따르지 않았다.

선대왕(先大王 영조)이 비로소 봉조하(奉朝賀)의 청을 허락하고 선마(宣痲)하는 어제(御製)를 내릴 때, 진심으로 격려하면서 직접 '경심금수 여의창연(卿心今遂予意悵然)' 여덟 글자를 써서 내려 주었다.

공은 벼슬에서 물러난 뒤 양주(楊州) 백석(白石)의 천죽리(川竹里)에 집을 짓고 죽석(竹石)으로 자호(自號)하였다. 금상(今上 정조) 14년인 경술년(1790) 7월 22일에 세상을 떠났으니, 춘추가 75세였다. 병이 나고서는 의원을 부르지도 않고 약을 먹지도 않으면서 말하기를 "나이와 지위가 극에 달하였거니와, 죽고 사는 것은 명에 달렸다." 하였다. 전부인 파평 윤씨(坡平尹氏)는 부제학 임재(臨齋) 윤심형(尹心衡)의 따님인데, 임재가 딸이 남편 섬기는 것을 일컬어 "말할 때 헤프게 웃지 않고 일에 대해 억지로 우기지 않았다." 하였다. 후부인 남양 홍씨(南陽洪氏)는 진사 홍이일(洪履一)의 따님이다. 공의 묘는 양주 광암(廣巖)의 7대조 홍문관 전한 휘 종경(宗敬)의 묘소 왼쪽 간좌(艮坐)에 있으며, 윤 부인(尹夫人)을 합장하였다. 네 아들은 군수 진완(鎭完), 승지 진용(鎭容), 봉사 진선(鎭宣)과 진굉(鎭宏)인데, 진용과 진굉은 일찍 세상을 떠났다. 사위는 이양수(李養遂)와 진사 민응현(閔膺顯)이며, 서자는 진량(鎭亮)이다.

공은 모습이 우람하고 마치 산악을 바라보는 것처럼 위엄이 있었지만 타고난 성품은 인자하고 온후하였으니, 의정공(議政公 조상경)을 섬기는 데 효도를 다하였고, 두 아우와 우애하여 사람들이 아우들을 자신과 달리 대하는 것을 보지 못하였다. 얼굴빛을 바르게 하여 조정에 서서는 충애(忠愛)의 정성으로 사람들을 족히 감동시켰으며, 풍채와 위의가 준엄하여 마치 범접할 수 없을 것 같았지만 더불어 말을 하게 되면 진심이 활짝 드러나서 털끝만큼의 꾸밈도 없었다. 공은 집에 있을 때나 관직에 있을 때나, 말을 하고 일을 처리하는 데는 자신의 뜻을 곧장 드러내고 실행이 마치 쇠 화살이 과녁으로 향하듯이 빨랐으며, 자신의 뜻을 굳게 지키는 데는 만 마리 소의 힘으로도 돌리기 어려웠으니, 일찍이 말하기를 "오늘날의 이른바 '중도를 행하는 선비'가 바로 옛날의 향원(鄕愿)이다." 하였다. 아, 이런 행적이야말로 해 충개(海忠介)[87]가 백세(百世) 뒤의 사람들로 하여금 지금도 그의 일생을 떠올리게 하는 이유인 것이다. 공은 이미 자신이 세상에 용납되지 못하리라는 것을 스스로 알아서, 마침내 자신에게 말하기를 "선공(先公)께서 벼슬이 총재에 이르렀고 두 아우는 모두 현관(顯官)이니, 내가 벼슬에 있는 것은 지영(持盈)[88]의 도리가 아니다." 하고, 드디어 벼슬에서 물러났다. 선대왕께서 매양 그를 일러 "고집쟁이로다, 고집쟁이로다."라고 하였지만, 또 "조돈(趙暾)은 참으로 현명하구나."라고도 하였다.

금상의 조정에 들어와서는 예우가 더욱 융숭하여 일찍이 봉조하라고 일컫고 이름을 부르지 않았으며, 공을 기용하여 세상을 놀라게 하고자 한 적이 여러 번이었으나, 공의 명절(名節)을 손상하기를 어려워하고 또 공이 조정에 오래 있는 것을 편안히 여기지 못할 것을 염려하여 결국은 실행하지 못하였다. 일찍이 상이 공의 화상(畫像)에 제(題)하기를 "바닷가의 무리인가, 산속의 재상인가? 어찌 열 말의 술로 그대 가슴속에 쌓인 응어리를 풀겠는가.〔海上之徒耶 山中之宰耶 安得十斗酒

87 해 충개(海忠介) : 명나라 중기의 문신인 해서(海瑞, 1514~1587)로, 자는 여현(汝賢), 호는 강봉(剛峯), 시호는 충개이다.

88 지영(持盈) : 《노자(老子)》에 나오는 말로, 이미 성취한 대업을 잘 보전하며 지키는 것을 뜻한다.

澆爾胸中之磊磈耶]"라고 하였다. 공이 세상을 떠나자 상이 친히 제문을 지어 사제(賜祭)하면서 "느슨함을 부끄러워하여 곧게 처신하고, 원만함을 싫어하여 모나게 처신하였다."라고 하고, "지성으로 마음을 열었던 노성함을 지금도 기억한다."라고 하고, "성인의 말씀이 멀어졌으니 누가 견자(狷者)를 취하겠는가."[89]라고 하였다.

아, "신하를 아는 것은 임금만 한 이가 없다."라는 것이 어찌 헛된 말이겠는가. 나의 숙부 고고정(古古亭) 상공(相公)[90]은 공과 동갑의 벗으로, 서로 만나면 반드시 술자리를 마련하였고 술이 거나해지면 마음껏 이야기를 나누었다. 공은 시국을 근심하고 세속을 개탄하면서 간사하고 아첨하는 자들을 꾸짖고 욕하였으며, 왕실이 위태로운데도 의지할 만한 조정 신하가 없다고 이야기하는 데 이르러서는 종종 비 오듯 눈물을 흘리기까지 하였다. 공이 일찍이 나를 자(字)로 부르며 말하기를 "정부(定夫), 세상 사람들이 나를 지목하여 미치광이라고 하네. 나야 원래 미치광이이지만, 자네 역시 반미치광이는 될 걸세." 하였을 때, 나 역시 매우 취하여 흔연히 "그렇습니다."라고 하였다. 아, 내가 미친 정도를 공과 비교하면 겨우 반밖에 되지 않으니, 이것이 내가 공에게 미치지 못하는 이유이리라. 숙부와 공이 이어서 세상을 떠난 지 이제 겨우 수년이 지났을 뿐인데, 세도(世道)가 날로 쇠락하는 것이 공이 계실 때보다 더 심하다. 아, 공이 만약 다시 살아날 수 있다면,

89 성인의……취하겠는가 : 《논어》 〈자로(子路)〉에 나오는 공자의 "중도의 선비를 얻어 함께할 수 없다면 반드시 광자나 견자와 함께할 것이다.〔不得中行而與之, 必也狂狷乎!〕"라는 말을 떠올려 이렇게 탄식한 것이다.

90 고고정(古古亭) 상공(相公) : 고고정은 몽오의 숙부 김치인(金致仁, 1716~1790)의 호이다. 영의정을 지냈다.

공은 반드시 웃으며 나에게 '자네는 누구와 더불어 술을 마시겠는가? 또 자네는 누구와 더불어 미치광이의 고하(高下)를 논하겠는가?'라고 하시리라.

김중회의 묘표
金仲晦墓表

영종대왕(英宗大王) 말년에, 청풍(淸風) 김백우 상묵(金伯愚尙默)이 언론과 지절(志節)과 성망(聲望)으로 한 시대를 진동시켰으나, 권흉(權兇)과 원수가 되는 바람에 불우하게 그 생애를 마쳤다. 그의 아우가 중회(仲晦) 김광묵(金光默)인데, 그의 형과 언론이 같고 지절이 같았으므로 그 불우함도 같았다. 백우가 세상을 떠나고 나서, 중회가 충실함과 진실함으로 금상(今上 정조)의 신임을 받아 이조에 발탁되니,[91] 군자들이 이르기를 "백우는 비록 죽었지만 백우의 도는 시행되게 되었다." 하였다. 처음에 중회는 이른 나이에 진사시에 입격하여 고을 수령을 두 차례 지내다가, 장원으로 급제하여 통정대부의 품계로 뛰어올랐고, 또 20년 동안 호서와 영남의 관찰사와 이조의 참의와 참판에서 시작하여 도승지에 이르기까지 관직에 있지 않은 날이 열흘도 안 된다. 상이 조정에 나와 정사를 볼 때 자주 공의 현명함을 칭찬하며 "늠름한 인물이니 장차 크게 쓸 것이다." 하였으나, 몇 년이 지나지 않아 병에 걸렸고 병에 걸린 이듬해에 세상을 떠났으니, 애석하도다.

중회는 사람됨이 순수하고 성실하였으며, 벗들과 종족에게 은의(恩義)를 베풀고 허심탄회하게 남을 대하며 모난 행동을 하지 않았다. 그러나 마음으로 옳지 않다고 여기면 자신의 뜻을 굳게 지켜 화복(禍

91 이조에 발탁되니 : 1789년(정조13) 김광묵이 이조 참의와 이조 참판에 제수된 일을 가리킨다.

福)에도 그 마음을 바꾸지 않았다. 일찍이 양주 목사(楊州牧使)로 있을 때, 양주에 유명한 꽃이 있어 홍국영(洪國榮)이 사람을 보내어 그 꽃을 가져가려 하였으나, 중회는 고집하여 주지 않고 마침내 벼슬을 그만두고 떠났으니, 이 일은 내가 양주 목사로 부임하였을 때 양주 사람이 이야기한 것이다.

중회는 나와 더불어 고려 시중 대유(大猷)를 같은 조상으로 한다. 잠곡(潛谷) 문정공(文貞公) 육(堉)이 중회의 5대조이고, 문정공의 아들 충익공(忠翼公) 우명(佑明)이 명성왕후(明聖王后)를 낳았다. 증조부 공조 판서 석연(錫衍)은 충익공의 아들로서, 평강 현감(平康縣監) 성채(聖采)의 아들 중회를 계부(季父) 충주 목사(忠州牧使) 성휴(聖休)의 뒤를 잇게 하여, 조부 군자감 정(軍資監正) 도흡(道洽)의 제사를 받들게 하였다. 중회는 영종 경술년(1730, 영조6)에 태어나서 금상 경술년(1790, 정조14)에 세상을 떠났으며, 여주(驪州) 사전리(絲田里) 건좌(乾坐)의 땅에 장사하였다.

정부인(貞夫人) 은진 송씨(恩津宋氏)는 동춘당(同春堂) 문정공(文正公 송준길(宋浚吉))의 현손이며 현령 한정당(閒靜堂) 송문흠(宋文欽)의 따님이다. 세 아들 기긍(基肯), 기서(基胥), 기유(基有)와 두 딸을 낳았고, 현감 윤후동(尹厚東)과 사인 조진의(趙鎭宜)가 사위이다. 아, 나는 백우의 벗이기 때문에, 늘 중회를 아우로 여겨서 이전에는 그를 중회라고 부르곤 하였다. 백우의 명(銘)을 쓴 지 몇 해 되지도 않았는데 지금 또 중회의 명을 쓴다. 내 평생의 친구들이 모두 사라져 버렸으니, 슬프도다.

사간원 대사간 김공 묘표

司諫院大司諫金公墓表

나는 당세의 문장지사(文章之士) 가운데서 세 사람의 외우(畏友)를 두었으니, 풍산(豐山) 홍자순(洪子順 홍낙명(洪樂命))과 광산(光山) 김치오(金穉五)와 풍양(豐壤) 조경서(趙景瑞 조경(趙璥))이다. 자순은 순수하면서도 반듯하였고 치오는 침착하면서도 단정하였고 경서는 대범하면서도 밝았으며, 세 사람은 또 모두 행실이 바르고 옛 학문을 좋아하였기 때문에 나와 친하게 지냈다. 아, 그런데 지금은 세 사람 모두 세상에 없다. 자순은 벼슬이 이조 판서였지만 물러난 때가 많고 나아간 때는 적었으며 경서는 정승에 임명되고도 부임하지 않았으나, 또 모두 관각(館閣)에 출입하여 당세에 명성이 높았다. 그런데 유독 치오는 늙어서 급제하고도 중간에 뜻하지 않은 불운을 만나,[92] 끝내 큰 굴곡을 겪다가 생을 마쳤다. 나는 이 일을 매우 슬퍼하는데, 이제 그의 아들 기응(箕應)이 치오의 사행(事行)을 정리하여 나에게 그의 묘표를 써 주기를 청하였다.

공의 휘는 상정(相定)이다. 치오는 자(字)이고 호는 석당(石堂)이다. 김씨(金氏)로서 보계(譜系)가 신라 왕자에서 나오고 광주(光州)를 관향으로 둔 인물이 세상에 크게 드러났으니, 휘가 장생(長生)이고

92 늙어서……만나 : 김상정은 1771년(영조47) 50세의 나이로 문과에 장원 급제하여 승지를 거쳐 대사간이 되었으나, 1776년 정조가 즉위하자, 정조와 사이가 나쁘던 홍인한(洪麟漢)과 가까웠다는 이유로 파직되었다.

호가 사계(沙溪)로서 공자의 묘정(廟庭)에 배향된 분이 공의 6대조이다. 조부 휘 진항(鎭恒)은 증 이조 참판이고, 퇴어자(退漁子) 진상(鎭商)이 그의 아우이다. 부친 휘 영택(令澤)은 대흥 군수(大興郡守)이고, 모친 평산 신씨(平山申氏)는 평운군(平雲君) 신성하(申聖夏)의 따님으로, 경종 임인년(1722, 경종2) 12월 9일에 공을 낳았다.

공은 말을 배우자마자 글을 읽을 줄 알았고, 15세에 《상서(尙書)》를 읽고서 대나무를 잘라 선기옥형(璇璣玉衡)을 제대로 만들었다. 자라서 성균관에서 공부할 때, 시험에서 모두 여섯 차례나 많은 선비들 중에서 으뜸을 차지하였으나 끝내 진사시에 입격하지 못하였다. 임오년(1762, 영조38)에 선공감 가감역관(繕工監假監役官)에 선임되었고, 제용감·장례원·상의원의 낭관을 거쳐, 외직으로 나가 토산 현감(兎山縣監)이 되었다. 현을 다스릴 때, 성심껏 백성들을 사랑하고 백성들도 그를 믿어서, 백성들과 날짜를 약정하면 환곡 납입에 백성들이 감히 날짜를 넘기지 않았다.

익위사 위솔(翊衛司衛率)에 제수되었을 당시에 금상(今上 정조)이 동궁에 있었는데, 매번 서연(書筵)에서 시강할 때 문의(文義)를 진술하라고 명하여도 공은 오히려 오래 머뭇거리다가 하문(下問)이 있으면 대답하였는데, 상이 그때마다 훌륭하다고 칭찬하였다. 또 광흥창과 종친부의 낭관을 거쳐 외직으로 나가 의성 현령(義城縣令)이 되었고, 그 벼슬에 있은 지 석 달 만에 문과에 장원으로 급제하였다. 이때 공은 이미 51세였는데, 세인들이 왁자지껄하며 이번의 과거에서 문형(文衡)의 재목을 얻었다고 하였다. 공은 품계가 통정대부로 뛰어오르고 동부승지가 되었는데, 뒤에 승지가 된 것이 다섯 차례이고 한 차례 병조참의와 사간원 대사간이 되었으나 나아가기도 하고 나아가지 않기도

하였고, 나아간 경우에도 며칠 만에 체직되었다.

병신년(1776, 정조 즉위년)에 국수(鞫囚) 윤약연(尹若淵)의 거짓된 공초로 인하여[93] 체포되고, 공사(供辭)를 올리기도 전에 바로 명을 받아 전리(田里)로 추방되었다가 임인년(1782)에 사면을 받았다. 갑진년(1784)에 상이 고신(告身)을 돌려주도록 명하였고, 무신년(1788) 8월에 울진 현령(蔚珍縣令)에 제수하도록 명하면서 이르기를 "그에게 딴 마음이 없다는 것을 내가 이미 알았다." 하였다. 부임하여서는 부지런히 관청의 사무를 처리하여 조금도 게을리하지 않았다. 11월에 병이 나서 현아(縣衙)에서 세상을 떠났으니, 향년이 67세였다. 광주(廣州) 번산(樊山) 축좌(丑坐)의 언덕에 장사하였는데, 이곳에 증(贈) 숙부인(淑夫人) 연안 이씨(延安李氏)를 부장(祔葬)하였다.

부인(夫人)은 진사 이명집(李命集)의 따님이니, 문청공(文淸公) 서지수(徐志修)의 생질녀이다. 문청공이 우리 할아버지에게 생질이 되므로 내가 일찍이 부인을 만나 보았는데, 겉과 속이 밝고 맑아서 마치 세속의 사람이 아닌 것 같았다. 두 아들을 낳았으니, 진사시에 입격하고 현령을 지낸 기응(箕應)과 기덕(箕德)이다. 손자는 재원(在元), 재의(在義), 재희(在羲), 재미(在美), 재선(在善), 재간(在澗), 재선(在羨)이다. 후부인(後夫人)은 당성 서씨(唐城徐氏)로 진사 서이일(徐履一)의 따님이다.

93 국수(鞫囚)……인하여 : 정조의 왕위 계승을 반대해 오던 홍인한 일당에 대한 대대적인 숙청이 실시될 때, 당시 수찬으로 있던 윤약연이 임금의 하교에 따라 홍인한 일당의 상소들을 검토하면서, 대역 죄인으로 판정되었던 홍인한의 죄를 가벼이 기술하여 임금의 진노를 사게 되었다. 그 결과 임금이 직접 국문(鞫問)을 하였고, 이때 그가 진술한 말에 김상정의 이름이 들어간 것이다. 《正祖實錄 1年 6月 23日》

공은 사람됨이 강직하고 중후하였으며 법도를 잘 지켜서 지나치지 않았으나, 지기(志氣)가 높고 굳세어 용감하게 매진하면서 돌아보지 않는 의지가 있었다. 그렇지만 실상과 다르게 꾸며서 이름을 드러내어 보통 사람과 달리 보이기를 좋아하지 않았다. 공의 학문은 내면을 지키는 데 전념하고 외물을 따르기를 부끄러워하였으니, 존양(存養)하는 공부를 묵묵히 실천하여 깨달음이 심오하였고, 기미(幾微)를 분석하여 얽힌 것을 풀어내는 데는 종종 독보적인 신묘함이 있었다. 어버이를 섬김에 효도를 다하고 제사를 더욱 엄숙하게 받들었으니, 사당에 오르내리고 제물을 올릴 때에 문중 사람들이 서로 전하여 말하기를 "공의 기색을 가만히 살펴보니 털끝만큼도 경건하지 않은 점이 없다." 하였다.

입조(立朝)한 기간은 앞뒤로 겨우 수십 일이었으나 충애(忠愛)의 일념은 자나 깨나 한결같았으니, 이것은 벼슬을 하기 전에도 이미 그러하였다. 개연히 천하와 국가의 일을 논할 때는 시야가 넓고 논리가 치밀하여, 마치 하루아침에 그 주장을 들어서 시행하더라도 어려움이 없을 듯하였다. 붕우에 대해서도 신의가 있기로 소문이 났으며, 청렴을 실천하여 마음에 안 된다고 생각되면 남에게서 지푸라기 하나도 취하지 않았다. 시문(詩文)은 간결하고 예스러웠으니, 마음 쓰는 것이 치밀하고 법도를 지키는 것이 엄격하였으나 기운이 평안하고 자유로웠다. 문집 몇 권이 집안에 보관되어 있다.

공의 지조와 재주에 경술과 문장이 더해졌으니, 만약 나아가서 세상을 위하여 쓰였다면 수립하고 성취한 것이 응당 어떠하였겠는가. 그러나 늙을 때까지 때를 만나지 못하였고, 때를 만나자 죄도 없이 버림을 받았으니, 오호라, 이것이 어찌 운명이 아니겠는가. 공이 세상의 학자들이 먼 것에 힘쓰고 가까운 것을 소홀히 하며 논설을 숭상하고 실천을 등한시하는 것을 병통으로 여겨 〈원학(原學)〉 세 편을 지었으니, 후세의 인사들이 그 글을 읽는다면 반드시 공에 대해 아는 것이 있으리라. 아, 안타깝도다.

종부시 주부 증 이조 참판 유공 묘표

宗簿寺主簿贈吏曹參判柳公墓表

선조(宣祖) 임진(壬辰)에 왜적이 진주(晉州)를 함락하였을 때,[94] 창의사(倡義使) 김공 천일(金公千鎰)과 복수장(復讎將) 고공 종후(高公從厚)가 그곳에서 죽고, 전주(全州) 유공 복립(柳公復立) 또한 죽었다. 그 전에 학봉(鶴峯) 김성일(金誠一)이 경상우도 관찰사로서 진주를 지켰는데, 유공(柳公)은 학봉의 생질로, 그때 영남에 있다가 병란이 일어났다는 말을 듣고 분연히 말하기를 "나는 대대로 벼슬한 집안의 자손이다." 하고 마침내 진주로 학봉을 따라가서, 모의와 계획에 참여하고 여러 차례 승전(勝戰)을 보고하였다. 학봉이 병으로 세상을 떠나면서 진주성의 수비를 공에게 부탁하자, 공이 김공, 고공과 서로 힘을 합하여 지키다가 성이 함락되매 이들과 함께 죽으니, 논자들이 말하기를 "학봉은 역시 사람을 잘 알아본다." 하였다. 숙종 기해년(1719, 숙종45)에 공에게 이조 참판을 추증하였고, 영종 기유년(1729, 영조5)에는 공의 집 문에 '충신지문(忠臣之門)'이라고 정표(旌表)하도록 명하였다. 금상(今上) 계축년(1793, 정조17)에 공의 후손이 나에게 공의 묘표를 써 주기를 부탁하므로, 행장(行狀)을 살펴보고서 쓴다.

공은 자가 군서(君瑞)로, 세종조 집현전 제학(集賢殿提學) 의손(義孫)의 5대손이며, 증 사복시 정 성(城)의 아들로서 참봉 지(墀)의 후사

94 선조(宣祖)……때 : 실제로 진주성이 왜군에 함락된 해는 임진년 다음 해인 1593년(선조26)이다. 여기서는 임진을 '임진왜란'이라는 의미로 쓴 듯하다.

가 되었다. 증조부 식(軾)은 홍문관 전한이고 조부 윤덕(潤德)은 홍문관 부제학이다. 공은 가정(嘉靖) 무오년(1558, 명종13)에 태어났는데, 어려서부터 기백과 재간이 있었다. 만력(萬曆) 무자년(1588, 선조21)에 조정에서 공을 종부시 주부로 발탁하였으나 나아가지 않고 세상을 떠났으니, 이때 겨우 36세였다.

부인(夫人) 이씨가 외아들 호(昊)를 낳았는데, 이분은 참판에 추증되었다. 호는 다섯 아들을 낳았고, 증손과 현손 아래로 자손이 많아 8, 9십 인에 이른다. 공에게 정려(旌閭)의 명이 내렸을 때, 문정공(文正公) 이재(李縡)가 공이 죽은 일의 본말을 기록하여 문려(門閭)에 새기고, 또 인조 조정에서 공의 본생 모부인(母夫人) 김씨의 문에 정표하도록 명한 일을 거론하면서 "공의 충성은 유래한 바가 있다."라고 하였다. 아, 이 말을 어찌 믿지 않겠는가. 김씨는 바로 학봉의 누이이다.

몽오집

제7권

묘지 墓誌

행장 行狀

시장 諡狀

묘지 墓誌

문효세자 지문
文孝世子誌文

세자는 성(姓)은 이(李)이고 휘(諱)는 □[1]이니, 금상(今上 정조) 전하의 장자이고 영종대왕(英宗大王)의 증손이다. 우리 전하께서 장헌세자(莊獻世子)의 아들로 백부인 효장세자(孝章世子)의 후계가 되었는데, 효장세자를 진종대왕(眞宗大王)으로 추존하였으니 영종대왕의 명이었다.

의빈(宜嬪) 성씨(成氏)가 임인년(1782, 정조6) 9월 7일 인시(寅時)에 창덕궁(昌德宮)의 연화당(讌華堂)에서 세자를 낳았다. 이날 밤 홀연히 한 줄기 붉은 빛이 해가 떠오르듯이 침실을 비추었는데 새벽에 이르러 세자가 탄생하였다. 영종대왕과 우리 전하의 성절(聖節)이 모두 9월이다. 처음에 경희궁(慶熙宮) 뜰 안에 큰 대추나무가 있었는데 원종대왕(元宗大王)[2]께서 잠저(潛邸)에 계실 때 그 나무에 말을 매셨

1 □ : 대본에는 피휘(避諱)하여 글자를 비워 놓았는데, 문효세자의 이름은 순(晫)이다.

2 원종대왕(元宗大王) : 대본에는 '元宗大子'로 되어 있다. 문맥에 근거하여 '子'를 '王'

다고 한다. 그 뒤에 나무가 말랐는데 현종대왕(顯宗大王) 신축년(1661, 현종2)에 나무가 홀연히 꽃을 피웠고 숙종대왕(肅宗大王)께서 그해 가을에 태어나셨다. 그 후에 나무가 다시 말랐는데 이때에 이르러 다시 꽃을 피웠고, 열매가 익자 상께서 근신(近臣)들에게 나누어 주었으니 이 이야기를 들은 사람들이 기이하게 여겼다.

같은 해 11월에 원자(元子)에 봉하고 상께서 왕비 전하께 명하여 거두어다 아들로 삼았다. 갑진년(1784, 정조8) 8월에 책봉하여 왕세자로 삼았는데, 영종대왕께서 등극하신 연월(年月)이 마침 1주갑(周甲)이었다.[3] 을사년(1785) 중양일(重陽日)에 공묵합(恭默閤)에서 처음 《효경(孝經)》을 공부하였는데, 숙종대왕께서 처음 《효경》을 공부하시던 연월일(年月日)의 2주갑이었다. 병오년(1786) 5월에 홍역을 앓았는데 정상으로 회복했다가 금방 가슴이 답답한 증세가 더해져서 11일 미시(未時)에 창경궁의 별당에서 돌아가시니 나이가 겨우 다섯 살이었다.

우리 전하께서는 친히 장례에 임하시어 크고 작은 일에 구애됨이 없이 일체 예법대로 하였으며, 의금(衣衾)을 대내(大內)에서 내어 유사(有司)를 번거롭게 하지 않았다. 의정부에서는 '강유상제(剛柔相濟)'와 '자혜애친(慈惠愛親)' 두 시법(諡法)을 취하여 '문효(文孝)'라고 시호를 올리고[4] 묘호(廟號)는 '문희(文禧)', 묘호(墓號)는 '효창(孝昌)'이

으로 바로잡아 번역하였다. 원종대왕(1580~1619)은 인조(仁祖)의 아버지로, 이름은 부(琈)이다. 선조(宣祖)의 5남으로 정원군(定遠君)에 봉해지고, 인조반정 후 대원군에 봉해졌다가 후일 원종으로 추존되었다.

3 영종대왕께서……1주갑(周甲)이었다 : 영조는 60년 전인 1724년 갑진년 8월에 등극하였다.

라고 하였다. 윤7월 19일에 고양(高陽)의 율목동(栗木洞)[5] 임좌(壬坐) 언덕에 예를 갖추어 장사 지냈다.

상께서는 현실(玄室)의 지문(誌文)을 신 종수(鍾秀)에게 지으라고 명하시고, 이미 또 어제(御製) 녹지(錄紙)를 써서 내려 주어 글을 짓는데 자료로 삼게 하였다. 신은 상소하여 인현왕후(仁顯王后) 명릉(明陵)의 고사[6]를 따라 어제 녹지를 지문으로 삼도록 청하였는데 윤허하지 않으니 삼가 어제 녹지를 놓고 한두 가지 견문을 참고하여 머리를 조아리고 눈물을 흘리면서 서술한다.

세자는 자태가 풍만하고 도량이 컸으며, 자애롭고 어질면서 너그럽고 여유로워 인(仁)한 마음이 겉으로 드러났다. 바라보면 숙성(夙成)하고 사려가 깊어 항상 뭔가를 생각하고 헤아리는 것이 있는 것 같았으며, 행동거지에 법도가 있고 세자시강원의 신료들을 대할 때에 한 번도

4 의정부에서는……올리고 : 빈청에서 1786년 5월 14일에 처음 올린 시호는 '온효(溫孝)'였는데, "덕성이 너그럽고 온화한 것을 '온'이라고 하며, 인자하고 어버이를 사랑하는 것을 '효'라고 한다.〔德性寬和曰溫, 慈惠愛親曰孝.〕"라는 뜻을 취한 것이다. 며칠 후인 22일에 '온효'라는 시호가 그다지 아름답지는 않다고 하여 다시 '문효'로 바꾸었는데, "강유가 서로 알맞은 것을 '문'이라고 하고, 인자하고 어버이를 사랑하는 것을 '효'라고 한다.〔剛柔相濟曰文, 慈惠愛親曰孝.〕"라는 뜻을 취한 것이다. 《正祖實錄 10年 5月 14日, 22日》

5 고양(高陽)의 율목동(栗木洞) : 현재의 서울시 용산구 청파동에 해당하는 곳으로, 효창공원은 문효세자의 묘호(墓號)에서 따온 이름이다.

6 인현왕후(仁顯王后) 명릉(明陵)의 고사 : 인현왕후는 숙종의 계비(繼妃)이고 명릉은 인현왕후와 나중에 묻힌 숙종의 능이다. 1701년(숙종27) 35세를 일기로 세상을 떠났는데, 숙종이 인현왕후 묘지문(墓誌文)의 자료로 쓰기 위해 행록(行錄)을 지었으며 이를 토대로 숙종이 직접 묘지문을 지었다. 《肅宗實錄 27年 11月 23日 大行王妃行錄》

눈길을 이리저리 돌리지 않았다. 한번은 밤중에 방 안에서 우연히 불이 났는데 모시는 사람들이 모두 잠들었다가 세자가 부르는 소리를 듣고 깨어나 불이 더 번지지 않았다. 그때 세자는 태어나서 아직 돌이 되지도 않았다.

책봉(冊封)의 예(禮)를 행하게 되어 뜰에서 막 옥책(玉冊)을 받고서 당에 올라 하례를 받았는데, 남에게 안기거나 부축받지 않고 단정하게 앉았다. 예가 끝나자 상께서 신하들에게 앞으로 가까이 다가가 우러러보도록 명하니 신하들이 일시에 섬돌을 올라가 사방을 죽 둘러 에워쌌는데, 세자는 눈길을 주어 두루 살펴보면서 먼 구석에 있는 사람까지 빠뜨리지 않았다. 상께서 웃으면서 "이 아이는 처음 대하는 사람을 보면서도 수줍어하지 않으니 기이하다."라고 하셨다. 신하들은 서로 돌아보고 찬탄하면서 "참으로 하늘이 낸 분이다."라고 하였다.

세자는 태어나서 혜경궁 저하(惠慶宮邸下)에게 양육되었는데 즐거이 따르며 슬하를 떠나지 않았다. 매번 상께서 들어오시면 세자가 반드시 웃으며 맞이하였으며, 발걸음이 문밖으로 나가려 하시면 앙앙 울며 찾았다.

병이 위독해지고 나서 의식이 이미 떠났다가 갑자기 큰 소리로 두 차례나 전하를 불렀는데, 이때 상께서는 곁방에 거둥해 계셨다. 다음날 상께서 가 보니 갑자기 기지개를 켜고 눈을 떠 몇 줄기 눈물을 흘리더니 얼마 지나지 않아 숨을 거두었다. 지극한 성품이 죽을 때까지 조금도 변하지 않음이 이와 같았다.

말을 배우기도 전에 이미 서적을 좋아하였다. 방 안에 글자를 쓴 병풍이 있었는데 앉아 있을 때나 누워 있을 때나 돌아보며 잠시도 곁에서 치우지 못하게 하였다. 어려서 질병이 많았는데 비록 병석에 누워 있으면서도 아픈 기색을 보이지 않았다. 간혹 울면서 불편해하는 때가 있으면 주변 사람들은 장난감이 아니라 서책을 가져다주었는데, 주흥사(周興嗣)의 《천자문(千字文)》은 엮은 끈이 손때가 타고 해졌다. 병을 앓게 되었을 때 시험 삼아 서책을 가져다가 펼쳐 보게 하니 마음을 쏟아 자세히 살펴보면서 마치 내용을 이해하는 것 같았다.

처음에 우리 전하께서 한창 젊으셨을 때 후사가 없어 나라 사람들이 근심하였는데, 세자가 탄생하자 부녀자들이나 미천한 자들까지 기뻐서 껑충거리지 않은 사람이 없었으니, 민심은 세자의 지위가 확실하게 정해지기도 전에 이미 귀착(歸着)하여 있었다. 또 그 타고난 자질이 탁월하고 상서로운 조짐이 가득 모여 정일(精一)의 전수[7]를 이어받고 희흡(熙洽)[8]의 운세를 잡을 수 있게 되었으니, 하늘이 우리나라를 돌보아 준[9] 것이 우연이 아닌 듯하였다. 그런데 어찌하여 가엽게 여기지 않고 하루아침에 재앙을 내려서 마침내 세자의 자리를 텅 비게 만들어 종묘의 제사에 주인이 없게 하였는가. 아아, 이 무슨 이치인가.

신은 삼가 생각건대, 세자의 슬기로운 자질은 비록 하늘이 내려 주신

7 정일(精一)의 전수 : 요(堯) 임금은 순(舜) 임금에게 선위(禪位)할 때에 "진실로 그 중을 잡으라.〔允執其中〕"라고 하였고, 순 임금은 우(禹) 임금에게 선위할 때에 이 말을 더 부연하여 "인심은 위태롭고 도심은 미묘하니, 오직 정밀하게 살피고 오직 전일하게 지켜야 진실로 중도(中道)를 잡을 수 있다.〔人心惟危, 道心惟微, 惟精惟一, 允執厥中.〕"라고 한 것을 가리킨다. 이 구절은 도통(道統)을 전수하는 요결(要訣)로 일컬어진다.

8 희흡(熙洽) : 중희누흡(重熙累洽)으로, 광명을 거듭하여 은택이 두루 미친다는 뜻인데, 임금이 대를 이어 인덕을 베풀어 천하가 태평함을 이른다.

9 돌보아 준 : 대본에는 '春顧'로 되어 있다. 문맥에 근거하여 '春'을 '眷'으로 바로잡아 번역하였다.

것이지만 한창 어린 나이여서 일상생활하고 밥 먹고 쉬는 것들이 보모(保姆)의 손을 벗어나지 못했으니 아름다운 덕이 겉으로 드러난 것이 적었다. 비록 그렇지만 어제의 녹지에 쓰인 600여 글자는 우리 성상의 사령(辭令) 문장이 전모(典謨)에 딱 들어맞는 것으로, 늘 돌보실 때와 집 안에서 같이 생활할 때에 얻은 것이니 돈사(惇史)[10]에 비할 수 있다. 타고난 자질의 강함과 부드러움이 법도에 합치한 것은 경대부(卿大夫)들이 바라보고 아는 바이며, 어버이를 사랑하는 것이 천성에 바탕을 둔 것과 서책을 좋아한 것이 거의 양지(良知)와 같은 것은 궁 안의 사람들이 전하며 칭송하는 바이다. 천대 백대 후에 어제 한 편과 시법에 쓰인 여덟 글자를 보면 우리 성상을 닮은 자식이라는 것을 징험할 수 있을 것이다. 아아, 어찌 성대하지 않겠는가.

10 돈사(惇史) : 돈후한 덕을 기록한 글이라는 뜻으로, 덕행(德行)이 있는 이의 언행을 기록하여 후세의 모범이 되게 하는 것을 말한다. 《禮記 內則》

사위 서 서방의 묘지명 병서
徐壻墓誌銘 竝序

관찰사 달성(達城) 서공 사의(徐公士毅)는 나의 외우(畏友)이다. 공은 성품이 엄격하면서 독특하였는데 그 둘째 아들로 자(字)가 자약(子約)인 유수(有守)를 자주 칭찬하여 부자간의 지기(知己)라고 하였다. 나는 내 딸을 자약에게 시집보냈다. 자약은 하얀 얼굴에 붉은 입술을 하고 눈빛은 잘 갈아 낸 거울 같았으며 내면과 외면이 밝고 맑아 속세 사람 같지 않았는데, 불행하게도 나이 열아홉에 죽고 말았다. 공은 울면서 나에게 말하기를 "내 아이는 남에게 빳빳하여 마음에 들어 하는 사람이 없었고, 마음에 들어 하는 사람은 오직 장인뿐이었네. 그대가 아니면 내 아이의 명(銘)을 지을 사람이 없네. 내 장차 행장(行狀)을 지어 자네에게 주겠네."라고 하였는데, 행장을 미처 완성하지도 못하고 공이 갑자기 세상을 떠났다. 3년이 지나 그 맏아들 유병(有秉)이 자약의 행장을 가지고 왔다. 아아, 이는 죽은 내 친구의 요청이다. 비록 그렇지만 내가 자약의 명을 짓는 데 어찌 행장을 사용하겠는가.

자약은 영종 정축년(1757, 영조33) 11월 24일에 태어나고 을미년(1775) 8월 19일에 죽었다. 사람됨은 고명(高明)하고 홍원(弘遠)하였으니 온 천하의 사물로서 족히 그 마음을 당할 것이 없었다. 커다란 기상이 있어 건방지고 제멋대로 하기를 좋아하여 종종 통제할 수 없을 듯하였는데, 확연히 태도를 바꾸면 언어가 시의적절하고 기쁨이나 분노를 성급하게 드러내지 않았다.

어려서부터 책을 몹시 좋아하여 어른이 꾸짖으며 빼앗으면 번번이 몰래 가져다 보았으며 한 번 눈으로 보면 곧 외웠다. 마음속에 맑은 생각이 있어 비록 복잡한 말이나 깊은 뜻일지라도 남들이 통하지 못하는 것을 능히 통할 수 있었으며, 글을 지으면 솜씨가 있고 조리가 정미(精微)한 경지에 들었다.

한번은 여러 아이와 함께 입시할 기회를 얻었을 때 상께서 마침 몹시 화를 내며 여러 아이에게 《소학(小學)》을 읽었는지 묻고서 읽지 않았다고 대답한 사람에게 벌을 내렸다. 차례가 자약에게 이르자 자약은 "읽지 않았습니다."라고 대답하였다. 물러나서 다른 사람에게 말하기를 "내가 《소학》을 외운 지는 오래되었다. 그러나 읽은 것은 아니다. 감히 죄를 두려워하여 임금에게 사실이 아닌 것을 아뢰겠는가."라고 하니 들은 사람이 숙연하였다.

자약은 지극한 행실이 있었다. 모친 정부인(貞夫人)의 상을 당하자 지나치게 슬퍼하여 몸이 상하여 병이 났다. 이미 위독하게 된 데다 천연두를 만나 죽으니 양근(楊根) 동종면(東終面) 탑곡(塔谷)의 축방(丑方)을 등진 언덕에 장례 지냈다.

관찰사공의 묘는 그 위로 몇 걸음 거리에 있다. 공의 휘(諱)는 형수(逈修)인데, 일찍이 강원도 관찰사를 지냈다. 임피 현령(臨陂縣令)을 지낸 그 부친 휘 명훈(命勳)은 이조 참판에 추증되었고 그 조부 휘 종대(宗大)는 이조 참의에 추증되었다. 정부인 김씨는 안동(安東)이 본관인데 부친의 휘는 원행(元行)이고 호는 미호(渼湖)이며 벼슬은 세손시강원 찬선(世孫侍講院贊善)을 지냈다.

자약은 아들이 없어 형의 아들 후보(厚輔)를 아들로 삼았는데 지금 다섯 살이다. 명(銘)은 다음과 같다.

아, 자약이여 嗟子約
마음은 빙옥[11]이요 心氷玉
그릇은 정려[12]였네 器鼎呂
준마가 한번 내달려 천 리를 가는 기상을 짊어지고
負駿駒一踔千里之氣
처녀와 같은 태도를 지켰다네 而守之以處女
이 사람이 어찌 이 세상에 마땅히 있을 사람이겠는가 斯豈斯世所宜有
태어난 것이 우연이었으니 生也偶耳
하물며 오래 머물러 있으랴 矧可久
옛날 중니께서도 기린이 넘어지자 슬피 울었나니 昔仲尼泣麟踣
그만이로다, 그만이로다 已矣已矣
자약을 어찌하리오 奈何乎子約

11 빙옥(氷玉) : 맑고 깨끗하여 아무런 티가 없는 마음을 뜻하는데, 흔히 고결한 지조를 비유하기도 한다.

12 정려(鼎呂) : 하(夏), 은(殷), 주(周) 삼대에 걸친 보기(寶器)인 구정(九鼎)과 주(周)나라 종묘의 큰 종인 대려(大呂)로, 모두 크고 무겁기로 이름난 물건이다.

종숙부 고고정 부군 묘지명 병서
從叔父古古亭府君墓誌銘 幷序

공의 휘(諱)는 치인(致仁)이고 자는 공서(公恕)이며 자호(自號)는 고고정(古古亭)이다. 우리 김씨(金氏)는 청풍부(淸風府)가 본관으로, 계보는 고려의 시중(侍中) 대유(大猷)로부터 시작한다. 고조 휘 극형(克亨)은 공조 정랑을 지내고 좌찬성에 추증되었으며, 학문하는 사람들은 사천(沙川) 선생이라고 칭하였다. 증조 휘 징(澄)은 전라도 관찰사를 지내고 영의정에 추증되었다. 조부 휘 구(構)는 우의정을 지내고 시호는 충헌(忠憲)이다. 부친 휘 재로(在魯)는 영의정으로 치사(致仕)하였으며 시호는 충정(忠靖)이다. 모친은 청송 심씨(靑松沈氏)로 부사를 지낸 심징(沈澂)의 따님이다.

공은 충정공의 둘째 아들로 숙종 병신년(1716, 숙종42) 윤3월 21일에 태어났다. 무오년(1738, 영조14)에 생원시(生員試)에서 2등으로 합격하였다. 정묘년(1747)에 내시교관(內侍敎官)에 임명되었으며 다음해에 정시 문과(庭試文科)에서 장원하였다. 규례에 따라 성균관 전적에 제수되었으며, 병조와 이조의 정랑(正郞), 정언(正言), 시강원의 사서(司書)와 문학(文學), 사헌부 지평, 경기 도사(京畿都事)가 되었다.

경오년(1750)에 옥당(玉堂)에 들어가서 처음에 부수찬에 임명되었다가 부교리와 교리, 겸문학과 좌찬독(左贊讀), 동학(東學)과 서학(西學)의 교수가 되었다. 명을 받들어 수원(水原)에서 시재(試才)를 하였고 호남과 영남에서 암행 어사로 민정을 살폈다.

임신년(1752)에 현빈(賢嬪)[13]의 예장도감 도청(禮葬都監都廳)으로

서의 노고를 인정받아 동부승지에 발탁되었고, 순차로 승진하여 좌승지가 되었다. 언사(言事)에 연루되어 용인 현령(龍仁縣令)으로 좌천되어 나갔다가 형조 참의로 돌아왔다. 다시 춘천 부사(春川府使)를 거쳐 대사간에 제수되었으며 병조의 참지와 참의, 예조·공조·이조·호조의 참의, 성균관 대사성, 홍문관부제학 겸 비국부제조를 지냈다.

병자년(1756)에 공조 참의에 발탁되고 인원왕후(仁元王后) 혼전도감 제조(魂殿都監提調)에 차임되었으며 《국조상례보편(國朝喪禮補編)》을 편찬하는 일을 관리하였다. 그사이 이조 참판, 한성부 좌윤 겸 승문원유사당상 동지경연춘추관의금부사 오위도총부부총관이 되었다. 개성 유수(開城留守)로 나갔다가 경기 관찰사로 옮겼으며 다시 형조·호조의 참판이 되었다. 부친 충정공의 상을 당하였다.

신사년(1761)에 상을 마치고 한성부 우윤으로 선혜청 제조를 겸하였다. 한성부 판윤으로 발탁되었다가 공조·이조·호조·형조의 판서, 의정부 우참찬, 지돈녕부사 겸 지경연춘추관사 동지성균관사를 역임하였다. 모친 심 부인(沈夫人)의 상을 당하였다.

갑신년(1764)에 상을 마치고, 다시 조정에 들어가 형조·이조의 판서, 겸 세손우부빈객이 되었다. 을유년(1765)에 우의정 겸 호위대장에 발탁되었다. 병술년(1766)에 좌의정 겸 세손사부로 승진하였는데 죄로 인하여 파면되었다가 다시 임명된 것이 네 차례였다. 정해년(1767)에 영의정에 오르고[14] 영중추부사와 판중추부사에 번갈아 가며 붙여진

13 현빈(賢嬪) : 효순왕후(孝純王后) 조씨(趙氏, 1716~1751)의 생전 칭호이다. 본관은 풍양(豐壤)이며 영조의 장남인 추존왕 진종(眞宗), 즉 효장세자(孝章世子)의 비이자 정조의 양어머니이다.

것이 또 여러 차례였다.

임진년(1772)에 해남(海南)으로 귀양 갔다가 다시 대정(大靜)에 위리안치되었는데, 미처 도착하지 않아서 남해(南海)로 이배되었다. 계사년(1773)에 영중추부사에 서용되었으며 이어서 치사(致仕)하였으니 임금의 특별한 명이었다.

금상 병신년(1776, 정조 즉위년)에 판중추부사에 복직하도록 명을 받고 고부사(告訃使)에 충원되어 연경(燕京)에 다녀왔으며, 돌아와서 치사하기를 극력 청하니 상이 윤허하였다. 병오년(1786)에 영의정에 기용되었으며 정미년(1787)과 무신년(1788)에 거듭 체차되어 면직되었으나 모두 열흘 후에 다시 임명되었다. 겨울에 삭탈관직당하고 문외출송(門外黜送)되었다. 기유년(1789)에 다시 벼슬에 임명되었다가 곧바로 체차되어 영중추부사에 부직(付職)되었다.

경술년(1790) 3월 3일에 세상을 떠나니 향년 75세였다. 5월 6일에 인천(仁川) 안현(鞍峴)의 갑방(甲方)을 등진 언덕에 예를 갖추어 장례 지냈다. 원 부인은 증 정경부인(貞敬夫人) 완산 이씨(完山李氏)로, 좌의정 문정공(文靖公) 이관명(李觀命)의 따님이다. 효성스럽고 유순하며 장중하고 공손하여 시부모의 마음을 얻었다. 정유년(1717, 숙종43)에 태어나 계축년(1733)에 세상을 떠났다. 처음에는 광주(廣州)에 장례 지냈다가 공의 오른쪽에 합장하였다. 둘째 부인은 정경부인 달성 서씨(達城徐氏)로, 사어(司禦) 서명홍(徐命興)의 따님이다. 성품이 맑고 신중하며 자애로웠고 집안을 다스리는 데 법도가 있었다. 기해년

14 영의정에 오르고 : 대본에는 '陛領議政'으로 되어 있다. 문맥에 근거하여 '陛'를 '陞'으로 바로잡아 번역하였다.

(1719)에 태어나 무자년(1768)에 세상을 떠났다. 공의 왼쪽에 합장하였다. 셋째 부인은 정경부인 광주 이씨(廣州李氏)로, 이요심(李堯心)의 따님이다. 모두 자식이 없어 친족 자식인 종춘(鍾春)을 후사로 삼았는데 일찍 죽었고, 형님의 손자를 사손(嗣孫)으로 삼았으니 지금 일곱 살이다.

공이 정언(正言)으로 있을 때 정언 유한소(兪漢蕭)가 간언의 일로 죄를 입으니[15] 공이 상소하여 먼저 억측과 예단(豫斷)을 가하여 지나치게 사기(辭氣)를 허비한 잘못을 간하였다.[16] 옥당으로 있을 때 대사간 이제원(李濟遠)이 상소하여 신임옥사 당시 옥관의 죄를 논하고 장령 임사하(任師夏)가 그 뒤를 이어서 진언하다가 모두 견벌(譴罰)을 당하자 공이 동료 관원들과 차자를 올려 간쟁하였다. 또 유신(儒臣) 윤봉구(尹鳳九)를 신구(伸救)하여, 의심하고 분노하며 미워하고 박대하는 것은 초심을 지속하지 못하는 태도이니 뉘우치고 정중하게 불러서 정성스러운 예를 다하도록 청하였다. 또 패륜은 마땅히 차츰차츰 자라는 것을 막아야 하므로 전조(銓曹)의 당상 이중조(李重祚)를 파직해야 한다고 청하였다. 또 사형수를 계복(啓覆)하지 않고 참작하여 처단하는 잘못을 진언하였다. 또 전관(銓官) 조명교(曺命敎)가 김시위(金始

15 유한소(兪漢蕭)가……입으니 : 1750년 5월 10일 유한소가 상소하여 남태량(南泰良)은 용렬한 사람으로 품계와 인망도 낮으니 개정하는 것이 마땅하다고 하자, 영조가 당습(黨習)에서 비롯된 무엄한 일이라며 유한소를 삭직한 일을 가리킨다.《英祖實錄 26年 5月 10日》

16 공이 상소하여……간하였다 : 1750년 5월 14일 김치인이 상소하여 유한소를 삭직한 처분이 지나치다고 지적하고, 대신(臺臣)의 진언에 견책을 가하는 것은 언로를 막는 일이라고 간언하였다.《英祖實錄 26年 5月 14日》

煒), 조진세(趙鎭世), 심악(沈鍔)을 제멋대로 의망하여 정사(政事)의 격식을 무너뜨리고 제방을 헐어 버렸다고 간언하니 상이 술을 내려 포상하였다. 공은 또 주자서(朱子書)를 인용하여 "합치하는 것을 좋아하고 이반(離反)하는 것을 싫어함"[17]을 경계하여 말하기를 "단지 학문에 병통이 될 뿐만 아니라 일을 하는 데에도 역시 그러합니다. 균역청을 설치하는 것에 대해 대소의 경사(卿士)들이 모두 근심하고 탄식하지만 궁전에 들어와서는 말하는 사람이 아무도 없으니 어찌 전하께서 스스로 돌아보아야 할 점이 아니겠습니까."라고 하였다.

비국 당상이 되었을 때, 동지 사신(冬至使臣)이 군문(軍門)의 은화를 빌려 이문을 취한 다음 본전을 납부하겠다고 청하니, 공이 조정에서 그렇게 처리하도록 허락하는 것은 나라의 체모를 크게 손상하는 것이라고 하여 준엄하게 막았는데, 상이 훌륭하다고 칭찬하였다.

처음 정승에 임명되었을 때 '겸(謙)' 자 하나로써 언로를 열 것이며 유학을 숭상하고 재용(財用)을 절약하도록 경계의 말을 올렸다. 헌납 강지환(姜趾煥)이 유현(儒賢)의 일을 말한 것으로 죄를 입자 상이 대신(大臣)에게 토죄(討罪)를 청하도록 명하니 공이 나아가 아뢰기를 "그 마음은 지성스러워 불경(不敬)에서 나온 것이 아닌데, 이와 같음을 알고서도 토죄를 청하는 것은 면전에서 속이는 것에 가깝지 않겠습니까."라고 하니, 상이 기뻐하지 않으면서 이르기를 "경은 대신 홍봉한(洪鳳漢)이 신경(申暻)을 토죄한 것에 미치지 못한다."라고 하였다.

병술년(1766)에 상이 김용택(金龍澤)을 죄적(罪籍)에서 빼 주려고 하였는데, 공이 이천기(李天紀) 등 네 사람의 억울함도 김용택과 다르

17 합치하는……싫어함 : 주희(朱熹)의 〈답손계화(答孫季和)〉에 나오는 말이다.

지 않다고 하여 한꺼번에 심리하고 '대훈(大訓)'[18]을 고치기를 청하니, 그 청을 따랐다. 정해년(1767)에 언관의 직임을 맡은 대관(臺官) 서형수(徐逈修)와 유당(柳戇)을 감별하여 서용(敍用)하기를 청하였는데 주청(奏請)이 거절되고 대관 이규위(李奎緯)는 섬에 위리안치되었다.[19] 경인년(1770)에 유신(儒臣) 신경과 대관 임관주(任觀周)의 귀양살이를 풀어 달라고 주청하였다. 학유(學儒) 심의지(沈儀之)가 홍봉한을 성토한 일로 국문을 당하자 공이 심의지는 유생(儒生)이니 형벌을 내려서는 안 된다고 진언하여 심의지는 편배(編配)에 그쳤다.

최익남(崔益男)이라는 자가 남의 지시를 받아 상소하여 왕세손에게 사도세자의 사당과 묘소에 전배(展拜)하게 할 것을 청하였는데 말이 궁위(宮闈)를 범하였으니, 그 뜻은 조정 신하들을 도륙하는 데 있어 공을 논핵하는 것이 몹시 참혹하였다. 공이 명을 받들어 조정에 나아가게 되자 가장 먼저 최익남을 국문하도록 청하여 최익남은 마침내 장을 맞고 죽었다. 금상께서는 매양 옛 대신의 풍모가 있다고 칭찬하였다.

신묘년(1771)에 한성부 우윤 이기경(李基敬)의 처벌과 대관 이일증(李一曾)의 친국을 중지하기를 청하였다가 파직되었다. 유신 권진응

18 대훈(大訓) : 1741년에 반포한 신유대훈(辛酉大訓)을 말한다. 여기에는 임인옥사(壬寅獄事)의 옥안(獄案)을 소각하도록 하고, 신축년(1721, 경종1)의 왕세제 책봉은 노론 대신들의 협박에 따른 역모가 아니라 인원왕후와 경종의 하교에 의한 정당한 조처였음을 밝힌 내용이 담겨 있다.

19 대관……위리안치되었다 : 정언 이규위가, 우의정 김상철(金尙喆)이 성인을 모욕하고 주상을 업신여겼다고 하여 그를 먼 곳으로 귀양 보내기를 청하였다. 이에 대해 영조는 일개 대각의 신하가 대신을 귀양 보내자고 청한 일은 300년 동안 없었던 일이라고 하여 이규위를 흑산도(黑山島)에 위리안치하고 그의 상소를 돌려주라고 하였다. 《英祖實錄 43年 7月 5日》

(權震應)을 힘껏 구원하여 그 귀양을 풀어 주도록 주청하고, 또 대관 여선형(呂善亨)의 사형을 면해 주도록 주청하였다.[20]

임진년(1772)에 이조 판서 정존겸(鄭存謙) 등이 성균관 대사성의 새 천망(薦望)을 통틀어 비의(備擬)하였는데 나도 거기에 참여하였다. 이때에 외척이 한창 드세게 권세를 부려 선류(善類)를 원수처럼 보니 사람들이 두려워 조심하였다. 상이 한 당파에서 삼망(三望)을 하였다고 정존겸 등을 벌하고 또 공을 책망하였다. 공이 주대(奏對)하여 임금의 뜻을 거스르니 상이 진노하여, 공이 스스로 당인(黨人)의 영수(領袖)가 되었으며 조선에는 단지 명류(名流)만 있어 상이 50년 고심해서 만든 안(案)을 청류(淸流)가 무너뜨렸다고 하였다. 삼사(三司)가 마침내 공을 성토하여 형률에 따라 처벌하기를 청하니 상이 윤허하였다가, 이윽고 선조(先祖)를 추념하여 공의 죽을죄를 용서해 주라고 명하였다. 이에 앞서 병술년(1766)과 무자년(1768) 사이에 상이 여러 차례 이광좌(李光佐), 조태억(趙泰億), 최석항(崔錫恒)[21]의 관작을 회복해 주도록 명하였으나 공이 번번이 힘써 간쟁하여 일이 마침내 중지되었다가 이때에 이르러 마침내 복관(復官)되었다. 상이 신하들에게 이르기를 "종래에 파당을 지은 것은 실망스럽고 애석한 일이다."라고 하였다.

20 대관……주청하였다 : 1771년 7월 11일 헌납 여선형이 전계(傳啓)할 때 죄인 은언군(恩彦君) 이인(李裀)에 이르러 여선형의 말소리가 또렷하지 못하였으므로, 영조는 그 죄인의 이름을 일부러 누락한 것으로 잘못 알았다. 분노한 영조가 여선형을 폐서인(廢庶人)하고 흑산도에 위리안치했다가 사형하도록 윤허하였는데, 김치인의 주청으로 의금부로 잡아와 추국하게 하였다. 《英祖實錄 47年 7月 11日, 8月 7日》

21 이광좌(李光佐), 조태억(趙泰億), 최석항(崔錫恒) : 당쟁 시기에 소론(少論)의 핵심으로 관작이 추탈된 사람들이다.

또 병오년(1786, 정조10)에 다시 벼슬에 임명되어서는 가장 먼저 강연(講筵)을 자주 열고, 명기(名器)를 아끼고, 옛 법전을 잘 지키고, 대신(大臣)을 예우하라고 청하였다. 또, 경연(經筵)에서 나눈 이야기를 감추고 발설하지 않는 것이 지금 고질적인 폐단이 되었기 때문에 조정 신하가 모두 의구심을 품고 있으며, 혹은 자신만 안다고 하면서 권세를 팔려는 조짐이 또 여기에서 발원하게 되니 숨기지 말고 개방하도록 청하였다. 또 인명원(仁明園)의 칭호를 고치도록 주청하였다.[22] 정미년(1787)에는 정이환(鄭履煥), 신응현(申應顯), 임득호(林得浩)가 간언의 일로 죄를 입었는데 그들을 감별하여 서용하도록 진달하였으며, 김익환(金益煥) 등 네 유생(儒生)의 찬배(竄配)를 중지해 달라고 주청하였다. 역신(逆臣) 조시위(趙時偉)가 후궁의 인척임을 빙자하여 제멋대로 농간을 부렸는데, 임인년(1782)에 나라에 경사가 있을 때 무도한 말을 하자[23] 공이 힘껏 국문을 청하며 남들이 말하기 어려운 말까지 하였으니 사람들이 모두 혀를 내둘렀다.

무신년(1788) 겨울에 상이 채제공(蔡濟恭)의 말을 받아들여 역적

22 인명원(仁明園)의……주청하였다 : 인명원은 1781년 정조의 후궁인 원빈(元嬪) 홍씨(洪氏)의 사후에 내린 무덤의 이름이다. 동부 온수동에 조성되었는데, 이듬해 6월에 좌승지 서유방(徐有防)이 인명원의 '원(園)' 자를 없앨 것을 건의하였다. 첨지 정술조(鄭述祚)도 소를 올려 고례(古例)가 아니라며 바로잡을 것을 청하였다. 정조는 그동안 이러한 요청을 묵살해 오다가, 1786년 11월 11일 영의정 김치인의 진달로 이를 수용하여 원빈묘(元嬪墓)로 강등하였다.

23 조시위(趙時偉)가……하자 : 1782년 의빈(宜嬪) 성씨(成氏)에게서 원자(元子)가 태어나자 모두 나라의 경사라고 하였으나, 조시위는 많은 사람이 모인 승정원에서 "한 왕자의 출생이 무슨 경사라고 그 법석이냐."라고 하고, 뒤에 그 원자를 세자로 책봉하자, 또 "세자 책봉을 그리 서두를 것이 무엇이 있느냐."라는 등의 불경스러운 말을 하였다.

조덕린(趙德鄰)의 죄를 씻어 주고 그 관직을 회복시키니 공이 그럴 수 없다고 간쟁하였다. 형조 판서 윤시동(尹蓍東)이 상소하여 극언하면서 영조 신사년(1761)에 조덕린의 손자 조진도(趙進道)가 삭과(削科)된 일[24]을 아울러 끌어다가 말하였다. 상이 신사년의 일은 감히 말할 내용이 아니라고 하면서 노여움이 격렬하였다. 재상들이 윤시동을 토죄하기를 청하였는데 공은 홀로, 사물이 오면 순응해야 한다[25]고 대답하였다. 대신(大臣) 유언호(兪彦鎬)가 여러 차례 불러도 나오지 않으니 제주 대정현(大靜縣)에 위리안치하였는데 윤시동 역시 귀양 보냈다. 삼사(三司)에서 공을 귀양 보내라고 청하니 상이 삭탈관작하고 문외출송하라고만 명하였다.

상이 한번은 기로(耆老) 신하들의 초상을 그려서 바치라고 명하고 공의 초상에 화제(畫題)를 쓰기를 "정신이 집중되고 흰머리가 산뜻하니, 낙수(洛水)에서 기용된 원로[26]의 모습이로다."라고 하니 사림(士林)들이 서로 전하여 외우며 영광으로 여겼다. 공은 큰 키에 아름다운 수염을 가졌는데 광대뼈가 불쑥 나오고 어깨가 위로 솟았으며 풍채가

24 조진도(趙進道)가 삭과(削科)된 일 : 조진도(1724~1788)는 본관은 한양(漢陽), 자는 성여(聖與), 호는 마암(磨巖)이다. 1759년 문과에 급제하였으나, 조부 조덕린의 관직이 회복되지도 않았는데 손자가 과거 시험을 보고 대과에 급제한 것은 부당한 일이라며 급제를 취소해야 한다고 하여 홍패(紅牌)를 거두어 간 일을 말한다.

25 사물이……한다 : 명도(明道) 정호(程顥)가 한 말로, "확연히 크게 공정하여 사물이 오면 순응한다.〔廓然大公, 物來順應.〕"에서 따온 말이다. 《近思錄 卷2 爲學》

26 낙수(洛水)에서 기용된 원로 : 송(宋)나라 사마광(司馬光)을 말한다. 사마광은 왕안석(王安石)의 신법(新法)에 반대하다가 조정에서 물러나 낙양(洛陽)에서 은거하며 《자치통감(資治通鑑)》을 저술하였으며, 이를 완성한 뒤 14년 만에 재상으로 기용되어 정계에 복귀하였다.

수려하고 정신이 빛을 발하였으니, 그 모습을 접하고 그 말을 들으면 그가 청명하고 화락한 군자임을 알 수 있었다. 품성은 꿋꿋하고 마음가짐은 굳세었으며 말하는 것은 간소하였으나 발언했다 하면 분명하고 곧았다. 처음부터 생각해 두지 않았는데도 끝내 군더더기 말이 없었으며, 불가하다는 생각이 있으면 남에게 얼굴빛이나 목소리를 가식하는 것을 좋아하지 않았다. 모든 성대한 일과 쇠퇴한 일, 쉬운 일과 험한 일에 대해 오직 초심을 유지하여 한 번도 바꾸지 않았으며, 주선하고 방편을 취하는 기술은 평소에 밝지 못하였다. 공은 준엄하여 멀리서 바라보면 범할 수 없는 듯하지만 더불어 이야기를 나누면 온화한 낯빛을 해서 가까이할 만하였다. 두 세대에 걸쳐 50년 동안 영의정의 지위에 있으면서도 집안에 한 명의 손님도 없었고, 규모가 정밀하고 간요하였으며 일 처리가 치밀하였다. 일상생활의 행동이 모두 법도가 있어 먹줄을 친 듯이 질서 정연하였다.

공은 충정공(忠靖公)의 자제로서 이른 나이에 갑과(甲科)에 급제하여 순탄하게 경상(卿相)에 이르렀는데 세상에서는 그다지 이름을 알지 못했다. 대신(大臣)이 되어서는 때를 만난 것이 험난하여 비록 사지를 제대로 펴지 못하였으나, 엄정한 기색으로 조정에 서서 위로는 아부하지 않고 아래로는 친압(親狎)하지 않았다. 한결같은 마음을 깨끗하게 하여 사사로움으로 공변됨을 해치지 않았으며, 일에 따라 간요함을 취하고 선한 무리를 이끌어 주었다. 나라의 체모를 아끼고 국정의 계책에 숙달하였으며, 전장(典章) 제도를 밝게 닦아 관건[27]을 삼가서 잘

27 관건 : 대본에는 '莞鑰'으로 되어 있다. 문맥에 근거하여 '莞'을 '筦'으로 바로잡아 번역하였다.

지켰다. 급한 일을 처리할 때도 정성을 다하여 조치하였으며, 마음과 힘이 모두 쇠잔해져도 스스로를 돌보지 않았다. 불행히도 간혹 변고가 수없이 일어나 생사가 눈앞에 달려 있어도 공은 정신이 근엄하면서도 차분하여 별일이 없을 때와 같았으며, 언행과 일 처리가 털끝만큼도 상도(常度)와 다르지 않았다. 그 타고난 자질이 도에 가깝고 심력(心力)이 남들보다 뛰어난 것이 이와 같았으니, 옛날에 이른바 6척의 어린 임금을 맡길 수 있다고 했는데 공이 바로 그런 사람이었다.

옛날에 공이 바다 가운데 섬에 갇혀 있을 때를 생각해 보면, 나도 금갑도(金甲島)에 위리안치되어 있으면서 꿈속에 시를 지어 이르기를 "먼 하늘 끝에 몰락한 채 한 해는 또 추워지는데, 공께서는 훌륭한 옥과 같아 아름다움이 완전하시네.〔淪落天涯歲又寒 公如良玉美能完〕" 라고 하고, 마침내 써서 공에게 부쳐 하례한 적이 있다.

아, 공은 이미 세상의 변고를 두루 겪고도 한결같은 덕이 변하지 않았으며 몸과 명성이 모두 완전하여 만년의 절조가 더욱 빛났으니, 아아, 신명(神明)이 알려 줄 것이다. 나는 재능도 없이 공의 뒤를 이어 정승이 되어서 걸핏하면 곤경에 처하여 온갖 근심으로 애를 태워서 공과 사를 돌아보아도 고할 만한 말이 없다.

공이 병세가 위중하자 나를 돌아보면서 말하기를 "나중에 죽는 것이 슬픈 일이지, 먼저 죽는 사람은 나중에 죽는 사람의 묘지명(墓誌銘)을 얻으니 슬프지 않다네." 하였는데, 이에 명을 지으며 눈물을 흘린다. 명은 다음과 같다.

겁화도 훌륭한 옥을 태우지 못하고	刦火不能爔良玉
담쟁이덩굴도 큰 소나무를 타고 오르지 못하네[28]	蔦蘿不能攀喬松

과장이 아니라고 스스로 맹세하나니 自矢匪夸

이것으로 공의 묘지명을 삼고자 하네 請以是銘公

28 담쟁이덩굴도……못하네 : 《시경》 〈소아(小雅) 규변(頍弁)〉에 "새삼과 여라가, 소나무 잣나무에 뻗어 있네.〔蔦與女蘿, 施于松柏.〕"라고 한 구절에 대해, 주희(朱熹)는 집전(集傳)에서 "이는 형제와 친척들이 이에 의지하여 화목한 생활을 할 수 있음을 비유한 것이다."라고 하였으나, 여기서는 담쟁이덩굴이 기생식물로서 소인배의 의미로 쓰였다.

이조 판서 송공 묘지명 병서

吏曹判書宋公墓誌銘 幷序

선대왕(先大王) 말년에 권력을 휘두르는 흉악한 자가 나라의 실권을 천단하여 죽이고 살리고 번영시키고 몰락시키는 일로 나라 안에서 위세를 떨치니, 경(卿)이나 사대부들 중에 비록 스스로 지조를 아낀다고 자처하는 자들일지라도 몸을 굽혀 화를 멀리하지 않는 사람이 없었다. 이러한 때에 은진(恩津) 송공 자중(宋公子中)은 홀로 우뚝 서서 종종 그 반역의 행태와 간사한 정상을 지척(指斥)하여 말하며 조금도 여지를 두지 않으니 듣는 사람들이 혀를 내둘렀으며 선비들은 의지하며 중하게 여겼다.

금상께서 등극하게 되자 그 굳건하면서 굽히지 않음을 자주 칭찬하여 이조의 자리에 발탁하였는데, 참판으로부터 판서에 이르는 동안 공은 이미 늙고 병약해졌다. 마침내 계축년(1793, 정조17) 7월 무오일에 도성의 집에서 세상을 떠나니 군자들은 말하기를 "나라를 어찌할꼬." 하였다. 그 아들 송익정(宋益鼎)이 상복을 입고 나서 고향 회덕(懷德)으로 운구하여 돌아가면서 그 가계(家系)와 관력(官歷)을 행장으로 지어 나에게 그 묘지(墓誌)를 청하며 말하기를 "장차 선대부(先大夫)의 널과 함께 지하에 묻으려 합니다." 하였다.

아아, 나는 조정에 친구가 없고 오직 공만을 의지하였으니 세상에서 공을 사랑하거나 공을 헐뜯는 자들이 나의 성 김(金)과 공의 성 송(宋)을 나란히 함께 일컫기에 이르렀다. 아아, 내가 아니면 누가 공의 묘명(墓銘)을 지을 사람이겠는가.

공의 휘는 재경(載經)이고, 자중(子中)은 자이다. 송씨는 본관이 여산(礪山)인데, 은진을 본적으로 하는 경우는 고려 판원사(判院事) 대원(大原)을 시조로 한다. 공과 두 분 송 선정(宋先正)[29]은 쌍청당(雙淸堂) 송유(宋愉)를 같은 조상으로 한다. 증조부 휘 규렴(奎濂)은 예조 판서를 지냈고 시호가 문희공(文僖公)이다. 조부 휘 상유(相維)는 순흥 부사(順興府使)로 이조 참판에 추증되었으며 부친 휘 필공(必恭)은 이조 판서에 추증되었으니, 공이 귀하게 되었기 때문이다. 모친 증 정부인(貞夫人) 안동 권씨(安東權氏)는 의정부 좌참찬 권업(權㒒)[30]의 따님으로, 숙종 무술년(1718, 숙종44)에 공을 낳았다.

영종 무인년(1758, 영조34)에 음직으로 선공감 감역관(繕工監監役官)에 보임되었다. 선부인의 상을 당하고 상을 마치자 바로 세자익위사 부솔(世子翊衛司副率)에 임명되었다가 임오년(1762)에 파직되었다. 갑신년(1764)에 순릉 참봉(順陵參奉)으로 정시 문과에 급제하였다. 이윽고 성균관 전적에 올랐다가 병조 좌랑으로 옮겼으며 사간원에 들어가 정언이 되었다. 병술년(1766)에 옥당에 선발되어 들어갔으며 홍문관수찬 겸 춘방학교수(弘文館修撰兼春坊學教授)가 되었다. 무자년(1768)에 정언으로서 상소하여 군주의 덕을 권면하고, 또 최익남(崔益男)의 죄악을 논하였다. 얼마 안 있어 청풍(淸風) 김상묵 백우(金尙默伯愚)가 헌납이 되었는데, 최익남의 관직을 주의(注擬)한 전관(銓官)을 논핵하니 상이 김상묵을 죄주었다. 공은 교리로서 매우 힘을

29 두 분 송 선정(宋先正) : 송준길(宋浚吉)과 송시열(宋時烈)을 가리킨다.

30 권업(權㒒) : 1669～1738. 본관은 안동(安東), 자는 사긍(士兢), 호는 기오헌(寄傲軒)이다.

써서 논구(論救)하였는데 상이 노하여 공을 향리로 방축하도록 명하였다. 기축년(1769)에 사면되어 사간원헌납 겸 시강원필선에 임명되었고, 봉상시 정을 역임하였다. 경인년(1770)에 호좌(湖左)에서 향시(鄕試)를 관장하였는데 방(榜)이 나붙자 사람들이 그 공정함에 감복하였다. 최익남이 죄로 인해 장을 맞고 죽자 상께서는 공이 선견지명이 있다고 하였으며 특별히 공을 통정대부 승정원 동부승지에 발탁하였다. 이로부터 여러 차례 승정원에 들어갔으며 그사이 병조 참의가 되었다. 신묘년(1771)에 의주 부윤(義州府尹)으로 나갔는데, 작은 허물로 파직되었다가 곧바로 서용되었다. 임진년(1772)에 충청도 관찰사에 임명되었는데 도내가 엄정하였다. 얼마 안 되어 파직되었다. 계사년(1773)에 대신(臺臣) 이복휘(李福徽)가 의주 부윤 때의 일로 공을 무고하여 북청(北靑)으로 귀양 갔다가 곧 용서받았다. 갑오년(1774)에 사간원 대사간에 임명되었으나 나아가지 않았다. 병신년(1776)에 다시 대사간이 되었다.

정유년(1777, 정조1)에 호조 참의로 청나라에 사신으로 다녀왔다. 경자년(1780)에 영변 부사(寧邊府使)로 나갔는데, 잉여 환곡을 혁파하고 무기를 수선하니 백성들이 선정비를 세워 칭송하였다. 계묘년(1783)에 대사간에 임명되었는데, 상소하여, 홍국영(洪國榮)은 작은 공로만 있고 송덕상(宋德相)은 아무 지식이 없는데도 총애하여 우대하는 것이 매우 융숭했으니 마음대로 권세를 휘둘러 죄악이 가득했다고 아뢰었다. 이어서 임금의 기강을 높여서 요행으로 출세하는 길을 막으며, 대병(大柄)을 다잡아 간사한 싹을 꺾으며, 사람을 임명할 때는 반드시 노성하고 충후한 사람을 신용하고 현신을 구할 때는 반드시 면전에서 과감하게 직언하는 사람을 취해야 하며, 친한 사람이라고 하여 총애와 영광을 마구 주지 말고 욕심 없고 차분한 사람이라고 하여 소원하게 대하지 말며, 잘난 체하는 것을 재능이라고 여기지 말고 자잘한 일 살피는 것을 밝다고 여기지 말라고 하니, 상이 우악(優渥)하게 비답을 내리고 가상하게 여겨 받아들였다.

갑진년(1784)에 또 대사간과 병조 참의가 되었다가 바로 도승지에 임명되었다. 상이 일찍이 무슨 말을 하다가 세도(世道)를 언급하니, 공은 홍국영이 비록 죽었으나 홍국영의 도는 아직 남아 있다고 대답하였다. 얼마 안 있어 가선대부 동지춘추관사에 오르고, 병조참판 겸 오위도총부부총관, 내자시(內資寺)와 혜민서(惠民署)의 제조에 임명되었다. 자전(慈殿)께 존호를 올릴 때 독책(讀冊)의 공로로 가의대부에 오르고 이조 참판, 동지경연사가 되었다. 공이 오랫동안 억눌려 지체된 사람을 발탁하는 것을 인재 등용의 급선무로 삼으니 기뻐하지 않는 사람들은 힘을 합하여 공을 공격하였다. 공은 마침내 회덕(懷德)으로 아주 돌아갔으며, 상소를 올려 세상의 도와 조정의 면모가 무너진 것을 통렬하게 아뢰었다. 또 차마 평소에 지키던 의지를 모두 버리고 구차하게 영합할 수 없다고 하였으므로 전조(銓曹)에서는 3년 동안이나 공의 주의(注擬)를 정지하였다.

병오년(1786) 봄에 비로소 오위도총부 부총관, 동지돈녕부사, 한성부 좌윤이 되었으며, 이윽고 대신(大臣)의 말로 자헌대부 한성부 판윤, 사재감 제조에 발탁되었다. 정미년(1787)에 나이가 차서 기로사(耆老社)에 들어갔으며 비변사 당상, 지경연사에 차임되었다. 그사이 형조와 예조의 판서, 의정부좌참찬 겸 오위도총부도총관이 되었으며, 강화부 유수(江華府留守)로 나갔다. 무신년(1788)에 이조판서 겸 지춘추관사, 선공감과 봉상시의 제조에 임명되었다. 상이 연신(筵臣)에게 이르기를 "듣건대 송재경의 집 문에는 찾아오는 수레도 없고 청탁하는 편지도 없다고 하니 근세의 전관(銓官)으로서 드문 경우이다." 하였다. 그 사이 한성부 판윤이 되고 또 이조에 들어갔는데, 영남의 역적 조덕린(趙德鄰)을 복관시킬 때 장차 그 손자 조진도(趙進道)의 삭과(削科)도 회복시키려고 하여 빈대(賓對)를 행하도록 명하니, 공은 여러 차례 부름을 어겨 형리(刑吏)에게 회부되어 삭직당하였다.

기유년(1789)에 서용되어 지돈녕부사, 지중추부사, 빙고(氷庫)와 장악원(掌樂院)의 제조에 제수되었다. 경술년(1790)에 원자가 탄생하고 정헌대부에 올라 의정부 우참찬이 되었다. 가을에 정후겸(鄭厚謙)의 모친이 위리안치되어 있는 중에 밀지를 받들어 상경하였는데 조정 신하들이 감히 이에 대해 말하는 자가 없었다. 공이 바야흐로 심한 병중이었는데도 자주 상소하여 간하였으나 비답을 받지 못하였다. 겨울에 비로소 파직하라는 명이 내렸는데 곧 서용하여 본직과 여러 겸직에 잉임하라고 명하였다. 경모궁(景慕宮)과 내의원(內醫院)의 제조가 되었다. 임자년(1792)에 박하원(朴夏源)이 상소하여 세손익위사 때의 일을 들어 공을 무고하여 참찬에서 체직되었다. 다음 해에 세상을 떠나니 향년 76세였다.

공은 사람됨이 질박하고 남들과 이야기를 나눌 때 편안하고 격의가 없으면서도 기상이 엄중하고 논의가 드높고도 올발라서 바라보면 범할 수 없을 듯하였다. 효성과 우애는 천성에서 나왔으며 조상을 모시는 정성이 더욱 돈독하여 제사의 예물을 빠짐없이 갖추니 문중이나 고을에서 탄복하였다. 벼슬길에 오른 30년 동안 충군애국의 정성이 지성스럽고 간곡하여 족히 사람들을 감동시켰으며, 엄정한 태도로 조정에서서 탁류를 물리치고 청류를 선양하는 것을 자신의 임무로 삼았다.

다 늙어서 벼슬을 그만두고도 조정에서 한 가지라도 선정이 있다는 소식을 들으면 스스로 기쁨을 이기지 못하였으며 잘못된 일이 있다는 소식을 들으면 얼굴에 근심이 나타나면서 병이 더해졌다. 이 때문에 집안 사람들은 조심해서 공이 안 좋은 소식을 알지 못하게 하였다. 병이 위독할 때 헛소리마저도 모두 세상의 행태에 분개하고 사악한 사람을 미워하는 말만 하였으며 집안의 사사로운 일은 한마디도 언급하지 않았다.

공은 집 안에 있으면서 완호하는 물건이 없었으며 재물 다스리는 일은 입 밖에 내지 않았다. 지위가 정경(正卿)에 이르고 여러 차례 지방관을 맡았는데도 집이 너무 가난하여 스스로의 생활은 빈한한 선비와 같았다. 그러나 남들에게 급박한 일이 생기는 것을 보면 가진 것을 털어서 도와주었다. 북경에 사신 갔다가 돌아오는데 행낭에 청나라의 물건을 가져오지 않았다. 전후로 받은 임명장이 한 아름 가득하였지만 숙배하지 않은 경우가 많았다. 임명에 숙배하면서 한번은 말하기를 "사군자가 벼슬 하나를 받았으면 마땅히 만족한 줄 알아야 한다. 세상에 얻으려고 고심하고 잃을까 봐 근심하는 것은 모두 만족할 줄 모르는 데서부터 시작한다."라고 하였다. 병이 깊어지자 아들 익정(益鼎)에게 말하기를 "나는 평생토록 조그마한 장점도 없고 지렛대로 삼은 것이라고는 단지 나를 굽혀 남을 따르려 하지 않은 일 한 가지뿐이다."라고 하였다.

정부인(貞夫人) 연안 김씨(延安金氏)는 지중추부사 희정공(僖靖公) 김상신(金相紳)의 따님으로 1남 3녀를 낳았다. 아들은 바로 익정이니 진사(進士)로 직장(直長)을 지냈다. 딸들은 판관 이태원(李太源), 참봉 이희연(李羲淵), 참봉 서유돈(徐有惇)에게 시집갔다. 서녀(庶女)는 윤영동(尹翎東)의 아내가 되었다. 익정의 아들은 일형(一衡)이고, 딸은 권중업(權中業)에게 시집갔다. 이태원의 딸은 윤경의(尹景義)에게 시집갔으며 이희연의 아들은 이영재(李寧在)이다.

부인은 효성스럽고 신중하고 온화하고 부드러웠으며 말과 웃음이 적었다. 공을 모신 50년 동안 한 번도 헝클어진 머리나 더러운 옷을 입고 만난 적이 없었다. 병신년(1716, 숙종42)에 태어나 을사년(1785, 정조9)에 세상을 떠났다. 문의현(文義縣) 매장리(梅莊里) 갑방(甲方)을 등진 언덕에 장례 지냈는데, 공의 널을 가져다 오른쪽에 합봉(合封)하였다. 아래와 같이 명(銘)을 붙인다.

세상은 쇠퇴하고 선비들은 천박해져	世衰士賤
남북을 헷갈리고	移步換面
흑백을 뒤바꾸는데	朔南黑白
공께서는 질박하여	樸直維公
우직함과 충정을 타고났으니	天賦愚忠
산악처럼 무거웠네	其重山嶽
몸은 비록 말라도	腹皮雖枯
근력은 처음과 같아	脚跟如初
왕의 말씀 크게 빛냈다네	王言孔焯
군자들은 의지했고	君子所恃
소인들은 꺼렸는데	小人所忌
하늘은 어찌 이리 빨리 빼앗아 갔는가	天奪胡亟
매산의 선영에	梅山之塋
그 벗이 묘지명을 묻으니	其友納銘
영원히 비춰 주리라	照垂無極

행장 行狀

아이 만호 조공 행장
阿耳萬戶趙公行狀

공의 휘는 영립(英立)이고, 자는 사수(士秀)이며, 본관은 김제(金堤)이다. 먼 조상 문량공(文良公) 조간(趙簡)은 호가 열헌(悅軒)인데 고려 충렬왕(忠烈王) 때 현달한 분이다. 우리 조선에 이르러 대대로 벼슬한 사람이 있었는데, 호조 판서 조희보(趙希輔)가 가장 저명하니 공에게 6대조가 된다. 증조 휘 원우(元祐)는 한성부 참군(漢城府參軍)을 지냈고, 조부는 휘가 윤벽(潤璧)이고, 부친 휘 장집(長緝)은 만호(萬戶)를 지냈다. 모친은 영신 김씨(永薪金氏)로 찰방(察訪) 김구(金球)의 따님이다. 융경(隆慶) 경오년(1570, 선조3)에 공을 낳았다.

공은 태어나면서부터 골격이 남달랐고 자라서는 우뚝하게 큰 뜻이 있었으니, 도량이 넓고 생각이 원대하였으며 용력이 남보다 월등하게 뛰어났다. 일찍이 동지들에게 말하기를 "남아는 의당 한 번 죽는 것이니, 부모를 위하여 죽고 임금을 위하여 죽는다면 헛된 죽음이 되지 않을 것이다." 하니 들은 사람들이 기이하게 여겼다.

정유년(1597)에 무과(武科)에 급제하였다. 을사년(1605)에 북관(北關)에 수자리 살러 가서 만기가 되어 돌아왔는데, 비장(裨將)으로 함경도 관찰사 충정공(忠定公) 장만(張晩)의 막하(幕下) 소속이었다. 신해년(1611, 광해군3)에 처음 어정 권관(淤汀權管)에 보임되었는데 청렴결백으로 표리(表裏)를 하사받았다. 무오년(1618)에 아이 만호(阿耳萬戶)에 임명되었다. 건주위(建州衛)의 오랑캐가 국경을 범하자 황제가 우리나라에 지원병을 요청하니, 공은 도원수(都元帥) 강홍립(姜弘立)을 따라 원정을 갔다. 막 요하(遼河)를 건너면서 노래하기를 "어느 때나 청해(靑海)를 건널 것인가, 오랑캐 붙잡은 산에 공로를 새기리라." 하였다. 심하(深河)의 전투에서 강홍립이 항복하자 공은 자식과 이별하는 편지를 써서 아이(阿耳)의 병졸 무선(武仙)에게 주어 돌아가게 하였다. 마침내 좌영(左營)으로 달아나 영장(營將)인 김공 응하(金公應河)와 힘을 다해 싸우다 전사하였다. 태인(泰仁)의 금산동(金山洞) 묘좌(卯坐)의 언덕에 의관(衣冠)을 장례 지냈으니 선영(先塋)이다. 나중에 둘째 아들이 진무 원종공신(振武原從功臣)이 되어 형조 참판에 추증되었다.

공은 안동 권씨(安東權氏) 첨사(僉使) 아무개의 딸에게 장가들었다. 아들 다섯을 낳았는데, 장남은 종길(宗吉)로 우봉 현령(牛峯縣令)이고, 그다음은 종위(宗衛)로 어정 권관이고, 그다음은 종윤(宗胤)이고, 그다음은 종연(宗衍)이고, 그다음은 종주(宗周)이다.

공은 무인(武人)인데 사람을 시켜 글을 읽게 하고 듣기를 즐겼으며, 옛사람의 격언이나 기이한 행실을 서술한 대목을 만나면 마음속에 기억하여 잊지 않았다. 성품이 지극히 효성스러웠으니, 부친이 한번은 종기를 앓자 공은 종기를 빨아내었으며 나중에 병이 심해지자 또 손가락을 잘라 입에 피를 넣어 주었는데, 모두 기이한 효험을 보았다.

정유년(1597)에 왜놈이 병란을 일으켰을 때 공은 당시 서울 도성에 있었는데 난리가 났다는 소식을 듣고 집으로 돌아갔더니 모부인(母夫人)은 이미 왜구를 피하여 떠나고 없었다. 공은 날마다 울면서 산골짜기로 종적을 찾아 나섰다. 도중에 왜적을 만나서 왜적이 등에 총을 쏘았는데 등에 약을 담은 병을 짊어지고 있어서 등에 맞지 않고 병에 맞아 죽음을 면하였다. 마침내 모부인을 만나 업고 다니면서 난을 벗어났다.

부모의 상을 치르면서 일체 예법대로 하였으며, 집을 짓는데 먼저 사당을 세우고 제사 지낼 때마다 몸소 국을 끓이고 불을 때었으며, 제수로 쓴 닭과 돼지의 우모(羽毛) 또한 잘 갈무리하여 땅에 밟히지 않게 하였다. 집에 있을 때는 안팎이 엄숙하였으며 사양하거나 받는 일에 엄격하여 지푸라기 하나라도 함부로 취하지 않았다. 그러나 남들의 재난이나 질병이나 가난에 대해서는 자신의 능력을 헤아리지 않고 도와주었다.

공의 현손(玄孫) 명록(命祿)이 행록(行錄)을 소매에 넣어 광수산(光秀山)으로 나를 찾아와 행장을 지어 주기를 부탁하였다. 또 장 충정공(張忠定公)이 손수 쓴 부고(訃告)를 꺼내어 보여 주었다. 장공은 당시 체찰사로 서쪽 변경에서 관부(官府)를 열고 있었는데 공의 자식들에게 부음을 알린 것이었다. 그 글에 이르기를 "너희 부친은 빙옥(氷玉) 같은 절조와 철석 같은 간장으로 한마음을 바쳐 나라를 위해 자원해서 종군하였다. 상장(上將)이 투항한 것에 분개하여 마침내 김응하 장군의 군영으로 달려가서 3월 23일 흉악한 오랑캐를 많이 죽이고 힘이 다하여 적에게 죽음을 당하였다. 너희들은 여기에서 가져간 베 다섯 필로 상복을 지어 입고 발상(發喪)하라. 너희 중 한 명은 네 부친이 예전에 항상 입던 홑옷을 가지고 창원(昌原) 강가에서 초혼을 하고 돌아와 장례를 지내라." 하였다. 그 끝에는 날짜를 쓰고 그 아래에는 성(姓)을 쓰고 또 그 아래에는 이름을 직접 썼다. 지금은 그때로부터 200년이 지났는데 종이와 먹빛이 완연하고 색이 바래지 않아 손으로 쓰다듬으며 상상하자니 눈앞의 일처럼 환하였다. 내 집에 예전부터 간직하고 있는 장공의 친필 편지를 꺼내어 비교해 보니 자획이 털끝만큼도 다르지 않았다.

아, 예로부터 전쟁에서 죽은 사람은 타지의 변방에서 죽는 경우가 많아 그 실상을 보고 들을 수 없기 때문에 사가(史家)가 그 일을 기록할 때 대부분 전해 들은 것을 바탕으로 한다. 공과 같은 일은 장공의 친필이 있기 때문에 그 말이 당연히 터무니없지 않다. 더구나 장공은 당시에 서쪽 변경 가까운 곳에 있어서 보고 들은 것이 진실한 것임에랴.

아, 공의 직책은 일개 진보(鎭堡)의 장에 지나지 않았는데, 자원하여 종군할 때 이미 한번 죽을 각오를 하였다. 마침내 김 장군과 함께 죽었으니 나라를 위해서 천하에 대의를 밝혔다. 어찌 참으로 열렬한 장부가 아니겠는가. 그러나 위에서는 정려(旌閭)로 포상하지 못하였고 아래로는 또 훌륭한 문사(文士)가 숨은 행적을 드러내 밝혀 준 일도 없었으니, 아 어찌 한결같이 이렇게 불행하였는가. 그러나 공에게 무슨 손상이 있겠는가. 다만 이 일을 기록하여 세상에 글 잘하는 군자가 채택해 주기를 기다린다.[31]

경인년(1770, 영조46) 늦겨울에 청풍(淸風) 김종수(金鍾秀)는 삼가 행장을 기록한다.

31 다만……기다린다 : 이 행장을 바탕으로 글 잘하는 사람이 비문(碑文)을 지어 주기를 바란다는 말이다.

시장 諡狀

충주 목사 증 병조 판서 홍평군 이공 시장
忠州牧使贈兵曹判書洪平君李公諡狀

공의 휘는 종장(宗張)이고 자는 문경(文卿)이며 홍주 이씨(洪州李氏)이다. 시조 유성(維城)은 고려 찬성사(贊成事)로 고종(高宗) 때 이름이 현저하였으니 사적이 《고려사》에 실려 있다. 문간공(文簡公) 이서(李舒)가 우리 조선에 들어와 태조(太祖)와 태종(太宗)을 도와 공훈을 세워 안평부원군(安平府院君)에 봉해졌다. 이분이 정당문학(政堂文學) 신유(愼猷)를 낳았으니 공에게 고조가 된다. 증조 휘 승조(承祖)는 공주 목사(公州牧使)를 지냈다. 조부 휘 의종(義從)은 미곶 첨사(彌串僉使)를 지내고 사헌부 집의에 추증되었다. 부친 휘 한(漢)은 유원 첨사(柔院僉使)를 지내고 호조 참의에 추증되었다. 모친 서씨(徐氏)는 따라서 숙부인(淑夫人)에 추증되었다. 가정(嘉靖) 갑진년(1544, 중종 39) 4월 8일에 공을 낳았다.

공은 어려서부터 기상이 뛰어나고 얽매임이 없었다. 8세 때 아이들과 노는데 흙을 쌓아 단을 만들고 단에 올라가 앉아서 아이들의 배알(拜謁)을 받았다. 석 자의 흰 베를 높이 걸어 단에 세우고 깃발이라고 하였는데 한 아이가 손으로 꺾으니 공이 노하여 말하기를 "군중에서는 깃발로 명을 내리는데 아이가 꺾어 버렸으니 군대에서 법이 없어서는 안 된다." 하고 마침내 죽도로 그 아이의 목을 쳐서 거의 피가 나올 뻔하였다. 참의공(參議公)이 듣고서 꾸짖었으나 마음속으로는 기이하게 생각하였다.

자라서는 재주와 용기가 남들보다 뛰어났다. 집에 있을 때는 부모를 잘 섬겨서 지극한 효성으로 소문이 났으니, 조정에서는 급복(給復)하고 정려를 세워 표창하였다.

기사년(1569, 선조2)에 무과에 급제하여 선전관(宣傳官)에 임명되었다. 병자년(1576)에 또 중시(重試)에 급제하고 훈련원 판관, 도총부 도사로 승진하였다. 이때 건주(建州)의 오랑캐가 자주 변경을 침범하였는데 공은 벽동 군수(碧潼郡守)로 추천받아 임명되어 군의 강 북쪽을 오랑캐 지역과 경계로 정했다. 군민이 오국성(五國城)[32] 지점을 볼 수 있다고 말하니 공이 감개하여 시를 읊기를,

오국성 가에는 저녁 바람 이는데	五國城邊起夕風
백양나무 숲속에 송나라 황제 무덤이로다	宋皇遺墓白楊中
군신간의 의리가 어찌 고금이 다르리오	君臣義豈殊今古
칼 두드리며 강가에서 피눈물을 흘리노라	擊劍臨江涕血紅

하였다.

공은 7년 동안 군을 다스리면서 척후(斥候)를 분명하게 하고 수비를

32 오국성(五國城) : 현재의 흑룡강성(黑龍江省) 의란현(依蘭縣)에 있던 성으로, 송(宋)나라 때 금(金)나라에게 수도인 개봉이 함락된 뒤 상황(上皇)인 휘종(徽宗)과 흠종(欽宗) 및 많은 황족(皇族)들이 이곳으로 끌려왔다. 흠종은 그곳에서 거의 30년을 구차스레 연명하다가 죽었다.

잘하여 백성들이 두려워하지 않았다. 조정에서는 공이 변경에서 오랫동안 수고하였다고 해서 희천 군수(熙川郡守)로 옮겨 임명하였다. 내직에 들어와서 오위도총부 경력(五衛都摠府經歷)이 되었고 다시 황주목사(黃州牧使)로 나갔다.

얼마 안 있어 왜구[33]가 난을 일으켜 영남의 고을들이 서로 연이어 붕괴되고 조야가 경동(驚動)하였다. 이에 공을 충주목사 겸 조방장(忠州牧使兼助防將)으로 옮겨 임명하니 도원수 신립(申砬)을 따라 출정하였다. 떠나기에 임하여 문충공(文忠公) 백사(白沙) 이항복(李恒福)이 은밀히 공에게 말하기를 "원수(元帥)가 명을 받을 때 머리의 모자가 땅에 떨어져 상서롭지 못하다. 오늘의 일은 그대에게 의지하는 바가 크다." 하였다.

충주에 도착하여 원수는 한신(韓信)의 배수진(背水陣)[34]을 본떠서 달천(獺川)[35]에 진을 쳤다. 공과 김공 여물(金公汝岉)은 옳지 않다고 힘써 간하고, 또 말하기를 "영남의 이름난 성과 큰 진이 바람 앞에 무너진 것은 그 험준함에 항거하지 못하고 우리의 장기(長技)를 잃었

33 왜구 : 대본에는 '倭冠'으로 되어 있다. 문맥에 근거하여 '冠'을 '寇'로 바로잡아 번역하였다.

34 한신(韓信)의 배수진(背水陣) : 배수진은 강이나 바다를 등지고 진을 치는 것으로, 한(漢)나라 장군 한신이 조(趙)나라를 공격할 때 조군(趙軍)의 성벽에 한나라의 붉은 깃발을 꽂아 놓고 배수진을 쳐서 대승을 거두는 등 연전연승하였다. 《史記 淮陰侯列傳》

35 달천(獺川) : 보은(報恩)의 속리산(俗離山)에서 발원하여 충주 서쪽으로 흐르는 물 이름이다. 이곳에 탄금대(彈琴臺)가 있으며 임진왜란 때 신립 장군이 왜적에게 대패한 곳이다.

기 때문입니다. 조령(鳥嶺)은 동남쪽의 요충지이니, 병법에 먼저 북쪽 산을 점거한 자가 승리한다고 했습니다. 지금 계책을 세우는 것은 먼저 조령을 점거하여 깃발을 많이 세워 놓고 연기를 피워 올려 적의 마음에 의심이 일게 하는 것보다 나은 것이 없으니, 그런 다음에 바야흐로 기발한 계책을 내어 승리할 수 있습니다." 하였는데 원수가 듣지 않아 패전하였다.

공은 마침내 아들 이희립(李希立)과 일시에 힘껏 싸우다 전사하였으니, 임진년(1592, 선조25) 4월 28일이었다. 남겨 놓은 옷으로 초혼을 하고 연안부(延安府) 여평리(麗坪里) 자방(子方)을 등진 언덕에 귀장(歸葬)하였다. 부인은 증 정부인(貞夫人) 연안 송씨(延安宋氏)로 송홍(宋弘)의 따님인데 공보다 먼저 세상을 떠났으며 공과 합장하였다. 소식이 알려지자 특별히 공을 자헌대부 병조 판서에 추증하고 그 집 문에 정려하여 '충신지문(忠臣之門)'이라고 하였다. 훗날 아들 희건(希建)이 진무 공신(振武功臣)으로 녹훈되어 공에게 다시 순충적덕보조공신(純忠積德補祚功臣) 홍평군(洪平君)을 추증하였다.

공은 아들 두 명이 있는데 장남 희립은 무과에 급제하고 선전관으로 공을 따라서 함께 죽었으며 자식은 없다. 차남 희건은 무과에 급제하고 충청도 수군절도사를 지냈으며 공훈으로 홍양군(洪陽君)에 봉해졌는데, 정묘호란 때 용천 부사(龍川府使)로 안주(安州)의 운암원(雲巖院)에서 전사하였고 역시 자식은 없다. 조정에서는 희건이 훈신(勳臣)이라고 해서 종조부 형님의 아들 상홍(尙興)을 후사로 삼도록 명하고 강릉 참봉(康陵參奉)에 임명하였으나 벼슬에 나아가지 않았다. 후에 장악원 정(掌樂院正)에 추증되었다. 아들 넷을 낳았으니 극재(克栽), 익재(益栽), 우재(雨栽), 운재(雲栽)인데, 운재는 좌승지에 추증되었다. 극재의 아들 당(嵦)은 부사과를 지냈고 당은 복명(復命)을 낳았다. 익재의 아들은 강(崗)이고 강은 정명(鼎命)을 낳았다. 우재의 아들은 민(岷)이고 민은 석명(錫命)을 낳았다. 운재의 아들은 압(岋)인데 평산 부사(平山府使)를 지내고 병조 참판에 추증되었다. 압은 담명(聃命)을 낳았는데 사헌부 감찰을 지냈다.

영조 17년 신유년(1741)에 담명이 상소하여 "신의 조부 부자는 나랏일에 목숨을 잃어 이미 관직이 추증되었고 이미 정려되었는데, 오직 시호(諡號)를 내리는 은전만 시행되지 않았습니다."라고 하니, 이 일을 이조에 맡겼다. 예조에서 아뢰기를 "국법에는 관리가 정2품이면 시호를 내려 주고 증(贈) 정2품인 관리는 유지(諭旨)가 있으면 시호를 내려 줍니다." 하니, 상이 시호를 내려 주라고 명하였다.

이에 공의 후손들이 공이 벼슬을 지낸 내력과 행실, 치적을 편차해서 태상씨(太常氏)[36]가 시호를 정할 때 고찰할 수 있는 자료로 쓰게 할 것을 생각하였다. 그러나 공의 부자 세 사람은 전후로 40년 사이에 모두 병화(兵火)에 사망하고 공의 두 아들은 또 모두 자식이 없으며 집안 족보도 대개 누락이 되었다. 그래서 패사(稗史)나 야담(野談)을 비롯하여 여러 유명 인사들의 문집 중에서 근근이 끌어모아 가장(家狀) 한 편을 대략 작성하여 나를 찾아왔다. 나는 평소에 공의 절의를 흠모한 사람이라 마침내 사양하지 않고 대략 정정을 가하여 유사(有司)에게 고한다.

36 태상씨(太常氏) : 봉상시의 별칭으로, 국가의 제사를 주관하며 추증과 시호를 제정하는 일을 담당하던 관청이다.

홍양군 증 좌찬성 이공 시장
洪陽君贈左贊成李公諡狀

공의 휘는 희건(希建)이고, 자는 중식(仲植)이며, 홍주 이씨(洪州李氏)이다. 고려 찬성사(贊成事) 유성(維城)을 시조로 하는데, 고종(高宗)을 섬겨서 이름이 《고려사》에 실려 있다. 우리 조선에 들어와 휘 서(舒)가 태조(太祖)의 개국을 도와서 마침내 상신(相臣)이 되었다. 공훈으로 안평부원군(安平府院君)에 봉해졌고 시호는 문간공(文簡公)이니 공에게는 6대조가 된다. 증조 휘 의종(義從)은 미곶 첨사(彌串僉使)를 지냈다. 조부 휘 한(漢)은 유원 첨사(柔院僉使)를 지냈다. 부친 휘 종장(宗張)은 충주 목사(忠州牧使)를 지냈는데 임진왜란 때 맏아들 선전관(宣傳官) 희립(希立)과 달천(獺川) 전투에서 전사하였으며 특별히 병조 판서에 추증되고 그 집 문에 정려하여 '충신지문(忠臣之門)'이라고 하였다. 훗날 공이 귀하게 되어 미곶 첨사는 사헌부 집의에, 유원 첨사는 호조 참의에, 판서는 순충적덕보조공신(純忠積德補祚功臣) 홍평군(洪平君)에 추증되었다.

판서공은 연안 송씨(延安宋氏) 송홍(宋弘)의 따님에게 장가들었는데, 만력(萬曆) 병자년(1576, 선조9) 10월 21일에 공을 낳았다. 공은 체구가 작고 두 눈꼬리가 귀밑머리까지 뻗었는데 안광(眼光)이 사람을 쏠 정도로 형형하였다.

달천의 전투 때 공은 당시 집이 연안에 있었는데, 판서공의 부음이 이르자 공은 대성통곡을 하고 나서 홀로 칼을 차고 떠났으니 공의 나이 열일곱이었다. 왜적이 바야흐로 호서, 영남 사이에 가득하여 도로가 막혔는데 창칼을 무릅쓰고 나아가면서 조금도 두려워하지 않고 울부짖으며 시신을 찾았으나 찾을 수 없었다. 결국 의병의 군적에 편입되기를 자청하여 복수할 계책으로 삼았다. 수백 리를 옮겨 다니면서 전투를 치러 적을 죽인 것이 매우 많았다. 이윽고 연안으로 돌아와 부친이 남긴 의관을 가지고 판서공의 장례를 치렀다.

월천군(月川君) 이공 정암(李公廷馣)[37]이 연안부(延安府)에 있으면서 초토사(招討使)로 원근에 격문을 보내 충의(忠義)의 인사를 불러 모은다는 소식을 듣고 마침내 김공 덕함(金公德諴), 조공 정견(趙公庭堅)과 함께 가서 투신하였다. 연안부는 성이 낮아서 적이 타 넘으면 수비가 완전하지 않았다. 여러 둔병(屯兵)을 모아서 공격해 와 백방으로 성에 들러붙으니 공은 여러 공들과 죽음으로 막아 내면서 살상한 것이 무수히 많았다. 종종 용사들을 선발하여 돌진하여 싸웠는데 매번 크게 외치며 분투하니 왜적의 무리가 쓰러졌다. 다급하면 단번에 성루(城樓)로 뛰어올랐는데 민첩하기가 나는 새와 같았다. 난이 끝나자 선무 원종일등공신(宣武原從一等功臣)에 책봉되었다. 체찰사(體察使) 유성룡(柳成龍)이 공의 모습을 보고 매우 기이하게 여겨 매번 감탄하여 말하기를 "이 아이는 우리 동국의 명장이다."라고 하면서 활쏘기와 말타기를 익히게 하였다.

탈상(脫喪)을 하고 나서 문과를 포기하고 무과에 응시하였다. 마침

37 이공 정암(李公廷馣) : 이정암(1541～1600)으로, 본관은 경주(慶州), 자는 중훈(仲薰), 호는 사류재(四留齋)·퇴우당(退憂堂)·월당(月塘), 시호는 충목(忠穆)이다. 임진왜란 때 의병을 모집하여 연안에서 왜군 3000여 명을 크게 격파하였으며, 정유재란 때에도 다시 황해도 초토사(黃海道招討使)로 연안을 수비하였다.

내 다음 해 을미년(1595, 선조28)에 무과에 급제하였다. 이후로 33년간 내외 관직을 두루 역임하였다. 외직의 경우 또 대부분 변방 지역이었는데, 집안에 전해지는 관직 임명장은 선천 부사(宣川府使), 평안도 병마우후(平安道兵馬虞候), 안주 목사(安州牧使), 충청도 수군절도사(忠淸道水軍節度使)뿐이다.

인조 초에 건주(建州) 오랑캐가 서쪽 변경에서 소요를 일으켜 일이 긴급하게 되었는데 용천(龍川)은 적을 막는 초입에 해당한다. 조정에서는 그곳을 다스릴 적임자를 찾기 어려워 처음에 신경원(申景瑗)을 부사(府使)로 삼았는데 연평부원군 이귀(李貴)가 이희건이 아니면 안 된다고 힘껏 주장하였다. 갑자년(1624, 인조2)에 마침내 금천 군수(金川郡守)에서 용천 부사(龍川府使)로 옮겨 제수되었다.

부임한 지 겨우 한 달 만에 역적 이괄(李适)이 병마절도사로서 영변(寧邊)에서 반란을 일으켰는데 공이 뒤를 쫓아올까 두려워 사자(使者)를 보내 이익으로 꾀니 공은 그 사자를 곧바로 참수하고 깃대에 머리를 매달았다. 그리고 부(府) 안의 병사를 찾아내어 도원수 장만(張晩)을 따라 적의 뒤를 쫓았다. 동쪽으로 가서 황주(黃州)에 이르렀을 때 관군이 조금 불리해지자 원수가 성벽을 단단히 지키면서 적의 예봉이 꺾이기를 기다렸다가 진격하려고 하였다. 공이 선봉장 남이흥(南以興)과 정충신(鄭忠信)에게 말하기를 "오늘의 일은 진격이 있을 뿐이오. 원수께서 머뭇거리는 마음이 있으면 나는 의당 먼저 원수의 목을 벨 것이오."라고 하고 마침내 칼을 들고 원수의 막영(幕營)으로 곧장 들어가 큰 소리로 말하기를 "지금 임금이 몽진(蒙塵)하였으니 이는 '군주가 욕을 당하면 신하는 군주를 위해 죽는다'[38]는 날입니다. 어찌 한때의 작은 손상 때문에 가만히 앉아 성패를 보려고 하십니까." 하니, 원수가 과연 깨닫고서 병사를 진격시켰다.

병사가 교외에 이르렀을 때 적이 이미 도성으로 들어갔다는 당보(塘報)가 전해졌다. 마침내 안현(鞍峴)[39]에 의거하여 진을 쳤다. 동이 틀 무렵에 적들이 모두 개미 떼처럼 붙어서 올라왔다. 공은 쇠뇌 사수를 배치해 놓았는데 쇠뇌를 5중으로 하여 먼저 쏘고 난 뒤에 명하기를 "사격은 먼저 쇠뇌를 발사하되 반드시 적이 열 걸음 가까이 다가온 다음에 발사하라."라고 하였다. 이에 화살이 비처럼 마구 쏟아져 내리는데 적들은 오히려 화살을 무릅쓰고 오르기를 그치지 않았다. 한 병졸이 겁에 질려 지레 쇠뇌를 발사하니 공이 뒤에서 손수 참하였다. 이윽고 적이 열 걸음 밖에 도달하니 여러 쇠뇌를 일시에 나란히 발사하자 적들이 모두 지리멸렬해지고 마침내 크게 붕궤되었다. 우리 군사들이 승세를 타서 내려가 크게 외치며 쫓아가니 그 형세가 병에서 물을 거꾸로 쏟는 것 같았다. 이괄은 그 부하에게 참수되고 반란군은 항복하였다.

공은 원수와 헤어져서 당일로 회군(回軍)하였다. 어떤 사람이 너무 급히 돌아가는 것을 의아하게 여기니 공이 말하기를 "땅을 지키는 신하[40]는 땅을 지키는 것이 직분일 뿐이다. 적 때문에 왔는데 적이 물러났으니 감히 더 머물 수 있겠는가." 하였다. 갈성분위출기진무 공신(竭誠奮威出氣振武功臣)에 책봉되고 가의대부(嘉義大夫)에 올랐으며 홍양

38 군주가……죽는다 : 춘추 시대 때 월왕(越王) 구천(句踐)이 신하들을 상대로 "임금이 걱정하면 신하는 욕되이 여기고 임금이 욕을 당하면 신하는 임금을 위해 목숨을 바쳐야 한다고 들었다."라고 탄식한 말을 인용한 것이다. 《吳越春秋 卷5 句踐陰謀外傳第9》

39 안현(鞍峴) : 서울 서대문 밖 질마재를 말한다.

40 땅을 지키는 신하 : 지방 고을의 수령을 뜻한다.

군(洪陽君)에 봉해졌다.

공은, 본부(本府)가 적의 공격을 받으면 부치(府治)를 지킬 만한 성이 없는데 용골산(龍骨山)[41]은 형세가 험준하여 성으로 삼을 만하니, 성을 쌓아 지키면 여개(余玠)가 세운 조어산(釣魚山)의 공[42]을 가만히 앉아서도 이룰 수 있다고 생각하였다. 그래서 조정에 청하여 5월에 성터에 산성을 쌓는 공사를 시작하게 되었는데 의논이 엇갈려 결정을 하지 못하였다. 이날 밤 하늘에서 눈이 약간 내렸는데 산을 빙 둘러 완연히 성터의 형상을 나타내었다. 모두들 껑충거리며 기뻐하고 이론(異論)이 마침내 하나로 정해졌다. 공은 몸소 재목과 돌 등을 나르며 앞장서서 이졸(吏卒)들을 이끌었다. 100명의 사내들도 옮길 수 없는 큰 바위가 있었는데, 공이 밤을 타서 혼자 산 위로 운반하였다. 이로 인해 명성이 서쪽 변경에 떨쳤다. 모두 6개월이 걸려서 성은 완성을 보았다. 상께서 홍문관 교리 이소한(李昭漢)을 보내 용골산성을 순시하게 하고 공에게 옥새(玉璽)가 찍힌 문서를 하사하여 말하기를 "경의 충성과 용맹은 서북의 장성(長城)이나 마찬가지이다. 다만 여러 해 동안 변방에서 틀림없이 고난이 많았을 것이니 나는 그대가 항상 편안

41 용골산(龍骨山) : 평안북도 피현군 남부 염주군의 경계에 있는 산으로, 높이는 476미터이다. 문수산맥의 주요 봉우리이다. 용골산에는 험한 산세를 이용하여 쌓은 용골산성이 있다. 이 성은 내성과 외성으로 되어 있는데 내성은 고구려 때, 외성은 조선 시대에 축성한 것이다.

42 여개(余玠)가……공 : 남송 이종(南宋理宗) 때 여개가 파촉(巴蜀)을 지키기 위하여 조어산 등에 10여 개의 성을 쌓고서 둔병(屯兵)하고 군량을 비축하였는데, 뒤에 원(元)나라 헌종(憲宗)인 몽가한(蒙哥汗)이 병력을 총동원하여 공격했으나 몇 개월이 지나도록 함락하지 못하였다. 《宋史 余玠列傳》

하지 못한 것을 생각하여 경에게 채단(綵緞) 2단을 하사하는 바이다." 하였다.

정묘년(1627)에 오랑캐가 대거 침입하여 몰래 압록강을 건너 연이어 의주(義州)를 함락하고 이어 능한산성(凌漢山城)[43]에까지 이르렀는데, 여러 고을에서 감히 대항하는 자가 없었다. 이때 공은 원수부(元帥府)에 일이 있었는데 변고를 듣고 말을 달려 왔다. 부의 경계에 이르렀을 때 오랑캐 병사들이 이미 사방을 포위하여 길이 막혔다. 따르는 사람들은 모두 맨손에다 작은 무기조차 없어서 두려운 낯빛을 하지 않은 사람이 없었다. 공이 웃으면서 말하기를 "병법이란 속이는 것이다. 내가 한번 속여 보겠다." 하고, 바로 크게 음악 소리를 울리며 적진을 가로질러 곧바로 산성의 길을 향해 가는데 그 모양이 여유 있고 즐거워 보였다. 오랑캐들은 의아하여 물러나 서서 감히 덤벼들지 못하고 손가락으로 가리키며 말하기를 "백마 탄 신장(神將)이 용골성으로 들어갔으니 성을 침범할 수 없다."라고 하였다. 공이 탄 말이 백마였다.

이때 성을 새로 쌓았기 때문에 장정이나 양식이 모두 부족하였는데 공은 다만 의기로써 서로 격려하였으며, 밤낮으로 한편으로 허술한 곳을 수선하고 한편으로 방어하면서 때때로 몸을 떨쳐 나가 적을 공격하여 적의 수급(首級)을 체찰사(體察使)의 본부에 자주 바쳤다.

미곶 첨사(彌串僉使) 장사준(張士俊)은 의주 사람인데, 의주가 함락되면서 장사준의 가족들도 붙잡혔다. 장사준은 고을 안의 대성(大姓)

43 능한산성(凌漢山城) : 평안북도 곽산군 곽산읍 능한산에 있는 고구려 시대의 석성이다. 군사적 요충지에 있어 북방의 방어에 아주 중요한 성인데, 병자호란 때 이곳에서 청나라 군대에게 패하였다.

인 안준(安俊), 장희범(張希範)과 함께 적에게 투항할 것을 모의하였다. 적은 평소에 공을 두려워하였으므로 은밀히 안준과 장희범을 사주하여 공을 제거할 것을 도모하였다. 안준과 장희범은 인심이 두려움에 빠져 있는 것을 틈타 적의 형세가 매우 두려울 정도라고 크게 떠드니 성안의 사람들이 모두 흩어지고 공의 주위에는 오직 중군(中軍) 이립(李立) 형제와 아전 및 군사 수십 인뿐이었다.

공은 통곡을 하고 차고 있던 칼을 이립에게 주면서 말하기를 "그대는 서주(西州) 장사 이립이 아닌가. 노력하여 이 칼로 적을 죽이고 또 훗날의 계책을 도모하라. 나는 떠나가 의당 체찰사 본부로 돌아가서 이 7척의 몸을 바쳐서 나라의 은혜를 갚겠다." 하고 마침내 성을 나서 체찰사의 군영으로 갔다. 체찰사가 공에게 공(功)을 세워 스스로 보답하게 하니 공은 여러 차례 병사를 이끌고 출격하여 오랑캐 적을 많이 죽였다. 하루는 적과 격투를 벌이면서 동쪽으로 옮겨 가며 싸우다가 안주(安州)의 운암원(雲巖院)에 이르러 크게 전투를 벌였다. 적이 여러 차례 진퇴를 거듭하는데 우리 군사는 후속 부대가 없어서 공은 마침내 날아온 화살에 맞아 목숨을 잃었으니 2월 29일이었다.

노비 말복(末福)과 관노(官奴) 구가금(仇加金)만이 시종 공을 따르면서 떠나지 않았는데, 이때에 이르러 서로 울면서 말하기를 "공께서 나라를 위해 돌아가셨는데 우리들만 공을 위해 죽지 않을 수 있겠는가." 하고, 시신을 싸서 말에 싣고 달아나 땅을 얕게 파고 흙으로 덮어 두었다. 난리가 평정되자 반장(返葬)하여 널을 갖추어 연안 여평리(麗坪里) 선영의 자방(子方)을 등진 언덕에 장례 지낸 뒤에 3년 동안 여묘살이를 하고 떠나갔다.

상께서 공이 세상을 떠났다는 소식을 듣고 조회를 멈추고 몹시 슬퍼하며 이르기를 "애석하다. 우리 훌륭한 장수를 잃었도다." 하고, 공을 숭정대부 의정부좌찬성 겸 판의금부사 오위도총부도총관에 추증하도록 명하였다. 또 그 집안을 잘 돌보아 주도록 명하고 관리를 보내 사제(賜祭)하였다. 제문은 다음과 같다.

안령 전투의 공은	鞍嶺之功
어떤 이가 제일인가	何人第一
풍이 장군이 나무 아래 물러났어도[44]	馮異屛樹
남다른 공적은 더욱 드러났도다	益著殊績
충성은 왕실을 보존하였고	忠存王室
의지는 흉노를 삼켰다네	志呑凶奴
용만이 한번 함락되어	龍灣一失
적의 철기가 거침없이 쳐 내려오니	鐵騎長驅
홀로 작은 성을 지켜	獨守彈丸
적의 후방에 있었다오	在賊之後
조그마한 도움도 끊어졌으니	蚍蜉援絶
후퇴하여 머문 것이 어찌 허물이랴	左次何咎
손바닥에 침을 뱉고 동쪽으로 돌아가	唾手東還
한번 승리하기를 맹세하였도다	誓效一捷

44 풍이(馮異)……물러났어도 : 후한(後漢)의 개국 공신(開國功臣)인 풍이 장군은 광무제(光武帝)를 섬겨 많은 전공을 세웠으나 사람됨이 겸양하여 논공행상(論功行賞)할 즈음이면 언제나 자신의 공로를 드러내지 않고 큰 나무 아래로 물러나 한가로이 쉬고 있었으므로 대수장군(大樹將軍)이라는 별칭을 얻었다. 《後漢書 馮異列傳》

곧장 곤경에 처한 도적을 쳤으나 直搏窮寇
독화살이 몰래 발사되어 毒矢潛發
몸이 풀숲에 쓰러지고 말았으니 身塗艸莽
피를 모래 자갈밭에 뿌렸어라 血濺沙礫

용천 사람들이 충렬사(忠烈祠)를 세워 공을 제향(祭享)하였고 안주(安州) 사람들은 충민사(忠愍祠)를 건립하여 공을 충장공(忠壯公) 남이홍(南以興)에게 배향(配享)하였다. 115년 뒤 임술년(1742, 영조18)에 영종대왕(英宗大王)이 공에게 시호를 내리도록 명하였다.

공의 부인 정경부인(貞敬夫人) 해주 최씨(海州崔氏)는 최붕(崔鵬)의 따님인데 공보다 뒤에 세상을 떠나 공의 묘에 합장되었다. 자식이 없어 조정에서는 공이 훈신(勳臣)으로서 후손이 없어서는 안 된다고 하여 종조부(從祖父) 형님의 자식인 상홍(尙興)을 데려다 후사로 삼도록 명하였다. 상홍을 강릉 참봉(康陵參奉)에 임명하였는데 상홍은 그 자리에 나아가지 않고 집에서 삶을 마쳤다. 후에 장악원 정에 추증되었다. 네 아들을 두었으니 극재(克栽), 익재(益栽), 우재(雨栽), 운재(雲栽)이다. 운재는 좌승지에 추증되었다. 네 아들 모두 아들 한 명씩 두었으니 당(螳), 강(崗), 민(岷), 압(岋)[45]이다. 압은 부사를 지냈고 참판에 추증되었다. 네 손자는 또 모두 아들 한 명씩 두었으니 복명(復

45 압(岋) : 대본에는 '岌'으로 되어 있다. 《몽오집》 권7 〈충주 목사 증 병조 판서 홍평군 이공 시장(忠州牧使贈兵曹判書洪平君李公諡狀)〉 및 《강한집(江漢集)》 권17 〈통훈대부 충주 목사 충주진 병마절제사 증 자헌대부 병조 판서 홍평군 이공 묘지명(通訓大夫忠州牧使忠州鎭兵馬節制使贈資憲大夫兵曹判書洪平君李公墓誌銘)〉에 근거하여 '岋'으로 바로잡아 번역하였다. 이하의 '압'도 동일하다.

命), 정명(鼎命), 석명(錫命), 담명(聃命)이다. 담명은 감찰을 지냈다. 복명은 수곤(壽坤), 수함(壽涵), 수풍(壽豐)을 낳았고, 담명은 수겸(壽謙), 수홍(壽弘)을 낳았다. 수홍은 부사(府使)를 지냈다.

공은 자품이 질박하고 성실하였으며 기개와 도량이 호쾌하였고, 발언을 할 때나 일을 처리할 때에 솔직하고 거짓이 없었다. 마음에 맞지 않는 자가 있으면 종종 면전에서 꾸짖고 나무랐으며 비록 권세가 높은 사람이라도 피하지 않았다. 힘이 남보다 뛰어났는데, 젊었을 때 다른 사람과 냇물에서 말을 목욕시키다가 누구의 말이 뛰어난지 비교해서 따졌다. 그 사람 역시 장사였고 남에게 지는 것을 부끄러워해서 "내 말이 낫다."라고 강경하게 말하였다. 공은 갑자기 화를 내며 그 말을 빼앗아 네 다리를 찢어서 던져 버리고 화가 풀리지 않아 주먹으로 냇가의 큰 바위를 치니 바로 다 깨져 버렸다. 그러나 천성이 겸손하고 검약했다. 약관이 안 되어 종군(從軍)하여 남북으로 말을 달리며 수십 차례 전투를 치렀는데 솔선하여 사졸의 앞장을 서서 여러 차례 큰 공을 세웠다. 그러나 평상시에는 입을 다물고 군대의 일을 말하지 않았다.

홍평공(洪平公)의 유해를 찾지 못한 것을 지극히 애통해하여 스스로의 생활을 매우 고단하게 하였으니, 변방의 진지(陣地)에서 바람이 차가워 피부가 갈라져도 겹저고리에 홑바지로 지냈으며 발에는 버선을 신지 않고 신만 신고 다녔다. 또 침구를 갖추지 않았고 말안장을 묶은 것도 낡은 양가죽 한 장뿐이었다. 밤이면 배를 깔고 누웠으며 공무에 임해서는 위엄을 갖추면서도 은혜로웠다. 일 처리에는 과단성이 있었으며 정사를 행하는 데 있어서는 반드시 먼저 조정의 덕을 펼쳤다. 매번 나라의 은혜를 언급할 때마다 번번이 눈물을 흘리면서 말하기를 "나는 위로 부모도 없고 아래로 자식도 없어 남은 생애에 할 것이 없으니 나라만 위할 따름이다." 하였는데, 군자들은 공이 그 말을 저버리지 않았다고 말한다.

아, 홍평공의 두 아들 중에 공은 막내이다. 부자 세 사람이 모두 나라를 위해 죽었으니 그 충성이 매우 크다. 처음에 공이 열일곱 살의 아이로서 소매를 내두르고 적을 칠 때 본디 효성으로 떨쳐 일어났는데 공이 충성을 바치다 죽기에 이르러 홍평공의 충성이 더욱 빛을 발하였으니 이는 또 충성으로써 효성을 완성한 것이다. 아아, 공과 같은 사람은 충과 효를 둘 다 극진히 하였다고 할 수 있다. 이는 의당 누적된 업적에 대해 그 훌륭함을 드러내어 수천 수백 대에 밝게 드리워야 하니, 공의 집안의 영광일 뿐만 아니라 또한 나라의 소중한 일도 된다. 그런데 공의 집안은 전쟁 통에 몰락하고 또 후사도 없어 집안 족보도 이 때문에 전하지 않으니, 후손들이 공사 간의 문적(文籍)에서 한두 가지를 주워 모아 나에게 시장(諡狀)을 부탁하였다. 내가 이미 홍평공의 시장을 지었으니, 마침내 아울러 공의 내력과 생사 간의 큰 절의를 시장으로 써서 태상씨(太常氏)의 고찰에 대비한다.

지중추부사 송공 시장
知中樞府事宋公諡狀

공의 휘는 립(岦)이고, 자는 입지(立之)이며, 진천 송씨(鎭川宋氏)이다. 먼 조상 휘 인(仁)은 고려 때 평장사(平章事)로 진천백(鎭川伯)에 봉해졌다. 고조 휘 연종(連宗)은 병조 정랑을 지냈고, 증조부 휘 천(蕆)은 고창 현감(高敞縣監)을 지내고 호조 참의에 추증되었고, 조부 휘 수옥(粹沃)은 호조 참판에 추증되었고, 부친 휘 백순(伯純)은 호조 판서에 추증되었으니, 공이 귀하게 되었기 때문이다. 모친 수원 최씨(水原崔氏)는 사직 최수웅(崔秀雄)의 따님으로, 만력(萬曆) 임오년(1582, 선조15) 8월 19일에 금천(衿川) 지하리(池下里)에서 공을 낳았다.

공은 어려서부터 기이한 기상이 있었다. 임진년(1592)에 왜구가 쳐들어왔을 때 판서공이 검지산(黔指山)으로 들어가서 병사를 모집하여 힘껏 싸우다 전사하고 공과 백씨(伯氏) 주부공(主簿公)은 포로로 붙잡혀 밀실 안에 유폐되었다. 공이 눈을 뜨고 살펴보니 벽에 송곳이 있었다. 공은 바로 송곳으로 벽에 구멍을 뚫어 밤에 도망쳐서 판서공의 시신을 찾아내어 예법대로 빈장(殯葬)하였다. 이때 공은 열한 살이고 주부공은 열다섯 살이었다. 이 일은 《금천지(衿川誌)》에 실려 있다.

공은 장성하자 용맹이 남보다 뛰어났다. 광해군 8년(1616)에 무과(武科)에 급제하고 선전관(宣傳官)에 임명되었는데, 고사(故事)에 선전관의 면신례(免新禮)에 몽둥이로 때려 몹시 심하게 곤욕을 치르게 하므로 공은 그 인습이 부끄러워 마침내 출사(出仕)하지 않았다. 그다음 해에 다시 임명되니 동료들이 곧바로 면신을 허락하였다. 또 다음

해에 사신을 따라 경사(京師)에 조회하였다. 그 공로로 절충장군(折衝將軍)의 품계에 오르고 오위장(五衛將), 고령 첨사(高嶺僉使), 덕원부사(德源府使)가 되었다.

인조반정이 일어나고 역적 이괄(李适)이 평안 병사(平安兵使)로 나가게 되었을 때 임금에게 공을 함께 데려가겠다고 청하였다. 이괄이 서쪽 지방에 있으면서 밤낮으로 반란을 모의하였는데, 마음속으로 공을 꺼려서 군량 조달을 명분으로 삼아 공을 자산(慈山)으로 보냈다. 몇 달이 지나 이괄이 반란을 일으켰는데 공은 알지 못했다. 자산의 수령 안몽윤(安夢尹)이 변란 소식을 듣고 공도 함께 모의한 것으로 의심하여 핍박해 죽이려고 하였다. 공은 곧 포필(布疋)로 타는 말을 묶고서 밤중에 성 밖으로 탈출하여 도성으로 향하다가, 문득 스스로 생각하기를 '곧바로 돌아가면 조정에서 내 자신의 결백을 드러낼 수가 없을 것이다. 다시 이괄에게 투신하면 이괄이 틀림없이 나를 믿고서 가까이할 것이니, 이와 같이 된다면 내가 내 마음을 밝힐 길이 있게 될 테니 그게 더 낫겠다.' 하고, 즉시 말고삐를 돌려 이괄에게 투신하였다. 이괄은 크게 기뻐하며 말하기를 "내가 송립을 얻었으니 나의 일은 성공할 것이다." 하였다.

공은 이괄을 만날 때마다 늘 차고 있던 칼의 끈을 풀고서 들어갔는데, 일거에 이괄의 머리를 얻어서 임금을 알현하려는 생각이었다. 그러나 이괄은 심복 장사들을 주변에 많이 모아 놓아서 조금도 떨어지지 않게 하였으므로 "천천히 그 마땅한 기회를 얻어서 임금께 보답하는 것이 낫겠다." 하고 이내 칼의 끈을 단단히 묶었는데, 묶고 또 묶어 대여섯 차례나 묶었다. 공이 일에 임하여 치밀하기가 이와 같았다.

그 당시에 개천(价川)의 전 수령 허전(許佺)이 이괄의 진영에 있었는데 공이 허전의 뜻을 은밀히 탐지해 보니 뜻이 서로 맞았다. 즉시 충의(忠義)로 격려하고 함께 약속하여 말하기를 "우리 두 사람이 이괄을 유인하여 선봉에 서게 해 달라고 청하면 부곡(部曲)을 거느리고 도성으로 돌아갈 수 있을 것이오." 하고 손가락을 깨물어 맹세하였다. 다음 날 아침 들어가 이괄을 만나 보고 선봉이 되기를 청하니 이괄이 허락하였다. 공과 허전은 3000의 병마를 나누어 거느리고 좌우의 선봉이 되어 줄곧 몰아서 동쪽으로 가는데 빠르기가 폭풍우와 같았다. 이괄은 비로소 의심하고 징을 울려 정지하게 하였으나 미칠 수 없었다. 공은 내달려 토산(兎山) 가삽교(加鍤橋)에 이르러 먼저 심복인 하인을 보내 관군에게 비밀히 말하기를 "내가 막 통솔하는 병사를 거느리고 달아나 왔는데 이괄의 추격병이 뒤에 쫓아오니 모름지기 문을 열고 기다려 달라."라고 하였다. 원수의 진영에 이르렀을 때 원수는 의심하고 바로 문을 열어 주지 않았다. 공은 즉시 투구와 갑옷을 벗고 화살을 부러뜨리며 통곡을 하니 원수가 감동하여 맞아들였다.

공은 적중에 있었기 때문에 적의 실정을 자세히 알아 원수에게 곧장 앞으로 나아가 적을 막아서 도성으로 향하지 못하게 해야 한다고 자주 청하였으나 원수는 거절하고 듣지 않았다. 공이 꾸짖으면서 말하기를 "원수께서는 적을 임금에게 보내려고 하십니까?" 하니 원수가 성을 내었다. 난이 평정되고 책훈(策勳)할 때 공을 원종공신(原從功臣) 일등으로 낮추어 놓으니 이 때문에 사론(士論)이 원수를 바르게 여기지 않았다.

이에 앞서 광해군의 총희(寵姬) 김개시(金介屎)에게 여동생이 있었는데, 광해군이 술사(術士)에게[46] 조정 신하들의 운명을 점치게 하였더니 술사가 공을 길하다고 하여 공에게 시집가도록 명하였다. 광해군은 공을 탁용(擢用)하려고 김개시로 하여금 자주 공에게 뜻을 전하게 하였다. 그러나 공은 응하지 않았기 때문에 광해군의 시대가 끝날 때까지 관직이 미미하였다. 광해군이 폐위되고 나서 바다의 섬으로 위리안치되었는데, 조정에서는 공을 위리 별장(圍籬別將)으로 삼았다. 공이 상소하여 말하기를 "신은 광해군의 동서입니다. 혐의가 있어 감히 명을 받들지 못합니다." 하였다. 인조께서 하교하기를 "나는 송립이 충의지사(忠義之士)라는 것을 안다. 내가 어찌 이것으로 송립을 의심하겠는가." 하고 공에게 빨리 행하라고 명하였다. 공은 감읍하여 명을 받들었는데, 일찍이 신하로서 광해군을 모셨기 때문에 관대하게 대하고 예를 갖추니 사대부들이 칭찬하였다.

이윽고 가선대부에 오르고 회령 도호부사(會寧都護府使)가 되었다. 2년이 지나 조정에 들어와 동지중추부사가 되었다. 병자호란 때 공이 죽산 부사(竹山府使)로서 어가를 남한산성으로 호종(扈從)하고 성을 수비한 공로로 가의대부에 오르고 오위도총부[47] 부총관에 임명되었다. 재령 군수(載寧郡守)로 나가서 장수산성(長壽山城)을 쌓았다. 조정에 들어와 훈련원 도정(訓鍊院都正)이 되고 한성부 우윤으로 승진한 뒤 부령 부사(富寧府使)로 나갔다. 효종 초에 외직으로 나가 용천 부사(龍川府使)가 되었다. 현종 2년(1661)에 대질(大耋)[48]로 자헌대부에 오르

46 술사(術士)에게 : 대본에는 '今術人'으로 되어 있다. 문맥에 근거하여 '今'을 '令'으로 바로잡아 번역하였다.

47 오위도총부 : 대본에는 '五衛郡摠府'로 되어 있다. 문맥에 근거하여 '郡'을 '都'로 바로잡아 번역하였다.

48 대질(大耋) : 나이가 많은 사람을 가리키는 말로 80세 혹은 70세를 뜻하는데, 여기서는 80세에 해당한다.

고 오위도총부 도총관이 되었다.

다음 해 상이 춘당대(春塘臺)에 나아가 무신(武臣)의 기예를 시험하였는데 공은 이때 81세였다. 막 동개를 찬 채 임금을 모시고 서서 갑자기 먼저 말타기와 활쏘기를 시험해 보겠다고 청하였다. 상이 장하게 여겨 사복시에 명하여 노마(路馬)를 공에게 내주게 하니 공이 명을 받들고 훌쩍 뛰어 말에 올라 화살 첫발을 쏘아 적중하였다. 주위 사람들이 모두 숨을 죽이고 바라보는데 연이어 화살 다섯 발을 쏘아 모두 적중하였다. 위군(衛軍), 훈련원 습독관(訓鍊院習讀官), 선전관이 송립이 다섯 발 적중했다고 전하여 외치니 구경하던 사람들이 모두 감탄하면서 환호하였다. 상이 한참 동안 놀라움을 감추지 못하고 이르기를 "송립은 여든 살이 넘었는데 강궁(强弓)을 당겨 말을 달리며 쏘는 것이 소년과 같으니, 그 건장하기가 마원(馬援)[49]에게도 부끄럽지 않다."라고 하였다. 특명으로 정헌대부 지중추부사에 오르고 예전처럼 도총관을 겸임하였다.

정미년(1667, 현종8) 3월 6일에 세상을 떠나니 향년 86세였다. 윤4월에 금천(衿川) 갈언(葛堰) 위의 간방(艮方)을 등진 언덕에 장례 지냈다. 정부인(貞夫人) 양천 허씨(陽川許氏)는 허련(許鍊)의 따님으로, 아들 덕유(德裕)를 낳았는데 통덕랑(通德郎)을 지냈다. 서자는 덕륭(德隆)과 덕장(德章)이다. 덕유의 양자(養子)인 국휴(國休)는 진사(進士)인데 형의 아들 중홍(重弘)을 데려다 후사로 삼았다. 중홍은 문과에 급제하고 사헌부 감찰을 지냈다. 후사를 세운 뒤에 낳은 아들 중량(重

49 마원(馬援) : 후한(後漢)의 명장인데, 노익장(老益壯)은 그의 말에서 유래한 것이다.

亮)은 진사이다. 중홍의 아들 보운(普運)과 진운(鎭運)은 문과에 급제하고 장릉 영(章陵令)을 지냈다. 중량의 양자는 응운(應運)이다.

공은 천성이 바르고 굳세었으며 지기(志氣)가 드높았는데, 평상시의 생활에서는 그것을 자부하지 않고 남들과 함께 있을 때 남달리 구는 것을 고상하게 여기지 않았다. 그러나 그 기상과 풍모를 바라보면 숙연해지지 않는 사람이 없었다. 관직 생활을 하면서는 까다롭고 어려운 일을 잘 처리하였으며 청렴결백으로 스스로를 다그쳤다. 관직을 그만두고 돌아올 때마다 관청의 물건을 가져오는 것을 좋아하지 않았으며, 그전에 비해 전답이나 집이 변하지 않았다. 공의 평생을 되짚어 보면 갑자년(1624, 인조2)의 한 가지 일이 공의 큰 절개를 나타낸다.

아, 밝은 임금은 교화로 귀결되는 정치를 중시하고 성인은 스스로 새로워지는 문을 연다. 그래서 옛 문헌을 고찰해 보면 비록 반역한 도적의 부곡(部曲)이나 오랑캐 종족의 부락이라도 참으로 능히 하루아침에 몸을 변화시켜 역리(逆理)를 버리고 순리를 취하면 나라에서 그를 대하는 것은 세신(世臣)을 보듯이 하고 군자들은 병통으로 여기지 않는데, 하물며 공은 왕조의 신하임에랴. 적의 소굴에 투신하여 곧바로 공을 세워 임금에게 보답하였고 마침내는 온 부대를 이끌고 귀부(歸附)하여 남보다 가장 앞장서서, 적으로 하여금 속수무책으로 바라보면서 사기를 잃게 하고 왕의 군대가 용기를 고취할 수 있었던 것은 공이 한 번 창도한 힘이 아닐 수 없다. 그러니 안현(鞍峴)의 전투는 비록 공이 가장 으뜸가는 공을 세웠다고 해도 된다. 아아, 훌륭하도다.

공이 세상을 떠나자 당시의 명망 높은 공경(公卿) 대신(大臣)들 중에 만사(輓詞)를 지어 준 사람이 많았으며 포장(褒奬)하고 추중(推重)한 것이 성대하였다. 문간공(文簡公)[50] 이민서(李敏敍)는 "정의(情誼)

는 형제와 같았고 마음은 지음(知音)이었다."라고까지 말하였으니, 선배들이 공을 대우한 것이 이처럼 그 뜻이 곡진하였다.

공의 작위(爵位)는 법에 비추어 의당 시호를 내려야 하는데 문간은 나에게 외조(外祖)의 외조가 된다. 삼가 가장(家狀)을 놓고 대략 편차하여 태상씨(太常氏)에게 고한다.

50 문간공(文簡公) : 대본에는 '文貞公'으로 되어 있다. 《숙종실록》 14년 2월 2일 기사에 근거하여 '貞'을 '簡'으로 바로잡아 번역하였다. 이하의 '문간'도 동일하다.

발문 跋

우리나라는 선비들이 나라를 세우고 어진 이를 숭상하고 친척을 물리쳐서 세상의 교화를 유지해 온 지 500여 년이다. 그사이에 비록 혼란하고 간사한 무리가 권력을 잡은 때도 있었지만, 맑은 의론이 항상 행해져 기강이 타락하지 않았던 것은 그래도 이 때문이다. 선비의 덕목에는 네 가지가 있는데, 도학(道學), 절의(節義), 사업(事業), 문장(文章)이 그것이다. 이 네 가지는 항상 반드시 행해야만 하는 것이다. 만약 그 근본이 서지 못하면 비록 문예가 아름답더라도 말단에 지나지 않게 된다.

몽오(夢梧) 선생께서는 영조와 정조가 재위하던 때에 명군(明君)의 특별한 대우를 받았다. 얼굴빛을 바르게 하고 조정에 계실 때는 명성이 맑고 절개가 곧아서 당대의 으뜸이었다. 선생의 도학은 형제가 함께 강론하고 연마하는 데 유익한 자료가 되었으며, 체(體)를 밝히고 용(用)을 적절히 하는 방도를 강구하여 사문(斯文)을 보익(輔翼)하였다. 선생의 절의는 충과 효를 근본으로 삼아서 몸소 의리의 주인임을 자임하였고, 근본을 둘로 하지 않는 의리[1]를 간직하여 우뚝하기가 큰 물결

1 근본을……의리 : 왕위를 계승한 자는 사친(私親)이 있더라도 그를 인정하지 않고 오직 왕통만을 이어받는 것을 말한다. 1776년(정조 즉위년) 3월 정조는 영조의 빈전(殯殿) 앞에서 윤음을 내려, 사도세자(思悼世子)가 사친이지만 종통을 중시하여 효장세자

속의 지주(砥柱)[2]와 같아서 죽을지언정 변하지 않았다. 선생의 사업은 사안별로 하나하나 경계의 진언을 바쳐 군주를 도에 이르게 하여 윗사람에게는 마음을 열어 젖어들게 하고 아랫사람에게는 은혜를 베풀었다. 악을 물리치고 선을 선양하여 훌륭한 기풍을 세우니 은연중에 호랑이와 표범이 산속에 있는 것 같은 기세가 있었다.

이런 점을 드러내어 문장을 지으니, 나무에 뿌리가 있고 물에 근원이 있는 것같이 끊임없이 흐르고 우뚝 솟아 정수(精粹)가 마구 넘쳤다. 세상에 그의 문장이 쓰인다면 아름다운 문양(紋樣)이 오복(五服)[3]에 드러나고 성률(聲律)이 치란(治亂)에 드러나는 것처럼 보고 듣는 것에만 화려할 뿐만이 아니라, 후세에 전해져 뜻있는 선비들은 분발하고 비루한 자들은 죽고 싶은 마음이 들게 할 수 있을 것이다. 광대한 시편의 경우 또한 구구하게 지은 작품이 없고 말에 사물의 이치가 담겨 있으니 모두 외워서 읊을 만하다. 또 유리(流離)하고 곤궁하여 몰락한 때와 울분에 차고 감정이 격한 가운데서 나온 것이 많지만, 대부분의 글이 임금과 부모를 잊지 못한 것이니 〈육아(蓼莪)〉[4]나 〈이소(離騷)〉[5]

(孝章世子)의 뒤를 이어 왕위에 올랐음을 밝히고, 아울러 사도세자를 추숭하는 의론을 펴는 무리에 대해서는 선왕의 유지를 받들어 처벌하겠다고 하였다.《正祖實錄 卽位年 3月 10日》

2 큰……지주(砥柱) : 난세에 처하여 의연하게 절개를 지킴을 비유적으로 이르는 말이다. 중국 하남성(河南省) 합주(陜州)의 동쪽 황하(黃河)의 중류에 있는 기둥 모양의 돌이 격류 속에서도 전혀 흔들리지 않는다는 데서 유래한다.

3 오복(五服) : 천자(天子), 제후(諸侯), 경(卿), 대부(大夫), 사(士)의 복색을 말한다. 존비(尊卑)를 옷의 색깔로 구분하여, 덕이 있는 이에게 명하여 천하의 질서를 바로잡도록 하였다고 한다.《書經 皐陶謨》

4 육아(蓼莪) : 《시경》〈소아(小雅)〉의 편명으로, 돌아가신 부모의 은혜를 생각하고

의 유음(遺音)이다.

의론하는 자들은 "선생이 돌아가신 다음에는 조정에 정승의 일이 여기에서 끝났고, 선비들의 청의(淸議)가 여기에서 끝났다."라고 여긴다. 나도 "볼만한 문장이 또한 여기에서 그쳤다."라고 여긴다. 후세에서 칭송하는, 문장에 능하다고 일컬어지는 선비 중에 유흠(劉歆),[6] 곡영(谷永)[7]과 같은 사람들이 어찌 없겠는가마는 선생처럼 세속적인 것을 멀리 벗어난 사람은 있지 않았다.

융희(隆熙) 4년 경술년(1910) 숭정대부(崇政大夫) 중추원 의장(中樞院議長) 종인(宗人) 후학 김윤식(金允植)[8]은 삼가 발문을 쓴다.

생전에 제대로 봉양하지 못한 것을 서글퍼하는 내용이다.

5 이소(離騷) : 《초사》의 한 편(篇)으로, 굴원(屈原)의 작품이다. 굴원이 초(楚)나라의 종실(宗室)과 대부(大夫)의 참소로 쫓겨나 근심하고 시름하여 지은 것이다.

6 유흠(劉歆) : 기원전 53?~25. 자는 자준(子駿)이다. 나중에 이름을 수(秀)로, 자를 영숙(穎叔)으로 고쳤다. 고문 경학(古文經學)과 교감학(校勘學) 등에 정통하였다.

7 곡영(谷永) : 한나라 성제(成帝) 때 사람이다. 자는 자운(子雲)이며, 본명은 병(竝)이다. 글씨와 문장에 능했고, 《주역》에 정통했다.

8 김윤식(金允植) : 1835~1922. 본관은 청풍(淸風), 자는 순경(洵卿), 호는 운양(雲養)이다.

발문 跋

문사(文辭)는 성령(性靈)에서 나오므로 그 글을 읽어 보면 그 사람을 상상해 볼 수 있다. 나는 젊어서부터 몽오(夢梧) 김 문충공(金文忠公)을 사모하면서 일찍이 그 시문(詩文)을 가지고 그 인물을 견주어 보았는데, 높고 깨끗하며 크고 밝은 것은 동한(東漢)의 명사(名士)와 같고 온화하면서 순정하고 바르면서 우아한 것은 송(宋)나라의 명사와 같았다. 맑고 트였으면서도 빼어나고 표일(飄逸)하며 때때로 자유분방한 것은 또 진(晉)나라 명사와도 닮았다. 이는 바로 우리 동국(東國) 선비의 전형(典型)인 것이다.

선비의 근본은 무엇인가? 덕행과 학식이다. 선비가 견지해야 하는 것은 무엇인가? 명분과 의리이다. 선비의 진퇴는 어떠해야 하는가? 차라리 죽을지언정 나아가는 데 샛길을 따르지 않는다. 선비의 공업(功業)은 어떠해야 하는가? 나아가서는 조정의 지주(砥柱)가 되어야 하고 물러나서는 세상에 모범이 되어야 한다. 따라서 선비의 성쇠(盛衰)를 보면 그 세상을 점칠 수 있다.

공이 일찍이 평안도 관찰사가 되었을 때 《단릉집(丹陵集)》을 간행하여 세상에 유포하였다. 단릉(丹陵) 이공(李公)[9] 또한 선비이니, 포의

9 단릉(丹陵) 이공(李公) : 이윤영(李胤永, 1714~1759)으로, 본관은 한산(韓山), 자는 윤지(胤之), 호는 단릉·담화재(澹華齋)이다.

(布衣)로서 서지(西池) 가에 집을 짓고 살면서 맑은 의론은 능히 완악(頑惡)한 사람을 청렴하게 만들고 나약한 사람을 뜻을 세우게 하였다고 한다.[10]

공이 세상을 떠나자 정조(正祖)께서 근신(近臣)에게 명하여 유고(遺稿)를 수집하여 판각하려 하였는데, 아아, 임금께서 갑자기 승하하시고 말았다. 이래로 100여 년 동안 공의 문집은 여태 사가(私家)에 보관되어 있었다. 아, 세상에서 공을 알아주는 것이 공이 단릉을 알아주는 것만 못하였으니 선비들이 쇠퇴한 것이다. 그리고 악착같은 사람이 또 따라서 헐뜯는 말을 해 대니 또한 주제도 모르는 것이 아니겠는가.

공의 문집이 이제 간행되니 그 글을 보는 사람은 거의 공을 알 수 있을 것이고, 나의 말을 사사로이 좋아해서 하는 것이라고는 여기지 않을 것이다.

후학 완산(完山) 이재곤(李載崐)[11]은 삼가 발문을 쓴다.

10 맑은……한다 : 백이(伯夷)와 숙제(叔齊)처럼 고결한 풍격과 고상한 절조를 가졌다는 뜻이다. 《맹자》 〈진심 하(盡心下)〉에 "성인(聖人)은 백세의 스승이니, 백이와 유하혜(柳下惠)가 그런 분들이다. 그러므로 백이의 풍도를 듣게 되면 완악한 사람은 청렴해지고 나약한 사람은 뜻을 세우게 된다."라고 하였다.

11 이재곤(李載崐) : 1859~1943. 본관은 전주(全州), 호는 동원(東園)이다.

몽오집 연보

제1권

몽오 김공 연보 夢梧金公年譜

영조대왕(英祖大王) 4년 무신(1728)

○ 2월 8일 기축일 자시(子時)에 공이 한성부(漢城府) 서부(西部) 미장동(美牆洞)의 집에서 태어났다.

공은 용모가 우아하고 수려하며 목소리가 뛰어나고 시원스러운 데다 영리하고 지혜롭기가 보통의 아이와 달랐으므로 온 문중의 장로들이 모두 큰 그릇이 될 것이라고 중시하였다.

5년 기유(1729) 공의 나이 2세

6년 경술(1730) 공의 나이 3세

7년 신해(1731) 공의 나이 4세

8년 임자(1732) 공의 나이 5세

9년 계축(1733) 공의 나이 6세

10년 갑인(1734) 공의 나이 7세

11년 을묘(1735) 공의 나이 8세

12년 병진(1736) 공의 나이 9세

○ 조부 찬성공(贊成公)[1]을 모시고 양주(楊州)의 임소(任所)에 갔다. 조모 정부인(貞夫人)께서 일찍이 남주의(藍紬衣)를 만들어 입히자 공이 사양하며 말하기를 "어찌하여 아이에게 검소를 가르치지 않으십니까."라고 하였으니, 공이 평소 청렴하고 검소한 것은 천품으로 타고난 것이어서 억지로 힘쓰지 않고도 이와 같았다. ○ 아이들과 장난하며 놀다가 우연히 불을 냈는데 아이들은 모두 놀라 달아났으나 공은 홀로 옷을 벗어서 물을 적셔 불을 두드려 껐다. 그 이야기를 들은 사람들은 사마 온공(司馬溫公)이 항아리를 깨뜨린 이야기[2]에 비유하였다.

13년 정사(1737) 공의 나이 10세

공은 어려서 독서를 좋아하였는데, 밤이면 번번이 새벽까지 잠을 자지 않으니 찬성공이 병이 날까 봐 걱정하여 4경(更)을 넘기지 말라고 경계하였다. 공이 그래도 예전과 같이 독서하니 찬성공이 노하여 회초리로 때리려고 하자, 공이 말하기를 "독서하는 것 때문에 회초리를 맞았다는 말은 듣지 못했습니다." 하니, 찬성공이 웃으며 중지

1 조부 찬성공(贊成公) : 김희로(金希魯, 1673~1753)로, 자는 성득(聖得)이다.

2 사마……이야기 : 사마 온공은 송(宋)나라 명신 사마광(司馬光)이다. 사마광이 어릴 때 아이들과 함께 놀다가 물이 가득한 큰 항아리에 한 아이가 빠졌다. 다른 아이들은 모두 놀라 도망쳤는데, 사마광은 큰 돌을 가지고 와서 항아리를 깨뜨려 아이를 살렸다. 《宋史 司馬光列傳》

하였다.

14년 무오(1738) 공의 나이 11세

15년 기미(1739) 공의 나이 12세

16년 경신(1740) 공의 나이 13세

17년 신유(1741) 공의 나이 14세

18년 임술(1742) 공의 나이 15세

19년 계해(1743) 공의 나이 16세

20년 갑자(1744) 공의 나이 17세

○ 합제(合製) 초시에 합격하였다.

회시(會試)에 응시하게 되었을 때 공이 아직 관례를 치르기 전인데 고관(考官)이 눈여겨보고 나와서 찬성공에게 말하기를 "손자분은 큰 그릇입니다. 나이는 너무 어린데 이름이 너무 성하니 저는 이 때문에 취하지 않았습니다."라고 하였다.

○ 11월. 해평 윤씨(海平尹氏)에게 장가들었다.

홍문과 교리 윤득경(尹得敬)의 따님이며 오음(梧陰) 문정공(文靖公) 윤두수(尹斗壽)의 7세손이다.

21년 을축(1745) 공의 나이 18세

○ 4월. 도봉서원(道峯書院)을 참배하였다.

임중사 성주(任仲思聖周)[3]가 함께하였다.

○ 9월. 백씨(伯氏) 본암(本庵)[4] 선생을 모시고 박연(朴淵)을 유람하였다.

윤성중 현동(尹誠中顯東)이 함께하여 화석정(花石亭)에 오르고 숭절사(崇節祠),[5] 숭양서원(崧陽書院), 화담서원(花潭書院)[6]을 참배하였다.

○ 11월. 육신사(六臣祠)[7]를 참배하였다.

윤회보 헌동(尹誨父獻東)이 함께하였다.

22년 병인(1746) 공의 나이 19세

○ 1월. 도봉서원에 가서 독서하였다.

3 임중사 성주(任仲思聖周) : 임성주(1711~1788)로, 본관은 풍천(豐川), 자는 중사, 호는 녹문(鹿門)이다.

4 본암(本庵) : 몽오의 형인 김종후(金鍾厚, 1721~1780)로, 자는 백고(伯高)·자정(子靜), 호는 본암이다.

5 숭절사(崇節祠) : 개성부(開城府)에 있던 사우(祠宇)로, 1666년(현종7) 지방 유림의 공의로 임진왜란 때 절사(節死)한 동래 부사(東萊府使) 송상현(宋象賢), 회양 부사(淮陽府使) 김연광(金鍊光), 부원수(副元帥) 유극량(劉克良) 등 삼현(三賢)의 위패를 모신 곳이다.

6 화담서원(花潭書院) : 개성에 있던 화곡서원(花谷書院)으로, 서경덕(徐敬德)의 위패를 모신 곳이다.

7 육신사(六臣祠) : 단종의 복위를 꾀하려다 숨진 사육신을 모신 사당으로 강원도 영월(寧越)에 있었다.

그사이 여러 서생과 함께 여수례(旅酬禮)[8]를 행하고 강회(講會)를 열었다. 한 달이 지나 돌아왔다.

○ 3월. 정시(庭試) 초시에 입격하였다.

○ 5월. 백씨를 모시고 청담(淸潭)[9]을 유람하였다.

윤자목 면동(尹子穆冕東)이 함께하였다.

23년 정묘(1747) 공의 나이 20세

○ 9월. 삼각산(三角山)을 유람하였다.

24년 무진(1748) 공의 나이 21세

○ 3월. 충주(忠州)에 가서 5대조의 묘소에 성묘하였다.

○ 12월. 합제에서 장원하였다.

25년 기사(1749) 공의 나이 22세

○ 8월. 식년과(式年科) 생원 초시에 입격하였다.

○ 9월. 다시 청담을 유람하였다.

홍자직 익필(洪子直益弼), 한예지 용화(韓禮之用和), 김백우 상묵(金伯愚尙默)이 함께하였다.

8 여수례(旅酬禮) : 제사를 마친 뒤, 제사에 참석한 사람들이 한자리에 모여 연회를 즐기는 자리에서 서로에게 술잔을 권하는 의식이다.

9 청담(淸潭) : 여러 곳에 나타나는 지명이나, 몽오의 〈청담시권에 쓰다〔題淸潭詩卷〕〉 등 다른 기록들을 참조하면 여기서는 북한산 인수봉 골짜기에 있는 것을 가리킨다. 《夢梧集 卷4》

26년 경오(1750) 공의 나이 23세

○ 1월. 아들 약연(若淵)이 태어났다.

○ 2월. 생원, 진사 양시에 입격하였는데 모두 3등이었다.

27년 신미(1751) 공의 나이 24세

○ 2월. 단양(丹陽)을 유람하였다.

이때 단릉(丹陵) 이공 윤영(李公胤永)과 그 아우 이운영(李運永)이 단양군에 있었는데, 공은 김공 상묵(金公尙默)과 함께 청풍(淸風) 한벽루(寒碧樓) 아래로 가서 이공을 만나 마침내 강물을 거슬러 단양군에 이르렀다. 이원령 인상(李元靈麟祥)이 뒤따라와서 함께 구담(龜潭), 사인암(舍人巖) 등 여러 명승지를 유람하고 영춘(永春)까지 갔다가 돌아왔다.

○ 9월. 정시 초시에 입격하였다.

28년 임신(1752) 공의 나이 25세

29년 계유(1753) 공의 나이 26세

○ 2월. 정시 초시에 입격하였다.

○ 10월. 고은공(高隱公)[10]의 상을 당하였다.

고은공이 병석에 누운 지 아홉 달이 되었는데 공과 백씨는 주위에서 돌보며 잠시도 곁을 떠나지 않았다. 임종하고서부터 장례 지내는

10 고은공(高隱公) : 몽오의 부친인 김치만(金致萬, 1697~1753)이다. 자는 회일(會一), 호는 고은당이다.

제도나 애도를 표하는 절차를 일체 주 부자(朱夫子 주희(朱熹))의 《가례(家禮)》를 따랐다.

○ 12월. 고은공을 광주(廣州)의 정림(靜林)에 장례 지냈다.

30년 갑술(1754) 공의 나이 27세

○ 6월. 《난여(爛餘)》를 편찬하였다.

신임사화(辛壬士禍) 때의 일을 기록한 것이다.

31년 을해(1755) 공의 나이 28세

○ 12월. 복(服)을 마쳤다.

32년 병자(1756) 공의 나이 29세

○ 5월. 인천(仁川)을 유람하여 배를 타고 놀다 돌아왔다.

이윤지 윤영(李胤之胤永), 이건지 운영(李健之運永), 이구지 희영(李懼之喜永)이 함께하였는데 모두 기문(記文)과 시 십수 편을 지었다.

○ 10월. 찬성공과 고은공의 묘소에 표석(表石)을 세우고 묘지문(墓誌文)을 묻었다.

33년 정축(1757) 공의 나이 30세

○ 2월. 딸이 태어났다.-서유수(徐有守)에게 시집갔다.-

34년 무인(1758) 공의 나이 31세

○ 4월. 세자익위사 세마(世子翊衛司洗馬)에 임명되었다.

○ 8월. 어가(御駕)가 명릉(明陵)에 전알할 때 세자를 모시고 갔다.

35년 기묘(1759) 공의 나이 32세

○ 2월. 현옹(玄翁) 정내교(鄭來僑)를 곡하였다.-공이 어렸을 때 글방 선생이었다.-

○ 4월. 백씨를 모시고 육신사와 사충사(四忠祠)[11]를 참배하였다.

○ 5월. 단릉 이공 윤영을 곡하였다.

공은 이공과 더없이 친밀하였으니, 그를 위해 가마(加麻)하고 제문(祭文)을 지어 제사하였으며 묘표(墓表)도 지었다. 평안 감사가 되었을 때는 봉급을 덜어 그의 유고를 간행하고 발문을 지었다.

○ 가례도감 감조관(嘉禮都監監造官)에 차임되었다.-정축년(1757)에 정성왕후(貞聖王后)[12]가 돌아가셔서, 이때에 정순왕후(貞純王后)를 책봉하였다.-

○ 7월. 장원서 별제(掌苑署別提)에 올랐다.

○ 10월. 인천(仁川)에 가서 종숙부(從叔父) 충주공(忠州公)의 장례에 참석하였다.

○ 12월. 인천에 가서 중조(仲祖) 의정공(議政公)의 장례에 참석하였다.

11 사충사(四忠祠) : 1725년(영조1) 노론 사대신인 김창집(金昌集), 이이명(李頤命), 이건명(李健命), 조태채(趙泰采)를 제향하기 위하여 노론계 관료와 유생이 추진하고 국가의 보조에 의하여 노량진에 건립한 사충서원(四忠書院)을 말한다. 1968년 현재의 경기도 하남시 상산곡동(上山谷洞)으로 이건하였다.

12 정성왕후(貞聖王后) : 영조의 원비(元妃)로, 달성 서씨(達城徐氏) 서종제(徐宗悌)의 딸이다. 1704년(숙종30) 숙종의 넷째 아들인 연잉군(延礽君)과 혼인하고, 연잉군이 왕위에 오르자 정비(正妃)가 되었다.

36년 경진(1760) 공의 나이 33세

○ 1월. 공조 좌랑으로 옮겼다.

○ 5월. 호조 정랑으로 옮겼다.

○ 6월. 선무사 감동 낭청(宣武祠監董郎廳)으로 입시하였다.

상이 이르기를 "그 사람됨이 신중하고 명민하다."라고 하니, 호조 판서 홍봉한(洪鳳漢)이 아뢰기를 "사람들이 모두 그 종조부[13]의 업적을 이었다고 합니다."라고 하였다.

○ 강서 현령(江西縣令)에 임명되었다.

○ 7월. 부임하였다.

공은 정사를 다스릴 적에 경술에 근본을 두고 낡은 폐습을 일체 씻어 버렸으며, 매달 몸소 현의 학교에 이르러 학생들과 《소학》과 《논어》를 강독하였으며, 무사로서의 활쏘기와 말타기를 익혔으며, 양로연(養老宴)을 행하는 등 오로지 교화를 급선무로 삼으니 온 경내가 한결같이 잘 다스린다고 칭송하였다.

○ 8월. 서울에 들어갔다가 대부인(大夫人)을 모시고 현의 관서로 돌아왔다.

○ 9월. 학동서원(鶴洞書院)[14]을 참배하였다.

13 종조부 : 김재로(金在魯, 1682~1759)로, 몽오의 조부인 김희로(金希魯)의 아우이다. 예학에 밝고 검소하였으며 영조의 신임을 받은 명재상으로 평가된다.

14 학동서원(鶴洞書院) : 평안도 강서현(江西縣)에 있던 서원으로, 1590년(선조23)에 창건되었으며, 김반(金泮)의 위패를 모셨다.

37년 신사(1761) 공의 나이 34세

○ 1월. 영유현(永柔縣)에 갔다.

이때 조공 정(趙公睕)[15]이 이 현의 수령으로 있었는데 마침내 함께 무후사(武侯祠)를 방문하였다. 이화정(梨花亭)에 오르고 돌아올 때 기자묘(箕子墓)를 두루 참배하였다.

○ 4월. 평양(平壤)에 갔다.

이때 장헌세자(莊獻世子)가 서도(西道)로 행차하여 평양에 이르렀는데 감사가 편지로 공을 초대하였다. 공은 말을 달려 가서 조공 정과 만나 이야기를 나누고 돌아왔다. 며칠 뒤에 다시 감사가 편지를 하였으므로 말을 달려 가서 조공과 만나 하룻밤을 자고 돌아왔다.

○ 기유년(1789, 정조13) 8월에 공이 문형(文衡)으로 입시했을 때 정종대왕(正宗大王)이 함께 현륭원(顯隆園)의 지문(誌文)에 대한 이야기를 나누고 하교하기를 "내가 들으니 선세자(先世子 사도세자)께서 신사년(1761, 영조37)에 서도로 행차하셨을 때 경이 강서 현령으로 영유 현령 조정과 함께 약속하여 길을 막고 울면서 간하였다고 하는데, 그런 일이 있었는가?" 하니, 공이 아뢰기를 "이는 소문이 잘못된 것입니다. 그때 세자께서는 평양에서 곧바로 궁으로 돌아가셨습니다. 두 현은 평양과 멀리 떨어져 있는데 어찌 길을 막고 말고를 논할 수 있겠습니까." 하였다. 정종대왕이 이르기를 "궁으로 돌아온 뒤에 '내가 서쪽 행차에서 직신(直臣) 두 사람을 얻었다.'라고 하교하셨다."라고 하였다. 공이 세상을 떠나자 정종대왕이 각신(閣臣)에게 명하여 공의 행장을 가져오라고 하고 문충공(文忠公) 심환

15 조공 정(趙公睕) : 조정(1719~?)으로, 본관은 풍양(豐壤), 자는 인서(寅瑞)이다.

지(沈煥之)에게 서찰을 내려 이르기를 "선세자께서 서도로 행차했을 때 강서(江西)에서 있었던 일을 빠뜨리고 기록하지 않았는데, 이는 생각건대 그 집안사람들이나 후생들이 그때의 일을 미처 알지 못해서일 것이다."라고 하였다. 공이 이때 틀림없이 간언을 올린 사실이 있었을 텐데, 공이 평소에 집안사람들에게 말한 적이 없으니 지금 고증할 수는 없다.

○ 5월. 묘향산(妙香山)을 유람하였다.

황학루(黃鶴樓), 강선루(降仙樓) 등을 거쳐 무진대(無盡臺)에 이르러 조공 정과 약속하여 함께 묘향산에 들어가 단군굴(檀君窟)을 방문하고 사절정(四絶亭)과 약산 동대(藥山東臺)를 들러 백상루(百祥樓)에 오른 뒤 돌아왔다.

○ 9월. 서산서원(西山書院)-평양에 있다.-에 참배하였다.

○ 사직하는 상소를 올리고 벼슬을 그만두었다.

○ 10월. 대부인을 모시고 서울 집으로 돌아왔다.

○ 이원령 인상(李元靈麟祥)을 곡하였다.

그를 위한 제문을 지었다. 뒤에 평안 감사가 되었을 때 봉급을 덜어 그의 유고를 간행하고 발문을 지었다.

○ 집안 식구를 데리고 궁촌(宮村)-광주(廣州) 땅이다.-에 우거하였다.

38년 임오(1762) 공의 나이 35세

○ 1월. 백씨를 모시고 양재(良才)에 가서 이경사 상목(李敬思商穆)의 장례에 참석하고 제문을 지었다.

○ 3월. 여주(驪州)에 갔다.

누님의 집이 이 고을에 있었는데 기제사(忌祭祀)에 참석하기 위한 것이었다. 지암(止庵) 김공 양행(金公亮行)을 방문하였다.

○ 5월.[16] 풍덕(豐德)에 가서 외조 홍공(洪公)[17]의 천장(遷葬)에 참석하였다.

○ 8월. 장악원 주부에 임명되었으나 부임하지 않았고, 돈녕부 주부로 옮겼다.

○ 11월. 평시서 영으로 옮겼다.

○ 12월. 인천에 가서 중조모(仲祖母) 심씨(沈氏)의 장례에 참석하였다.

39년 계미(1763) 공의 나이 36세

○ 4월. 봉조관(捧俎官)으로 종묘의 친향(親享)에 참석하여 현궁(弦弓)을 하사받았다.

○ 5월. 영희전 영(永禧殿令)으로 옮겼다.

○ 7월. 안산 군수(安山郡守)에 임명되었다. 부임한 지 얼마 안 되어 파직되어 궁촌으로 돌아갔다.

심성진(沈星鎭)이 경기 감사가 되었는데 세혐(世嫌)이 있었기 때문이다.

○ 9월. 수곡서원(秀谷書院)[18]에 참배하였다.

16 5월 : 대본에는 이달의 기사가 행을 바꾸지 않고 앞의 기사에 이어져 있으나, 각 달별로 행을 바꾼 연보의 체제에 따라 별행으로 처리하였다. 이하도 동일하다.

17 홍공(洪公) : 홍석보(洪錫輔, 1672~1729)로, 본관은 풍산(豐山), 자는 양신(良臣), 호는 수은(睡隱)이다.

18 수곡서원(秀谷書院) : 경기 광주(廣州) 대왕면, 지금의 서울시 강남구 일원동에 있었던 서원이다. 1684년(숙종10) 지방 유림의 공동 발의로 선조 때의 공조 정랑 동은(峒隱) 이의건(李義健)과 효종 때의 장령 창강(滄江) 조속(趙涑)을 먼저 배향하고,

이명숙 시중(李明叔時中)이 함께하였다.

○ 12월. 면천 군수(沔川郡守)에 임명되었다.

40년 갑신(1764) 공의 나이 37세

○ 1월. 면천 군수로 부임하였다.

○ 3월. 덕산(德山)에 가서 병계(屛溪) 윤공 봉구(尹公鳳九)를 방문하였다.

○ 상경하여 명을 받들어 입시하였다.

○ 4월. 군의 관서로 돌아왔다.

○ 6월. 상경하여 대부인을 보살폈다.

○ 9월. 군의 관서로 돌아왔다.

○ 10월. 대부인을 뵈었다.

○ 11월. 군의 관서로 돌아왔다.

41년 을유[19](1765) 공의 나이 38세

○ 파직되어 돌아왔다.

42년 병술(1766) 공의 나이 39세

○ 2월. 정시 초시에 입격하였다.

효종 때의 영의정 우재(于齋) 이후원(李厚源)의 학문과 덕행을 추모하여 함께 제향하였다.

19 을유 : 대본에는 '己酉'로 되어 있다. 문맥에 근거하여 '己'를 '乙'로 바로잡아 번역하였다.

○ 11월. 황감시(黃柑試)에서 장원하였다.

합격자 명단이 공개되고 나서 상이 시관들에게 묻기를 "그 사람됨이 어떠한가?" 하니, 모두 아뢰기를 "학식이 있고 등용할 만한 사람입니다." 하였다. 이튿날 공이 명을 받들어 입시하니, 상이 앞으로 나아와 고개를 들라고 명하고 하교하기를 "예전에 그 아버지가 낙천군(洛川君)의 혼사를 의논하는 일로 나에게 곤경을 당했는데[20] 지금 그 아들이 등과하였다. 시관들이 모두 취하지 않으려고 하였지만 내가 특별히 선발하여 취하도록 명하였으니 이전 일을 보상했다고 할 만하다." 하였다. 공이 물러나자 상이 이르기를 "생김새도 뛰어나니 나는 제대로 된 사람을 얻었다고 생각한다." 하였다.

43년 정해(1767) 공의 나이 40세

44년 무자(1768) 공의 나이 41세

○ 3월. 식년(式年) 전시(殿試)에 응시하여 병과(丙科) 제13인으로 급제하였는데 상이 특별히 을과(乙科)로 시행하라고 명하였다.

○ 상이 하교하기를 "김종수는 이미 군수를 지냈는데도 아직 통덕랑(通德郎)으로 있다. 지키는 것이 숭상할 만하고 고풍을 실추하지 않았으니 또한 가상하다. 그 자품(資品)을 을과의 예로 시행하여

20 예전에……당했는데 : 영조가 조카 낙천군 이온(李縕)과 김치만(金致萬)의 딸을 혼인시키려고 하자, 김치만은 이미 충간공 홍치중(洪致中)의 죽은 아들의 유복자(遺腹子)와 약혼한 사이이므로 비록 지금 홍치중이 죽고 없더라도 의리상 그 약속을 물릴 수 없다고 하면서 반대하다가 투옥되었다. 《英祖實錄 12年 11月 29日》

나의 뜻을 보이라."라고 하였다.

○ 4월. 예조 정랑에 임명되었는데 사직 상소를 올려 체차되었다.

○ 사간원 정언에 임명되었다.

○ 5월. 홍문관부수찬 겸 동학교수에 임명되었다.

○ 6월. 세손시강원 필선에 임명되었다. 소명(召命)을 받들고 서울에 들어왔으나 바로 체차되었다.

○ 세손시강원 겸사서에 임명되었다. 사직하는 상소를 올렸으나 임금에게 전달되지 않았다.

○ 존현각(尊賢閣)에서 세손을 입대(入對)하여 예가 아닌 역대의 추숭(追崇)에 대해 논하였다.

이때 세손이 《자치통감강목(資治通鑑綱目)》을 강하고 있었는데, 읽다가 한(漢)나라 순제(順帝)의 일에 이르러서 공이 나아가 아뢰기를 "환관과 외척의 화(禍)는 역대로 모두 그러했습니다. 서한(西漢)이 외척 때문에 나라가 망하였는데 동한(東漢)도 징계할 줄을 몰랐으니 참으로 슬픕니다. 송(宋)나라 신하가 말한 '환관과 궁첩이 이름을 알지 못하는 사람을 재상으로 삼아야 한다.'[21]는 것은 참으로 명언입니다. 외척이 환관이나 궁첩과는 비록 다르지만 내부 통로가 되는 것은 한가지입니다. 임금이 환관이나 외척의 말로 인하여 사람을 쓰면 반드시 혼란과 멸망에 이르게 되고 신하가 환관이나 외척을 통하여 벼슬길에 나아가게 되면 입신하는 것이 바르지 않으니, 비록

21 환관과……한다 : 송(宋)나라의 명신 왕소(王素)가 한 말이다. 왕소는 송 인종(仁宗) 때의 문신으로, 벼슬이 지간원(知諫院)에 이르렀으며 왕에게 직간을 잘하기로 유명하였다.

관중(管仲)이나 제갈량(諸葛亮) 같은 재능을 가지고 있더라도 결코 등용해서는 안 됩니다." 하니, 세손이 이르기를 "그렇습니다. 한나라의 외척으로 능히 보전한 사람은 단지 몇 집안뿐입니다." 하였다. 공이 아뢰기를 "권력을 빌려주면 어찌 망하지 않겠습니까. 그들을 사랑하는 것이 바로 그들을 해치는 것입니다. 당세의 군주들이 집안과 나라를 함께 보전하는 도를 알지 못하고 번번이 모두 외척을 높이 등용하여 마침내 집안과 나라가 함께 해를 입게 되었으니, 그 마음에서 연유하여 외척을 사사로운 사람으로 여겼기 때문입니다. 왕이 세 가지 무사(無私)[22]의 뜻을 받들어 천하를 다스린다면 이들도 다 같은 신하일 뿐입니다. 어찌 그 사이에 친소(親疏)를 둘 수 있겠습니까."라고 하였다.

며칠 뒤에 다시 입대하여 한나라 환제(桓帝)의 일을 강하는데 세손이 이르기를 "역대의 추숭은 어느 때에 시작되었는지 모르겠지만 모두 그릇되었습니다." 하니, 공이 아뢰기를 "참으로 하교와 같습니다. 한나라 광무제(光武帝)는 비록 중흥하였다고 하지만 이는 바로 창업한 것입니다. 번저(藩邸)[23]에서 들어와 계승한 임금과는 다르니 남양(南陽)에 사친(四親)의 사당을 세운 것은 더없이 탁월한 일입니다. 주 부자(朱夫子) 역시 매우 칭찬하였습니다. 한나라와 당나라의 신하들 중에 예를 잃은 추숭에 대해 분명하게 말한 사람이 아무도

22 세 가지 무사(無私) : 《몽오집》 권3 〈춘궁시강일기(春宮侍講日記)〉에는 바로 앞에 "하늘은 사사롭게 덮어 주는 법이 없고 땅은 사사롭게 실어 주는 법이 없고 해와 달은 사사롭게 비추어 주는 법이 없다.〔天無私覆, 地無私載, 日月無私照.〕"라고 세 가지 구체적인 내용을 언급하고 있다.

23 번저(藩邸) : 임금이 왕위에 오르기 전에 거처하던 사저이다.

없었습니다. 송(宋)나라 복왕(濮王)의 전례(典禮)를 논할 때 선현의 의론이 나와서 예의 뜻이 비로소 크게 밝아졌습니다.[24]" 하니, 세손이 경청하였다.

○ 7월. 세손을 모시고 진하례를 행하고, 녹비(鹿皮)를 하사받았다.

○ 궁료(宮僚)와 함께 소대(召對)를 행하라고 청하였다.

○ 8월. 서울에 들어와서 세손의 예교(睿敎)를 받들어 병풍에 글을 써서 올렸다.

세손이 공에게 병풍 16폭에 글을 써 달라고 명하였는데, 공은 《서경》 〈무일(無逸)〉과 《시경》 〈억(抑)〉을 써서 바치고 고사를 모방하여 발문(跋文)을 지어 바쳤다. 세손이 공에게 다시 병풍의 모양에 의거하여 글을 써서 바치게 하였다.

○ 9월. 상소를 남겨 두고 고향 집으로 돌아왔다.

○ 10월. 서울에 들어가 사직 상소를 올렸으나 상에게 전달되지 않았다.

○ 11월. 모친의 병 때문에 상소를 올려 간호할 수 있도록 체차해 주기를 청하였으나, 윤허하지 않았다.

24 송(宋)나라……밝아졌습니다 : 복왕은 복안의왕(濮安懿王)으로 송나라 영종(英宗)의 생부 조윤양(趙允讓)의 봉호(封號)이고, 전례는 그의 추존과 관련된 예전(禮典)을 말한다. 영종이 인종(仁宗)의 양자로 즉위한 다음 생부인 복왕을 추존할 것을 의논하자, 당시 사마광(司馬光)과 왕규(王珪) 등은 "임금의 후계자가 된 사람은 그 임금의 아들이 되는 셈이니, 사친을 돌아볼 수 없다."라고 하면서 복안의왕을 '황백(皇伯)'으로 칭해야 한다고 주장하였고, 한기(韓琦)와 구양수(歐陽脩) 등은 "생부를 백(伯)이라고 일컬을 수는 없다."라고 하면서 '황고(皇考)'라고 칭해야 한다고 하여 의견이 분분하였다. 이때 정이(程頤)가 시어사(侍御史) 팽사영(彭思永)을 대신하여 사마광 등의 주장이 옳다는 뜻으로 소(疏)를 지어 올렸다. 《二程全書 卷45 代彭思永上英宗皇帝論濮王典禮疏》

○ 12월. 필선(弼善)에 임명되었는데 사직 상소를 올려 체차되었다.

45년 기축(1769) 공의 나이 42세

○ 1월. 서울에 들어가서 진하(陳賀)에 참석하고 바로 고향 집으로 돌아왔다. 겸문학(兼文學)에 임명되었다.

세손이 일찍이 연석(筵席)에 임하여 공의 거취를 물으니 궁료(宮僚)가 듣지 못했다고 대답하자, 세손이 이르기를 "진연(進宴) 날짜가 가까우니 반드시 올라와야 한다. 꼭 내 뜻을 서신으로 알리라." 하였다.

○ 2월. 서연(書筵)에 입대하니 세손이 친히 지은 〈소종합대종론(小宗合大宗論)〉[25]을 보여 주었다.

세손이 이르기를 "상번(上番)이 시강(侍講)한 지 지금 몇 개월이 되었습니까?" 하니, 공이 아뢰기를 "벌써 반년이 되었습니다. 신은 작년에 시강할 때 어리석은 충정을 다 기울였는데 모두 받아들여 주셨습니다. 신이 그동안 힘써 아뢴 것은, 사사로운 뜻을 이겨 내고 다른 사람의 말을 받아들이는 것과 위의(威儀) 동작의 절도를 신중하게 살피는 것을 벗어나지 않습니다. 무릇 사사로운 뜻을 이겨 내기가 가장 어렵습니다. 한 번이라도 사사로운 뜻을 이기지 못하면 겉으로 나타나는 징험을 가릴 수가 없으니, 어찌 학문하는 데에 절실하고 긴요한 점이 아니겠습니까. 또 한 사람의 총명은 한계가 있고 천하의 의리는 무궁하니, 비록 필부가 학문하는 방도일지라도 남에게서 취하여 선을 행하는 것이 가장 중요한 법인데, 하물며 제왕가(帝王家)

25 세손이……소종합대종론(小宗合大宗論) : 정조가 세손 때 지은, 소종을 대종에 합하는 것에 대한 논의이다.

는 말할 것이 있겠습니까. 위의의 절차에 대해서는, 점차로 공부하여 너무 심한 것부터 먼저 없애야 한다고 신이 일찍이 아뢴 바가 있으니, 슬기로운 저하께서 틀림없이 기억하고 계시리라 생각합니다. 신이 가만히 보건대 저하께서 의리를 터득한 점은 이미 모두 뛰어나니 경탄을 금할 수 없습니다. 다만 신이 염려하는 것은, 아는 것이 어려운 것이 아니라 오직 행하기가 어렵다는 점입니다. 무릇 일의 이치로 볼 때 평상시에 본디 이미 알고 있는 것이라도 실제로 행할 경우가 되면 도리어 그렇게 하지 못하니, 알고 있어도 능히 실천하지 못하면 아는 것을 어디에 쓰겠습니까. 저하의 학문이 의리를 알고 있는 점에 대해서는 더 힘쓸 필요가 없습니다. 다만 몸소 실천하는 일에 더욱 마음을 쓴다면 비로소 더할 나위 없이 좋을 것입니다."라고 하였다. 세손이 친히 지은 사론(史論) 십수 편을 내보여 주었는데 그중에 〈소종합대종론〉이 있었다. 한(漢)나라 때 도고(悼考)와 정도황(定陶皇)[26]을 추숭한 잘못을 낱낱이 논하였는데, 대체의 뜻은 입승대통(入承大統)하였으면 사친(私親)을 다시 높여서 종통을 두 개로 하는 혐의를 범하여서는 안 된다는 것이었다. 공이 일어나 절하고 아뢰기를 "식견이 고명하고 의리가 엄정하니 더 이상 한마디도 도움을 드릴 말이 없습니다." 하고, 다만 조금 전에 '아는 것이 어려운 것이 아니고 오직 행하는 것이 어렵다.〔非知之艱 行之惟

26 도고(悼考)와 정도황(定陶皇) : 도고는 폐위된 창읍왕(昌邑王)의 뒤를 이은 한(漢)나라 선제(宣帝)가 자기의 생부를 그대로 부친으로 받들면서 올린 시호인데, 후에 종묘에 들이면서 황고(皇考)라고 높여 불렀다. 정도황은 한나라 애제(哀帝)의 생부인데, 애제는 성제(成帝)가 죽은 뒤에 즉위하고서 생부인 정도공왕(定陶恭王)을 추존하여 정도공황(定陶恭皇)으로 삼았다.

艱]'라고 면려한 여덟 글자를 받들어 올렸다.

○ 6월. 교리로 옮겼다가 곧 체차되었다.

○ 7월. 상경하여 진하에 참석하였다.

○ 8월. 어가(御駕)[27]가 명릉(明陵)에 전알할 때 다시 상경하여 공경히 맞이하였다.

○ 홍문관 응교에 임명되었는데 상소를 올려 사임하였으나, 윤허하지 않았다.

○ 9월. 홍문관 직임에서 체차되었다.

○ 10월. 봉상시 정에 임명되었는데 곧 체차되었다.

지방에 있으면서 제향(祭享)을 당했기 때문이다.

○ 12월. 주강에 입시하였다. 상이 손수 글을 써서 명주를 하사하고 돌아가 노친에게 전하라고 명하였다.

상이 노친의 기거를 묻고 녹색 명주 한 단을 가져다 주라고 명하였으며, 손수 16자를 써서 이르기를 "이 명주를 직접 하사하니 그대의 모친에게 전해 주어 높으신 연세에 대한 나의 감동을 보이고 사양하지 말라.〔面賜此紬 傳于爾親 示予感年 仍其勿謝〕"라고 하였다. 이어서 하교하기를 "충신을 구하는 것은 반드시 효자의 가문에서 해야 하니, 이밀(李密)의 〈진정표(陳情表)〉는 사람을 감동시키기에 충분하다."라고 하였다. 또 양성(陽城)이 태학생(太學生)에게 돌아가 부모를 봉양하게 한 고사[28]를 들어 특별히 돌아가 모친을 보살피도록

27 어가(御駕) : 대본에는 '車賀'로 되어 있다. 문맥에 근거하여 '賀'를 '駕'로 바로잡아 번역하였다.

28 양성(陽城)이……고사 : 당(唐)나라 때 국자사업(國子司業) 양성이 태학생을 근

허락하였다. 또 하교하기를 "함께 설을 잘 쉰 뒤에 바로 나를 보러 오라."라고 하였다.

46년 경인(1770) 공의 나이 43세

○ 1월. 서울에 들어왔다. 시강원 보덕에 임명되었다.

○ 5월. 특별히 통정대부 승정원 동부승지에 올랐는데 병으로 체차되었다.

○ 윤5월. 형조 참의에 임명되었다가 동부승지로 옮겼다. 숭정전(崇政殿) 월대(月臺)에 입시하였다.

상이 성변(星變) 때문에 숭정전 월대에 엎드려 있었는데 이때 밤이 이미 깊었다. 공이 나아가 아뢰기를 "하늘을 감동시키는 도는 오직 지성으로 하늘을 대하는 데 달려 있습니다. 비록 방 안에서라도 참으로 지성으로 하늘을 대한다면 야외에서 기도하는 것과 다를 것이 없습니다." 하니, 상이 이르기를 "나는 이 한 몸으로 만백성을 대신하려고 한다."라고 하였다. 공이 아뢰기를 "전하께서 늘 경천(敬天) 등의 일로 스스로 옥체를 가벼이 하시는데, 비록 지성이 이르더라도 깨닫지 못하는 사이에 피로하여 정섭(靜攝)하시는 데 손상이 있으면 의당 어떠하겠습니까. 옛사람이 이르기를 '폐하께서 비록 스스로를 경시하더라도 고조(高祖)의 사당은 어떻게 한단 말입니까.'[29]라고

친(覲親) 보내면서 "배움이란 충성과 효도를 배우자는 것이다."라고 하여 효를 권장하였다.《新唐書 陽城列傳》

29 폐하께서……말입니까 : 한 문제(漢文帝)가 장안(長安) 동쪽 패릉(霸陵) 위에서 수레를 달려 내려가려 하자, 원앙(袁盎)이 말고삐를 잡고 "험한 산길을 고려하지 않고 달리다가 말이 놀라 수레가 넘어지면 폐하 자신의 몸이야 하찮게 여기더라도 고조의

하였는데, 전하의 추모하는 정성으로 마땅히 이 말을 깊이 유념하셔야 합니다." 하니, 상이 마침내 대내(大內)로 돌아왔다.

○ 며느리 서씨(徐氏)를 곡하였다.

○ 6월. 곡산 부사(谷山府使)에 임명되어 명을 받들어 입시하였다. 연화문(延和門)에 입시하니 상이 이르기를 "전에 이 문에서 본 적이 있다. 잘 가서 모친을 봉양하라." 하였다.

○ 7월. 하직 인사를 하고 부임하였다.

47년 신묘(1771) 공의 나이 44세

○ 3월. 의금부에 회부되어 고신(告身)을 빼앗겼다.

병사(兵使)가 춘계 군사 조련할 때 가지 않았기 때문이다.

○ 4월. 양화도(楊花渡)에 가서 이심원 유수(李深遠惟秀)를 곡하였다. 제문을 짓고 행장을 짓고 또 유고(遺稿)의 서문을 지었다. 이공의 집은 성 동쪽 타락산(駝駱山) 아래에 있는데 경치 좋은 숲이며 바위며 동산이며 연못이 있고, 그 안에 고서화(古書畫)와 이기(彝器)가 간직되어 있었다. 공은 윤공 급(尹公伋), 남공 유용(南公有容), 이공 득배(李公得培), 조공 돈(趙公暾), 송공 재경(宋公載經), 심공 이지(沈公履之), 김공 상묵(金公尙默), 윤공 시동(尹公蓍東), 유공 언호(兪公彦鎬), 김공 익(金公熤), 김공 광묵(金公光默)과 날마다 이공의 집에 모였는데 당시에 십삼 학사(十三學士)라고 불렸다. 정씨(鄭氏) 성의 수청초부(水靑樵夫)라는 방외인이 있었는데, 당시에 그 역시 이 모임에 참여하여 서로 어울려 술을 마시고 시를 짓고 글씨를

사당과 태후를 장차 어찌하시겠습니까."라고 말한 것을 가리킨다. 《漢書 袁盎傳》

쓰고 바둑을 두며 즐겼다. 이공이 화공(畫工)에게 그 일을 그림으로 그리게 하여 지금까지 전한다. 여러 공은 청의(淸議)를 드넓히고 사풍(士風)을 은연중에 부지하며 시문과 술에 몸을 숨겨 세상의 굴레를 피하였는데, 당시에 권세를 부리는 사람이 일찍이 말하기를 "동산의 모임이 나를 죽이려고 한다."라고 하니, 식자들이 우리 동국의 올바른 사론(士論)이 여기에서 그치게 되었다고 하였다.

○ 8월. 후천(朽川)으로 가서 이사춘 희천(李士春羲天)을 곡하고, 마곡(馬谷)에 들러 단릉(丹陵) 이공의 묘에 참배하였다.

○ 10월. 직첩을 돌려주고 서용(敍用)하라고 명하였다.

승지가 세초(歲抄) 대상인 여러 사람을 독주(讀奏)하는데, 공의 이름에 이르자 상이 이르기를 "그 사람은 내가 등용할 만한 사람이라는 것을 잘 안다."라고 하였다.

○ 12월. 형조 참의에 임명되어 사임하는 상소를 올렸으나 윤허하지 않았다.

48년 임진(1772) 공의 나이 45세

○ 3월. 기장현(機張縣)에 귀양 보내라는 명이 내렸다.

이조 판서 정공 존겸(鄭公存謙)이 공과 조공 정(趙公㫎), 서공 명천(徐公命天)을 성균관 대사성의 삼망(三望)에 비의(備擬)하였는데, 상이 삼망이 모두 새로 통망(通望)된 사람이고 또 이들이 일당(一黨)이라고 해서 전형을 맡은 신하를 벌하였다. 이때 헌숙공(憲肅公)[30]이 영상이었는데 상이 헌숙공에게 물으니 헌숙공이 이전의 사

30 헌숙공(憲肅公) : 김치인(金致仁, 1716～1790)으로, 본관은 청풍(淸風), 자는 공

례가 있다고 대답하였다. 상이 이어 그 전례가 어느 해 누구인지를 물으니 헌숙공이 기억하지 못한다고 대답하자 상이 진노하였다. 이튿날 하교하기를 "지난번에 들으니 병술년(1766, 영조42)의 성균관 대사성 통망을 이전의 사례라고 하던데, 틀림없이 그 통망에 김귀주(金龜柱)가 있기 때문에 군부(君父)에게 재갈을 물리려고 한 것이다."라고 하며 거듭 엄한 유지(諭旨)를 내려, 영상이 스스로 청류(淸流) 명류(名流)라고 자칭하면서 당인(黨人)의 영수(領袖)가 된 것을 책망하였다. 그리고 영상은 관작을 삭탈하여 도성 밖으로 내쫓고 공은 성균관의 의망에서 영구히 배제하도록 명하였다. 이때 임금의 노여움이 매우 두렵고 당시의 여론이 준열하여 사람들은 모두 공을 대신하여 두려워하였는데, 공은 대부인(大夫人)에게 하직 인사를 한 뒤 태연히 길을 나서 조금도 낯빛에 드러내지 않으니, 사람들은 도성을 떠나는 발걸음인 줄 알지 못했다.

○ 4월. 금갑도(金甲島)로 이배되었다.

○ 6월. 그곳에 위리안치하도록 명이 내렸다.

○ 8월. 그 자신에 한해 서민으로 강등하고 자제들은 모두 종신토록 금고(禁錮)에 처하도록 명이 내렸다.

○ 10월. 서민으로 강등하라는 죄명(罪名)을 깨끗이 씻어 주도록 명이 내렸다.

서(公恕), 호는 고고정(古古亭), 시호는 헌숙이다. 몽오의 종숙(從叔)이며 이때 영의정으로 있었다. 성품이 치밀하고 결단력이 있는 인물로, 나라의 전고(典故)에 정통해 이를 정사에 잘 활용하였다.

49년 계사(1773) 공의 나이 46세

○ 5월. 석방하라는 특명이 내렸다.

50년 갑오(1774) 공의 나이 47세

○ 2월. 직첩을 돌려주라는 명이 내렸다.

상의 병환이 회복되어 경하하기 위한 것이다. 상이 연석에 임하여 하교하기를 "이 사람은 끝내 등용해야 할 사람이니, 어찌 초라하게 헛되이 늙을 사람이겠는가."라고 하였다.

○ 5월. 아들 약연(若淵)을 곡하고 광주(廣州) 사락리(獅樂里)에 장례 지냈다.-계묘년(1783, 정조7)에 상소로 청하여 족손(族孫)인 김동선(金東善)을 데려다 후사(後嗣)로 삼았다.-

○ 6월. 서용하라는 명이 내렸다.

○ 8월. 며느리 홍씨(洪氏)를 곡하였다.

공이 장지를 살피기 위해 개농산(開農山)에 있었는데 홍씨가 순절했다는 소식을 듣고 즉시 돌아왔다. 홍씨의 일은 공이 지은 행장에 자세히 나온다.

○ 9월. 동작진(銅雀津)에 갔다.

이때 상의 병환이 회복되어 진하(陳賀)의 예를 행하였는데, 공은 감히 집에 있지 못하고 동작진까지 갔다가 돌아왔다.

51년 을미(1775) 공의 나이 48세

○ 1월. 동작진에 갔다.-진하하기 위해서이다.-

○ 4월. 백씨(伯氏)를 모시고 도봉서원에 참배하고 청절사(淸節祠)에 들러 참배하였다.

○ 6월. 백씨를 모시고 모락산(慕洛山)에 폭포 구경을 갔다.

○ 며느리 홍씨를 정려(旌閭)하라는 명을 공경히 받들었다.

○ 7월. 인천에 가서 재종제 김종춘(金鍾春)을 곡하였다.

○ 9월. 동작진에 갔다.-상의 병환이 회복되어 진하한 것이다.-

52년 병신[31](1776) 공의 나이 49세

○ 1월. 동작진에 갔다.-진하하기 위해서이다.-

○ 공조 참의에 임명되었다.-말망(末望)으로 의망되어 낙점받았다.-

○ 서울로 들어가 숙배한 뒤 글을 남기고 곧바로 귀향하였다.

공이 적소(謫所)에 있을 때부터 세손이 생각하는 것이 더욱 돈독하여 여러 차례 말씀에 드러내고, 강관(講官)으로 하여금 공이 지은 병풍과 반감첩(頒柑帖) 등의 발문(跋文)을 읽게 하여 듣기까지 하였다. 이때 국정을 대리청정하게 되어 비답을 내리기를 "말망으로 의망되어 낙점받은 것은 특별한 은혜에서 나왔으니 그대는 사양하지 마시오."라고 하였다.

○ 3월 5일. 영조대왕(英祖大王)이 승하하여 서울에 들어와 곡하는 반열에 참석하였다.

○ 대행대왕행장찬집청(大行大王行狀撰輯廳)의 당상에 차임되었다.

○ 정조 선황제(正祖宣皇帝)[32]가 즉위하여 진하에 참석하였다.

31 병신 : 대본에는 '丙戌'로 되어 있는데, 전후 간지에 근거하여 '戌'을 '申'으로 바로잡아 번역하였다.

32 정조 선황제(正祖宣皇帝) : 정조는 원래 묘호가 정종(正宗)이었는데 대한제국이 선포되고 선황제로 추존되었고, 묘호를 종(宗)에서 조(祖)로 바꾸어 정조 선황제가 되었다. 몽오의 문집이 1910년에 편찬되었기 때문에 바뀐 호칭을 사용한 것이다.

○ 4월. 백씨를 모시고 고양(高陽)에 가서 연경(燕京)으로 가는 종숙(從叔) 헌숙공(憲肅公)을 송별하였다.

○ 5월. 정사(呈辭)하여 체직되었다.

○ 7월. 우부승지에 임명되었다.

공이 숙배하자 상이 인견하여 이르기를 "지금 몇 년 만에 다시 승정원에 들어왔는가?" 하니, 공이 아뢰기를 "이미 7년이 되었습니다." 하였다. 상이 이르기를 "춘방(春坊)에서 시강한 것이 무자년(1768, 영조44)인가?" 하니, 공이 아뢰기를 "무자년, 기축년(1769), 경인년(1770)에 모두 시강하였습니다." 하였다. 상이 이르기를 "이제부터 항상 볼 수 있다는 것을 물론 알지만 내가 빨리 보고 싶은 마음에 입시하라고 특별히 명한 것이다. 지금은 어디에 있는가?" 하니, 공이 아뢰기를 "신이 적소에 있을 때 사천(沙川)으로 이사하였는데, 전에 살던 집에 비해 약간 멉니다." 하였다. ○ 이로부터 상이 매번 조용히 인접(引接)하여 유시하기를 "〈소종합대종론(小宗合大宗論)〉을 잘 기억하는가?" 하니, 공이 아뢰기를 "어찌 감히 잊겠습니까." 하였다. 상이 이르기를 "이것은 내가 어렸을 때 지은 것이다. 그 말을 실천하지 못할까 항상 두려웠는데 다행히 한두 신하가 함께 도와주어 내 이런 뜻을 지키게 되었다." 하니, 공이 아뢰기를 "이 일은 탁월하여 참으로 만세의 법이라고 이를 만합니다." 하였다. 상이 이르기를 "나는 온갖 어려움을 겪었고 승지도 만번 죽을 고비에서 살아남았으니 오늘 군주와 신하가 한자리에 함께 모인 것은 하늘의 뜻이다." 하였다. 이어 홍인한(洪麟漢)과 정후겸(鄭厚謙)[33] 등 여러

33 홍인한(洪麟漢)과 정후겸(鄭厚謙) : 홍인한은 자신이 세손의 외종조부인 점을 이

역적이 안팎으로 호응한 정상을 낱낱이 들고 하교하기를 "흉악한 무리가 스스로 동궁을 보호한다고 하면서 여러 승지를 지목하여 이롭지 못하다고 하였는데, 그때 보호한다는 말을 한 자들은 모두 역적이다." 하니, 공이 아뢰기를 "소굴을 타파하는 것과 불안해하는 자를 스스로 안심하게 하는 것[34]은 저절로 합당한 도리가 있을 것입니다. 오늘날 우선시할 일은, 조치를 합당하게 하여 사람들이 모두 마음으로 복종하게 하는 것만 한 것이 없습니다. 비유하자면, 안을 정비하고 밖의 적을 물리치는 것은 어느 한쪽만 폐해서는 안 되지만 안을 정비하는 것이 근본인 것과 같습니다." 하였다.

○ 8월. 동료 관원과 함께 청대(請對)하여 이응원(李應元)이 상소한 일을 논하였다.

영남 유생 이응원이 상소하여 선세자(先世子 사도세자)를 변무(辨誣)한다고 칭탁하고서 말이 영묘(英廟)를 범하였으므로 이응원을 국문하도록 명하였다. 이응원의 문서 중에 상소 초본의 "성상께서

용해 안으로는 정후겸 모자와, 밖으로는 윤양후(尹養厚)·홍지해(洪趾海) 등과 결탁하여 위세를 부렸다. 정후겸은 영조의 총애를 바탕으로 당시 세도가였던 홍인한과 더불어 국정을 좌우하였다.

34 불안해하는……것 : 역적과 내통했던 사람들을 용서하여 안심시키는 것을 말한다. 전한(前漢) 말 왕망(王莽)이 왕권을 찬탈하여 천하가 혼란할 때 왕랑(王郞)이라는 자가 성제(成帝)의 아들이라 자칭하며 한단(邯鄲)에 도읍을 정하고 스스로 황제가 되니, 원근의 고을이 호응하여 그 세력이 막강하였다. 이때 후한(後漢)을 일으킨 광무제(光武帝) 유수(劉秀)가 왕랑을 토벌하였는데, 당시 광무제의 부하 중에는 왕랑과 서신을 왕래하며 내통한 자가 많았다. 광무제가 그 서신을 압수하자 연관된 자들은 불안에 떨었는데, 광무제는 그 서신을 모두 보지 않고 불태우며 "불안해하는 자를 스스로 편안하게 한다."라고 하였다. 《後漢書 光武帝紀上》

오늘날이 있게 된 것은 홍봉한(洪鳳漢)의 공이다."라는 한 구절이 있었는데, 정본(正本)에서는 깎아 낸 것이다. 공과 여러 신료들이 청대하여 아뢰기를 "여기에서 맥락이 관통함을 볼 수 있습니다." 하였다. 상이 공에게 정본에서 깎아 낸 말을 써내어 훗날의 고찰에 대비하라고 명하였다.

○ 홍문관 부제학에 임명되었다.

명을 받들어 특진관을 추천해 올리고 경연에 입대하였다. 상이 등극한 뒤에 처음 경연을 열고 공을 재촉하여 부르니 공이 감히 고사할 수 없어 숙배하고 입대하여 아뢰기를 "신이 일찍이 외람되게 주연(冑筵)에서 강론할 때 이미 성상의 학문이 고명하다는 것을 속으로 앙모하였지만, 그래도 사적인 우려로 지나치게 염려하여 '말은 행실을 돌아보고 행실은 말을 돌아본다.〔言顧行 行顧言〕'[35]라는 여섯 글자를 말씀드렸습니다. 삼가 보건대, 즉위한 초기에 정령(政令)을 조치하는 것이 마치 강하(江河)를 터 놓은 듯이 성대하니 참으로 옛사람이 말한 '일을 행하는 데에 드러난다.〔見諸行事〕'[36]라는 것입니다. 그러나 그때 이어서 아뢴 '끝마무리를 신중히 하기를 처음 시작처럼 해야 한다.〔愼終如始〕'라는 네 글자는 오히려 힘쓰지 않을 수 없습니다." 하니, 상이 기쁘게 받아들였다. 또 아뢰기를 "임금은 높은 지위에 처하여 남의 말을 받아들이기 매우 어렵고 신하도 말을 아뢰기가

35 말은……돌아본다 : 《중용장구》 제13장에 나오는 말이다.

36 일을……드러난다 : 《중용장구》 서두에 나오는 '무과불급(無過不及)'에 대해 《중용혹문(中庸或問)》에서 "일을 행하면서 드러나는 것이 각각 중에 맞음을 뜻하는 말이다.〔見諸行事, 各得其中之名.〕"라고 설명한 데서 나오는 말이다.

매우 어렵습니다. 하물며 성상께서 하는 초기의 정사가 항상 천리에 부합하여 모두 후세의 법도가 될 만하니 찬송하는 말은 받아들여지기 쉽고 경계하는 말은 따르기 어렵습니다. 이는 원래 형세가 그렇습니다. 주공(周公)이 성왕(成王)을 경계하여 말하기를 '상(商)나라 왕 수(受)처럼 하지 마소서.'[37]라고 하였고, 한(漢)나라 주창(周昌)은 걸주(桀紂)로 고조(高祖)를 비유하였고,[38] 진(晉)나라 유의(劉毅)는 환제(桓帝)와 영제(靈帝)로 무제(武帝)를 비유하였습니다.[39] 이것은 임금이 된 사람이라면 마땅히 알아야 할 것입니다. 전문(田文)은 개 짖는 흉내나 내는 사람들의 우두머리인데도 오히려 '사적으로 밖에서 보물을 받더라도 나의 허물을 바로잡아 줄 사람은 들어와

37 상(商)나라……마소서 : 《서경》 〈무일(無逸)〉에 나오는 말이다. 수(受)는 폭군 주(紂)의 이름이다.

38 주창(周昌)은……비유하였고 : 주창은 힘이 세고 직언을 서슴지 않았는데, 한번은 고조가 연회를 열었을 때 주창이 일을 아뢰려고 연회장에 들어갔다가 고조가 곁에 척희(戚姬)를 끼고 있었기 때문에 그냥 돌아 나오려고 하니 고조가 뒤따라와서 주창의 목덜미를 타고 올라 "나는 누구와 같으냐?"라고 묻자 주창이 고개를 쳐들고 "폐하께서는 걸주와 같은 폭군이십니다."라고 한 고사를 가리킨다. 고조는 그냥 웃으며 지나갔지만 그 후로 주창을 더욱 꺼리게 되었다. 《史記 張丞相列傳》

39 유의(劉毅)는……비유하였습니다 : 유의는 진(晉)나라 때의 직신(直臣)으로, 무제(武帝)가 한번은 제례(祭禮)를 마치고 유의에게 자신을 한나라 어느 황제에 비교하겠느냐고 물으니 유의는 후한(後漢) 말기의 대표적 암군(暗君)인 환제와 영제에 비유할 만하다고 하였다. 무제가 너무 심하지 않느냐고 하니 유의는 "환제와 영제는 벼슬을 팔면 그 돈이 관고(官庫)로 들어갔는데 폐하는 벼슬을 팔면 그 돈이 사문(私門)으로 들어가니, 폐하는 자못 그들만 못합니다."라고 하였다. 무제는 웃으면서 "환제와 영제는 이런 충언을 듣지 못했는데 나는 지금 직신이 있으니 그들과 같지 않다."라고 하였다. 《晉書 劉毅列傳》

간하라.'라고 말하였습니다.[40] 무릇 그 사람의 선악은 따질 것 없이 오직 그 말을 받아들일 때 자신에게 유익함을 위주로 한다면 받아들이지 못할 말이 없습니다. 신은 청컨대 신하들이 간언을 하는지 안 하는지를 가지고 성상께서 말을 받아들이는 도량을 징험하고자 합니다. 오늘은 전하의 첫 경연입니다. 신하들에게 명하여 품고 있는 생각을 다 아뢰게 하소서." 하니, 상이 이를 따랐다. 이날 상이 특진관을 정선(精選)한 것에서 공정한 마음을 볼 수 있다고 하면서 포상하라는 하교를 내렸는데, 이 선발에 참여하지 못한 사람들은 모두 원망과 노여움을 품고 종신토록 풀지 않은 사람도 있다고 한다.

○ 우승지로 옮겼다.

○ 명을 받들어 경모궁(景慕宮) 상량문을 지어 올렸는데 표범 가죽을 하사받았다.

상이 "중병이 갑자기 찾아오는 것은 비록 성인이라도 면하지 못하니 어찌하리오."라는 구절에 이르러 이르기를 "이런 구절은 매우 좋다." 라고 하였다. 공은 사륙문(四六文)에 익숙하지 못하다며 사양하였

40 전문(田文)은……말하였습니다 : 전문은 전국 시대 제(齊)나라의 공자 맹상군(孟嘗君)이다. 맹상군은 계명구도(鷄鳴狗盜)의 하찮은 잔재주로 위기를 탈출하였다고 해서 비판을 받는다. 맹상군이 초(楚)나라에 갔을 때 초왕(楚王)이 그에게 상아(象牙)로 만든 걸상을 전하게 하였는데, 그 운송을 맡은 등도직(登徒直)이 운송 중에 손상되면 배상할 방법이 없음을 걱정하여 맹상군이 그 선물을 받지 않게 해 주면 보검을 주겠다고 맹상군의 문객인 공손수(公孫戍)에게 청탁하자, 공손수가 맹상군을 설득하여 상아 걸상을 거절하게 하였다. 맹상군은 공손수의 사심을 알면서도 그의 말을 들어주었으며, 문판(門板)에 쓰기를 "나의 이름을 선양하고 나의 허물을 바로잡아 준다면 사적으로 밖에서 보물을 받더라도 빨리 들어와서 간하라.〔有能揚文之名止文之過, 而私得寶於外者, 疾入諫.〕"라고 하였다. 《資治通鑑 卷2 周紀2 顯王》

다. 상이 이르기를 "사마광(司馬光)도 사륙문에 익숙하지 못하다고 하여 지제고(知製誥)를 사퇴하였다."라고 하였다.

○ 9월. 명을 받들어 화양동(華陽洞)에 가서 만동묘(萬東廟)에 편액을 걸었다.

○ 10월. 좌부승지와 우부승지로 전임되었다. 잠깐 체차되었다가 곧바로 제수되었다.

○ 11월. 명을 받들어 여러 능침(陵寢)을 간심하였다.

○ 가선대부 공조 참판에 특별히 임명되었다. 사직 상소를 올렸으나 윤허하지 않았다.

공이 승정원에서 숙직을 하는데 성상의 교지가 갑자기 내려와 급히 입시하게 하였다. 공은 부득이하여 숙배한 뒤 물러나서 상소를 올려 고사하고, 인하여 중비(中批)는 의당 신중히 해야 한다고 아뢰었는데, 비답에 이르기를 "참판에 특별히 발탁한 것은 그 뜻이 실로 얕지 않다. 나 또한 중비를 어렵고 신중히 해야 한다는 것을 알고 있으나, 구차하게 물정에 맞추는 것은 전주(銓注)와 무슨 차이가 있겠는가." 라고 하였다.

○ 강화부 유수(江華府留守)에 임명되었다. 사직하는 상소를 올렸으나 윤허하지 않았다.

비답하기를 "유수를 맡으라는 새로운 명은 경의 정리(情理)를 생각한 것이다." 하였다.

○ 상소를 올려 선영에 분황(焚黃)하고 노모에게 들러 안부를 묻게 해 주기를 청하니 허락하였다.

○ 하직 인사를 하고 부임하였다.

공은 비록 지방에 나가 있어도 상이 생각하는 마음은 더욱 융숭하여 공이 도성에 들어왔다는 소식을 들으면 번번이 수시로 인견(引見)하였으며, 간혹 여러 달 도성에 오지 않으면 승정원으로 하여금 하유하여 부르게 하였다.

정조황제(正祖皇帝) 1년 정유(1777) 공의 나이 50세

○ 2월. 대부인을 모시고 강화부에 갔다.

○ 4월. 상소를 올려 《명의록(明義錄)》의 발문(跋文)을 지어 올리라는 명을 사양하였으나 윤허하지 않았다.

○ 경기 관찰사로 옮겨 임명되었다.

○ 7월. 명을 받들어 원릉(元陵)과 영우원(永祐園)을 간심하였다.

○ 8월. 자헌대부 병조 판서에 특별 승자되어 갑옷을 입고 궁궐 안에서 숙위(宿衛)하였다.

홍상범(洪相範)이 역모를 꾸며 역사(力士) 강용휘(姜龍輝) 등을 모집하여 대궐 안에 들어왔다가 순라군에게 붙잡혔는데, 상이 홍상범 등을 친국(親鞫)하고 하교하기를 "이런 때에 김종수(金鍾秀)를 어찌 외번(外藩)에 두어야 하겠는가. 병조 판서라는 중요한 직임은 의당 나라를 위하는 사람에게 맡겨야 한다."라고 하며 특별히 병조 판서에 임명하고 선전관을 보내어 기전(旗箭)으로 재촉하여 불렀다. 이때 밤이 이미 깊었는데 갑옷을 입고 입시하도록 명하니 이에 궁궐 안에서 숙위한 것이다.

○ 예문관 제학과 선공감 제조를 겸임하게 되었다. 병조 판서와 예문관 제학을 사직하는 상소를 올렸으나 윤허하지 않았다.

비답하기를 "경을 병조 판서에 발탁한 것은 경을 위한 것이 아니다. 예문관에 새로 임명한 것은 경의 문학(文學) 때문인데 어찌 지나치

게 사양하는가." 하였다.

○ 9월. 식년 복시 시관에 차임되어 일소(一所)에 나아갔다.

○ 이조판서 겸 지경연사 지춘추관사 사역원제조에 임명되었다. 이조판서를 사직하는 상소를 올렸으나 윤허하지 않았다.

비답하기를 "이조 판서에 새로 임명한 것은 다만 공(公)을 위해서인데 어찌 사사로움을 용납하겠는가." 하였다.

○ 11월. 상이 황감시(黃柑試)에 친림할 때에 부름을 받들어 입시하였다.

2년 무술(1778) 공의 나이 51세

○ 1월. 헌관(獻官)에 차임되어 원릉(元陵)에 나아갔다.

○ 2월. 말미를 받아 귀근하였다. 하사한 환약(丸藥)을 공경히 받았다.

○ 3월. 사복시 제조를 겸임하였다.

○ 4월. 다시 이조 판서를 사직하는 상소를 올리니 체직해 주었다.

○ 의정부 우참찬에 임명되었다.

○ 5월. 해임을 청하는 상소를 올리고 곧장 고향 집으로 돌아갔다.

○ 6월. 특별히 불러 선온(宣醞)하였다.-상이 선온하며 이르기를 "오늘이 자리는 외척을 불러 보는 모임인데 특별히 경을 불렀다. 경은 술을 그만 마신다면 좋겠다."라고 하였다.-

○ 8월. 정시(庭試) 전시(殿試)의 독권관(讀券官)에 차임되어 춘당대(春塘臺)에 입시하였다.

○ 9월. 평안도 관찰사에 임명되었다. 사직하는 상소를 올렸으나 윤허하지 않았다.

○ 10월. 하직 인사를 하였는데, 선온하고 어제시(御製詩)를 내려 주었다. 대부인을 모시고 평양 감영에 부임하였다.

상이 인견하여 음식을 내려 주며 이르기를 "지금 멀리 떠나가려 하니 내 마음이 서운함을 이기지 못하겠다."라고 하였다. 공이 아뢰기를 "하찮은 신의 그리움이 길을 떠나려고 하니 더욱 간절합니다. 신이 나라를 근심하고 임금을 사랑하는 정성은 감히 조정에 있느냐 지방에 있느냐에 따라 다를 수 없습니다. 신이 평소에 전하에게 충성을 바치기 원하는 마음은 지난번에 아뢴 책자 중에 대략 갖추어져 있습니다. 혹시라도 읽어 보아 주실 때가 있어 유념하여 받아들여 주신다면 신이 비록 지방에 있더라도 곁에서 모시는 것과 무엇이 다르겠습니까. 신은 오직 성상의 체후가 날마다 강건하고 성상의 덕이 날마다 융성하기를 앙축하면서 떠납니다." 하였다. 상이 이르기를 "내 마음은 실로 서운함을 이기지 못하겠다. 글로 써서 증별(贈別)하려고 하였으나 마침 태묘(太廟)에 일이 있어 아직 완성하지 못하였다."라고 하였다. 마침내 칠언 절구 한 수를 입으로 불러 공에게 명하여 쓰도록 하였다.

그 어제시에 이르기를 "경을 송별하는 마음 정녕 억제하기 어려운데, 대부인의 수레가 무사히 갔다 돌아올 줄 알겠소. 여색 멀리하고 재물에 청렴함은 경이 평소 잘 경계하거니와, 강산이 아무리 좋아도 과음만은 삼가구려.〔送卿懷緖正難裁 板輿知應穩往廻 遠色廉財存素戒 江山雖好惜深杯〕"라고 하였다. 공이 쓰기를 마치고 일어나 절하며 사례하기를 "이렇게까지 은혜롭게 생각해 주시니 신은 감읍하여 아뢸 바를 모르겠습니다." 하였다. 상이 이르기를 "재색(財色) 두 글자는 경이 경계해야 할 바가 아니니, 내가 술로 경을 경계시킨 것이다." 하고, 큰 말에 술을 따르라 명하고 하교하기를 "비록 술을 경계시켰으나 지금 멀리 이별하게 되었으니 이 잔은 다 마시지 않으면 안 된다." 하니, 공이 앞으로 나아가 받아서 마셨다.

상이 이르기를 "관서(關西)는 바로잡아야 할 일이 많을 듯하니 경은 힘쓰도록 하라." 하니, 공이 아뢰기를 "지금 경향(京鄕)에 참으로 허울뿐인 장부가 많은데, 얼핏 들으니 관서는 열에 여덟아홉을 차지한다고 하니 한심스럽습니다." 하자, 상이 이르기를 "경은 틀림없이 원망 감당하기를 꺼리지 않을 것이다." 하였다. 공이 아뢰기를 "일찍이 야사(野史)를 보니 선묘(宣廟) 때에 평양성(平壤城) 안에 쌀 10만여 섬이 있었는데 임진년(1592, 선조25)에 서도(西道)로 순행하실 때 이에 힘입어 수요를 충당하였다고 합니다. 신이 선혜청에 재직할 때 본청의 수입을 보니 이미 지출을 감당할 수 없을 정도였습니다. 올해에는 조세 수입이 또 크게 줄어들 것이니 이는 이른바 '나라가 나라 꼴이 아니다.'[41]라는 것입니다. 오늘날의 계책으로는 절용(節用)의 도에 더욱 진념(軫念)하는 것만 한 것이 없으니 창고의 출납을 신중히 하는 사람을 감별하여 선발하소서. 《대학》 전 10장에 재물 관리하는 것에 대해서 전적으로 논하였는데, 선혜청에서 '헤아려 처리하는 것〔料理〕'을 재물 관리라고 여기는 것은 잘못입니다. 용도를 절약하고 출납을 신중히 하는 것이 재물을 관리하는 것입니다." 하였다.

물러날 때 상이 어좌 앞으로 나아오도록 명하니 공이 한참 동안

41 나라가……아니다 : 《예기》 〈왕제(王制)〉에 "나라에 9년의 저축이 없으면 부족하다고 하고, 6년의 저축이 없으면 급하다고 하고, 3년의 저축이 없으면 그 나라는 나라 꼴이 아니라고 하는 것이다.〔國無九年之蓄曰不足, 無六年之蓄曰急, 無三年之蓄曰國非其國也.〕"라고 한 말을 가리킨다.

머뭇거렸다. 승지가 말하기를 "어찌 감히 명을 받들지 않습니까." 하니, 공이 약간 앞으로 나아갔다. 상이 갑자기 공의 손을 잡으니 공이 조금 물러났다가, 용안을 우러러보기를 청하니 상이 윤허하였다.

○ 11월. 기자묘(箕子墓)와 인현서원(仁賢書院)을 참배하였다.

3년 기해(1779) 공의 나이 52세

○ 1월. 서산서원(西山書院)을 참배하였다.

○ 2월. 여러 고을을 순시하였다.

○ 9월. 다시 사직하는 상소를 올리니 체차해 주었다.

공은 이때 학질을 앓았고 또 노모가 관(關) 밖에서 오랫동안 체류할 수 없었으므로 연이어 실정을 아뢰는 상소를 올렸는데, 비답하기를 "내가 바야흐로 경을 생각하고 있고 경 또한 본 직임으로 돌아오기를 청하니 체차해 주겠다."라고 하였다. ○ 공이 외번(外藩)에 있을 때 청렴하고 밝게 다스리고 은혜와 위엄을 아울러 베풀었으며, 봉급을 덜어 성곽과 관서를 수리하고 칙수(勅需)[42]에 보태었으며, 몸소 향교에 나아가 유생들과 경전을 강론하였다. 대부인의 수연(壽宴)을 베풀고 고을의 부로들을 청하여 예로써 대접하니 들은 사람들이 모두 감동하고 온 도 안에 칭송의 노래가 퍼졌다. 돌아오게 되자 남아 있는 봉급을 모두 풀어서 고을의 가난한 붕우(朋友)들에게 나누어 주고 한 가지 물건도 집으로 가져오지 않았으니, 서도 사람들이 지금까지도 칭송한다.

42 칙수(勅需) : 중국에서 오는 칙사(勅使)의 영접, 접대(接對), 전송(餞送)에 쓰는 물자를 말한다.

○ 11월. 대부인을 모시고 고향 집으로 갔다. 조정으로 돌아가 입시하였다.

상이 인견하여 질환의 정도를 물으니 공이 머리를 조아려 사례를 하고 절하며 아뢰기를 "신이 서도로 나간 뒤로 밤낮으로 간절히 기도한 것은 오직 종사(螽斯)의 경사에 있었는데, 성상께서 비빈을 간택한 본의가 이미 허망하게 되었습니다.[43] 이제 종사의 경사가 하루가 급한데 전하께서 장차 어떻게 계획하고 있는지 모르겠습니다." 하니, 상이 이르기를 "국조(國朝)의 비근한 예에 따라 이미 궁 안에 마음을 둔 사람이 있다." 하자, 공이 아뢰기를 "간택이나 비근한 예를 따질 것 없이 종사의 경사는 이로부터 가망이 있을 것이니 이는 나라의 다행입니다." 하였다. 상이 홍국영(洪國榮)이 벼슬에서 물러난 일을 공에게 얘기해 주니, 공이 아뢰기를 "신은 본래 홍국영을 알지 못했는데, 병신년(1776, 정조 즉위년) 가을에 승지로 여차(廬次)에 입시하였을 때 상께서 홍국영이 자신을 잊고 성상을 보위한 공을 자세히 진술하고, 또 마음을 합하고 힘을 다하여 함께 왕실을 도우라고 하교하셨습니다. 홍국영은 흉도(凶徒)[44]들에게는 원수인 셈이니 하루아침에 관직에서 물러나면 틀림없이 망녕되게 서로 미루어 짐작하고 요행을 바라는 무리들이 있을 것입니다. 잘 살피고 점검하여

43 비빈을……되었습니다 : 1778년(정조2) 가례를 치른 원빈(元嬪) 홍씨(洪氏)가 이해 5월에 세상을 떠났기 때문에 한 말이다. 원빈 홍씨는 본관은 풍산(豐山)이며 시호는 인숙(仁淑)이다. 조선 역사상 삼간택과 가례의 절차를 거쳐 처음부터 빈으로 입궁한 최초의 후궁이다. 정조 초기의 권신 홍국영의 누이동생이다.

44 흉도(凶徒) : 대본에는 '凶徙'로 되어 있다. 문맥에 근거하여 '徙'를 '徒'로 바로잡아 번역하였다.

막아야 하니 성상께서 배로 노력해서 염려하지 않으면 안 됩니다." 하자, 상이 이르기를 "경의 말이 참으로 옳다." 하였다.

○ 병조판서 겸 동지성균관사 지실록사에 임명되었다.

○ 상소를 올려 병조 판서 직임을 사직하니 체차해 주었다.

○ 예조 판서에 임명되고 겸하여 수어사(守禦使)에 제수되었다. 상소를 올려 사임하였으나 윤허하지 않았다.

비답하기를 "사임하려는 직무가 내가 어찌 경의 몸을 빛나게 하는 것이겠는가." 하였다.

○ 12월. 김백우 상묵(金伯愚尙默)을 곡하였다. 제문을 짓고 묘갈문(墓碣文)을 지었다.

4년 경자(1780) 공의 나이 53세

○ 1월. 문신 전강(文臣殿講)의 시관(試官)으로 차임되어 선정전(宣政殿)에 입시하였다.

○ 2월. 이조판서 겸 내의원제조에 임명되었다.

○ 3월. 규장각 제학, 예문관 제학, 교서관 제조를 겸임하고, 비변사의 유사 당상(有司堂上)에 차임되었다.

○ 4월. 정사(政事)에서 주의(注擬)를 잘못하였다는 이유로 상소하여 인의(引義)하니, 의례적인 비답을 받았다.

충훈부 도사(忠勳府都事)에 의망한 사람이 당시에 죄를 짓고 귀양가 있었기 때문이다.

○ 5월. 파직되어 고향 집으로 돌아갔다.

○ 특별히 서용되어 다시 수어사에 임명되었다. 상소를 올려 사임하였으나 윤허하지 않았다.

○ 6월. 명을 받들어 《규장각지(奎章閣志)》를 고증하여 바로잡았다.

○ 숭정대부 판의금부사에 올랐다. 상소를 올려 사임하였으나 윤허하지 않았다.

○ 7월. 판의금부사에서 체차되었다.

○ 8월. 상소를 올려 수어사를 사임하였으나 귀근만 허락하였다.

이때 공은 병이 조금 나아 고향 집으로 돌아가기를 청하였다.

○ 특별히 수어사와 사복시 제조에서 체차되고 지중추부사에 임명되었다.

상이 공의 학질이 다시 악화되었다는 말을 듣고 이 명을 내린 것이다.

○ 9월. 어가가 영릉(永陵)에 전알할 때 창릉점(昌陵店)에 가서 공경히 맞이하였다.

○ 10월. 백씨(伯氏) 본암(本庵) 선생을 곡하였다.

공은 선생을 매우 공경히 섬겨서 아침저녁으로 반드시 문안 인사를 드리고 나들이할 때면 반드시 당에서 내려와 영송(迎送)하였다. 선생이 혹시라도 기쁘지 않은 기색이 있으면 마치 용납되지 못할 것처럼 두려워하고 기색이 풀리기를 기다렸다가 물러났다. 선생이 병환을 앓게 되자 모든 기거(起居)와 약시중은 공이 몸소 그 수고로움을 맡고서 다른 사람이 하게 하지 않았다. 선생이 시름겨워하며 말하기를 "우리 동생이 이미 벼슬도 높고 나이도 많은데 소년처럼 부지런히 수발을 드니 나는 율곡(栗谷 이이(李珥))의 형님인가 보다." 하였다.

○ 상소를 올려 돌아가 봉양하기를 청하였으나 윤허하지 않았다.

○ 11월. 상이 자주 하유(下諭)하여 재촉하여 불렀는데 병 때문에 사양하였다.

○ 공조 판서에 임명되었다. 상소를 올려 이전의 간절한 사정을 거듭

아뢰었으나 윤허하지 않았다.

○ 12월. 활인서 제조(活人署提調)를 겸임하고 공조 판서와 홍문관 제학에서 체차되었다. 다시 상소를 올려 이전의 간절한 사정을 거듭 아뢰었으나 윤허하지 않았다.

5년 신축(1781) 공의 나이 54세

○ 1월. 규장각 제학에 잉임되었다.

○ 2월. 다시 선혜청 제조, 비변사 제조에 차임되어 유사의 직임을 살폈다. 좌참찬에 임명되고 지경연사에서 체차되었다.

○ 3월. 명을 받들어 규장각 직서(直署)의 편액을 써 올렸다.

○ 4월. 《내각고사(內閣故事)》를 올렸다.

○ 5월. 명을 받들어 《성학집요(聖學輯要)》를 베껴 올렸다.

○ 6월. 좌참찬, 선혜청 제조에서 체차되었다.

○ 7월. 부름을 받아 이문원(摛文院)에서 입대(入對)하였다.

상이 이문원에 친림하여 초계 문신(抄啓文臣)들과 《대학》을 강론하였는데 공이 특별히 부름을 받아 입시하였다. 강론이 끝나고 음식을 내려 주었다. ○ 하교하기를 "공의 용모가 근래에 자못 수척해졌다. 상소에 대한 비답에서 이미 말하였는데, 원기만 부지한다면 어찌 다른 근심이 있겠는가." 하니, 공이 아뢰기를 "신이 오늘에까지 이른 것은 만물을 조화하고 생성해 주신 성상의 은택이 아닌 것이 없습니다. 신이 몸은 비록 물러나 있어도 성명(姓名)은 아직 관리의 명부에 끼여 있는데, 만약 성명과 함께 관리의 명부에 끼여 있지 않더라도 성상께서 시종일관 곡진하게 보호해 주시는 뜻에 도움이 없지 않을 것입니다. 이것이 신이 누차 청하면서 그칠 줄 모르는 까닭입니다."

하니, 상이 이르기를 "이는 결코 따를 수 없다." 하였다.

○ 8월. 《내각고사》를 올렸다.-문집에 보인다.-[45]

○ 9월. 홍문관대제학 예문관대제학 지성균관사에 임명되었다.

○ 10월. 상이 화사(畫師) 한정철(韓廷喆)을 보내 공의 초상을 그리게 하고 친히 화상찬(畫像贊)을 지어 총애를 보였다.

상이 여러 각신(閣臣)의 소상(小像)과 도상(圖上)을 그려 바치게 하고, 공의 초상에다 어필로 글을 쓰기를 "조정에서는 홀로 대의(大義)를 맡았고 재야에서는 세속의 더러움에 물들지 않았으니, 이는 이른바 '자취는 우뚝하고 마음은 깨끗이 빈 사람〔跡突兀心空蕩底人〕'이리라."라고 하였다. 상이 이어 '돌올공탕서주인(突兀空蕩墅主人)'이라고 공의 별호를 지어 주고, 공에게 내려 주는 모든 어제(御製)에 대부분 이 호를 써 주었다.

○ 11월. 집을 이사하여 몽촌(夢村)에 우거하였다.

○ 12월. 좌참찬에서 체차되었다. 상소를 올려 이전의 간절한 사정을 거듭 아뢰었으나 윤허하지 않았다.

6년 임인(1782) 공의 나이 55세

○ 1월. 이조 판서를 사임하였으나 윤허하지 않았다.

○ 2월. 이조 판서, 선공감 제조에서 체차되었다. 예조 판서에 임명되었으나 곧 체차되었다.

○ 4월. 상이 내각의 아전을 보내어 어찰(御札)을 전해 주었다.

45 문집에 보인다 : 《몽오집》 권3에 〈규장각고사(奎章閣故事)〉라는 제목으로 두 편이 실려 있다.

○ 5월. 명을 받들어 병풍 9본(本)에 글을 써서 올렸다.

○ 6월. 판의금부사, 종부시 제조를 겸임하였다.

○ 8월. 특별히 판의금부사에서 체차되었다. 상소를 남기고 고향 집으로 돌아갔다.

○ 10월. 다시 승문원 제조에 차임되었다.

○ 사헌부 대사헌으로 옮겨 임명되었다. 이윽고 호조판서 겸 평시서제조에 임명되었고, 특별히 호조 판서에서 체차되었다.

○ 11월. 상이 내각의 아전을 보내어 교서를 전해 주었다.

내각의 아전이 와서 전해 준, 호서의 백성들에게 유시하는 윤음의 지면에 이르기를 "경은 근래에 별 탈이 없는가? 경이 지방에 있으니 가난한 집의 실정을 잘 알 것이다. 윤음 중에 과연 실제와 어그러진 말은 없는지 바로잡아서 보여 주기 바란다."라고 하였다.

○ 상소를 올려 벼슬에서 물러나기를 청하였으나 윤허하지 않았다.

비답하기를 "경이 비록 날마다 100편의 글을 올려도 따라 줄 리가 없다. 상하가 서로 버티면 한갓 성실만 결여되니, 경은 빨리 소청을 거두라."라고 하였다.

○ 12월. 도성에 들어와 진하에 참석하고 바로 고향 집으로 돌아갔다.

원자(元子)의 위호(位號)를 정했기 때문이다.

7년 계묘(1783) 공의 나이 56세

○ 1월. 이조 판서에 임명되었다. 상소를 올려 사임하였으나 윤허하지 않았다.

○ 2월. 하유하여 재촉해 부르니 병으로 사양하였으나 윤허하지 않았다.

○ 3월. 상소를 올려 이조 판서를 사임하니 체차해 주었다.

○ 4월. 부름을 받아 진하에 참석하였다.

○ 5월. 병조 판서에 임명되었다.

○ 7월. 좌참찬 겸 판의금부사 종부시제조에 임명되었다.

○ 8월. 좌참찬, 판의금부사에서 체차되고 이조 판서에 임명되었다.

○ 상이 또 명하여 패초로 급히 부르니 공이 패초를 따라 한강을 건너왔는데, 패초를 반납하고 돌아갔다.

○ 9월. 흥인문(興仁門) 밖에 나아가 명을 기다렸다. 상이 직접 사자(使者)를 전송하여 급히 부르니 마침내 숙배하고 입대(入對)하였다.

○ 11월. 종부시 제조에서 체차되었다. 상소를 올려 본직을 사임하였으나 윤허하지 않았다.

○ 12월. 다시 상소를 올려 본직을 사임하였으나 윤허하지 않았다.

○ 특별히 이조 판서에서 체차되었다.

○ 상소를 올려 사정을 아뢰고 근기(近畿)의 작은 고을을 맡겨 달라고 청하였다.

8년 갑진(1784) 공의 나이 57세

○ 1월. 부름을 받고 입대하였다.

원자와 보양관(輔養官)의 상견례에 참석하였다.

○ 형조 판서에 임명되고 양주 목사(楊州牧使)에 옮겨 임명되었다. 상이 내각의 아전을 보내어 유지(諭旨)를 전하였다.

비망기에 이르기를 "중신(重臣)이 걸군(乞郡)하는 일은 체모가 자별하다. 매우 연로한 부모를 모시고 있으니 경기 고을이 아니면 모시고 갈 수가 없다. 일찍이 관찰사를 지낸 사람이니 도내의 수령으로 의망할 수 없지만 어찌 일반적인 격식만 고집하겠는가. 양주 목사를 체차하여 경직(京職)에 붙이고 중신 김종수(金鍾秀)를 의망하여 들여서 서울로 올라와 하직 인사를 하게 하고 조금 따뜻해지기를 기다렸다가 노친을 모시고 가도록 내각에서 하유하라." 하였다.

○ 하직 인사를 하고 부임하였다.

○ 2월. 고을의 관서로 대부인을 모셨다.

○ 3월. 임장서원(臨漳書院)을 참배하였다.

○ 4월. 정절사(旌節祠)를 참배하였다.-이때 편액을 하사하라는 명이 있었다.-

○ 6월. 도봉서원(道峯書院)을 참배하였다.

○ 7월. 세자 우빈객에 임명되었다가 곧 이전 직임에 잉임하라고 명하였다.-무더위에 모친을 모시고 서울에 올라오기 어려워서였다.-

○ 8월. 왕세자 책봉 진하에 참석하였다.

○ 9월. 명을 받들어 어제시(御製詩)에 화답해 올렸다.

상이 학성군(鶴城君) 이유(李榆)가 선대왕과 같은 나이라고 해서 궤장을 하사하고 어제시로 은총을 내렸는데, 이어서 공에게 명하여 화답해 올리게 하였다.

○ 11월. 우빈객을 겸임하였다.

○ 12월. 이조 판서에서 체차되었다.-바로 비답을 내린 날이다.-

9년 을사(1785) 공의 나이 58세

○ 2월. 규장각 제학에 잉임되었다.

○ 판의금부사에 임명되어 이률(李瑮)의 국문에 참석하였다.

전 현감 김이용(金履容)이 길가에서 기다렸다가 이률의 변란을 알리는 글을 주니 공이 바로 받아서 올리자 상이 이르기를 "경을 판의금부사로 삼아야겠다." 하니, 공이 노친의 곁을 떠날 수 없다고 고사하였다. 상이 웃으며 이르기를 "경은 여러 말 하지 말라. 역적을 토벌하는 데 느슨하게 하여 또 곤경을 당해야겠는가." 하였다.

○ 3월. 특별히 말미를 받아 귀근하였다.

○ 4월. 판의금부사에서 체차되고 말미를 청하여 귀근하였다.-국문을 마쳤기 때문이다.-

○ 토지와 노비를 하사하여 포상하라는 명이 내리니 상소를 올려 사양하였으나, 윤허하지 않았다.

좌의정 홍공 낙성(洪公樂性)이, 공에게 사달이 나기 전에 난을 막고 위태로운 상황을 편안하게 만든 공로가 있다고 차자를 올려 포상의 은전을 청하니 상이 대신들에게 묻자 여러 논의가 일치하지 않았다. 그래도 상이 토지와 노비를 하사하라고 명하니 공이 상소를 올려 고사하였다. 이때 대사간 이의행(李義行)이 상소하여, 옥사를 다스린 것이 허술하여 죄인의 죄를 경감한 잘못을 따졌다. 공이 또 스스로 인책하니, 비답하기를 "토지와 노비를 내려 주는 것은 나 또한 부득이해서이니 힘써 사양해도 이상할 것 없으나, 조정의 조치는 일의 체모를 지키는 데 힘쓰는 것인데 상신(相臣)의 차자가 이미 나왔으니 무슨 말로 허락하지 않을 수 있겠는가. 상소 끝에 덧붙여 아뢴 것에 대해 이와 같이 지나치게 인책하여서는 안 된다." 하였다.

○ 판돈녕부사에 임명되었다. 상소를 올려 본직과 여러 겸직을 해임해 달라고 청하고 이어서 상전(賞典)을 거듭 사양하였으나 윤허하지 않았다.

공이 영묘(英廟) 무신년(1728, 영조4)에 고(故) 상신 최규서(崔奎瑞)가 상훈(賞勳)을 사양했던 일을 인용하여 사양하니, 비답하기를

"고 상신이 상훈을 사양했기 때문에 선대왕께서 특별히 더 곡진하게 헤아렸다. 지금 경에게 베푼 것은 상전에 불과한데 어찌 지나치게 사양할 필요가 있겠는가. 경이 본직과 겸직의 여러 직임에 대해 이와 같이 지나치게 사양하는 것은 또 어찌 천만부당하지 않겠는가. 경은 사양하지 말고 받으라." 하였다.

○ 어제(御製)의 왕패(王牌) 교지를 내려 양안(量案)에 등록되지 않은 토지 및 노비와 구사(丘使)[46]를 하사하였다.

교지에 이르기를 "경이 겪은 일과 수립한 공으로 보자면 이번 일의 경우 경에게 많은 것도 아니니, 이미 상신의 차자에서 청한 것을 따라 의당 남다르게 후한 포상이 있어야 한다. 양안에 등록되지 않은 토지 150결(結)과 노비 13구(口), 구사 7구를 특별히 상으로 하사하니 경은 대대로 전하도록 하라." 하였다.

○ 다시 상소를 올려 세 번 상전을 사양하였으나 윤허하지 않았다. 상이 이미 앞서의 비답을 내리고 이후로는 상전을 사양하는 상소를 봉입하지 말라고 명하였다. 공의 상소가 봉입되자 승정원에서 되돌려 주었다. 공이 이에 직책을 사임하고 감히 염치없이 상전을 받을 수 없다는 뜻을 덧붙여 아뢰니, 비답하기를 "경은 모름지기 의리를 지킨다는 말은 하지 말라. 나는 오직 경이 수립한 공만 알 뿐이다." 하였다.

46 구사(丘使) : 고려 · 조선 시대에 종친(宗親)과 공신(功臣)에게 분급되어 호종(扈從)의 업무를 담당하였다. 고려 시대에는 이속(吏屬) 중 잡류직, 조선 시대에는 관노(官奴)의 성격을 띠었다. 구사(丘史), 구사(丘使), 구사(邱史), 구사(驅史) 등 다양한 표기가 있다.

○ 전결과 노비, 구사의 숫자를 줄이라고 명하였다.

헌숙공(憲肅公)[47]이 봉조하(奉朝賀)로 입대하였는데, 상이 공이 상전을 사양하는 까닭을 물으니, 헌숙공이 아뢰기를 "비록 녹훈(錄勳)되지는 않았어도 토지와 노비의 하사는 원훈(元勳)의 예에 견주어 보면 편치 않은 것이 당연합니다." 하였다. 상이 이에 하교하기를 "중신이 의리를 지키는 것에 대해 들으니, 상전을 사양하는 것이 문제가 아니라 그 상전을 받는 것이 일등의 예(例)를 적용하였기 때문이다. 수효를 참작하는 것은 어려운 일이 아니니, 이와 같이 한 뒤에야 마지못해 명을 받들 수 있다면 토지 90결과 노비 10구, 구사 5구를 하사하도록 교지를 고쳐 써서 전하라." 하였다.

○ 희정당(熙政堂)에 나아가 상전에 사례하는 전문(箋文)을 올렸다.

○ 5월. 내각의 아전을 보내어 별유(別諭)를 전하였다.-경이 상경하였을 때 많은 담론이 있었는데, 그중 《일득록(日得錄)》에 기록한 내용을 각료(閣僚)에게 봉해 보낸 것이다.-

○ 7월. 수어청과 총융청 두 군영의 병부(兵符)를 조급(造給)하는 것에 대해 헌의하였다.-헌의는 문집에 보인다.-[48]

○ 8월. 어가가 영우원(永祐園)에 전알할 때 노차(路次)에 입시하였다.

○ 9월. 도성에 들어와 탄신일에 문후하는 반열에 참석하였다.

○ 10월. 명을 받들어 운한문(雲漢門)-바로 규장각의 봉모당(奉謨堂) 정문이다.- 편액을 써 올렸다.

47 헌숙공(憲肅公) : 몽오의 종숙(從叔)이다. 395쪽 주30 참조.

48 헌의는 문집에 보인다 : 《몽오집》 권2에 〈수어청과 총융청을 합치는 것이 타당한지에 대한 헌의〔守禦摠戎合營當否議〕〉라는 제목으로 실려 있다.

○ 11월. 명을 받들어 〈천한각명(天翰閣銘)〉을 지어 올리고 기실문(記實文)을 옮겨 걸었다.

10년 병오(1786) 공의 나이 59세

○ 1월. 입대하여 채제공(蔡濟恭)과 한광협(韓光協)의 일을 논의하였다.

○ 2월. 예문관 제학을 겸임하였으나 곧이어 체차되었다.

○ 4월. 하유를 받들어 입대하여 윤광소(尹光紹)가 상소한 일에 대해 논의하였다.

○ 5월. 도성에 들어와 문후하는 반열에 참석하고, 세자가 병이 나아 건강이 회복된 것을 하례하였다.

○ 문효세자(文孝世子)가 홍서(薨逝)하여, 곡하는 반열에 참석하였다.

○ 문효세자 묘지문을 지어 올렸다.

○ 7월. 문효세자 만장(輓章)을 지어 올렸다.

○ 10월. 사직서 제조(社稷署提調)에서 체차되었다.

○ 11월. 명을 받들어 의빈(宜嬪) 만장을 지어 올렸다.

○ 12월. 대제학에 임명되어 명을 받들어 입시하였다.

11년 정미(1787) 공의 나이 60세

○ 1월. 조정에 나아가 알현하니, 선온(宣醞)을 명하였다.

○ 2월. 상소를 올려 문형(文衡)을 사임하였으나 윤허하지 않았다. 내각의 아전을 보내어 유지(諭旨)를 전하였다.

○ 명을 받들어 수빈(綏嬪)-판돈녕부사 박준원(朴準源)의 따님이다.- 교명문(教命文)을 지어 올렸다.

○ 3월. 상소를 올려 주문(奏文)을 지어 올리라는 명을 사양하였으나

윤허하지 않았다.-정유년(1777, 정조1) 청나라 자문(咨文)의 일을 인용하여 사양한 것이다.-

○ 4월. 어가를 모시고 영우원(永祐園)에 갔다. 재전(齋殿)에서 입대하여 신응현(申應顯)의 사면을 청하였다.

○ 특별히 수어사(守禦使)에 임명되었다. 상소를 올려 본직과 겸임하고 있는 여러 직책을 사임하였으나 윤허하지 않았다.

○ 5월. 어가가 효창묘(孝昌墓)에 행차할 때 모시고 갔다.

○ 7월. 내시사(內試射)의 시관에 차임되어 춘당대(春塘臺)에 입시하였다.

○ 8월. 초계 문신 친시 독권관(讀券官)에 차임되어 입시하였다.

○ 9월. 초계 문신 친시 독권관에 차임되어 춘당대에 입시하였다.

○ 10월. 초계 문신 친시 시관에 차임되어 입시하였다.

○ 섣달 그믐날 저녁에 동이루(東二樓)에 입시하였다.

상이 이르기를 "경이 지어 올린 춘첩(春帖) 시를 내가 경을 위해 그 뜻을 풀이해도 되겠는가? '하늘이 쌓인 눈으로 가득 뜬 먼지를 깨끗하게 하였다.〔天教積雪淨浮埃〕'라고 한 것은, '쌓인 눈'은 경들을 스스로 비유한 것이고 '가득 뜬 먼지'는 잡스러운 무리를 가리켜 말한 것이다. '은밀히 봄빛을 도와 잘 돌려보낸다.〔暗護春光好遣回〕'라고 한 것은 내가 형적을 드러내지 않으면서 양기를 북돋는 것을 말한 것이다." 하니, 대답하기를 "구구한 뜻을 이미 하늘의 해처럼 모두 통찰해 주시니 신이 어찌 감히 숨기겠습니까. 참으로 성상의 하교와 같습니다만, '쌓인 눈〔積雪〕' 두 글자는 깨끗한 사람들을 두루 가리키는 것입니다." 하였다.

12년 무신(1788) 공의 나이 61세

○ 1월. 형조 판서에 임명되었다.

○ 2월. 상소를 올려 본직을 사임하였는데 상소를 돌려주라고 명하였다.

○ 3월. 입대하여 이홍무(李弘茂)[49]가 절개를 지키다 죽은 일과 함만중(咸萬重)[50]이 적을 사로잡은 공을 표창해 주기를 청하였다.

○ 4월. 상이 내각의 아전을 보내어 노친의 병을 문안하고 귀한 약제를 하사하였다.

○ 5월. 명을 받들어 문희묘(文禧廟)[51]의 대상(大祥)에 친제(親祭)하는 제문을 지어 올렸다.

○ 6월. 다시 입대하여 유성한(柳星漢), 정택부(鄭澤孚), 김상숙(金相肅) 등을 감별하여 녹용(錄用)할 것을 청하였다.

○ 7월. 사헌부 아전에 대한 처분을 중지해 달라고 청하였는데 윤허하였다.

○ 8월. 상이 내각의 아전을 보내어 병문안을 하고 특별히 형조 판서의 직임을 체차하였다.-이때 공이 토사(吐瀉)를 앓다가 막 나았다.-

○ 9월. 판의금부사에 임명되었는데 바로 체차되었다.

○ 10월. 남한산성에 가서 성첩(城堞)을 순시하고 무사의 활쏘기를 시험하였다.

49 이홍무(李弘茂) : 이인좌(李麟佐)의 난 때 절사(節死)한 충청 병사(忠淸兵使) 이봉상(李鳳祥)의 숙부로, 그 역시 반란군에게 잡혔으나 절개를 지키다 죽었다.

50 함만중(咸萬重) : 이인좌의 난 때 합천(陜川)의 장교로, 반란군인 조성좌(曺聖佐) 측에 가담했으나 배신하여 조성좌 등을 사로잡고 반란을 진압하는 데 공을 세웠다.

51 문희묘(文禧廟) : 정조의 첫째 아들인 문효세자(文孝世子)의 신위(神位)를 봉안한 사당이다.

○ 11월. 명을 받들어 문희묘에 친제하는 제문을 지어 올렸다.
○ 12월. 판의금부사에 임명되었는데 바로 체차되었다.

13년 기유(1789) 공의 나이 62세

○ 1월. 조정에 나아가 알현하고 다시 벼슬에서 물러나기를 청하였으나 윤허하지 않았다.
○ 2월. 어가가 영릉(永陵)에 전알할 때 명을 받들어 도성에 머물렀다.
○ 3월. 입대하여 일을 논하였다. 이어 고향 마을로 돌아가기를 청하였으나 윤허하지 않았다.
○ 5월. 명을 받들어 문희묘에 친제하는 제문을 지어 올렸다.
○ 윤5월. 입대하여 유현장(兪鉉章)에 대한 처분을 중지해 달라고 청하고, 유언호(兪彦鎬)의 심사를 변론하였다.
○ 6월. 명을 받들어 《해동읍지(海東邑誌)》를 편찬하였다.
○ 7월. 명을 받들어 영우원을 간심하였다.
○ 8월. 어가를 모시고 영우원에 갔다.
○ 대제학에 임명되었다.
○ 9월. 입대하여 임성(任珹), 정순검(鄭純儉), 김이곤(金履坤) 등에게 관작을 추증하는 은전을 청하였다.
○ 판의금부사에 임명되고 특별히 훈련도감·어영청·금위영 삼영(三營)의 대장과 총융사 및 좌우 포도대장을 겸찰(兼察)하도록 명이 내렸다.
○ 의정부 우의정으로 승진하였다.

공이 연석(筵席)에서 물러나니 상이 바로 복상(卜相)하도록 명하고 사관(史官)을 보내어 유시하기를 "경이 인정을 받은 것은 내가 동궁으로 있을 때부터이니, 의지하고 우대하는 것이 어찌 의정(議政) 벼슬을 받은 전후로 더하고 덜함이 있겠는가. 대례(大禮)가 임박하여 의당 삼정승의 자리를 갖추어야 하니, 이런 때에 매복(枚卜)[52]을 하는 것은 더욱 통상적인 격식에서 나온 것이다. 경은 모름지기 의례적인 사양을 하지 말고 바로 일어나 나랏일을 돌봄으로써 탕평의 다스림에 보탬이 되라." 하였다.

○ 상소를 올려 새로 내린 명을 사양하였다.

상이 승지를 보내어 비답을 전하기를 "경을 매복한 것은 또한 늦었다고 할 것이다. 더구나 이런 때를 당하여 어찌 상례를 따라 나오기를 권하겠는가. 지금 대례를 목전에 두고 의논해야 할 일이 쌓여 있는데 경처럼 정승 자리에 있는 사람이 어찌 한가하게 사사로운 사정을 말할 때이겠는가. 모름지기 바로 일어나 나랏일을 살피라."라고 하였다. 승지가 공이 명에 응하지 않는다고 계문(啓聞)하자 상이 이르기를 "내가 바야흐로 간절하게 경을 기다리고 있으니 즉시 조정에 나오라고 다시 전유하고, 함께 들어오라." 하였다.

○ 숙배하고 어전에 나아갔다.

공은 대례가 머지않았으므로 감히 고사하지 못하고 이튿날 조정에 나아갔다. 영상 이재협(李在協), 좌상 채제공(蔡濟恭)과 함께 입시하니, 상이 이르기를 "영상은 내가 군자다운 사람으로 생각하고 있

52 매복(枚卜) : 의정 중에 결원이 생겼을 때, 왕명에 따라 시임(時任) 의정들이 빈청(賓廳)에 나와서 그 후보자로 원임(原任) 의정의 좌목(座目)을 써서 승전색(承傳色)을 통해 입계(入啓)하는 일을 말한다. 시임이 없을 경우에는 원임들이 입시하여 전단자(前單子)에 낙점을 받았고, 원임 가운데 적임자가 없을 경우에는 새로운 인물로 추가하여 뽑았다. 《六典條例 吏典 議政府 枚卜》《銀臺條例 吏攷 大臣》

고, 좌상은 이와 같은 환난을 당하고 이와 같이 등용되는 것이 거의 예전에 없던 일이며, 우상은 내 옛날 스승일 뿐만 아니라 나에게는 환난을 같이한 의리가 있다. 한마음으로 협력하여 다스리는 도를 도우라. 내가 우상에게 전유하며 '평탕(平蕩)' 두 글자를 써 준 것은 그 뜻이 깊다." 하니, 공이 사양하면서 아뢰기를 "신은 너무나 합당하지 않은 직책에 대해 사직 상소를 올린 것이 한 번밖에 안 되고 날짜도 하루밖에 지나지 않았는데 갑자기 숙배하게 되었습니다. 비록 대례가 임박했다고 해도 다른 것을 돌아볼 겨를이 없었으니 이른바 대신의 행동거지가 어찌 이와 같이 기괴할 수 있겠습니까. 전(傳)에 이르기를 '그 몸이 바르지 않고 능히 남을 바르게 할 자는 있지 않다.'라고 하였는데,[53] 신이 지금 성상의 하교를 받들고 황공하고 부끄러워 아뢸 바를 모르겠습니다." 하였다. 물러나려 하자 상이 공을 돌아보며 이르기를 "이제부터는 차분하게 자주 만나 보고, 전일과 같이 서운하게 하지 말라." 하였다.

○ 차자(箚子)를 올려 겸임하고 있는 여러 직임을 해임해 줄 것을 청하였으나 윤허하지 않았다.

특명으로 문형(文衡)과 수어사를 그대로 맡게 하고 내각 제학(內閣提學)만 전례에 비추어 상에게 여쭈어 처리하도록 명하였는데, 이윽고 역시 그대로 맡으라고 명하였다.

53 전(傳)에……하였는데 : 《논어》 〈안연(顏淵)〉에 공자(孔子)가 "정사(政事)란 바로잡는다는 뜻이니, 그대가 바름으로써 솔선수범한다면 누가 감히 바르지 않겠는가.〔政者, 正也, 子帥以正, 孰敢不正?〕"라고 한 내용에 대해 주희(朱熹)의 집주(集註)에 "범씨가 이르기를 '자신이 바르지 않고서 능히 남을 바르게 하는 자는 있지 않다.'라고 하였다.〔范氏曰: 未有己不正而能正人者.〕"라는 내용이 나온다.

○ 10월. 어가를 모시고 영우원에 갔다.

○ 입대하여, 겸임하고 있는 대장과 내각의 직임을 해임해 달라고 청하였으나 윤허하지 않았다.

○ 12월 3일. 특별히 불러 선온(宣醞)하였다.

14년 경술(1790) 공의 나이 63세

○ 1월 초하루. 조정에 나아가 알현하였다.

○ 3월. 종숙부 의정공(議政公)을 곡하였다.

○ 4월. 상이 모화관(慕華館)에 나아가 삼영문(三營門)의 권무 군관(勸武軍官)을 시사(試射)할 때에 명관(命官)에 차임되어 입시하였다.

○ 5월. 어가를 모시고 문희묘에 나아가서 재전(齋殿)에 입시하였다.

공이 아뢰기를 "신의 모친이 올해 아흔네 살입니다. 신의 눈앞의 정리상(情理上) 참으로 차마 잠시도 곁을 떠날 수 없습니다. 혹시라도 불쌍히 여겨 헤아려 주셔서 신을 체직하여 돌아가 봉양하도록 특별히 허락해 주신다면, 신은 조석으로 모친 곁에서 모시며 천수를 마치게 할 수 있을 것입니다. 신의 나이가 아직은 많이 늙지 않았으니 어찌 성상의 은혜에 보답할 날이 없겠습니까." 하였는데, 상이 위로하고 윤허하지는 않았다.

○ 7월. 조엄(趙曮)[54]의 신원설치(伸冤雪恥)가 합당한지에 대해 헌의하였다.

예전 병신년(1776, 정조 즉위년)에 조공 엄이 관서 지방의 일로 죄를

54 조엄(趙曮) : 1719~1777. 본관은 풍양(豐壤), 자는 명서(明瑞), 호는 영호(永湖)이다. 평안도 관찰사로 있을 때 뇌물죄 등으로 처벌을 받았다.

지었는데, 이때 조공의 아들 조진관(趙鎭寬)이 그 억울함을 토로하는 글을 올리니 상이 대신(大臣)에게 의논하도록 명하였다. 공이 헌의하기를 "조엄이 범한 세 가지 일[55] 중에 '용하(用下)하고 이미 채워 놓았다'는 것은 특별한 관계가 없고, 오직 세금으로 받은 좁쌀을 팔아 돈으로 바꾸었다는 한 조항은 임금께서 윤허를 내리지 않는 단서가 될 듯합니다. 그러나 세금으로 받은 좁쌀의 상정가(詳定價)를 상납하는 것 외에는 그 남은 것과 거처를 조정에서 이전부터 한 번도 어찌 되는지 물은 적이 없으니, 그 잘못을 인습하여 관례가 된 지 오래되었습니다. 이것으로 공금 횡령죄를 적용하는 것은 결국 명을 내리지도 않고 법을 적용하는 셈입니다." 하였다. 또 관직에 있으면서 원망을 감수하는 정상을 아뢰어 모함을 해명해 주니, 조공이 마침내 신원설치되었다.

○ 차자를 올려 정승 직임을 해임해 달라고 청하였으나 윤허하지 않았다.

○ 8월. 모친의 병이 더욱 위중해져 다시 차자를 올려 이전의 간절한 사정을 거듭 아뢰었으나 윤허하지 않았다.

○ 대부인 홍씨(洪氏)의 상을 당하여 관을 모시고 몽촌(夢村)으로 돌아갔다.

공은 대부인을 모시는 데 깊은 애정을 바쳐 항상 아침저녁으로 그 곁을 지키면서 어린아이 같은 장난을 하였다. 대부인은 장수를 누리

55 세 가지 일 : "진휼 정사를 설행하지 않았다.", "곡식을 내다 팔아 잉여를 차지한 것이 12만 섬이다.", "빚을 받아 내려고 허록(虛錄)하여 40만 냥의 적체된 빚을 받아 내어 아전과 백성들이 원망하게 되었다."라는 것이다. 《正祖實錄 卽位年 3月 26日》

면서 병환이 많았는데, 공은 밤마다 두 번 세 번 일어나 침실 밖에 다가가 창문 사이에 귀를 대고 숨 쉬는 것이 편안한지를 살핀 다음에야 물러났다. 동이 트기도 전에 창문 밖에서 기다리다가 시비(侍婢)가 나와야 겨우 들어갔다. 대부인께서 하고 싶은 생각이 있으면 늘 자신의 생각을 굽혀 순순히 받들어 조금도 어긴 적이 없었다. 임금의 엄한 견책을 당할 때마다 집안사람들을 조심시켜 대부인이 알지 못하게 하고 일이 지나간 다음에 비로소 온화한 낯빛과 부드러운 소리로 고하였다. 상을 당하게 되어 밤낮으로 어린아이처럼 울었으며 상제(喪制)를 지키는 것이 매우 엄정하여 무릎 꿇고 절하고 하는 절차를 잠시도 태만하게 하지 않았다. 어떤 사람이 "일흔 살이 된 사람은 몸에 최마(衰麻)만 걸친다."[56]라는 말로 넌지시 권하니, 공이 말하기를 "이는 오직 일흔 살이 된 뒤에라야 가능한 것이오. 내 나이는 아직 일흔이 되지 않았으니 어찌 이것을 준용할 수 있겠는가."라고 하였다. 몽촌에는 예전에 백로가 없었는데 공이 관을 모시고 서울에서 돌아오자 백로가 날아서 따라와 무덤의 나무에 모여 앉았다. 이로부터 몽촌에 항상 백로가 있게 되었는데 사람들은 공의 효성이 감응한 까닭이라고 하였다.-공은 서울에 있으면서 일찍이 경복궁 담장 밖에 다른 사람의 집을 빌려 살았다.-

○ 상이 지방관에게 안부를 묻고 음식물을 보내 주게 하였다.

상이 하교하기를 "전(前) 우상은 들으니 이미 고향 집으로 운구(運柩)해 갔다는데, 서울에 있을 때 병으로 약을 먹었고 변변치 못한 음식도 제대로 잇지 못했다고 한다. 고향에 내려간 뒤에 틀림없이

56 일흔……걸친다 : 《예기》 〈상대기(喪大記)〉에 나오는 말이다.

조섭하는 데 구차스러움이 많을 것이다. 해당 고을로 하여금 음식물을 넉넉히 보내 주게 하고 지방관으로 하여금 안부를 묻게 하라." 하였다.

○ 10월. 고은공(高隱公) 묘를 천장(遷葬)하고 정림(靜林)에 홍 부인과 합장하였다.

상이 부의(賻儀)를 보내고 인부를 제공해 주라고 명하였다.

○ 11월. 상이 내각의 아전을 보내어 안부를 물었다.

○ 상이 다시 내각의 아전을 보내어 전약(煎藥)을 보내 주었다.

○ 12월. 상이 내각의 아전을 보내어 안부를 묻고 타락죽(駝酪粥)을 보내 주었다.

15년 신해(1791) 공의 나이 64세

○ 1월. 상이 내각의 아전을 보내어 안부를 물었다.

○ 2월. 상이 내각의 관원을 보내어 안부를 묻고, 이어 장릉(莊陵)에 배향할 사람을 취사선택한 것이 합당한지를 물었다.

상이 장차 단종조(端宗朝)에 절조(節操)를 지킨 여러 사람을 장릉 곁에 제단을 마련하고 제사 지내려고 하여, 각신(閣臣)으로 하여금 취사선택이 합당한지를 논의하게 하였는데, 특별히 검서관(檢書官)을 보내어 공에게 문의한 것이다. 공이 상중(喪中)에 있는 신하는 헌의하는 예가 없다고 사양하니, 상이 다시 각신이 의견을 왕복하는 예에 의거하여 대략 가부(可否)의 뜻을 작은 종이에 써서 내각으로 들여보내라고 명하였다. 공이 다시 사양하며 아뢰기를 "소견을 기록하여 문자로 쓰는 것은 명분은 비록 왕복이라고 해도 실제로는 헌의하는 것이니 신은 감히 할 수 없습니다." 하니, 상이 다시 내각의 관원을 보내어 여러 사람의 성명 위에다 소견을 따라 찌를 붙여 올리라고 명하였다. 공은 부득이하여 성명을 기록한 종이에다 찌를 붙여 내각 관원을 통해 바쳤다.

○ 4월. 상이 내각의 아전을 보내어 안부를 묻고 바닷물고기를 하사하였다.

○ 5월. 상이 내각의 아전을 보내어 안부를 묻고 생선젓을 하사하였다.

○ 8월. 상이 내각의 아전을 보내어 안부를 물었다.

○ 11월. 상이 다시 내각의 아전을 보내어 병문안을 하였는데, 유지(諭旨)를 전하고 귀한 약제를 하사하였다.

이때 공이 풍병(風病)을 앓아 자못 증세가 가볍지 않았다. 상이 내각의 아전을 보내어 증상을 물으니 공이 사실대로 대답하였다. 이튿날 상이 다시 내각의 아전을 보내어 인삼(人蔘)을 전하고 유시하기를 "요사이도 자주 성묘를 하는가? 만약 날마다 성묘를 한다면 모름지기 하루걸러 한 번씩 가고, 하루걸러 성묘를 한다면 모름지기 며칠 걸러 한 번씩 가라. 만약 눈보라나 큰 추위를 만나면 결코 가지 말라." 하였다.

○ 상이 다시 내각의 아전을 보내어 타락죽을 전하였다.

○ 상이 다시 내각의 아전을 보내어 병문안하고 귀한 약제를 하사하였다.

○ 12월 3일. 상이 내각의 관원을 보내어 별유(別諭)를 전하였다.

상이 검서관으로 하여금 병문안을 하게 하고 유시하기를 "경을 보지 못한 지 오래되었으니 마치 갈증 난 사람이 마실 것을 생각하는 것보다 더한 심정이다. 경이 근력을 헤아리지 않고 지나치게 예법을 지켜 건강에 손상을 받게 되었으니 고인이 경계를 내린 것[57]에 부끄럽지 않겠는가. 내가 속으로 안타깝게 생각하니, 모름지기 힘써 슬픔을 억누를 방도를 생각해야 한다. 생강과 육계(肉桂)로 위장을 회복하고 인삼과 출아(朮椏)로 병을 조리하여, 속히 평상시의 건강을 회복하여 염려를 끼치지 말라. 오늘이 무슨 날인가.[58] 해마다 이날이 되면 천지 일월처럼 위대하고 밝은 선대왕을 송축하곤 하였는데, 경들이 협력하여 밝힌 덕분으로 대의가 인멸하지 않게 되었다. 이제 충헌(忠憲)이 서거하였지만 그때 위태로운 상황에서 경이 시골에 있으면서도 충성을 다하여 도움을 많이 주었으니, 원서(原書)[59]에 이름을 올리고 안 올리고야 무슨 관계가 있겠는가. 충헌의 집안에 내린 제문(祭文) 한 통을 베껴 보내니 경이 천명(闡明)하는 일을 해 주기를 바란다. 경에게 노력해 달라고 이에 유시하는 것이다." 하였다.-충헌은 서명선(徐命善)[60]의 시호이다.-

○ 상이 다시 내각의 아전을 보내어 병문안을 하였다.

57 고인이……것 : 공자(孔子)가 "상중에 병이 나면 술을 마시고 고기도 먹는다. 몸이 상하여 병이 나는 것은 군자가 하지 않으니, 몸이 상하여 죽는 것을 군자는 자식이 없는 것이라고 한다.〔病則飮酒食肉. 毁瘠爲病, 子不爲也. 毁而死, 君子謂之無子.〕"라고 하였다. 《禮記 雜記下》

58 오늘이 무슨 날인가 : 1775년(영조51) 12월 3일의 의미를 상기하는 말이다. 당시 세손이던 정조의 대리청정을 반대하는 한익모(韓翼謩)와 홍인한(洪麟漢) 등 일파를 서명선이 극력 탄핵하여 영조로 하여금 이들을 몰아내고 대리청정을 시행할 수 있도록 하였다.

59 원서(原書) : 《명의록(明義錄)》을 가리킨다.

60 서명선(徐命善) : 1725~1791. 본관은 달성(達城), 자는 계중(繼仲), 호는 귀천(歸泉)・동원(桐源)이다. 처음 시호는 충헌이었으나, 정조가 뒤에 충문(忠文)으로 바꾸었다.

16년 임자(1792) 공의 나이 65세

○ 1월. 상이 내각의 아전을 보내어 병문안을 하였다.

○ 상이 다시 내각의 아전을 보내어 귀한 약제를 전하였다.

○ 2월. 상이 내각의 아전을 보내어 병문안을 하였다.

○ 3월. 상이 내각의 아전을 보내어 안부를 물었다.

○ 윤4월. 영남 유생 이우(李㙖) 등이 입시했을 때 내린 연본(筵本)에 대한 발문을 썼다.[61]

영남 유생 이우 등 1만여 인이 상소하여 선세자(先世子 사도세자)의 무고(誣告)를 변석하고 여러 역적의 죄를 성토하기를 청하였다. 상이 이우 등을 불러 보고 하교한 것이 수천 수백 마디에 이르렀는데 거기에 이르기를 "나는 이 일에 대해 스스로 헤아려 알맞게 정해 둔 것이 있다. 수십 년 강구하여 밝힌 것은 바로 이런 의리이다. 전후의 흉악한 역적들을 끝내 성토하고 처벌하지 못한 것은 참으로 선조(先朝) 대에 있었던 일이라서 말하기 곤란하였기 때문이다. 참으로 백세 뒤에 나의 본심을 알지 못할까 두려우니 모름지기 나의 본뜻을, 돌아가 온 도 사람들에게 말하라." 하였다. 이우가 대답하기를 "하늘은 음산하게 가려지는 것에 의해 손상됨이 없고 일월(日月)의 밝음은 무지개와 상관이 없습니다. 전하께서 통쾌하게 의리를 펴는 것이 선조의 처분에 무슨 손상이 있겠습니까." 하니, 상이 이르기를 "음산하게 가리는 기운이 비록 하늘을 손상함이 없고 무지개가 비록 일월의 밝음과 무관하다 하지만,[62] 말이 하늘과 일월에 미쳤으

61 영남……썼다 : 이 글은 《몽오집》 권4에 〈영남의 유생 이우가 입시했을 때 내린 연본 요점 뒤에 쓰다〔書嶺儒李㙖入侍筵本要語後〕〉라는 제목으로 실려 있다.

니 이미 감히 하지 못할 바가 있는 것이다." 하였다.

이때 사악한 논설이 떠들썩하여 온 세상이 파도가 밀려오듯 하니 판서 서유린(徐有隣)·이병모(李秉模), 유생(儒生) 박하원(朴夏源) 등이 서로 이어서 상소를 올려 날마다 공거(公車)[63]에 가득하였다. 공이 개탄스러워하며 말하기를 "천신(賤臣)이 이 일에 대해 남들이 듣지 못한 성상의 하교를 들었으니, 의리상 상중에 있다고 해서 말하지 않을 수 없다."라고 하고, 드디어 연본의 아래에 삼가 쓰기를 "아, 이는 대성인(大聖人)의 정밀한 의리의 말씀이니, 옛날의 이른바 '귀신에게 질정하여도 의심이 없으며 백세토록 성인을 기다려도 의혹되지 않는 것이다.'[64]라는 것이 아니겠는가. 신이 일찍이 조용하게 모시고 있을 때 상께서 이 일에 대해 언급하며 하교하기를 '나는 각각 그 도리를 다했을 뿐이라는 것을 알고 있다.' 하고, 또 하교하기를 '나는 도리로 부모를 섬기는 것을 효라고 여긴다.' 하고 인하여 하교하기를 '나의 이 마음은 오직 경만이 알고 있는데 경이 죽은 뒤에는 누가 다시 알아주겠는가.' 하였다. 이에 천신이 일어나 대답하기를 '예로부터 인륜의 변고를 당하여 대처하는 데 그 바름을 잃지

62 무지개가……하지만 : 여기서의 일월과 무지개의 관계는 《시경》 〈용풍(鄘風) 체동(蝃蝀)〉을 인용한 표현이다. 체동은 무지개의 이칭으로, "무지개가 동쪽에 있으니, 감히 이를 가리킬 수 없네.〔蝃蝀在東, 莫之敢指.〕"라고 하였는데, 무지개는 천지의 음기(淫氣)가 뭉쳐서 된 것이므로 음흉하고 간사한 기운 또는 그런 기운을 가진 사람을 가리킨다.

63 공거(公車) : 한(漢)나라 때 상소 및 징소(徵召)에 대한 일을 관장하던 관서(官署)이다. 여기서는 승정원 또는 승정원 내의 상소를 수리하는 곳을 가리킨다.

64 귀신에게……것이다 : 《중용장구》 제29장에 나온다.

않은 사람을 말할 때마다 순(舜) 임금과 주공(周公) 두 성인을 일컫습니다. 우리 전하께서 겪은 일로 말하면 비록 순 임금과 주공이라도 평상적인 상황에 대처하는 것은 가능할 것입니다. 그러나 우리 전하께서 대처하신 것은 그 바름을 잃지 않았으니 순 임금이나 주공과 비교해 볼 때 더욱 어려운 일이었습니다. 천 년 백 년 뒤에 반드시 전하의 마음을 알고서 슬퍼하는 자가 있을 것입니다.' 하고 마침내 얼굴을 가리고 울면서 물러났다. 지금 연본을 보자니 성상께서 슬픔을 머금고 아픔을 참으며 먼 후대 사람에게 속마음을 열어 보인 것이 이처럼 지성스러우니, 성상의 생각이 지극히 깊고 멀리 미친 것이다. 그것을 깨닫고 깨닫지 못하고는 그 사람에게 달려 있는 것이니 위에 있는 사람이 기필할 수 있는 바가 아니다. 아, 평상적인 일은 그 이치 또한 평상적이어서 어리석은 남녀들도 모두 아는 바이다. 그러나 변고의 일에 있어서는 그 이치 또한 상황을 따라 변화한다. 변화하되 도를 어기지 않는 것이 바로 대성인이 되는 까닭이다. 저 이덕사(李德師), 조재한(趙載翰), 박상로(朴相老),[65] 이도현(李道顯)[66] 등이 역적이 된 것은 모두 견해가 여기에 이르지 못한 것에

65 이덕사(李德師), 조재한(趙載翰), 박상로(朴相老) : 1776년(정조 즉위년) 3월 사도세자(思悼世子)의 일로 영조를 무욕(誣辱)한 사건이 일어나 이덕사, 조재한, 박상로, 이일화(李一和) 등이 복주(伏誅)되고 환관 김수현(金壽賢)과 이홍록(李興祿) 등이 귀양 갔다. 《正祖實錄 卽位年 4月 1日》

66 이도현(李道顯) : 1726~1776. 본관은 전주(全州), 자는 치문(穉文), 호는 계촌(溪村)이다. 1776년 아들 이응원(李應元)이 사도세자의 죽음에 관한 의리를 밝혀 줄 것을 주장하는 상소를 올린 것을 발단으로, 아들과 함께 역적으로 몰려 죽음을 당하였다. 《正祖實錄 卽位年 8月 6日》

말미암았으니, 앞에는 당론(黨論)의 잘못이 있고 뒤에는 이해(利害)의 유혹이 있었기 때문이다. 어찌 슬프지 않겠는가. 신은 상중(喪中)에 병이 위독한데 홀연 '경이 죽으면 누가 다시 알아주겠는가.'라는 성상의 하교가 생각나서 나도 모르게 서글픈 마음이 동하여 마침내 연본을 놓고 대강의 뜻을 적어서 그 아래에다 이와 같이 써서 덧붙이고 사우(士友)들에게 널리 보일 계획으로 삼는다. 아, 머나먼 천 년 백 년 뒤에 드넓은 이 세상 천지에 한 사람이라도 이 글로 인해 우리 전하의 본심을 알아주는 사람이 있다면, 아마도 하찮은 소신이 특별한 대우에 보답하는 하나의 도리가 되지 않겠는가." 하였다. 글이 완성되자 뜻을 같이하는 사람에게 주어서 도성 안에 두루 보이게 하니 사악한 논설이 마침내 차츰 사라졌다.

○ 5월. 상이 내각의 아전을 보내어 병문안을 하였다.

○ 7월. 다시 사관을 보내어 병문안을 하였다. 이어 어의(御醫)를 보내어 간호하게 하고 귀한 약제를 전해 주었다.

○ 상이 내각의 아전을 보내어 공마(貢馬)를 하사하였다.

○ 상이 다시 내각의 아전을 보내어 병문안을 하였다.

○ 8월. 상이 내각의 아전을 보내어 병문안을 하였다.

○ 상이 다시 내각의 아전을 보내어 병문안을 하였다.

○ 9월. 어가가 광릉(光陵)에 전알하러 가는 길에 사관을 보내어 유지(諭旨)를 전하였다.

어가가 지나는 길이 청룡동(青龍洞) 동구 밖을 경유하여 상이 공의 새로운 거처에 대해 듣고 이 유지를 내린 것이다.

○ 부인 윤씨(尹氏)를 곡하였다.

부인의 병세가 위중하자 집안사람이 공에게 잠시 들어와 대면하고 영결하기를 청하였으나 공은 담제(禫祭)가 지나지 않았다고 하여 버티고 응하지 않았다. 집안사람이 재삼 울면서 고하니 비로소 들어가 보았는데 부인은 이미 볼 수가 없었다.

○ 상이 내각의 관원을 보내어[67] 위로하고 부의(賻儀)를 전하였다.

○ 10월. 상기(喪期)를 마치고, 판중추부사에 부직(付職)되었다. 상이 사관을 보내어 유지를 전하였다.

유시하기를 "어언간에 경의 상기가 끝났다. 남보다 한층 나은 경의 효행으로 어떻게 견뎌 내었는가. 이제부터 즉시 조정에 나오기를 바라고 또 바란다. 이에 사관을 보내 먼저 지극한 뜻을 펴니 좋은 날을 기다려 마음 편히 숙배하라." 하였다.

○ 사옹원・사역원・훈련도감의 도제조를 겸임하였다.

○ 11월. 부인 윤씨를 정림(靜林)에 장례 지냈다.

○ 12월 3일. 상이 내각의 관원을 보내어 어제시(御製詩)를 전해 주고 화답해 올리도록 명하였다.

67 보내어 : 대본에는 '遺'로 되어 있다. 문맥에 근거하여 '遣'으로 바로잡아 번역하였다.

몽오집 연보

제2권

몽오 김공 연보 夢梧金公年譜

17년 계축(1793) 공의 나이 66세

○ 1월. 말미를 청하여 성묘하였다.

○ 3월. 도성에 들어와 문후하는 반열에 참석하였다.-옹주(翁主)가 태어났기 때문이다.-

○ 4월. 상이 내각의 아전을 보내어 안부를 물었다.

○ 5월. 도성에 들어와 문후하는 반열에 참석하였다. 상이 내각의 관원을 보내어 유지(諭旨)를 전하였다.

○ 좌의정에 임명되었다. 거듭 차자를 올려 사임하였으나 윤허하지 않았다.

상이 사관을 보내어 유시하기를 "경은 바로 나의 오래된 신하이다. 내가 경을 알게 된 것도 경 때문이고 내가 경을 취하게 된 것도 경 때문이다. 경이 아니라면 내가 어찌 반드시 경을 알았을 것이며 또 취하였겠는가. 경은 바로 옛사람이 말한 '우리 편의 선비〔吾黨之士〕'라고 할 것이다. 주연(胄筵)에서부터 정승 자리에 이르기까지 풍상이 수없이 변하였어도 마음은 한결같았으니, 이 때문에 20년 동안 오늘과 같은 관계를 유지한 것이다. 지난 섣달 3일에 내가 시를 지어 보냈는데, 거기에 '동쪽 성곽에서 매화를 마주한다.〔東郭對梅〕'라는 구절이 있었으니, 이것이 이미 먼저 내 뜻을 전한 것이다. 정승의 자리에 있으면서 나의 정사를 잘 보좌해 줄 일을 경 말고 누구에게 책임 지우겠는가. 내가 지금 조정을 확 넓히고 쇠붙이를 한꺼번에 용해하여 세상을 크게 화평하게 하는 단약(丹藥)을 세상에 널리 베풀고 구주(九疇)의 복록을 거두어 쓰려고 하는데, 여기에 필요한 것이 정승의 보좌이다. 이에 정청에 나가 복상(卜相)하여 삼정승을 갖추었으니, 경도 새로 임명된 사람 가운데 하나이다. 나와서 나의 뜻을 받들어 선양하는 것은 오직 '치우치지 않고 공평하게 한다.〔平平蕩蕩〕'는 네 글자이니 경에게는 쉽게 해낼 수 있는 일이라 할 것이다. 경은 모름지기 곁에서 영의정을 돕고 우의정과도 잘 화합하여 모든 관료의 모범이 되고 혼탁한 세속의 숫돌이 되어야 하니 시대의 의의가 크다 할 것이다. 시의(時宜)에 알맞게 조처해 주기를 거듭 바란다. 그중 많은 이야기는 얼굴을 마주하여 다 하겠지만 먼저 사관을 보내어 만분의 일만 대략 펼치니, 당일로 뜻을 바꾸어서 경을 알고 경을 취한 나의 본의에 답하라." 하였다.-이때 채제공(蔡濟恭)이 영의정이고 김이소(金履素)가 우의정이었다.-

공이 상소를 올려 사임하였다.-상소는 문집에 보인다.-[1] 상이 다시 사관을 보내어 비답을 전하고 함께 오도록 명하였다. 공이 그래도 감히 나아가지 않으니, 상이 하교하기를 "근래의 무더위로 가슴이 답답한 증세가 점차 심해지는데 날마다 경을 나오도록 권면하는 이 한 가지 일로 골치가 아프니 경은 나를 저버린 사람이라고 할 만하다." 하였다. 공이 마침내 양주(楊州)의 감옥 밖으로 가서 대명(待命)하였다. 상이 하교하기를 "그치지 않는 나의 뜻을 지난번에 하교

1 상소는 문집에 보인다 : 《몽오집》 권2에 〈좌의정을 사직하는 상소〔辭左議政疏〕〉라는 제목으로 실려 있다.

한 바 있는데 도리어 물러나 주(州)의 옥을 찾아가니, 이기기를 힘쓰는 것이 이 지경에 이를 줄 생각지도 못했다. 참으로 한심하다." 하고 승지에게 명하여 연석(筵席)의 하교를 써서 공에게 알렸는데 말뜻이 준엄하였다. 이때 공은 먼저 이미 거듭 상소를 올리고 관례대로 대명하였는데 승정원에서 봉입하지 않았다. 상이 봉입하라고 특별히 명하고 또 엄한 비답을 내렸다. 공이 마침내 도성의 동문 밖에 나아가 대명하였다.

상이 하교하기를 "의금부나 대궐 밖이라면 괜찮겠지만 성 밖에서 운운하였으니 어느 겨를에 미리 할 수 있겠는가." 하고, 이어서 연석의 하교를 상세하게 알리지 못하여 이처럼 성 밖에서 처분 명령을 기다리게 했다고 해서 해당 승지를 파직하고 서용하지 말도록 명하였다. 공이 마침내 의금부 밖에 나아가서 대명하였다. 상이 승지를 보내어, 면유(面諭)할 것이 있으니 성문이 열리기를 기다려 조정에 나오도록 하라고 유시하고, 함께 들어오라고 명하였다.

○ 6월. 차자를 올려 좌의정의 직책을 사임하였다.

○ 8월. 부름을 받들어 입대하였다.

○ 9월. 어가가 원릉(元陵)에 전알할 때 동구에 나가 공경히 맞이하였다. 상이 사관을 보내어 유지를 전하였다.

○ 11월. 상이 내각의 아전을 보내어 타락죽을 전하였다.

○ 12월. 상이 사관을 보내어 유지를 전하였다.

이때 상이 공을 불러 보려고 하였는데 마침 공이 종숙모(從叔母)의 상에 곡하러 갔다. 상이 검서관을 보내어 상을 당했으니 불러 보지 못했다는 뜻을 유시하고 이어 안부를 물었다.

18년 갑인(1794) 공의 나이 67세

○ 1월. 차자를 올려 홍낙신(洪樂信), 홍낙임(洪樂任), 홍낙륜(洪樂倫)[2] 등을 승자(陞資)하여 부직(付職)하라는 명을 거두어 달라고 청하였다.

상이 혜경궁(惠慶宮)의 연세가 육순이 되어 경사를 칭송하고 하례를 받기에 이러한 명을 내렸는데, 공이 하례하는 반열에 참석하였다가 물러나 돌아와서 바로 차자를 올려 명을 도로 거두어들이기를 청하였으나 상이 비답을 내리지 않았다.

○ 상소를 올려 빈청(賓廳)에서 아뢴 말이 잘못된 것을 논하여 '대신이 직접 전하를 업었다.〔大臣親負〕'는 한 구절을 깎아 내어 나라의 체모를 높이도록 청하니 상이 거듭 엄한 유지를 내리자, 주(州)의 감옥에서 대명하였다.

상이 현륭원(顯隆園)에 전배(展拜)할 때 슬픔이 절도를 넘어서 신하들이 모두 황공하여 어찌할 바를 모르고 있었다. 영부사 채제공이 앞으로 나아가 옥체를 등에 업기를 청하니 상이 손을 내저으며 물리쳤다. 21일 장헌세자(莊獻世子)의 탄신일이 되어 상이 경모궁(景慕宮)에 참배하려고 하니 신하들이 중지하도록 간하고자 서로 앞서거니 뒤서거니 하며 청대(請對)하였다. 상이 허락하지 않고 어가를 빨리 달려 나아가니 신하들은 갑자기 황급하여 성상의 어가를 힘써 되돌리려는 뜻으로 혜경궁에 알렸다. 그 아뢴 말 중에 '현륭원에 행차했을 때 대신이 직접 전하를 업었다.'라는 말이 있었다.

2 홍낙신(洪樂信), 홍낙임(洪樂任), 홍낙륜(洪樂倫) : 홍봉한(洪鳳漢)의 아들들로, 정조의 모친인 혜경궁 홍씨의 형제들이다.

○ 삭탈관작하고 방귀전리(放歸田里)하라는 명이 내려 포천(抱川)으로 갔다.

○ 2월. 평해군(平海郡)으로 귀양 갔다.

○ 3월. 남해현(南海縣)에 안치되었다.

○ 4월. 천극(栫棘)을 명하였다가 곧이어 다시 명을 거두었다.

○ 6월. 특별히 풀어 주도록 명하여 정림(靜林)으로 돌아왔다.

○ 10월. 상이 내각의 아전을 보내어 안부를 묻고 바닷물고기를 하사하였다.

○ 11월. 상이 내각의 아전을 보내어 안부를 묻고 음식을 하사하였다.

○ 12월. 특별히 죄를 씻어 주도록 명하고 판중추부사에 부직하였다. 사관을 보내어 돈유(敦諭)하였다.

○ 상소를 올려 실정을 아뢰었으나 윤허하지 않고 다시 재촉해 불렀다. 거듭 이조 판서와 호조 판서를 보내어 돈유하였다. 마침내 이문원(摛文院)에서 입대하여 벼슬에서 물러나기를 요청하였다. 상이 인정전(仁政殿)에 나아가 선마(宣麻)를 내리고 특별히 고취(鼓吹)를 하사하였다. 고향 집으로 돌아왔다.

19년 을묘(1795) 공의 나이 68세

○ 1월. 조정에 나아가서 존호를 올리는 예식에 참석하였다.

○ 2월. 상이 내각의 아전을 보내어 안부를 묻고 음식을 하사하였다.

○ 상이 내각의 아전을 보내어 병문안을 하고 또 어의에게 가서 간호하도록 명하였다.

이때 공은 발병을 앓았는데 상이 듣고 어의에게 약재(藥材)를 가지고 가서 간호하도록 명하였다. 공은 주전(廚傳)[3]에 폐가 된다고 하여 빨리 불러들이도록 청하였다.

○ 3월. 상이 내각의 아전을 보내어 병문안을 하고 음식을 하사하였다.

○ 4월. 상이 어의를 보내어 진찰하게 하고 자주 내각의 아전을 보내어 귀한 약제를 전해 주었다.

이때 공은 풍담(風痰)을 앓아 거의 위태하였는데, 상이 태의(太醫)를 보내어 간호하게 하고 귀한 약제를 하사하기를 그치지 않았는데 여러 달이 지나 회복하였다. 이로부터 더 이상 세상일을 살피지 않았다.

○ 12월. 상이 내각의 아전을 보내어 안부를 묻고 타락죽을 전해 주었다.

20년 병진(1796) 공의 나이 69세

○ 1월. 명을 받들어 입시하였다.

○ 3월. 상이 내각의 아전을 보내어 안부를 물었다.

○ 상이 사관을 보내어 유지를 전하였다.

○ 상이 고은공(高隱公)[4]의 사판(祠板)에 치제(致祭)하도록 명하니 전문(箋文)을 올려 사례하였다.

이때 상이 장헌세자가 세자에 책봉된 지 회갑이 되는 해[5]라고 해서 당시 주연(冑筵)의 옛 신하들에게 치제하게 하였는데 고은공도 해당

3 주전(廚傳) : 지방을 오가는 관원에게 경유하는 역참(驛站)에서 음식과 거마를 제공하는 것을 말한다.

4 고은공(高隱公) : 몽오의 부친 김치만(金致萬, 1697~1753)이다. 자는 회일(會一), 호는 고은당이다.

5 장헌세자가……해 : 장헌세자, 즉 사도세자는 1735년에 태어나서 이듬해에 왕세자로 책봉되었다.

되었으므로 공이 마침내 전문을 올려 사례한 것이다.

○ 금강산(金剛山)을 유람하였다. 상이 내각의 아전을 보내어 귀한 약제를 전해 주고 어제시(御製詩)를 하사하여 전별하였다. 어제시는 다음과 같다.

일장산[6] 아래 귀인의 행차를 바라보면서	日長山下望淸塵
역마 달려 멀리 귀한 궁궐 약제 나누어 드리네	馹騎遙頒內劑珍
만년에 추밀사의 벼슬로 치사를 하고	暮歲懸車樞密使
봄바람 속 광릉나루에 닻줄을 매시네	春風繫纜廣陵津
진원(眞源) 찾아 차츰 금강산으로 들어가니	尋眞轉向金剛入
풍속을 살피긴 순찰사 시절보다 나으리	觀俗猶勝玉節巡
왕래하는 도중에 부디 몸조심 잘하여	途道起居宜愼護
매미 소리 날 때까지는 꼭 돌아오구려	歸期須趁聽蜩辰

○ 이 여정에 공의 벗들이 모두 그의 병을 염려하여 힘껏 만류하였는데 공이 웃으면서 사양하고 말하기를 "나는 본래 집이 없고 식솔도 손자 한 명뿐이니, 지팡이와 신발을 가지고 따르게 하여 사방을 구름처럼 노니는 것이 내 평소의 뜻이다."라고 하였다. 심공 환지(沈公煥之)[7]가 듣고 탄식하기를 "이는 참으로 달관한 것이니 나는 더 이상 만류하지 못하겠소." 하였다.

○ 상이 내각의 아전을 보내어 도중에 유지를 전하였다.

6 일장산(日長山) : 남한산성(南漢山城)이 있는 남한산의 별칭이다. 《新增東國輿地勝覽 卷6 京畿 廣州牧》

7 심공 환지(沈公煥之) : 심환지(1730~1802)로, 본관은 청송(靑松), 자는 휘원(輝遠), 호는 만포(晩圃)이다.

유시하기를 "강원도 관찰사가 급히 올린 장계를 보니 경이 대관령(大關嶺)을 넘어서 경포대(鏡浦臺)에 오르고 오죽헌(烏竹軒)을 거쳐 송담서원(松潭書院)을 탐방하고 양양(襄陽)으로 향할 것이라고 하였다. 도중에 식사도 잘하고 역참에 들어가 편안하게 자고, 마음을 어지럽지 않게 해야 할 것이다. 내외 금강산의 명승지를 두루 답사하고 세속의 잡된 생각을 통쾌하게 씻은 뒤에 기일에 맞추어 서둘러 돌아오려면 여행길에 시달려 몸을 상하게 되지 않겠는가. 경치 구경에 너무 빠지지 말고 각별히 근력을 헤아려 편히 갔다가 무사히 돌아오되 떠날 때와 같은 모습으로 돌아오라." 하였다.

○ 6월. 명을 받들어 입시하였다.

상이 특별히 김동선(金東善)[8]을 동몽교관(童蒙教官)에 임명하였다. 공의 병을 안타깝게 여긴 것이다.

○ 9월. 수락산(水落山)을 유람하였다.

양주 목사(楊州牧使) 신헌조(申獻朝)와 함께 청담(淸潭)을 경유하여 북한산(北漢山)에 들러 도봉산(道峯山)을 지나 서원(書院 도봉서원)에 참배하고 수락산에 이르렀는데 모두 5일이 걸려 돌아왔다.

○ 명을 받들어 입시하였다.

○ 10월. 명을 받들어 입시하였다.

○ 12월. 상이 사관을 보내어 유지를 전하고 음식을 하사하였다.

유시하기를 "'해마다 이날[9]을 허투루 지나지 않는다는 것을 공은 틀

8 김동선(金東善) : 1768~? 몽오의 손자이다.

9 이날 : 1775년(영조51) 12월 3일의 의미를 상기하는 말이다. 당시 세손이던 정조의 대리청정을 반대하는 한익모(韓翼謩)와 홍인한(洪麟漢) 등 일파를 서명선이 극력 탄핵

림없이 기억할 것이다. 오랫동안 만나지 못하였기에 그리운 생각이 더욱 간절하다. 입시한 사관을 보내어 경의 안부를 묻고 그 편에 음식을 보냈다.'라고 사관을 보내어 김 봉조하(金奉朝賀)에게 전유하게 하라." 하였다. ○ 이때 김동선을 6품으로 특진시켜 가까운 고을의 수령에 의망하여 들이라는 명이 있었다.

○ 명을 받들어 입시하였다.

김동선과 함께 입시하라고 특별히 명하였다. 이로부터 공이 입시할 때는 매번 김동선이 함께 입시하였다.

21년 정사(1797) 공의 나이 70세

○ 1월. 기로사(耆老社)에 들어가 명을 받들어 입시하였다.

○ 2월. 어가가 현륭원(顯隆園)에 전알할 때 다시 노량(露梁)에 나아가 공경히 맞이하였다.

○ 명을 받들어 입시하였다가 이어 하직 인사를 하고 토산현(兎山縣) 관아로 갔다.-김동선이 토산 현감에 임명되어 공이 그 봉양을 받으러 간 것이다.-

○ 3월. 상이 내각의 아전을 보내어 유지를 전하였다.

○ 4월. 우미동(友麋洞)을 유람하였다.

○ 철원(鐵原)을 유람하였다. 상이 내각의 아전을 보내어 하교를 전하고 어제를 하사하였다.

어제시와 아울러 쓴 소서(小序)는 다음과 같다. "듣건대 경이 삼부연(三釜淵)[10] 여행을 떠나서 중간에 더위에 시달리고 비를 만났다고

하여 영조로 하여금 이들을 몰아내고 대리청정을 시행할 수 있도록 하였다.

하니 매우 염려가 되었다. 인편에 안부를 물어보니 건강이 전보다 나아졌다고 하여, 몹시 걱정하던 끝에 기쁜 마음을 어찌 감당할 수 있겠는가. 옛날에 전약수(錢若水)[11]는 분연히 떨쳐 일어나 화산(華山)에서 노닐었고, 나륜(羅倫)[12]은 꿈에 범 문정(范文正)[13]을 보고 나서 산수(山水)의 경치 사이에 자취를 맡겼다. 이 두 사람이 세상일을 사절하고 방외(方外)에서 노닌 나이가 겨우 40세, 혹은 60세를 넘지 않았는데도 지금까지 사람들의 탄상(歎賞)을 받고 있다. 더구나 경은 70의 나이로 지난해 봄에는 금강산(金剛山)에 들어갔고 올 여름에는 철원을 방문하여, 모두 합해 1년 360일 동안에 수레를 타거나 배를 몰아 절반 이상은 명승(名勝)의 경내에 있었는데도 침식(寢食)에 조금도 손상이 없었으니, 어찌 기이한 일이 아니겠는가. 하루가 마치 1년처럼 길어서 나의 그리움이 아득하여 이를 시로 표현해서 한바탕 웃음거리로 삼으려 하니, 금옥(金玉) 같은 음률을 아끼지 말아서 훌륭한 시문으로 답하라."

서울의 춘사일에 예전 놀던 일 생각하자니　　洛陽春社記前遊

10 삼부연(三釜淵) : 강원도 철원에 있는 폭포이다.

11 전약수(錢若水) : 송(宋)나라의 문신이다. 한 도승(道僧)이 일찍이 진단(陳摶)에게 전약수의 사람됨에 대해 말하기를 "그는 급류 속에서 용감히 물러날 수 있는 사람이다."라고 했는데, 뒤에 과연 전약수가 벼슬이 추밀부사(樞密副使)에 이르렀을 때 40세도 채 안 된 나이로 관직에서 용감하게 물러났다. 《宋史 錢若水列傳》

12 나륜(羅倫) : 명(明)나라 사람으로, 자는 이정(彝鼎), 호는 일봉(一峯), 시호는 문의(文毅)이다.

13 범 문정(范文正) : 송(宋)나라 오현(吳縣) 사람 범중엄(范仲淹)이다. 자는 희문(希文), 시호가 문정이다.

그때의 군자들 이제 모두 백발이구려	君子于今盡白頭
푸른 들판에 한가로움 틈탄 김 정승이요	綠野投閑金相國
푸른 산에 약속 남긴 철원 고을이라오	青山留約鐵圓州
잠긴 용은 누워서 삼부연 비를 희롱하고	潛龍臥弄三淵雨
나는 학은 수만 골짝의 가을을 이뤘으리	飛鶴飜成萬壑秋
연촉 켠 붉은 누각에 담소가 느긋하리니	蓮燭紅樓遲笑語
다시 시구 지어서 화답해 주기 바란다오	更將詩句願言酬

○ 5월. 명을 받들어 입시하였다.

○ 포천현 관아로 갔다.

김동선이 특교(特敎)로 포천 현감(抱川縣監)으로 자리를 바꾸었기에 공이 또 그 봉양을 받으러 간 것이다.

○ 6월. 순담(蓴潭)을 유람하였다.

○ 상이 내각의 아전을 보내어 유지를 전하였다.

○ 윤6월. 상이 내각의 아전을 보내어 유지를 전하였다.

○ 수원산(水源山)을 유람하였다.

○ 7월. 현등산(懸燈山)을 유람하였다.

○ 백운산(白雲山)을 유람하였다.

농암(農巖)[14]의 옛 집터를 두루 방문하였다.

○ 8월. 속리산(俗離山)을 유람하였다. 상이 내각의 아전을 보내어 탁주와 육포를 전하고 어제를 하사하였다.

어제시 세 수와 아울러 쓴 소서는 다음과 같다. "지난해 봄에 금강산

14 농암(農巖) : 김창협(金昌協, 1651~1708)으로, 본관은 안동(安東), 자는 중화(仲和), 호는 농암·삼주(三洲)이다.

(金剛山)을 방문할 때와 올여름에 철원을 유람할 때에, 그 연로함을 안타까워하면서도 그 용기를 기쁘게 여기고 그때마다 시를 지어 주어 뜻을 부쳐서, 경이 몸은 늙어도 마음은 청춘임을 표현하였다. 그런데 일전에 속리산으로 떠날 때에는 떠나는 날짜를 뒤늦게 듣는 바람에 경을 맞이하여 토론하지도 못하고 시도 지어 주지 못하였다. 그래서 멀리 수백 리 밖의 호산(湖山)에 간 것을 염려하고 매우 간절히 그리워하여 이에 탁주와 육포를 갖추어 사람을 산중으로 달려 보내면서 세 편의 시를 부치고 겸하여 안부를 묻는 바이다."

금강산에는 술 보내고 철원에는 시를 주었는데	金剛携酒鐵圓詩
세속 떠난 행차가 또 속리산으로 갔구려	俗離之行又俗離
길 가득 핀 국화에 가을 기운 저무는데	滿道黃花秋意晚
하늘가 아득한 기러기에게 돌아올 날 묻는다오	冥鴻天畔問歸期

듣자니 속리산 위에 솟아나는 샘물은	聞說俗離山上泉
석종유에서 나오는 옥액(玉液) 같다고 하는데	依如石乳玉漿然
아침마다 잔 가득히 뱃속에 마신다면	朝朝滿酌歸之肺
이것이 인간 세상 검은 머리 신선이리라	知是人間綠髮仙

벼슬 바다 거센 풍랑 이십 년을 겪고 나서	宦海風濤二十秋
지금은 그윽한 흥취로 갈매기를 짝했구려	至今幽興伴沙鷗
뜻에 따라 오고 감을 어찌 굳이 물으리오	適來適去何須問
더구나 세속 밖의 호산에서 노닐거늘	且得湖山物外遊

○ 9월. 상이 내각의 아전을 보내어 유지를 전하였다.

○ 명을 받들어 입시하였다.

○ 10월. 보개산(寶蓋山)을 유람하였다.

○ 상이 내각의 아전을 보내어 유지를 전하였다.

○ 12월. 상이 내각의 아전을 보내어 유지를 전하였다.

22년 무오(1798) 공의 나이 71세

○ 1월. 상이 사관을 보내어 유지를 전하였다.

○ 2월. 명을 받들어 입시하였다.

○ 3월. 상이 세 번 내각의 아전을 보내어 유지를 전하였다.

○ 4월. 상이 두 번 내각의 아전을 보내어 유지를 전하였다.

○ 5월. 상이 내각의 아전을 보내어 어찰(御札)을 전하였다.

○ 〈어정삼례수권발문(御定三禮手圈跋文)〉을 지어 올렸다.

○ 6월. 상이 내각의 아전을 보내어 유지를 전하였다.

○ 7월. 상이 내각의 아전을 보내어 유지를 전하였다.

○ 8월. 상이 내각의 아전을 보내어 유지를 전하였다.

○ 9월. 상이 내각의 아전을 보내어 유지를 전하였다.

○ 10월. 몽촌(夢村)에 갔다. 상이 두 번 내각의 아전을 보내어 유지를 전하였다.

○ 11월. 상이 내각의 아전을 보내어 유지를 전하였다.

○ 12월. 상이 내각의 아전을 보내어 유지를 전하였다.

23년 기미(1799) 공의 나이 72세

○ 1월 7일. 포천현 관아에서 세상을 떠났다.

관찰사가 공이 세상을 떠났다고 조정에 알리니 상이 몹시 슬퍼하였다. 하교하기를 "김 봉조하도 서거하였다. 이른바 저 사람을 슬퍼한다 한들 무슨 소용이 있겠는가. 기억하건대, 옛날 30년 전에 주연(胄筵)에서 했던 한마디 말로 마침내 천년에나 한 번 있을 조우(遭遇)를 이루었으니, 강개하게 의리로써 자부하여 죽더라도 절개를 변치 않았다. 남다른 임금의 지우(知遇)에 의지하여 당시의 숙망(宿望)을 일으켜, 이조와 병조를 관장하고 오영(五營)을 통괄하였으며 정승 자리에 오르고 이어 고향으로 돌아갔다. 비록 중간에 온갖 풍상을 다 겪었지만 평온할 때나 험난할 때나 한결같은 절조를 지녔기에 사람들이 이를 칭송하였다. 집에 있을 때는 효도하고 관직에 있을 때는 청렴하여 온 조정에서 가장 먼저 인정을 받았건만 이제는 다시 볼 수 없게 되었다. 조문하고 상주(喪主)를 위로하는 일은 의당 내각에서 규례를 살펴 거행해야 할 것이요, 4일째 되는 날 각신(閣臣)을 보내어 치제하게 하되 제문은 의당 내가 직접 지을 것이다. 녹봉은 3년을 기한으로 하여 실어 보내도록 하라. 그리고 본가로 하여금 속히 행장(行狀)을 지어 홍문관으로 보내서 시호를 의정(議定)하도록 분부하라." 하였다.

○ 상이 양주 목사에게 가서 치제하도록 명하고 이어 내각의 관원을 보내어 상주를 위로하고 죽을 권하게 하였다. 어제 제문은 다음과 같다.

경은 우뚝 뛰어난 표상에다	惟卿瓌傑之表
충효의 자질을 갖추어	忠孝之資
식견은 당세에 드높았고	識高當世
청렴은 족히 관리의 사표가 되었다오	廉足吏師
벼슬은 구차하게 영합하지 않았고	仕不苟合
도는 그릇되게 따르지 않았으며	道不詭隨
조정에서 벼슬하게 되어서는	藉手立朝

명예와 절의를 스스로 잘 지켰소	名節自持
《춘추》의 대의(大義) 수십 가지에는	春秋數十
그 뜻이 찬란하니	其旨炳然
정밀한 뜻이 깃든 것은	精義所存
조금만 잘못해도 크게 어그러지는 법	差毫謬千
이는 내가 평소 강론한 바라	寔予素講
백세를 두고 기다리며	百世以俟
이러한 덕이 같은 사람을 돌아보았는데	眷玆同德
경이 실로 탁월하였소	卿實卓爾
주연에서의 한마디로	冑筵一言
그때 처음 의기투합하여	契合伊始
굳세고 확실함을 견지하였으니	秉執毅確
일편단심 충정을 드러내었네	忠赤披露
미친 듯한 파도가 사방에서 넘어뜨려도	狂瀾四倒
우뚝하게 중류(中流)의 지주가 되니	屹爲砥柱
내가 왕위를 이어받게 되자	逮予嗣服
가장 먼저 근신의 자리에 두었지	首置近密
이윽고 홍문관의 대제학이 되고	旋長玉署
마침내 공경의 자리에 올랐으며	遂升卿月
문원에서 문형(文衡)을 맡게 되었고	提衡文苑
군대의 병권까지 손에 쥐게 되었네	掌兵笠轂
이조 병조 두 곳의 판서를 역임하며	出入兩銓
선류를 선양하고 악류를 배척하여	激揚淸濁
찬란하게 의리를 밝혔으니	煌煌明義

비로소 기강이 바로 서게 되었네　　肇建人極
부월을 갖추어　　有鈇有鉞
해와 별이 밝게 늘어서니　　日星昭陳
경이 자임한 것은　　卿之自任
의리의 주인이었어라　　義理主人
아는 것은 말하지 않은 것이 없고　　知無不言
말은 다 하지 않음이 없어　　言無不盡
몸에는 다섯 부절을 차고　　身佩五符
안위를 앉은 채로 진무하였네　　安危坐鎭
연이어 정승의 자리에 올라　　延登黃閣
경의 평소 중망을 의뢰하게 되니　　藉卿宿望
선비들은 적시(適時)라고 하며　　士曰時哉
사마광(司馬光)이 재상이 되었다 하였네　　司馬作相
풍상이 수백 번 변해도　　風霜百變
평탄함과 험난함을 한결같이 여기며　　夷險一致
굳은 바위와 같은 정절로　　介石之貞
그 뜻을 굽히지 않았다네　　莫回其志
초야에서 몸을 한가히 지내면서도　　綠野身閑
궁궐에 항상 마음을 두어　　紫極心懸
세시마다 봉조하로서　　歲時朝請
어전에 나오기를 자주 허락하였지　　屢許席前
일념으로 나라를 받들어　　一念宗國
진퇴에 일관성이 있었으니　　進退罔二
소인들은 삼갈 줄을 알고　　小人知憚

군자들은 믿는 바가 있게 되었네	君子有恃
근년 이래로는	自頃以來
조정의 기상이 확연히 맑아져	朝象廓淸
성인을 높이고 뜻을 밝힘에	尊聖明志
고심하며 정성을 다 바쳤네	苦心血誠
옛날의 도에 강개한 마음 품고	慷慨三古
자나 깨나 치세를 갈망했으니	寤寐一治
비유하자면 태산이	譬如喬嶽
음으로 그 시혜를 받은 것과 같았네	陰受厥施
나는 예우를 소홀히 하지 않고	恩禮靡替
귀한 선물을 계속 내렸는데	珍頒相續
하늘이 현인을 남겨 두지 않아	天不憖遺
갑자기 흉사의 부고가 이르렀네	遽以凶告
조정에서는 본받을 모범이 없어졌고	朝無矜式
백성들은 우러러 존경할 분을 잃었으니	民失瞻嚮
나라가 병들게 되리라는 생각에	殄瘁之思
서글픔을 어찌 감당할 수 있으리오	曷任惻愴
상주를 위로하고 녹봉을 보내며	弔孤輸俸
규례를 따라 법칙을 행하고	按例則行
이어 홍문관에 명하여	仍命瀛館
시호(諡號)를 베풀게 한다오	節惠易名
조금 보답하는 것이 아니고	匪曰少酬
실로 떳떳한 의전을 따르는 것이라	式遵彝典
관원으로 하여금 술잔을 올리게 하니	伻官侑觶

내 눈물이 마구 흐르려 하는구려 　予淚欲濺

○ 김동선이 관을 받들어 두포(斗浦)의 우사(寓舍)로 돌아갔다.

○ 상이 내탕고(內帑庫)와 호조에 명하여 장례 물품을 특별히 하사하게 하였다. 이어 홍문관에 명하여 행장을 기다리지 말고 시호를 의정하도록 하였다.

김동선이 공의 유명(遺命)으로 예장(禮葬)을 받지 않고 시호를 내려주기를 청하지 않았기 때문에 이러한 명을 내린 것이다.

○ 문충공(文忠公)이라고 시호를 내려 주었다.

시법(諡法)에, 민첩하고 학문을 좋아하는 것을 '문(文)'이라고 하고 임금을 섬기는 데 절의를 다하는 것을 '충(忠)'이라고 한다. 이때 채제공도 세상을 떠났는데 홍문관에서 그 시호를 문숙(文肅)이라고 의정하자 채제공의 당(黨)인 심규로(沈奎魯)가 상소를 올려 "하나의 충(忠) 자를 가지고 사랑하고 미워하는 사이에서 주기도 하고 빼앗기도 한다."라고 말하니, 김동선이 이것을 혐의로 삼아 감히 연시(延諡)[15]하지 못하였다. 상이 그 소식을 듣고 하교하기를 "옛날에 당(唐)나라의 최하(崔嘏)는 곽지운(郭知運)[16]의 선조의 시호를 논박하여 말하기를 '절도사는 시호를 받는 것이 합당한데 제때에 하지 않으면 그 자식이 선인의 덕을 폐하는 것이다.'라고 하였다. 대개 곽지운이 그 부친에게 절도사로서의 시호를 받게 하고 싶지 않았기

15 연시(延諡) : 시호를 받들고 나온 선시관(宣諡官)을, 그 본가에서 시호 받는 이의 신주(神主)를 모시고 나와 의식을 행하고 맞아들여 시호를 수령하는 일을 말한다.

16 곽지운(郭知運) : 667~712. 당(唐)나라 장군으로 과주(瓜州) 진창현(晉昌縣) 즉 지금의 감숙성 옥문현 사람이다.

때문에 최하의 말이 이와 같았던 것이다. 이것이 어찌 몽오(夢梧)의 집안사람이 근거로 삼는 것이 아니겠는가. 몽오는 평생 몸을 바르게 하고 윗사람을 받든 지조가 있으며 배움에 부지런하고 묻기를 좋아하는 실상을 겸하였으니, 비록 반고(班固)의 72품의 시호를 살펴서 의정하더라도 어찌 '문충' 두 글자보다 더 나은 것이 있겠는가. 이는 의리가 정미(精微)한 것인데, 몽오의 집안사람이 독서를 하지 않은 것이 참 애석하다." 하고, 이어서 본가에 명하여 기한을 따라 연시하라고 하니 김동선이 마침내 연시하였다.

○ 3월. 상이 다시 내각의 관원을 보내어 치제하게 하였다.

이때 발인을 하여 상이 다시 친히 제문을 지었는데 제문은 다음과 같다.

"최근에 작고한 의정부좌의정 규장각제학 치사 봉조하(致仕奉朝賀) 증시(贈諡) 문충공 김종수가 기미년(1799, 정조23) 3월 16일 갑술일에 두강(荳江)의 집으로 발인하고 그 이틀 뒤인 병자일에 장지로 향한다고 하니, 지난날의 생생한 정을 추모하고 영구(靈柩)의 시간이 머물러 주지 않음을 개탄하며, 이에 검서관(檢書官)을 보내어 유시한다오.

비록 경이 수백 리 길을 떠나더라도 내가 번번이 송별의 말을 주곤 하였으니, 금강산과 철원의 유람에 지어 준 시와 같은 것이 바로 이것이었소. 경이 지금 한번 가면 돌아오지 않을 것이니, 내 어찌 한마디 말이 없을 수 있겠소. 다만 내가 병중에 있어서 제문을 지을 겨를이 없기에, 먼저 술 한 병과 닭 한 마리를 보내 유식(侑食)하게 하노니, 경은 아시겠소 모르시겠소? 봄물이 아득하여 건널 수 없소이다. 아, 슬프구려."

○ 임시로 광주(廣州)의 정림(靜林)에 장례 지냈다.

정경부인(貞敬夫人) 윤씨(尹氏)를 먼저 정림에 장례 지내서 예에 따르면 의당 합장해야 하는데, 마침 당해의 운수가 이롭지 못하여 곁의 산기슭에 임시로 장례 지낸 것이다.

○ 상이 친히 칠언시를 지어서 궤연(几筵)에 현판으로 걸라고 명하였다.

어제시는 다음과 같다.

옛날 내 즉위 초에 어려운 일들 헤쳐 나가더니 記昔新元闢草萊
일장산 아래에서 석인이 돌아갔네 日長山下碩人廻
가련하다 공활하게 텅텅 빈 농막에서 可憐蕩蕩空空墅
춘광은 더 이상 술잔에 들지 않네 不復春光入酒杯

○ 상이 내각의 관원을 보내어 상주를 위로하고 죽을 권하게 하였다.

공이 세상을 떠나고부터 상은 남아 있는 자손을 돌보는 마음이 매우 돈독하여 안부를 묻고 하사하는 것을 공이 살아 있을 때와 똑같이 하여 거의 그냥 보내는 달이 없었다.

○ 12월 3일. 상이 다시 각신(閣臣)을 보내어 치제하게 하였다.

상이 을미년(1775, 영조51)의 옛일을 추념하고 공이 세상에 없는 것을 몹시 애통해하면서 다시 친히 제문을 지어 치제하였다. 제문은 다음과 같다.

"을미년 12월 3일은 종묘사직이 다시 바로잡힌 때이고[17] 인륜이 거듭 펴지게 된 때인데 지금 25년이 흘렀다. 옛사람이 세상을 떠나 버린

17 을미년……때이고 : 1775년 12월 3일에 당시 세손이었던 정조의 대리청정을 반대하는 한익모(韓翼謨)와 홍인한(洪麟漢) 등 일파를 서명선(徐命善)이 극력 탄핵하여 영조로 하여금 이들을 몰아내고 대리청정을 시행할 수 있도록 한 일을 가리킨다.

것에 대한 감회가 일고 지난날이 다시 돌아온 것이 슬프도다. 이에 규장각 직각 김근순(金近淳)을 보내어 고 좌의정 규장각제학 치사봉조하(致仕奉朝賀) 증시 문충공(文忠公) 김종수(金鍾秀)의 영령에 제사를 드리도록 유시하노라.

말하노니, 경이 조정에서 드날려 벼슬살이를 한 것이나 내가 경을 만나 마음이 서로 통했던 것은 한마디로 말해서 명의(名義)였다오. 풍운(風雲)이 하늘에 있고 해악(海嶽)이 땅을 둘렀으니, 비록 쇠가 녹고 바위가 닳아져서 상전벽해의 변화가 일어나더라도 오히려 제왕의 감회를 움직이고 영웅호걸의 눈물을 빚게 할 수 있거늘, 하물며 경이 한번 가서 돌아오지 않으니 내 어찌 애통해하며 탄식하지 않을 수 있겠는가.

이본(貳本)[18]의 은미한 혐의에 대한 뜻을 드러내어 일심(一心)의 쇄락(灑落)함이 서로 부합한 것은 무자년(1768)에 한 강설(講說)이었고, 분연히 형벌에 의지하는 것이 삼연(森然)히 단서(丹書)[19]에 기록한 것만 못한 것은 정유년(1777, 정조1)에 《명의록(明義錄)》을 찬집(纂輯)한 것이었고, 개연히 소매 안의 탄핵하는 글로 저 어탑(御榻) 밖의 간특한 무리를 꺾은 것은 경자년(1780)에 올린 차자였고, 밤중에 깊은 궁궐의 성문을 열고 급히 수백 기마의 고삐를 치달린 것은 갑인년(1794)에 사직한 일이었소.

18 이본(貳本) : 부자간 세습이 아닌 왕의 경우 왕통과 사친(私親)의 혈통이 다른 상황을 말한다. 정조는 '이본'을 인정하지 않고 왕통을 중시하여 효장세자(孝章世子)의 뒤를 이었음을 천명하면서 '불이본(不貳本)'을 표방하였다.

19 단서(丹書) : 죄인의 죄명과 성명을 붉은 글씨로 적어 놓은 문서이다.

관직에 있는 여러 해 동안 시종과 본말이 있었는데, 참소하는 말이 시끄러웠으나 나의 대우는 더욱 융숭하고, 은자(隱者)의 옷차림으로 한가로이 지냈으나 나의 기대는 더욱 성대하였다오. 집 안에 있을 때는 노래자(老萊子)의 색동옷을 입었고, 관직에 임해서는 울림(鬱林)의 돌을 실었다오.[20] 대장의 직급에 발탁되었으니 정돈하는 역량이 걸출한 인물이었고, 사원(詞垣)의 문풍을 주도하였으니 문장의 재능이 으뜸이었소. 이에 용감히 나아가고 곧바로 전진하여 피부가 찔려도 동요하지 않고 눈이 찔려도 회피하지 않아 만 명의 사내라도 빼앗을 수 없는 절의를 닦고서,[21] 깊은 산중에서 지내면서 명아주 잎이나 콩잎을 먹으면서도 은연중 사나운 호랑이가 맹렬한 기세를 부리듯 하였으니, 많은 백성들이 노래로 칭송하고 조정의 벼슬아치들이 본보기로 삼았다오.

무릇 중유(仲由 자로)처럼 대답이 경솔하여 비록 여러 차례 낭패를 당하는 일을 면하지 못하기는 하였으나, 다만 스스로 승당입실(升堂入室)을 기약하여 나의 말에 기뻐하지 않는 바가 없었다오. 이러한 까닭으로 금화전(金華殿)에서 촛불이 다 타도록 차분하게 만나 이야기 나누기도 하고 황봉주(黃封酒)[22]를 마시고 얼큰히 취하

20 울림(鬱林)의 돌을 실었다오 : 울림은 삼국 시대 오(吳)나라 육적(陸績)이 태수를 지낸 곳인데, 임기를 마치고 돌아오는 길에 여장이 별로 없었으므로 배가 가벼워 바다를 건널 수 없자 돌을 배에 실어 무겁게 하니 사람들이 그 청렴함을 칭송하여 '울림석(鬱林石)'이라고 하였다. 청렴한 관리를 비유하는 말로 쓰인다. 《新唐書 隱逸列傳 陸龜蒙》

21 피부가……닦고서 : 《맹자》 〈공손추 상(公孫丑上)〉에서 부동심(不動心)을 설명하면서 한 말을 인용하였다.

22 황봉주(黃封酒) : 관청에서 빚어 황색 비단이나 종이로 봉한 술인데, 임금이 신하

면 덕을 볼 수 있었으며, 고금의 치란을 저울질하여 보고 매달 초에 인물의 선악을 논평하면서[23] 나를 멀리하지 않았다오.

대개 그 명의(名義)라는 두 글자가 평생에 귀의할 자료였는데, 곧 벼슬에서 물러나기를 청하는 글에서 옛날 삼대(三代)의 태평성대 임금으로 높이고 천추의 오랜 이치를 밝혔다오. 저 '수륙(水陸) 만리', '명월이 바다와 같다.', '나를 알아주고 나를 단죄한다.'와 같은 말들을 음영(吟詠)하고 차탄(嗟歎)하는 사이에 발하였으니, 우리 군신의 사이를 돌아보건대 마음이 통하고 태허(太虛)를 지났다고 말하지 않을 수 있겠소.

섣달 3일의 이 저녁이 어떤 저녁이던가. 동곽(東郭)의 한매(寒梅)가 드디어 지나간 자취가 되고 말았구려.[24] 영령이 어둡지 않을 것이니 바람결에 부치는 나의 한 잔 술을 흠향하기 바라오."

24년 경신(1800)

○ 3월. 정림(靜林)에 개장(改葬)하였다. 상이 특별히 돈과 쌀과 무명베를 하사하고 다시 친히 글을 지어 내각 관원을 보내어 치제하였다.

정경부인 윤씨와 합장하였다. 묘표가 있으니 공이 스스로 지은 것이

들에게 하사하는 술이다.

23 매달……논평하면서 : 후한(後漢)의 허소(許劭)가 향리(鄕里)의 인물을 품평하기를 좋아해서 매달 초하루에 사람들을 품평하였는데, 여남(汝南) 사람들이 이를 월단평(月旦評)이라고 한 고사를 응용한 표현이다. 《後漢書 許劭列傳》

24 동곽(東郭)의……말았구려 : 정조가 1792년(정조16) 12월 3일에 준 시에 '동곽대매(東郭對梅)'라는 구절이 있기에 한 말이다. 《承政院日記 正祖 17年 5月 25日》《弘齋全書 卷6 賜原任提學金鍾秀 幷小序》

다. 개장하기 며칠 전에 상이 듣고 하교하기를 "지금 들으니 김 봉조하의 면례(緬禮)를 열흘 후로 정했다고 하는데, 옛날부터 대신의 면례 사실을 대신이 아뢰면 특교(特敎)로 장례 때 도와주었던 예를 따르도록 허락한다. 그런데 상주의 집에서 말하지 않아 규례를 따라 아뢰는 말을 아직 듣지 못하였으니, 현화(玄和)[25]가 다시 출토되는 날을 거의 그냥 지나칠 뻔하였다. 만약 혼령이 지각이 있다면 배회하고 머뭇거리면서 술을 따르는 나의 한마디 말을 기다리지 않겠는가. 또 그가 세상에 있을 때는 비록 가까운 교외를 가서 여정이 백 리가 되지 않더라도 번번이 안주와 술을 갖추어 주었고 시문까지 곁들였다. 그런데 지금 만약 그를 까맣게 잊어버린다면 은혜를 베푸는 예(禮)가 끝까지 변함이 없다고 할 수 있겠는가. 재계하고 있으면서 깊이 생각해 보니 숙연히 바람이 일고 나도 모르는 사이에 그에 대한 감회가 별안간 새로워짐을 느꼈다. 면례에 필요한 물품들을 도와주되 해당 관청과 해당 부서에 분부하여 상주의 집에 오고 가며 전례대로 거행하도록 하라." 하였다. 이보다 먼저 대내에서 돈과 쌀과 무명베 등을 내려 내각의 관속을 시켜 보내 준 것이 있었고, 이어 친히 지은 제문을 가지고 가 읽으면서 치제하도록 하였다. 제문은 다음과 같다.

몽오의 산기슭	夢梧之麓
정림의 길에	靜林之路
주인의 면례를 하고	周人之緬
위인의 부장(祔葬)을 하네[26]	衛人之祔

25 현화(玄和) : 죽어서 무덤에 묻힌 지 오래된 사람의 흰 뼈를 말한다.

청오[27]가 장지를 점치고 青烏之卜

황조[28]의 시를 읊으니 黃鳥之賦

단위[29]가 엄연하여 有儼端委

완연히 영령이 돌아보는 듯하네 宛若英顧

밝은 달 흐르는 물에 朗月流水

경이 현도가 되고[30] 卿爲玄度

싱싱한 꼴 갖다주는 빈 골짝[31]에 生芻空谷

경이 서유[32]가 되었네 卿爲徐孺

26 주인(周人)의……하네 : 부부간에 합장하게 된 것을 말한다. 《예기》 〈단궁(檀弓)〉에 "주공(周公) 때부터 비로소 부부를 합장하였다." 하였다.

27 청오(青烏) : 전설 속의 풍수지리가인 청오자(青烏子)를 가리킨다.

28 황조(黃鳥) : 《시경》 〈진풍(秦風)〉의 편명이다. 춘추 시대 진(晉)나라 임금 임호(任好)가 죽었을 때 무덤에 자거씨(子車氏)의 세 아들을 함께 순장하자 나라 사람들이 슬퍼하여 이 시를 읊었는데, 여기에서는 무덤을 만든다는 뜻만 취하여 쓴 것으로 생각된다.

29 단위(端委) : 고대의 예복이다.

30 밝은……되고 : 현도(玄度)는 동진(東晉)의 청담객(淸談客) 허순(許詢)의 자이다. 《세설신어(世說新語)》 〈언어(言語)〉에 "바람이 맑고 달이 밝으면 문득 현도를 생각한다.〔淸風朗月, 輒思玄度.〕"라는 말이 있는데, 후에는 청류 명사를 뜻하는 말로 쓰인다.

31 싱싱한……골짝 : 《시경》 〈소아(小雅) 백구(白駒)〉에 "몹시도 깨끗한 흰 말이여, 저 빈 골짜기에 있도다. 싱싱한 꼴 한 묶음을 가져다주노니, 그 사람 옥과 같네. 그대의 음성을 금옥처럼 귀하게 하여, 멀리하는 마음을 두지 말지어다.〔皎皎白駒, 在彼空谷. 生芻一束, 其人如玉. 毋金玉爾音, 而有遐心.〕"라고 하였는데, 이는 현자(賢者)를 생각하는 마음을 깃들인 것이다.

32 서유(徐孺) : 후한 남주(南州)의 고사(高士) 서치(徐穉)로, 자는 유자(孺子)이다. 매우 가난하여 곽임종(郭林宗)의 어머니 상에 조문하러 가서 싱싱한 꼴 한 다발을

춘강이 멀리 굽이도는데　春江倭遲
나의 마음 동쪽으로 거슬러 오르니　我心東溯
한탄한들 어찌 미치리오　何嗟及之
술로써 정을 쏟는다네　酒以情注
확연히 밝게 드러냄은　廓乎昭融
명분과 의리 때문이니　名義之故
모든 군자들이여　凡百君子
또한 묘소에 경의를 표할지어다　尙亦式墓

○ 상께서는 공이 세상을 떠난 뒤로 애도하는 마음을 그칠 수가 없어 근신(近臣)을 접할 때마다 다소의 하교가 있어도 조보(朝報)에 내는 것이 아니면 구태여 쓰지를 않았으니, 삼가고 엄숙히 하는 뜻을 부친 것이다.

○ 12월 3일. 순조황제(純祖皇帝)께서 도승지를 보내어 치제하였다. 이해 6월에 정조가 승하하고 순조가 즉위하였는데, 정순대비(貞純大妃)가 수렴청정하였다. 이날에 이르러 대비께서 을미년의 옛일[33]을 추모하여 하교하기를 "지금 이날을 만나니 옛날이 생각나서 서글픈 마음을 어떻게 형용할 수 있겠는가. 하물며 의리가 점점 흐려지는 때에 옛날을 우러러 체찰(體察)하는 행사가 없어서는 안 된다." 하였다. 상[34]이 도승지를 보내어 치제하였다. 제문은 다음과 같다.

선달의 초사흘은　維臘之三

집 앞에 두고 가 버린 고사가 있다. 《後漢書 徐穉列傳》

33 을미년의 옛일 : 460쪽 주17 참조.

34 상 : 대본에는 '土'로 되어 있다. 문맥에 근거하여 '上'으로 바로잡아 번역하였다.

이날이 무슨 날이던가	是日何日
지난 일을 추모하니	追惟往事
말을 하려 하자 먼저 목이 메는구려	欲語先咽
만약 그대를 만나지 않았다면	若不偶爾
아아, 어찌 계술하였으리오	嗚呼曷述
마침 지금의 때를 만났으니	適會今辰
선왕의 세가였다네	先王世室
우리 선왕께서는	維我先王
지극한 성인의 자태로	以至聖姿
지극히 어려운 시기를 당하여	履至艱會
나라가 실낱같이 위태로웠는데	邦其綴旒
한두 명 동지가 있어	有一二同
실로 곁에서 도왔으니	實左右之
경이 바로 그 사람이라	卿惟其人
의리로 스스로를 부지하였지	義理自持
개탄하며 눈물을 닦는데	慨然雪涕
홀로 풍채 우뚝하니	獨也風裁
빛나는 일편단심이야	炳炳丹心
죽어도 굽히지 않았다네	之死靡回
올바른 윤리가 다시 펴지고	彝倫再敍
종묘사직은 다시 회복되어	宗社重恢
맑고 깨끗한 풍모는	灑落風期
동곽의 한매였네	東郭寒梅
선왕께서 말씀하시기를	先王曰咨

나에게는 충성스러운 신하가 있다 하셨네　予有藎臣
마침내 《춘추》를 드니　遂揭麟經
해와 별처럼 밝게 진열되고　日星昭陳
마치 꿈에서 깨어난 것 같고　如夢得醒
마치 물에 나루가 있는 것 같아　如水有津
우리 어리석은 무리를 인도하여　牖我群蒙
우리 뒷사람에게 덕을 끼쳐 주었네　貽我後人
금화전에서 촛불이 다 타도록　金華燭跋
나아가 차분하게 만나 보니　進覲從容
나는 또한 요순이라면　予且唐虞
경은 거의 기룡[35]이었네　卿庶夔龍
임금의 얼굴은 온화하고 순수한데　天顏溫粹
황봉주에 얼큰히 취했으니　酒闌黃封
아득히 마치 어제 일인 듯　怳若隔晨
그 기풍 숙연하여라　肅然其風
아, 하늘이 불행을 내려　嗟天不造
외롭게 내가 상중에 있게 되고　煢予諒闇
선침이 닫히게 되니　仙寢奄閟
세도는 누가 담당하리오　世道誰擔
자전께서 슬픔이 일어　慈殿興愴
장막 뒤에서 옥음을 전하여　簾帷玉音

35 기룡(夔龍) : 순(舜) 임금의 악관(樂官)이었던 기와 간관(諫官)이었던 용의 병칭으로, 임금을 측근에서 보좌하는 신하를 뜻한다.

이날 특별히 제사를 도우니　是日特侑
선달의 초사흘이라네　維臘之三

순조황제 2년 임술(1802)

○ 8월. 정조황제(正祖皇帝) 묘정(廟庭)에 배향하였다.

이때 정조황제를 태묘(太廟)에 올렸다.-공과 함께 유공 언호(兪公彦鎬)도 배향되었다.-

"왕은 이르노라.[36] 종묘의 위패에 소목(昭穆)은 질서 정연한데 삼년상을 막 마치니, 제사는 마땅히 군신간에 같은 것이라 모두 순일(純一)한 덕을 거행하였다. 풍운이 감동을 일으키고 우주는 더욱 빛나는데, 우리 성고(聖考)의 지극한 공을 가만히 생각하니, 큰 의리로 치국하는 데 근본을 두고 다스렸다. 어려운 시기에 처하여서 은미하고 완곡한 뜻을 강구하여, 집행을 하면 천지간에 세워서 귀신에게 질정하고 혼몽한 풍속을 인도하여 중정의 도에 맞게 하였으며, 일에 뜻을 두면 일월처럼 밝아 장강(長江)과 한수(漢水)로 씻은 듯하여 24년간 예악 형정을 드리워 곧은 사람을 들어서 굽은 사람 위에 놓았으며, 한 세대의 문물제도를 도야하여 또한 이를 벗어나지 않았다.

아름답도다, 삼황오제(三皇五帝)의 지극한 상이 모이고, 진실하도다, 구이(九二)의 대인을 보아 이로웠다.[37] 오직 경은 광릉(廣

36 왕은 이르노라 : 이 글은 별다른 단서 없이 실려 있으나, 정조의 묘정에 김종수(金鍾秀)를 배향하는 교서로, 지제교 이교신(李敎信)이 지은 것이다. 《승정원일기》 순조(純祖) 2년 7월 24일 기사에도 실려 있다.

陵)의 포의(布衣)의 선비로 있을 때부터 성대하게 사림의 영수가 되었다. 몸을 닦아 학문을 함은 독실하여 땅에 연원을 두었고, 집안에 처하여 행동함은 순수하여 효도와 우애는 하늘에 뿌리를 두었다. 지기(志氣)는 광명하고 뇌락(磊落)하여 늠름하기가 뜨거운 해나 가을 서리와 같았고, 품성은 정직 강건하여 바라보매 태산북두와 같았다. 한(漢)과 적(賊)[38]이 판가름 나지 않은 날 큰 괴수를 섬멸하는 데 뜻을 두었고, 나라 지키기를 자처한 정성으로 힘써 청의(淸議)를 주창하였다. 먼 옛날에 어수상합(魚水相合)[39] 한 시초는 동궁(東宮)에서 시강(侍講)한 초기부터였다.

이본(貳本)의 은미한 혐의를 변석하고,[40] 순 임금과 주공 같은 달효(達孝)를 더욱 드러내었다. 한 부의 《명의록(明義錄)》을 편찬하였고, 다시 자유(子游)와 자하(子夏) 무리의 찬사를 받았

37 구이(九二)의……이로웠다 : 《주역》 〈건괘(乾卦) 구이〉에 "나타난 용이 밭에 있으니 대인을 만나 봄이 이롭다.〔見龍在田, 利見大人〕"라고 하였는데, 이는 대인의 덕이 드러난 사람이 낮은 지위에 있으면서 큰 덕을 지닌 임금을 만나 도를 행하는 것이 이롭다는 뜻이다.

38 한(漢)과 적(賊) : 한은 촉한(蜀漢), 적은 조조(曹操)를 가리키는 말로, 정통과 이단을 뜻한다. 《古文眞寶 後集 卷1 後出師表》

39 어수상합(魚水相合) : 명군(明君)과 현신(賢臣)이 서로 의기투합함을 뜻하는데, 여기서는 정조와 몽오의 만남을 가리킨다. 촉한의 선주(先主)가 제갈량(諸葛亮)과 정의가 날로 친밀해져 갈 적에 관우(關羽)와 장비(張飛)가 이를 못마땅하게 여기자 선주가 관우와 장비에게 이르기를 "나에게 공명(孔明)이 있는 것은 마치 물고기에게 물이 있는 것과 같으니, 제군은 다시 말하지 말기를 바란다."라고 한 데서 온 말이다. 《三國志 蜀書 諸葛亮傳》

40 이본(貳本)의……변석하고 : 정조(正祖)가 원래 사도세자의 아들이지만 효장세자의 아들로 규정되어 왕통을 이은 일을 가리킨다.

다.[41] 경례(經禮)를 참작하여 그 권도를 달성하였으니 어찌 다만 《춘추(春秋)》를 완성하고서야 두려운 바를 알겠는가.[42] 소매 속의 탄핵문은 탁월한 헌가(獻可)[43]의 선견지명이었고, 어전(御前)에서 구대(求對)하여 투윤(鬪尹)[44]의 충언을 자임하였다. 궁중의 술에 얼큰해지고 여러 번 연석의 촛불이 다 탈 때까지 매양 잠룡 때의 옛사람과 담소하였고, 전형(銓衡)으로 악인을 물리치고 선인을 등용하였으며, 문원의 맹주가 되어 마침내 사마 온공(司馬溫公)이 재상이 되기에 이른 것과 같이 되었다. 한겨울 얼음 쌓인 곳에 처했을 때 한 줄기 잠복한 양기가 되었고, 마구 이는 광란의 파도 속에 있으면서 천 길 지주(砥柱)가 되었다.

아, 저 임자년(1792, 정조16)의 사악한 논의[45]와 헛소문인 을묘년(1795)·병진년(1796) 이전의 흉악한 기도[46]여. 흉포한 도깨비

41 자유(子游)와……받았다 : 자유와 자하는 공자 문하 중 문학에 뛰어난 제자이다. 여기서는 문형(文衡)을 맡아 문학적 능력으로 추앙받았음을 말한다.

42 어찌……알겠는가 : 《맹자》 〈등문공 하(滕文公下)〉에서 "공자가 《춘추》를 완성하자 난신적자들이 두려워하였다."라고 하였으므로 이를 인용한 표현이다.

43 헌가(獻可) : 헌가체부(獻可替否)로, 임금이 마땅히 행해야 할 일은 과감히 건의하고, 행하면 안 될 일은 그만두도록 간하는 대신의 도리를 말한다. 《春秋左氏傳 昭公20年》

44 투윤(鬪尹) : 춘추 시대 초(楚)나라 영윤(令尹) 투누오도(鬪穀於菟)를 가리킨다. 성왕(成王) 때 영윤이 되어 일찍이 자신의 가산(家産)을 기울여 국난을 구한 일이 있다.

45 임자년의 사악한 논의 : 임자년(1792)에 영남 유생 이우(李㙖) 등이 상소하여 사도세자의 무고를 변석할 때 일어난 논란을 말한다.

46 을묘년……기도 : 갑인년(1794) 1월 13일 정조가 현륭원(顯隆園)으로 행차했을 때 비통함이 심하여 거의 실신하자 영의정 홍낙성(洪樂性)과 영중추부사 채제공(蔡濟恭)이 정조에게 업고 내려가겠다고 청하였으나 정조가 이를 물리치고 부축을 받으며 내려왔다. 그런데 다시 사도세자의 탄신일에 참배하기 위해 20일에 경모궁(景慕宮)으

같은 무리들은 정희량(鄭希亮)과 이인좌(李麟佐)의 반역보다 심하였으며, 여우처럼 바른 사람 해치는 무리들은 이덕사(李德師)와 조재한(趙載翰)이 상소를 투서한 것[47]처럼 어지러웠도다. 아, 성인의 마음을 아는 것은 오직 하늘뿐이니, 이는 과연 누가 어두운 곳에서 주장했던가. 경은 이에 분연히 홀로 서서 확연하게 물리칠 것을 생각했으니, 윤음(綸音)이 더욱 빛나 한 통의 문자로 썼으며, 깊은 뜻이 석명(釋明)되어 만고에 강상(綱常)을 밝게 드러내었다. 중천의 빛나는 해를 우러러보니 무지개는 그것을 가릴 수 없었으며, 산에서 여곽(藜藿)을 지키는 형세[48]와 같이 하니 도깨비들은 이 때문에 몰래 숨었다.[49] 오직 안위를 홀로 한 몸에

로 행차하겠다고 하자 정조의 건강을 우려한 신하들이 정청 계사(庭請啓辭)를 올려 혜경궁(惠慶宮) 홍씨(洪氏)에게 대신 만류해 주기를 청하였다. 이때 올린 정청 계사에서 정조가 현륭원에서 비통해하던 일을 서술하였는데, 김종수가 정청 계사에서 이 일을 거론한 것은 잘못이라며 조정의 신하들을 나무랐고, 이 일에 대해 정민시(鄭民始)가 작성한 조보(朝報)에 "대신이 직접 전하를 업었다."라는 구절은 거짓으로 꾸며 임금을 속인 것이라고 하면서 삭제할 것을 청하였다. 그러자 정민시를 위시하여 홍낙성과 채제공 등이 상소하여 김종수를 처벌하기를 청하였다.《正祖實錄 18年 1月 13日·20日·24日·29日·30日, 2月 5日·12日·19日》

47 이덕사(李德師)와……것 : 국상(國喪) 중에 이덕사는 임오년(1762, 영조38)의 일을 말한 소를 올리고 조재한은 유학(幼學) 이일화(李一和)를 사주하여 같은 내용의 소를 올리게 하였는데, 정조가 선왕을 모함한 죄로 그들을 사형시켰다.《正祖實錄 卽位年 4月 1日》

48 산에서……형세 :《한서(漢書)》〈합관요전(蓋寬饒傳)〉에 "신이 듣건대, 산에 맹수가 있으면 명아주와 콩잎을 따지 못하고 나라에 충신이 있으면 간사한 자가 일어나지 못한다고 합니다."라고 하였는데, 이는 맹호가 명아주와 콩잎을 잘 지키는 것에 비유하여 강직한 선비가 나라를 잘 지킴을 의미한다.

감당하였으니 그 때문에 평생 군소배들에게 원망을 쌓았다. 평탄함과 험난함에 절개가 한결같았으니 해야 할 말 다 한 충정 누가 알겠는가. 온갖 변고와 풍상을 겪으면서도 오히려 '신을 아는 자가 신에게 죄를 준다.'[50]라는 노래만 전하였다.

난초를 차고[51] 노닐며 읊조리는 생활로 막 돌아오니, 치사(致仕)하여 고원한 마음 되돌릴 수 없었다. 세상의 도는 확 트여 밝아지니 때는 원우(元祐)[52]의 성세를 맞았고, 명예와 절개 스스로 보전하니 마침내 엄자릉(嚴子陵)[53]의 고고함을 이루었다. 철원과 금

49 숨었다 : 대본에는 '莊'으로 되어 있다. 문맥에 근거하여 '藏'으로 바로잡아 번역하였다.

50 신을……준다 : 《몽오집》 권1 〈평해에 찬배되다〔竄平海〕〉에 "신을 아는 자는 응당 신에게 죄를 준 자 중에 있을 것이다.〔知臣應在罪臣中〕"라고 하였다. 이는 공자가 《춘추》를 짓고서 "나를 알아주는 사람도 오직 《춘추》를 통해서일 것이고, 나를 죄주는 사람도 오직 《춘추》를 통해서일 것이다."라고 한 말에서 나온 표현이다.

51 난초를 차고 : 고결한 지취(志趣)를 의미하는 말로, 《초사(楚辭)》 〈이소(離騷)〉에 "강리와 벽지를 몸에 걸치고, 가을 난초를 꿰어서 허리에 찬다.〔扈江離與辟芷兮, 紉秋蘭以爲佩.〕"라고 한 데서 온 말이다.

52 원우(元祐) : 송(宋)나라 철종(哲宗) 때의 연호로 1086년부터 1093년까지 8년간인데, 당쟁이 격심했던 시기이다. 신종(神宗) 때 사마광(司馬光)이 수장(首長)이 되고 문언박(文彦博), 소식(蘇軾), 정이(程頤), 황정견(黃庭堅)을 우익(羽翼)으로 하여 당시의 문인 학자 119인을 결합하여 구당(舊黨)으로서 왕안석(王安石)의 신법(新法)에 반대하여 대립했는데 당쟁이 격렬했다. 그러나 이때 명사들이 많이 배출되었으며 선인태후(宣仁太后)가 섭정하면서 왕안석의 신당을 몰아내고 사마광 등을 등용하여 한때나마 성세(盛世)로 평가되기도 한다.

53 엄자릉(嚴子陵) : 소년 시절에 광무제(光武帝)와 함께 유학(遊學)했던 후한(後漢)의 은사(隱士) 엄광(嚴光)이다. 광무제가 등극한 뒤로는 성명을 바꾸고 부춘산(富春山) 아래에 은거하면서 손수 농사를 짓고 낚시질하며 지냈는데, 광무제가 수소문

강산으로 산수의 정취를 찾아다녔고, 한매(寒梅)와 동곽(東郭)을 읊은 임금의 어제(御製) 시편을 하사받았다. 호걸스러운 자태로 호걸스러운 재능을 가지고 시대를 구제할 신공(神功)은 감추었으나, 성인의 덕을 높이고 성인의 뜻을 밝혔으니 임금을 사랑하는 충정은 빛났다.

누가 생각이나 했으랴, 손자가 수령으로서 정성으로 모시던 끝에 갑자기 대궐이 귀감(龜鑑)을 잃는 슬픔 당할 줄을. 아득한 봄물은 지존(至尊)을 감동시켜 옛일을 추억하게 하고, 멀리서 불어오는 높은 바람은 지사의 강개한 눈물을 자아낸다. 호리병 속 얼음[54] 같은 깨끗한 지조는 호숫가 옛집에 허무하게 남아 있는데, 규벽(奎壁)[55]의 빛나는 문장은 내각의 향기로 남아 사라지지 않으리라. 안타깝게도 나 소자는 큰 슬픔을 당했으니, 아, 노성한 어른은 영원히 전형(典刑)을 감추었다. 창오산(蒼梧山)의 구름은 잡을 수가 없어 서리 이슬은 감개를 더하고, 큰 못의 용은 이미 떠나버려 장맛비는 그리움을 일으킨다. 섣달 초의 은혜로운 뇌문(誄

끝에 그를 찾아서 간곡히 요청한 결과, 그가 마지못해 한 번 대궐에 들어가 광무제를 만나서 옛 우정을 나누고 나서는 끝내 관직을 제수받지 않고 다시 돌아가 은거하였다. 《後漢書 嚴光列傳》

54 호리병 속 얼음 : 맑은 마음을 뜻한다. 당나라 시인 왕창령(王昌齡)의 시 〈부용루송신점(芙蓉樓送辛漸)〉에 "낙양의 친우가 만약 묻거든, 한 조각 빙심이 옥호에 있다고 하게나.〔洛陽親友如相問, 一片氷心在玉壺.〕"라고 한 구절에서 유래하였다. 《全唐詩 卷143》

55 규벽(奎壁) : 28수(宿)에 속하는 규수(奎宿)와 벽수(壁宿)의 합칭으로, 옛날에 문운(文運)을 주관한다고 믿었다.

文)을 추념하자니 덕업이 불후할 것임을 징험할 수 있는데, 5월 그믐의 유언을 삼가 받드니 누가 훌륭한 계책의 수행을 담당하겠는가.

다만 지금 선왕의 빛나는 업적을 크게 계승하니 실로 다행히 자애로운 교화를 두루 입었다. 종국(宗國)이 길이 재조(再造)에 힘입어 은밀히 돕고 남몰래 공을 쌓으며, 명의(名義)를 처음부터 권장하여 조령을 널리 반포하여 밝게 유시하였다. 예닐곱 명 변절한 반역자를 명확하게 분별하고, 한두 명 충정(忠貞)의 신하를 널리 드러내었다. 마침 세실(世室)에서 부묘(祔廟)하는 때를 만나 이에 고익(考翼)[56]에게 모두 직질(職秩)을 베풀 은전을 살핀다. 은(殷)나라 덕을 볼 수 있으니 탕(湯) 임금과 함께하는 어짊이 있고, 주(周)나라 예를 여기에서 징험하니 문왕(文王)의 반열에 배향하게 하였다. 전후로 유감이 없게 표창을 하여 지금부터 높이 보답하고, 유명(幽明) 간이 따로 없이 은혜롭게 대우하니 지난 일이 어제와 같다.

이에 경을 정종대왕(正宗大王 정조)의 묘정에 배향하고자 이에 예관을 보내어 경의 가묘에서 치제를 하고 아울러 그 연유를 유시하니 경은 공경할지어다.

아, 제사를 함께 누리게 되었으니 명군(明君)과 양신(良臣)이

56 고익(考翼) : 아버지의 훌륭한 업적을 말하는데, 여기서는 아버지를 가리킨다. 《서경》 〈대고(大誥)〉에 "아버지로서 신중하게 일을 처리하는 사람이 '나의 후손이 기업을 버리지 않을 것이다.'라고 기꺼이 말하겠는가.〔厥考翼, 其肯曰: 予有後, 弗棄基?〕" 라고 하였는데, 그 전(傳)에서 "고익은 아버지로서 신중하게 일을 처리하는 사람이다." 라고 하였다.

다시 만나게 되었다. 천추의 정기(正氣)는 닳아 없어지지 않으니 뜰에 오르내리는 선왕(先王)의 영혼을 계승하여, 만년의 태평을 말없이 도와 성대하게 산악의 정영(精英)을 빛내리라. 약제(禴祭)며 사제(祠祭)며 증제(烝祭)며 상제(嘗祭)를 영원토록 어기지 않으리라 기약하며, 말이 있고 행실이 있고 공이 있고 덕이 있어 후인에게 돈독하게 보도(輔導)가 되기 바란다. 이에 이 교서를 선포하니 생각건대 의당 구천에서 감응이 있으리라."

○ 양주(楊州) 청룡동(靑龍洞)에 사당을 세웠다.

바로 공의 옛집인데 이미 다른 사람의 소유가 되었기에 사우(士友)들이 돈을 거두어서 대신 사 주고 사당을 조성하여 공의 유상(遺像)을 안치하였다. ○ 진도(珍島) 봉암서원(鳳巖書院)에서 모시고, 남해(南海) 죽봉서원(竹峯書院)에서 모시고, 평해(平海)에서도 사우(祠宇)를 세워 모신다.

4년 갑자(1804)

○ 정려(旌閭)를 명하였다.

조정의 관료와 유생들이 공의 효행을 들어 조정에 청하니 공의 집에 정표(旌表)하도록 명한 것이다.

지은이 **김종수(金鍾秀)**

1728(영조4)~1799(정조23). 조선 후기의 학자로, 자는 정부(定夫)이고, 호는 몽오(夢梧)·솔옹(率翁)이며, 본관은 청풍(淸風)이다. 홍익필(洪益弼), 김상묵(金尙默), 이유수(李惟秀), 이윤영(李胤永), 이운영(李運永), 이인상(李麟祥), 신사보(申思輔) 등과 교유하였다. 1768년 문과에 급제하였고, 이해 세손시강원 필선(世孫侍講院弼善)이 되었는데, 외척의 정치 간여를 배제해야 한다는 의리론이 정조에게 깊은 감명을 주어, 뒷날 정조의 지극한 신임을 받았다. 1772년 정존겸(鄭存謙)이 김종수 등을 성균관 대사성에 비의(備擬)한 일로 영조의 의심을 받아 관련 인물들이 모조리 귀양 가는 청명당(淸明黨) 사건으로 인하여 금갑도(金甲島)에 위리안치(圍籬安置)되고 종신 금고에 처해졌다가 이듬해 석방되었다. 영조가 죽고 나서 규장각 제학을 거쳐 1781년 대제학에 올랐고, 1789년 우의정이 되었다. 1793년 좌의정이 되었는데, 당시 영의정이던 남인의 영수 채제공(蔡濟恭)이 사도세자의 무함을 씻어야 한다고 주장한 데 대해 강력히 반발하였다가 정조로부터 탕평에 대한 배신으로 지목되어 1794년 평해군(平海郡)에 유배되었고, 한 달 만에 남해현(南海縣)에 이배되었다. 그해 12월 특별히 탕척되어 판중추부사에 부직되었으나 나아가지 않았다. 1799년 손자 김동선(金東善)의 임지인 포천 관아에서 72세로 세상을 떠났다. 시호는 문충(文忠)이고, 정조의 묘정에 배향되었다.

옮긴이

홍기은(洪起殷)

송담(松潭) 이백순(李栢淳) 선생에게 한학을 수학하고, 성균관대학교 대학원에서 한국사학으로 석사 학위를 받았다. 민족문화추진회 국역연수원 상임연구부를 졸업하였고, 한국고전번역원에 재직 중이다. 번역서로 《갈암집》, 《홍재전서》, 《기언》, 《명재유고》, 《대산집》, 《성호전집》, 《번암집》, 《일성록》 등이 있다.

허벽(許檗)

서울대학교 전자공학과를 졸업하였고, 한국고전번역원 부설 고전번역교육원 연수과정을 졸업하였다. 한국고전번역원 전문역자로 문집 번역에 참여하고 있다.

김영봉(金永峯)

연세대학교 국문과를 졸업하고 동 대학원에서 박사 학위를 받았다. 연세대학교 국학연구원 연구교수를 역임하고 현재 한국고전번역원에서 번역위원을 맡고 있다. 번역서로 《월정집》, 《동강유집》, 《미산집》, 《명미당집》 등이 있고, 저서로 《큰 지혜는 어리석은 듯하니》 등이 있다.

몽오집 2

김종수 지음 | 홍기은 허벽 김영봉 옮김

2021년 12월 31일 초판 1쇄 발행

발행인 신승운 | 발행처 한국고전번역원
등록 2008. 3. 12. 제25100-2018-000049호
주소 (03310) 서울시 은평구 진관1로 85
전화 02-350-4800 | 팩스 02-350-4994 | 홈페이지 www.itkc.or.kr

번역 홍기은(제4권~제5권) 허벽(제6권) 김영봉(제7권, 발문, 연보)
연구총괄 양기정 | 연구기획 김지민 | 자문 정선용

책임편집 하현주 | 편집진행 김태훈
편집교정 박성희 송숙희 | 조판 김지현 | 제작 김형석
디자인 씨디자인 | 인쇄 ㈜대유기획인쇄

값 20,000원
ISBN 978-89-284-0870-2 94810
978-89-284-0868-9 (세트)